出雲朝子

中世後期語論考

中世後期語論考

目次

第一部

『玉塵抄』についての研究

第一部（第一章～第五章）で引用する小稿を、次のように略称する。

文献1　『玉塵抄を中心とした室町時代語の研究』（一九八二）
文献2　「『玉塵抄』の東大国語研究室蔵本について（一）」（『青山学院女子短期大学紀要』四一、一九八七）
文献3　「『玉塵抄』の東大国語研究室蔵本について（二）」（『青山学院女子短期大学紀要』四五、一九九一）
文献4　『『玉塵抄』と計算機』（昭和六二、六三年度文部省科学研究費補助金〈一般研究(C)６２５１０２３３〉研究成果報告書、一九八八、豊島正之氏と共著）
文献5　『『玉塵抄』と計算機Ⅱ』（平成三、四年度文部省科学研究費補助金〈一般研究(C)０３６１０２２１〉研究成果報告書、一九九三、豊島正之氏と共著）
文献6　『『玉塵抄』と計算機Ⅲ』（平成六～八年度文部省科学研究費補助金〈基盤研究(B)０６４５１０７６〉研究成果報告書、一九九七、豊島正之氏と共著）

第一章　東大国語研究室蔵本の研究

一　東大国語研究室蔵本の概要

『玉塵抄』の完本の写本としては国会図書館蔵本（以下「国会本」と略称する）と叡山文庫蔵本（以下「叡山本」と略称する）があるが、この両本に関しては、かつて文献1で論じた。『玉塵抄』の写本には、他に東京大学国語研究室蔵本（以下「東大本」と略称する）がある。本章では、東大本について、その本文の性格と言語事象の特色について論じる。

東大本は、同抄全五五巻のうち巻一から巻一〇までの残闕本であり、巻六、七が各二冊存するので、全部で一二冊である。その簡単な書誌的報告は、抄物大系『玉塵抄10』（一九七二）付載解説（中田祝夫）においてなされているが、「書写に関する明証はないが、やはり江戸初期のもの、もっとも先の文禄二年・慶長二年のもの（引用者云、叡山本・国会本を指す）よりやや時代の降ったものであるように見受けられる。」とし、巻一巻頭三頁について、本文の比較を行っている（後述参照）。

東大本各巻の行数、丁数は次の通りである。（巻六、七については、それぞれ一四行本をa本、一三行本をb本とする。）

巻一―一四行、六三丁　巻二―一二行、六二丁　巻三―一四行、五六丁
巻四―九行、八八丁　巻五―八行、二一六丁　巻六a―一四行、六一丁
巻六b―一三行、七五丁　巻七a―一四行、五七丁　巻七b―一三行、五七丁
巻八―一四行、四九丁　巻九―一二行、八七丁　巻一〇―一〇行、五八丁

国会本は全五五巻すべて一四行、叡山本は全五五巻すべて一一行である。この二本に比較すると、東大本は各巻の行数が不統一である点が特徴的である。一四行が巻一、三、六a、七a、八の五冊でもっとも多く、一三行が巻六b、巻七bの二冊、一二行が巻二、九の二冊、一〇行が巻一〇、八行が巻五の各一冊である。

筆跡からみた各巻の書写者の比較については、確実なことは言えないが、巻七bと巻八は同一人の手と見える。他の巻はすべて書写者が異なるようで、また巻三と巻一〇はそれぞれ二人の書写者によるとみられるので、東大本には一三人の書写者が想定される。

『玉塵抄』は全五五巻の大部の抄物であり、国会本は二九名、叡山本は一一名の書写者によって書写されているとみられ（文献1第二章）、現存写本三種は、いずれも相当多数の人々によって書写されていることになる。また、国会本が性格の異なる二つのグループに分けられると考えられること、東大本が巻六、七を各二冊有していることを考えると、『玉塵抄』の場合は一度の書写で何組もの写本が作られた可能性が高い。そこで、『玉塵抄』の各写本の性格を考えるに当たっては、各巻ごとに慎重に検討することが必要である。

なお、以下本書の用例の表記にあたっては、特に必要な場合を除き、音合符、訓合符などの記号は省略し、「〻」は「コト」、「〆」は「シテ」とした。漢字の字体も改めた場合もある。

また、引用した研究者の敬称は省略した。

二　巻一について

(一) 本文について

国会本・叡山本に対する東大本独自の異文について、(Ⅰ) 東大本が正しく、国会本が誤っていると考えられる場合、(Ⅱ) 国会本が正しく、東大本が誤っていると考えられる場合、(Ⅲ) 東大本、国会本のいずれが正しいとも言い難い場合、に分けて検討する。用例は典型的なものを例示するに止める。(1)

(Ⅰ) 東大本が正しく、国会本が誤っていると考えられる場合

①梧桐生矣《ヲイタリ》于二彼《ノ》高岡一ハ毛詩ノ巻阿ノ篇石公セキノ成王ノ賢人吉士ホメテ云タソ（東大本一44オ）

梧桐《コ》生矣《ヲイタリ》于《ニ》二彼《ノ》高岡一ハ毛詩ノ巻阿ノ篇百公浄ノ成王ノ賢人吉士求ヲ云タソ（国会本一47オ、叡山本一53オ）

問題は、東大本が「石公セキ」とあるのに対し、国会本・叡山本には「百公浄」とある点である。この部分は、『玉塵抄』の原典である『韻府群玉』(2)所引の『毛詩』の本文にも問題があり、右の文中の「高岡」は「朝陽」とあるべき所である。それはともかく、国会本の「百公浄」というのは、意味不明の語である。

「毛詩ノ」以下の抄文は、毛詩の「巻阿」の詩の序に「巻阿召康公戒成王也言求賢用吉士也」とあるのによったものである（東大本の「ホメテ」は恐らく「求ヲ」の誤写であろう）。これは、「巻阿」の詩が召康公が成王に対して賢者を求め吉士を用いるように戒めた詩であることを言ったものである。この部分についての『毛詩』の注釈書を見ても、「百公浄」なる語は全く見えない。

文脈からすれば、東大本の「石公」、国会本の「百公」はいずれも「召公」の誤りとみるべきである。「召公」は名「奭《セキ》」、謚は「康」であり、『玉塵抄』巻二でも「召公奭」と書かれた例（国会本24オ）がある。従って、東大本の「セキ」は「奭」をかな書きしたものとみられ、国会本・叡山本の「浄」に比して正しい本文を伝えていると考えられる。国会本・叡山本の「浄」は、「セキ」に付された左傍線が「氵」（さんずい）の草体と誤られ、「セキ」が一字の如く見られて「争」と誤られたものであろう。このように、傍線が字形の一部と見誤られた結果の誤写と考えられる例は、叡山本にもみられるところである（文献1第二章）。

②又青童ハ肝《カン》神《ナリ》—肝ハ春ニアルソ　東ナリ　春ハ青ソ　木ニトルソ　肝ヲ青—ト云ソ（東大本一58オ）

又青童肺《ハハイ》神《ナリ》—肝ハ春ニアツルソ　東ナリ　春ハ青ソ　木ニトルソ　肝ヲ青—ト云ソ（国会本一63オ）

又青童ハ肺《ハイ》神《ナリ》—肺ハ春ニアツルソ　東ナリ　春ハ青ソ　木ニトルソ　肝ヲ青—ト云ソ（叡山本一71ウ）

『韻府群玉』には「又——肝神」（「——」は「青童」を示す）とあり、明らかに東大本が正しい。国会本・叡山本（の原本）は、「肝」を「肺」と誤写し、それに振仮名を付したのであろう。叡山本はそれに合せて、すぐ下の「肝」も「肺」にしてしまっている。『玉塵抄』写本の振仮名はすべて原本に従っているのではなく、かなり書写者の恣意によるものがあると考えられるが（文献1第二章、また次章参照）、これもその例である。（東大本の「アル」は「アツル」の誤り。）

③童子ノ李泌ハ後ニ五谷ヲタツテ木ノミナト食シテ仙道ヲ学ダソ……泌ハ後ニ衡岳ト云南方ニ大山ニ居タソ（東大本一55ウ〜56オ）

派《泌》ハノチニ衡岳ト云フ南方ニ大山ニイタソ（国会本一60ウ）

派ハノチニ衡岳ト云ソ　南方《ニ》大山ニイタソ（叡山本一69オ）

「泌」と「派」の違いであるが、これは明らかに「李泌」を指しているのであるから、東大本が正しい。国会本は、書写者が誤りに気付いて訂正したものであろう。叡山本は誤りのままで、また「云フ」の「フ」を「ソ」と誤ったため、意味の通らない抄文になっている。

④東ノ国ノ斉ノウチニ譚《スムタン》ト云フ小国有（東大本一3ウ）

東ノ国ノ斉ノウチニ潭《スムタン》ト云フ小国アリ（国会本一3ウ、叡山本一4オ〈「スム」注記なし〉）

明らかに東大本の「譚」が正しい。これは、「言」と「氵」の草体の類似による誤写と考えられる。「譚」はこの後の抄文に一一例出てくるが、国会本はすべて正しく「譚」としているのに対し、叡山本はさらに二例「潭」に誤っている。

⑤又梟盧《ロ》ト云事アリ　此ハスゴロクノ采《サイ》ノ名ソ（東大本一12オ）

又集盧ト云フアリ（国会本一13オ、叡山本一14ウ～15オ）

明らかに東大本の「梟」が正しい。「集」は字形の類似による単純な誤写であろう。

(II) 国会本が正しく、東大本が誤っていると考えられる場合

⑥畋尽東《トンス》―ハ左傳ノ成公二年ノ所ニアリ（東大本一9ウ）

畋尽《トン》東《ス》―左傳ノ成公二年所ニアリ（国会本一10オ）

畋尽東《ス》―左傳ノ成公二年所ニアリ（叡山本一11オ）

「尽」は訓点語で「コトゴトニ」とよむ例が報告されており、(3) 国会本の「トン」は「コトゴトニ」の語尾「トニ」を示したもので、「ン」は「ニ」の誤写と考えられる。誤写だとしても、国会本の書写者によるものではなく、国会本、東大本の共通の祖本に溯るとみられる。そうでないと、東大本の振仮名「トン」の説明がつかない。東大本

の祖本には恐らく国会本のように表記してあったもので、その「トン」を「コトゴトニ」を示す傍訓とよみとれなかった東大本（の祖本）の書写者が、「トン」を「東」の字音と理解して、右のように「東」字の振仮名にしてしまったものであろう。『玉塵抄』の性格からすれば、ここに中国音の「トン」が付されるはずはなく、東大本の誤りは明白である。

なお、この場合と同様に、「ニ」とあるべきところを「ン」とした例が国会本にもう一例ある。

クワタツルト云ン謀叛《ムホン》トカクソ（国会本一14ウ、叡山本・東大本は「ニ」）

これらの「ン」は「ニ」が撥音化する場合があったとみることも不可能ではない。

⑦此ヤウニ作リダイタト思テ（東大本一17ウ）

此ヤウニツクリタイト思テ（国会本一19オ、叡山本一22オ）

文脈からみて、東大本が誤っている。

細かい語句で東大本が誤っていると思われる例は多い。（Ⅰ）で東大本が正しいとして挙げた例の中にも、①②のように、東大本が誤った語句を含んでいる場合がある。

(Ⅲ) 東大本、国会本のいずれが正しいとも言い難い場合

⑧山川万里ヲシノイテ（東大本一21ウ）

山川千里ヲシノイテ（国会本一23オ）

山川千万里ヲシノイテ（叡山本一26ウ）

これは、三本いずれも異なり、どれが原本に近いか分らない例である。

⑨其墓ヲ盗《ヌスヒト》カヨルクツイテツカノ中ノ物タソ（東大本一20ウ）

ソノ墓ヲ盗《ヒト》ガヨルクツイテツカノ中ノ物タソ（国会本一22オ、叡山本一28オ）

この場合、「物」と「夕」との間の脱文は三本共通の祖本に溯るものである。

全体として、東大本独自異文の細かい誤りが目立ち、本文そのものの信頼度は明らかに国会本・叡山本より劣る。

（二）言語について

（Ⅰ）表記

（ア）漢字表記

中田祝夫は前掲『玉塵抄10』の解説において、巻一冒頭の三頁の東大本と国会本との比較作業の結果、東大本は、

（1）助詞「へ」を古用のまま守る。

（2）助詞「ゾ」にはなるべく濁点を施す。

（3）仮名書きのものになるべく漢字をあてる。

という「方針、もしくは癖」が認められるとした。

巻一全体について三本を比較すると、まず（3）の傾向が明らかに認められる。（一）で挙げた例の中でも、③④⑨の例にみられるが、他の例を示せば次のようである。東大本—国会本の順に示す。

是—コレ　其—ソレ・ソノ　程—ホド　都—ミヤコ　奉公—ホウコウ　私—ワタクシ

有—アリ　切—キル　取—トル　申ス—マウス　書—カク　去程ニ—サルホドニ

計—バカリ　毎ニ—ゴトニ　也—ナリ

逆に、国会本・叡山本で漢字表記のものが東大本で仮名表記されている例はほとんど無く、次の三例が目につい

ただけである。

ヒヤウラフ（東大本一9オ）―兵粮《ラウ》（国会本一9ウ）・兵粮（叡山本一11オ）

ヨロコフソ（東大本一25オ）―喜ソ（国会本一27オ、叡山本一31オ）

イノモト（東大本一8ウ）―井《イ》ノモト（国会本一9ウ）・井ノモト（叡山本一10ウ）

ただし、国会本・叡山本で仮名書きのものに東大本が漢字をあてているといっても、すべてそうであるわけではなく、中田の言うように「かなり」漢字をあてているのである。東大本の巻一以外の巻にはそうした傾向は見られず、これは原本を受け継いだものではなく、巻一の書写者個人の「方針」あるいは「癖」と考えられる。

東大本が独自にあてた漢字は、右に例示したように極めて常識的な字であるが、中でそのあて方に問題があるものとして、「八嶋」がある。

来朝ト云ハエヒス八嶋《ハタウ》マテマイル心ソ（東大本一28オ）

来朝ト云ハエビスハタウマテマイル心ソ（国会本一30ウ）

来朝ト云ハエビスハタウ《「八嶋》マテマイル心ソ（叡山本一34ウ）

この語についてはかつて述べたことがあるが（文献1一七二頁）、『玉塵抄』では他に「エゴクハタウ」（国会本六26オ・一五13ウ、叡山本六29オ、東大本六a22オ、六b30ウ）「エンゴクハタウ」（叡山本一五16ウ）としてあらわれ、次のように漢字表記された例がある。

太平ノ代ニハ一天下遠《エ゛》国八島《タウ》カラ車ニツミ進物の状フミヲソエテミヤコエトヾクルヲ云タソ（国会本四50オ）

遠《エ゛》国八《ハ》島《タウ》カラ……（東大本四74ウ）

遠国ハ島カラ……（叡山本四71オ、「ハ」の下に朱の句読点があって、「ハ」を助詞とみている。）

「エビスハタウ」は海を隔てた外国や島の意、「エゴクハタウ」は都から遠く隔たった国や島の意と考えられる。この「ハタウ」に『日本国語大辞典』は「波濤」をあてるが、そこに引かれている幸若舞曲「高館」の例は原本では仮名表記であり、中世の資料でこのような「ハタウ」を「波濤」と表記した例は見出し難い。

『人国記』（岩波文庫本による）には

或いは商売の人らは、遠国《おんこく》波島《はとう》までも偽《いつわ》りを以て実《まこと》とする習ひなれば（一五頁、振仮名同書のまま）

この「波島」は『日葡辞書』（『邦訳日葡辞書』による）に

Fatŏ. Nami, xima.（波、島）波と島と。例、Fatŏ uo xinogu.（波島を凌ぐ）苦労して海や島を通り過ぎて渡る。

とある語に相当するようである。

要するにこの「ハタウ」に「八島（嶋）」をあてるのは、管見の範囲では『玉塵抄』のみであり、東大本巻一の書写者が自らの考えで他本で仮名表記のこの語に「八嶋」をあてたとすれば、それは抄者惟高妙安及びその周辺の用字法と共通するものであり、書写者の素性を考える上で興味深い。なお、右に挙げた叡山本の例では「ハタウ」に「八島」という注記がなされているが、叡山本の原本の書写者は抄者惟高に近いグループと考えられ（文献1第二章）、「ハタウ」に対する共通理解があったとしても不思議ではない。

東大本の漢字表記についてもう一つの問題は、四角を意味する「ヨホウ」が「四方」と表記された例が一例（一10ウ）あることである。国会本・叡山本では全巻にわたって四角の意の「ヨホウ」は仮名表記されており、「四方」と表記される「シハウ」と区別されている。巻一には「ヨホウ」が七例あるが、国会本・叡山本ではすべて仮名表記であり、東大本ではそのうち一例が漢字表記されているわけである。「シハウ」の「四方」は二例あり、三本すべて「四方」と表記されている。後述するように、東大本の書写者は巻一で九例の開合の誤りを犯しており、「ホウ」と「ハウ」の区別がなかった可能性がある。

（イ）振仮名

国会本・叡山本に比して振仮名が少ない。東大本1オ〜2ウについてみると、同じ字に関して国会本に振仮名があり東大本にない例が一一例、その逆が一例である。叡山本は国会本より四例少なく、東大本よりは七例多く、両本の中間の状態である。

（ウ）字体

東大本が国会本・叡山本と異なる字体を使用しているものがある。次の例が目立つ。東大本―国会本・叡山本の順に示す。

拾―十　事―ヿ　シテ―〆　𪜈―トモ

（Ⅱ）音韻

（ア）オ段長音の開合

次の混同例がある。

キトウ〈鍛〉2（一42ウ・43オ）　コイシナフテ〈恋偲〉（一14ウ）　タナフデ〈頼〉（一6オ）　トリツクラフ（一2オ）　ヒツカウテ（一55オ）　法《ホウ》（一33ウ）　ヨモウカ（一28オ）　喜《ヨロコホ》フソ（一21オ、国会本「喜ウ《バ》ソ」、叡山本「喜ウ《ハ》ソ」）

開音を合音に誤ったもの四例、合音を開音に誤ったもの五例である。この九例は国会本ではすべて正しく表記されている。大体国会本巻一には開合の誤りは皆無である。叡山本では巻一に四例の開合の誤りがあり、うち一例は東大本も誤っている「トリツクラウ」である（次章参照）。

（イ）四つ仮名

次の混同例がある。

ツラハシ〈面恥〉（一5オ）　レウジ〈療治〉（一49ウ）

国会本、叡山本とも、巻一に四つ仮名の混同例は皆無である。

（ウ）清濁

「ソソグ」の例がある。

甕ノツホニモ水ヲ入テソヽグソ　サヽキヤマメ大根ナトニソヽクソ（一50ウ）

国会本・叡山本は「ソヽク」である。この語に関しては亀井孝の論がある。[4]

次の「競渡」は『色葉字類抄』『春林本下学集』『文明本節用集』いずれも「ケイト」で、東大本は誤濁と思われる。なお、以下用例の対照にあたって、国会本と叡山本が同形とみなされる場合は国会本に代表させる。

競渡《ケイド》ト云モ五日ノ叓ソ（東大本一50オ、国会本「競渡《ケイト》」一54オ）

次の「文選」も読書音として漢音によむ場合であり、「ブンゼン」の「ゼ」は誤濁であろう。

此モソラニハモンゼント云ソ　書ノ名也　昔ノ文ヲエラビアツメタ書ソ　本ニアウテハ漢音ニブンゼントヨムソ（東大本一27オ、国会本「ブンセン」一29オ）

（Ⅲ）文法

（ア）形容詞の音便形と原形

国会本の連用形のウ音便形が東大本で原形になっている例が目立つ。以下の一五例がある。東大本—国会本の順に示す。なお、逆の例は皆無である。

多ク（1ウ・35ウ）―多ウ　　カルク（2ウ）―カルウ　　高ク（1ウ）―高ウ
ツヨク（32オ）―ツヲウ　　トヲク（4ウ・14オ・28ウ）―トヲウ　　ヒキク（31ウ）―ヒクウ
ヤスク（25ウ）―ヤスウ　　ワルク（8ウ・29ウ・36ウ・36ウ・39オ）―ワルウ

「ク」と「ウ」の字形は似ているが、これだけ多数の例があることからみて、意味のない誤字とは考えられず、東大本巻一の傾向とみられる。ここに挙げた八語の連用形の用例数は二六であるが、そのうち一五例が原形をとっていることになる。

国会本巻一（に限らず全巻共通であるが）においては、形容詞の連用形は抄文中ではウ音便形が一般であり、訓読文中では原形が用いられている。右に挙げた八語二六例についてみると、原形が用いられているのは三例、ウ音便形が二三例である。国会本の原形三例は東大本でも原形であり、国会本のウ音便形二三例のうち右に示したように東大本では一五例が原形になっているわけである。結局東大本巻一ではこの八語に関しては原形一七例、ウ音便形九例となり、原形が約三分の二を占めることになる。

国会本巻一で例外的にみられる原形三例のうち、一例は訓読文中の「多ク」（一50ウ）であり、他の二例は次のものである。

桑維翰ハ五代ノウチノ晋ノ初ノ王ノ高祖ノ時ノ者ナリ　ミメワルクセイヒキクカヲガスクレテ長イソ（国会本一21オ、東大本「ミメワロクセイヒキク」一19ウ）

この部分は、惟高が頻用している『排韻増広事類氏族大全』[5]の「桑維翰」の条にある「為人醜怪身短面長」によったものと考えられる。「ヒキイ」が「ヒクイ」に対して文語的な性格を持っていたことについてはすでに論があるところであるが[6]、右の例も、参照した漢文原典に影響され、やや訓読語的な言い方になったものではないかと考えられる（「語形」の項参照）。

結局、東大本巻一で形容詞の連用形に原形が多用されるのは、国会本の状態から推測すれば、文語的な語形を採用しているということになる。

（イ）動詞の活用

東大本には下二段活用の一段化の例が一例見える。

火ノモエル如ナソ（東大本一43オ）

国会本（46ウ）・叡山本（52オ）は「モユル」である。巻一にはもう一例この語があるが（東大本46オ、国会本49ウ、叡山本55ウ）、これは三本すべて「モユル」である。「ユ」と「エ」は誤写の可能性も高いが、『玉塵抄』全体における一段化の例の過半数はヤ行下二段活用の例であり（文献1第二章）、右の「モエル」もその傾向に一致する。なお、国会本、叡山本ともに巻一に一段化の例は見られない。

次は「ウヅム」の活用の問題である。

菜ノ東ニウツメヨト云心ソ　ワカ家ノスミカナソニウツム心ソ（東大本一15ウ、国会本「菜ノ東ニウツメト云心ソ」一16ウ）

巻一では「ウヅム」は右に見える二例だけであるが、国会本はその二例とも四段活用であるのに対して、東大本では一例は下二段、一例は四段ということになる。

次の「カツサラウ」も、東大本と国会本とで活用が異なる。

白状シテトカヲカツサラヘテ告タ心ソ（東大本一52ウ、国会本「カツサライテ」一56ウ）

「カツサラウ」には四段活用の例しか知られていないようであるが、「サラウ」には四段と下二段の両活用があり、

「カッサラウ」にも両活用があった可能性は高い。

(ウ) 助動詞「ウ」と「ウズ」

国会本の「ウズホドニ」が東大本で「ウホドニ」になっている例が二例ある。

　後ニ名人ニナラフホトニ（東大本一2オ、国会本「ナラウズホドニ」一2オ）

　天竺エ渡ラフ程ニ（東大本一20ウ、国会本「ワタラウスホドニ」一22オ）

国会本巻一には他に「ウズホドニ」が四例あるが、それらは東大本も同じである。

(エ) 動詞連用形＋コト

動詞（助動詞「ルル」「ラルル」も含む）連用形に「コト」が接続する語法が抄物に多く見られることについてはすでに論があるところであるが、[7] 国会本のその形が東大本では異なった形をとっている場合がある。

　无道ナ世ニツカワレウコトモナイト云テヒツコウタヲ（東大本一4ウ、国会本「ツカワレゴトモナイ」一5オ）

動詞連用形＋「コト」の形は否定表現を伴うことが多いのであり、[8] 巻一には次の例が拾える。

　デゴトカナラヌソ（東大本一50ウ、国会本一54ウ）

　入リコトハイレトモデコトカナラヌソ（東大本一52ウ、国会本「デコトハ」一57オ）

国会本巻一には、東大本の「ツカワレウコト」のように、助動詞「ウ」に「コト」が接続した例はない（「ウズ」に「コト」が接続した例は四例ある）。この場合国会本の「ツカワレコト」の方がもとの形と考えられる。

(Ⅳ) 語形

一般に二重語と考えられているもので、東大本と国会本との間で異なった語形が対応している例がある。東大本—国会本の順で示す。

アリク（3オ、3オ）―アルク　ユク（11オ・20オ・47オ）―イク　サブイ（57ウ）―サムイ
ツヨイ（32オ）―ツヲイ　ヒキイ（3ウ・31ウ・44オ）―ヒクイ　ワロイ（19ウ）―ワルイ

国会本巻一には「アルク」が一〇例あるが、「アリク」は皆無である。東大本はそのうちの二例だけが「アリク」で、残る八例は「アルク」であり、その間に意味用法の差は認められない。『玉塵抄』全巻でも「アリク」は単独例はなく、「徘徊《メクリアリキ》シタ心ソ」（国会本五五57ウ）一例しか見出せない。

「ユク」「イク」については、本書第三章で述べるように、両語の活用形のあり方に明らかな偏りがある。国会本の「イク」が東大本で「ユク」になっているのは、未然形二例、連用形一例（イテ―ユイテ）である。「サブイ」「サムイ」はいわゆるバ行とマ行の交替の例だが、国会本には全巻を通じて「サブイ」の形は見られない。

「ヒキイ」と「ヒクイ」は、国会本全巻を通じて両形が用いられているが、「ヒクイ」の方がはるかに優勢である。巻一では「ヒキイ」一例（先に掲出した「ヒキク」の形）、「ヒクイ」六例であるが、東大本では「ヒキイ」四例、「ヒクイ」三例であり、逆に「ヒキイ」が優勢である。両語の関係については前述したように、[9]「ヒキイ」の方が訓読語的乃至文語的性格を持っていたとみられるが、東大本巻一はそのような性格の「ヒキイ」を採用する傾向にあるのである。

「ワルイ」「ワロイ」については、国会本巻一は「ワルイ」三〇例（ワルイ二二例、ワルウ六例、ワルク一例、ワルケレ一例）であり、東大本は先掲例のように国会本の「ワルク」が「ワロク」となっている。なお、国会本には全巻を通じて「ワロイ」は無い。

次は、右に挙げた諸例のように一般的なものではないが、やはり二重語とみられる。

ナガアメ（25オ）―ナガサメ

叡山本は「ナガサ《ア》メ」となっている。「ナガアメ」が平安時代以来の標準的な形であり、「ナガサメ」は『日本国語大辞典』によれば『太平記』『元和本下学集』等に見える。

フミバコ（52オ）―フバコ

『文明本節用集』『易林本節用集』『日葡辞書』には「フバコ」であり、『書言字考節用集』では「笈」に「フバコ」「フミバコ」の二つのよみが付されている。「フバコ」はもともと「フミバコ」から変化した形であるが、中世末以後再び「フミバコ」の形が復活したと考えられる。

他に、国会本の「ウラ（占）」が東大本で「ウラナヒ」（10ウ）になっている例が注意される。

以上、東大本巻一について、国会本（叡山本にも大体あてはまる）と比較してみてきたが、東大本の言語上の特徴としては、

（ｉ）国会本より時代的に新しい言語事象がみられること、

（ii）国会本より文語的な形が選択される傾向があること、

の二点が指摘できる。

（ｉ）については、音韻の面で開合・四つ仮名の混乱例の多いこと、清濁の上からみて新しい形が見えること（ソソグ）があげられる。文法の面では、活用の一段化、「ウズ」から「ウ」への改変があげられ、語形の面では「フミバコ」の場合があげられる。

（ii）は、形容詞連用形の原形使用および「ヒキイ」「ユク」の使用である。

(三) 東大本巻一の性格

以上の国会本・叡山本との比較から言えることは、東大本巻一が国会本・東大本と対立するかなり特色のある写本であり、かつその二本より書写時期の下る写本であろうと考えられることである。これは本文そのものの検討からも、言語事象の検討からも言えることである。

ただ、注意すべきは、先に述べたように、言語についての巻一の特徴は東大本の他の巻には必ずしもあてはまらないということである。特に表記に関しては巻一は特殊で、他の巻では巻一のように漢字表記を多用することは全く無く、ほとんど国会本・叡山本と一致している。表記以外の面でも、かなり巻一の書写者個人の特徴が出ているのではないかと疑われる。東大本が写本として統一を欠く点があることは初めに述べたとおりで、各巻ごとに注意深く検討する必要がある。

全体としてみれば、東大本より国会本・叡山本の方が国語資料として信頼がおけると言えるが、(一)で述べたように東大本の方が他の二本より正しい本文を伝えている場合も相当にあるのであって、東大本は『玉塵抄』をよむ上で非常に有用な写本であると言うことができる。

三　巻六について

(一) 本文について

東大本巻六は、前述のように二冊あるが、そこでことわったように、一四行本をa本、一三行本をb本とする。

国会本・叡山本に対する東大本独自の異文について、(I) 東大本が正しく、国会本が誤っていると考えられる場合、（II）国会本が正しく、東大本が誤っていると考えられる場合、（III）東大本、国会本のいずれが正しいとも言い難い場合、に分けて検討する。用例は典型的なものを例示するに止める（詳しくは文献6参照）。

（I）東大本が正しく、国会本が誤っていると考えられる場合

まず、国会本が本文の語句に対する注記を誤った場所に入れている場合がある。東大本では正しく注記がなされている。

・巵匜敦牟《シチタイボウ》―内則礼記ノ篇ノ名ナリ……内《ダイ》ハ室内ノ心ソ　則ハノリハツトノ心ソ　カサネテ可考ナリ　酒漿ノ器
トアリ　巵ハサカヅキナリ　匜ハ漿ヤナド入ル者カ　上ノ二字ヨウモミエヌソ　内則ヲ可レ考ナリ礼記ニ敦牟ハ
黍ヤ稷ノ米穀《ショショク》《アハキビ》　ヲモル器ナリ　巵匜ハ酒ヤ肉ノ類ヲモル入物ナリ
諵　孟子ニドノ篇ニアルヤラ不レ詳　ナニトシタ声ヤラ　諵々声音《タル》ハ心ヲ不レ知ソ
為　説文母猴也《ノコウナリ》ハワザルナリ　為ノ字ヲケタモノト云ハメツラシイソ（東大本六a20オ）

・巵匜敦牟《シチタイボウ》―内則礼記ノ篇ノ名ナリ……内《ダイ》ハ室内ノ心ソ　則ハノリハツトノ心ソ　カサネテ可考ナ
リ礼記ニ敦牟ハ黍ヤ稷ノ米穀《ショショク》《アワキビ》　ヲモル器ナリ巵匜ハ酒ヤ肉ノ類ヲモル入物ナリ
諵　孟子ニドノ篇ニアルヤラ不レ詳　ナニトシタ声ヤラ　諵々声音《タル》ハ心ヲ不レ知ソ
為　説文母猴也《ノコウナリ》ハワザルナリ　為ノ字ヲケタモノト云ハメツラシイソ（東大本六b28オ）

・巵匜敦牟《シイタイボウ》―内則礼記ノ篇ノ名ナリ……内《ダイ》ハ室内心ソ　則ハノリハツトノ心ソ　カサネテ可レ考ナリ　酒漿ノ器
トアリ　巵ハサカヅキナリ　匜ハ漿ヤナド入ル者カ　上ノ二字ヨウモミエヌソ　内則ヲ可レ考ナリ
諵　孟子ニドノ篇ニアルヤラ不詳　ナニトシタ声ヤラ　諵々声音《タル》ハ心ヲ不レ知ソ　礼記ニ敦牟ハ黍ヤ稷ノ米《ショ》
穀《ショク》ヲモル器ナリ　巵匜ハ酒ヤ肉ノ類ヲモル入物ナリ

為　説文　母猴《ノコウ》也《ナリ》ハワザナリ　為ノ字ヲケタモノト云ハメツラシイソ（国会本六24オ）

東大本二本の割注は正当な位置にあると考えられるが（b本は「酒漿ノ器……内則ヲ可レ考ナリ」を脱しているが、これについては後で触れる）、国会本は全く無関係な次の「謚」字の項に入れてしまっていて、明らかに誤っている。ついでに言うと、「為」字の項も、東大本二本は「ハワザル（母猿）ナリ」であるのに対して、国会本は「ワザナリ」となっていて、意味不通である。叡山本は、この部分、国会本と同じである（26ウ）。なお、「匜」字の音は「イ」であり、この点は国会本の方が正しい。

字句の異同に関するものを一例だけ挙げておく。

賀ニアエハキヨイコトヲ談鑰シテ風流ナソ　陸カ吾一日モアワネハ心ノ中胷中ニヒリンノイヤシイ気カデクルソ（東大本六a55ウ、b本〈69オ〉も同文）

……陸カ吾一日モアウ心ノ中胷中ニヒリンノイヤシイ気カデクルソ（国会本68ウ）

国会本の「アウ」では意味が通じない。

（II）国会本が正しく、東大本が誤っていると考えられる場合

次は、原本に近いと考えられる国会本に対して、東大本が大幅な修正を加えているとみられるものである。

后山　陳后山カ句ソ　炊《テ》レ黍《ヲ》作《シテ》レ—甘《トキコト》　勝《レリ》レ蜜《ニ》—貧ナ者ハアワキヒナドヲカシキムシテ飯ニモチイタレハウマウアマイコトカ蜜ヤサトウ（b本「サタウ」）ニマシタソ……（東大本六a24ウ、b34オも同文）

后山　陳后山カ句ソ　吹《テ》レ黍《ヲ》作レ—甘《トキコト》　勝《レリ》レ蜜《ニ》—吹ト云字炊カ　吹ハ心エカタイソ　炊《カシク》レ黍《ヲ》デアリサウナソ　貧ナ者ハアワキヒナドヲカシキムシテ飯ニモチイタレハウマウアマイコトカ　蜜ヤサタウニマシタソ（国会本六29ウ）

国会本の抄文は、『韻府群玉』「糜」字の項に引く陳后山の詩句に用いられている「吹」が意味から言っておかしく、「炊」であるべきだと述べているが、東大本二本では原漢文の「吹」を「炊」に変え、国会本の「吹ト云字炊カ　吹ハ心エカタイソ　炊《カシク》レ黍《ヲ》デアリサウナソ」を削除している。惟高が参照したと考えられる『韻府群玉』の米沢図書館本では該当個所が確かに「吹」とあるので、抄者惟高が疑問に思ったのは当然であり、国会本の抄文は惟高の原本に溯ると考えられる。これに対して東大本は、『韻府群玉』の引用部分の「吹」を「炊」に改変したため、不必要になった抄文を削除したものであろう。『韻府群玉』の内閣文庫蔵寛永二年刊本では「炊」になっており、東大本の改変者は惟高の参照したものとは別本の『韻府群玉』によって改変したものと考えられる。

右はきわめて思い切った改変であり、単なる書写者がこのような改変を行うことは想定し難く、あるいは抄者惟高に近い権威のある人が行ったのではないかと考えられる。そうとすれば、東大本（の原本）はかなり早い段階で国会本（これも惟高の弟子が関与した写本とみられる）(10)と別系統の写本として成立したものとみるべきであろう。

次の例は漢字表記をめぐっての異同である。

窮《キウ》奇―少皡《カウ》氏《ニ》不才子　謂《アリフ》二之《ヲ》ーー《ト》一　……左伝ノ九ノ巻文公ノ経十八年ニアリ　少皡氏ノ子ニ不才子八人アリイタツラナソ　少ーハ黄帝ノツギノ王ナリ　人ノ信ノマコトノアルヲヤブリソコナイ忠節ノアル者ヲハ、ライステカザツタワルイコトヲ云イイツワル者ヲアガメタツトビ曲《マカル》ル（b本「曲《マカレ》ル」）者ヲ用イ讒言ヲモチイ行《ヲ》ナイ悪事ヲハカクシ徳ノアル賢人ヲハシイテワルウ云ナスソ　此ノヤウナコトノアツマツタヲ不才ト云ソ（東大本六a51ウ、b64ウもほぼ同文）

……カザツタワルイコトヲ云イイツワル者ヲアガメタツトビ回《マカレ》ル者ヲ用イ讒言ヲモチイ行ナイ悪叓ヲハカクシ徳ノアル賢人ヲハシイテワルウ云ナスソ（国会本六63ウ）

問題は「曲」と「回」の違いである。この部分の抄文は『春秋左氏伝』文公の経十八年の項にある「毀信廃忠崇飾悪言靖譖庸回服讒蒐慝以誣盛徳」によったものである。「曲ル者ヲ用イ」「回ル者ヲ用イ」は「庸回」の訳であり、国会本の「回」字はこれによったものである。「回」をより一般的な「曲」に改変することは考えられるが、その逆は想定し難い。国会本の方が原本に近いと考えられる。

(Ⅲ) 東大本、国会本のいずれが正しいとも言い難い場合

キウアンハギコツナソ（b本「ギゴツナソ」） ムクヤキスクナウテキヲリニ物ヲ云ホトニ（東大本六a23オ、b32オ）

キウアンハギコツナウムクヤキスクナウテキヲリニ物ヲ云ホトニ（国会本六27ウ）

これは「汲黯」という人物の性格を述べたところで、東大両本は「ギコツナソ」「ギゴツナソ」であり、国会本は「ギコツナウ」である。どちらでも文脈上問題はない。『時代別国語大辞典 室町時代編』によれば、「ギコツナ」と「ギコツナイ」は無骨なさまを表す語としてともに用いられているのであり、どちらが原本に近いとも判断し難い。なお語形は「ギコツ」「キゴツ」「ギゴツ」いずれも行われたようである。

全体として、東大本巻六両本は国会本と別系統の異本であり、国会本の方が原本に近いものと考えられる。

(二) 言語について

(Ⅰ) 表記

(ア) 漢字表記

巻一に見られたような、漢字表記に関する異同は、巻六では見出し難い。東大本両本、国会本の三本で、漢字表

記されている語は三本とも漢字表記であり、仮名表記の場合も同様である。

漢字表記される語の漢字の異同も、極めて少ない。

（イ）振仮名

これに関しても、東大本両本と国会本とで異同は少ない。

（ウ）字体

これについては、東大本両本、国会本の三本間に異同がかなり見出される。現在では誤った字体と思われるもの、あるいは異なる字と意識されているものが、異体字として用いられていると見られるものもある。くわしくは文献4参照。

（II）音韻

（ア）オ段長音の開合

次の混同例がある。

①身如《ハシ》二蜩甲《テウカウノ》化《スルカ》二枯枝《ト》一 谷カ吾コトヲ云タカナニヲ云タヤラ　蜩ハセミナリ　ヌケカラノ甲《カウ》ハカレ木ノ枝《エタ》ノ如ナソ（東大本六a6オ、b8オ）

身如《ハシ》二蜩甲《テウカウノ》化《スルカ》二枯枝《ト》一 谷カ吾コトヲ云タカナニヲ云タヤラ　蜩ハセミナリ　ヌケカラノ甲《コウ》ハカレ木ノ枝ノ如ナソ（国会本六7オ）

「甲」の開合の問題は既に論じられているとおりで（本書第二章でも述べた）、「甲」は字音「カフ」であり、読書音としてはすべて「カフ（カウ）」であったが、実際の用語としては亀の甲や手の甲などの場合は古くから「コウ」であった。右の場合、漢文訓読文中では「カウ」であり、これは三本同じで問題はない。「蟬の甲」は「亀の甲」など同種であるから、抄文中では「コウ」であるべきで、国会本はそうなっているが、東大本両本は誤っている。同じ誤りが叡山本に五例あり（第二章参照）、オ段長音の開合の混同に伴い、誤って「カウ」とされる傾向があったと考えられる。東大本両本に共通の開合の混同例はこの一例のみである。

a本の混同例は右の①の他には次の一例のみである。

②飯ニモチイタレハウマウアマイコトカ蜜ヤサトウニマシタソ（東大本六a24ウ）

「砂糖」は「サタウ」が正しく、東大本b本、国会本は「サタウ」である。

b本の混同例は、①の他に八例見られる。

③｜（吹）レ毛ヲ求ムレ疵ヲ　―コ、ラニ云コトナリ　ナニカナトガヲミタソウトスルコトソ（東大本六b42オ）

［これは「見出サウ」であり、a本、国会本では「ミダサウ」で、正しくなっている。］

④トコヲモケツカウニカザリテ（東大本六b54ウ）

⑤ニクマレハナニタルコトニカアヲウズラウアブナイソ（東大本六b55オ）

⑥人ノ善ニシタガウヨウニシテヨイコトヲコナワヌハ善ヲイツワツタヂヤソ（東大本六b58ウ）

⑦其ノコノンテ行《ヲコノフ》　コト奇ナリ（東大本六b64ウ）

［a本、国会本とも「行」に振仮名はない。］

⑧ヲメニカ、リテ物ノモウシタイコトアリ（東大本六b66ウ）

⑨サキニ道カイクツモ多ソ　ドチエイテ羊ニタツネアヲウヲシラヌホドニ中カラナイテ帰タソ（東大本六b70オ）

⑩克｜（岐）克嶷《ヨクギヨクナリ》　……毛詩ニ此語ノモトワ克嶷トアリ　ノチニ山ヲ上ウニソエタソ　山ノウシテギヨクトヨンタソ（東大本六b71オ）

対応語のない⑦を除いて、ａ本、国会本では正しい形になっている。このうち、特に「ケツカウ」は中世の資料によく見出される形であり、叡山本にもみられる（本書第二章参照）。

（イ）四つ仮名

混同例は見られない。

（ウ）清濁

巻一と同様、ｂ本に「ソソグ」の例がある。

耆ーカ楊ノ枝ヲ以テ水ニヒタイテ水ヲ枝ヤ葉ニツケテナデソ、グヲ拂ト云ソ（東大本六ｂ16オ）

ａ本、国会本は「ソ、ク」である。

(Ⅲ) 文法

（ア）動詞の活用

ａｂ両本に共通する下二段活用の一段化例が一例ある。これは国会本も共通しており、惟高の原本に溯るものであろう。

女匠ハ面白字ソ　工雀トモ女工トモ云ソ　工巧ノ字ヲソエルソ（東大本六ａ８ウ、ｂ12オ）

（イ）「ゲナ」の接続

形容詞「ヨイ」に接尾辞「ゲナ」が付いた形は、国会本ではすべて「ヨゲナ」であるが、「ヨイゲナ」になっている場合が二例ある。

単ハスンテモヨミニゴツテモヨムソ　スンダガヨイケナソ（東大本六ａ４ウ、ｂ６オ、国会本「ヨケナソ」六５ウ）

此ガヨイケナソ（東大本六ａ42オ、ｂ54オ、国会本「ヨケナソ」六51ウ）

(Ⅳ) 語形

タマワル―タマウル

国会本・b本が「タマワル」で、a本が「タマウル」であるものが一例、b本が「タマワル」で国会本・a本が「タマウル」であるものが一例ある。『玉塵抄』国会本には「タマワル」「タマウル」両形がともに用いられており、惟高の原本でも恐らくそうだったであろう。ウとワは字形も類似しており、誤写も生じやすいのである。

ギコツナイ―ギコツナについては、(一)の(Ⅲ)で述べた。

(三) 東大本巻六両本の性格

東大本巻六はab両本が存在するので問題は複雑だが、以上は大体ab両本に共通する特徴を述べた。二写本間の差については、文献6で論じた。

東大本巻六は、巻一のような著しい特徴は無く、国会本と比較的よく一致する。右に述べたように様々な点から国会本より後出写本である性格を持つ点は、巻一と同様であり、また国会本と別系統の写本と見られる点も同様である。

四　巻七について

(一) 本文について

東大本巻七は、前述のように二冊あるが、そこでことわったように、一四行本をa本、一三行本をb本とする。

このａｂ両本は、本文はもとより表記、濁点の付し方に至るまで非常によく一致する。少数の相違点は、不注意による脱字・衍字、濁点の有無（極めて少数）、字体の違いであって、本文そのものの重要な異同ではない（文献6参照）。

このように、東大本巻七のａｂ二本は、ほぼ同一の本文を有しており、国会本・叡山本との比較に際しては一括して扱って問題はないと考える。以下「東大本」と言う場合はａｂ二本を指し、両本に異同がある場合は随時触れることにする。なお、ａｂ二本が親子関係にあることを示す証はなく、それぞれ独立に書写されたものであろう。

（Ⅰ）東大本が正しく、国会本が誤っていると考えられる場合

文字の脱落、字形の誤認などによるものは、国会本のごく単純な脱落を東大本が補った形の場合が多い。以下、文字の脱落等の単純な例は省略し、特に問題になるものを取り上げる（詳しい例は文献3参照）。（Ⅱ）（Ⅲ）についても同様である。

①轙　車衡載《ル》二馬《ノ》轡《ヲ》一者《ナリ》　唐ノ車ヲミヌホトニナニヲナニト云コトヲシラヌソ　衡ハ車ノナカエナトノ類カ（東大本七ａ５オ、ｂ５オ）

轙　車□《カン》載《ル》二馬《ノ》轡《ヲ》一者《ナリ》　唐ノ車ヲミヌホドニナニヲナニト云コトヲシラヌソ　街ハ車ノナカエナドノ類カ（国会本七５ウ、叡山本七８オ「車街」）

国会本の□字は「銜」あるいは「衡」に似ているが、不明瞭である。□字の右傍下に本文と同筆で「街」とあり（「街」は「銜」の俗字）、書写者は□字を「街」と認めて訂正したのであろう。下の抄文に「街ハ……」とあるのも、そのことを示している。この部分は『韻府群玉』には「衡」とあり、明らかに国会本が誤りであって、その誤りにもとづいて「街」の字音である「カン」が付されている（「衡」の字音はカウである）。国会本の上部の欄外には、朱で「街イ本衡トナス　車ノナガヘナルヘシ」という注記がある（本文とは別筆と思われる）。この「イ本」が『玉塵抄』

の異本の意であれば、東大本は国会本の言う「イ本」にあたることになり、国会本と異本関係にあることが言える。また、『韻府群玉』の異本を指すのであれば、この部分に関しては惟高が直接参照していたのは米沢本以外の『韻府群玉』であって、米沢本が「イ本」になるということになるが、これはちょっと考え難い。この部分、『玉塵抄』の書写者は『韻府群玉』を参照せず（参照していれば□を「衡」に訂正することは容易なはずである）、『玉塵抄』のみを見比べていたものと考えられる。なお、東大本の二本、国会本欄外朱注の「衡」字は、いずれも「奐」を「魚」としている。

②高貲｜｜冨人｜高｜ハ代ノ高イテウホウノ宝ヤ料足ノコトソ　冨｜ハタノシイ者ソ　前地理　前漢書ノ地｜志ヲ引タソ　地｜トハソノ国ソノ村ニハナニガナニタル木ガアル金ガアルナニ玉ガアルナト、云コトヲシルスソ　地｜ト云ソ　地ノワケコトワリイワレヲシルス心ソ

舊貲｜揚損曰《カク》尺寸土皆先人｜《ナリ》｜《ナリ》　安《ンソ》可《ン》三以《テ》奉《ス》二権臣《ニ》一乎　詳レ厩｜韻府ノ去声ノ宥韻ノ厩ノ所ニアリ　楊損ト云者宰相ノ路岩ト云ト家カトナリアワイニシテ接シタソ……（東大本七ａ40オ、ｂ40ウ）

右の部分、国会本（七48オ〜ウ）では「旧貲」「高貲」の順になっている。原典の『韻府群玉』では「高貲」「舊貲」の順なので、その点で東大本の方が正しい。叡山本は抄文の順序は国会本と同様だが、項目のみ国会本の「旧貲」の「旧」を「高」に改め、その右傍に小さく「旧」とある。一方本来の「高貲」の方はそのままであるため、「高貲」という項目だけが二つあるという結果になっている。

（Ⅱ）国会本が正しく、東大本が誤っていると考えられる場合

単純な文字の脱落、字形の誤認等は、（Ⅰ）に比べればはるかに少ない。その他で、問題になるものを挙げる。

③光武(11)ノ前漢ノ末王莽ト云者王位ヲヌスンテ十九年天下ヲトツタソ　光武ノ漢ノ子孫ヲトリタテ、漢ヲ再興セラ

レタソ（東大本七a6ウ、b6ウ）

……光武ノ漢ノ子孫テトリデ、漢ヲ再興セラレタソ……（国会本七7オ、叡山本10ウ）

光武は漢の高祖劉邦の九世の孫であり、国会本の「漢ノ子孫テ」はそれを指す。国会本のこれに続く「トリデ、」は「取り出て」であろう。「トリヅル」は『邦訳日葡辞書』には「多くの軍勢がひしめき合って、または、大急ぎで、出る」とあり、この場合「多くの軍勢を率いて出現して」のような意味であろう。東大本では光武が漢の子孫を「取り立てて」漢を再興したということになるが、光武自身が漢王の子孫なのであり、おかしい。あるいはこの「漢ノ子孫」は「漢に仕えていた人の子孫」の意とみる考え方もありそうだが、右に引いた抄文の少し後に「前漢ノビ、シイ百官ノ出仕シテ」とあり、光武が漢を再興した結果、十九年間雌伏していた前漢の百官が出仕したのであって、前漢の百官を取り立てることによって漢を再興したのではない。東大本はこの「トリデ、」を解し得ず「トリタテ、」と改変し、それに伴って「テ」を「ヲ」に改変したものと考える。

④管蔡カ兄ノ周公ヲ讒言シテ周公ヲヒツコマセテ殷ヲヲコサウトシタソ　此カ国ノマイソ（東大本七a37ウ、b38ウ「国ノヤマイソ」）

管蔡高ノ三叔ガ兄ノ周公ヲ讒言シテ周公ヲヒツコマセテ殷ヲヲコサウトシタソ　此カ国ノヤマイソ（国会本七45ウ、叡山本七67ウ）

この部分は、『韻府群玉』の「疵」字の項の「国有疵」について、その原典である『尚書』七「大誥」篇の「天降威、知我国有疵」に対する抄文であるが、「兄ノ周公」を陥れようとした人物が東大本と国会本とで異なっている。『尚書』のこの部分の「孔安国伝」に「天下威、謂三叔流言、故禄父知我周国有疵病」とあり、国会本の「三叔」は明らかにこれによったものであり、武王の弟である管叔鮮、蔡叔度、霍叔処を指している。国会本の「高」

（草体で書かれている）は恐らく「商」の誤りであろう。『尚書』の「大誥」篇の冒頭に「武王崩、三監及淮夷叛」とあり、その「孔安国伝」に「三監管蔡商」とある。「商」は「殷」のことであるが、この場合殷の紂王の子武庚（『玉塵抄』のこの部分では「武元衡」と誤っている）を監することを命ぜられた霍叔を指すとする説と、武庚自身を指すとする説とがある（『大漢和辞典』「三監」の項）。『尚書』「孔安国伝」は、「商」を「霍叔」と解している。この「三監」すなわち管叔、蔡叔、霍叔が周公に叛くわけだが、この乱は普通「管蔡の乱」と言われ、管叔、蔡叔が首謀者とされている。乱後、管叔と蔡叔は殺されるが、霍叔は庶人にされるだけである。管叔、蔡叔は並び称せられて「二叔」と言われるが、霍叔を含めた「三叔」という語は『大漢和辞典』にも収載されておらず、右に引いた『尚書』「孔安国伝」以外、余り見られない語なのではなかろうか。東大本の書写者は「三叔」を理解できず本文を改変したものであり、国会本の本文が原形を伝える正しいものと考えられる。

(Ⅲ) 東大本、国会本いずれが正しいとも言い難い場合

⑤教《ケウ》ニ施《シ》設ト云語アリ　物ヲホトコシアタユル心ソ　物ヲコシラエ人ニアタエルソ（東大本七ａ50ウ、ｂ51オ）

教ニ施《シ》設ト云語アリ　物ヲコシラエ人ニアタエホトコス心ソ（国会本七60オ、叡山本七91ウ）

「物ヲ」以下の言わんとするところは同じであり、どちらが原本に近いか判断し難い。『玉塵抄』の異本間の本文の違いでこれほど甚だしいものは他に見出せず、どうしてこのような差異が生じたのかは不明である。

⑥二宜―左丞孔戣《キ》以《テ》レ老《ヲ》自乞《テ》曰《ク》……孔戣《キ》ヒノ音ヨキナリ　戟《ホコ》ノタグイナリ（東大本七ａ４オ、ｂ４ウ）

二宜―左丞孔戣《キ》以《テ》レ老《ヲ》自乞《テ》曰《ク》……孔戣ヒノ音キナリ　戟ノタグイナリ（国会本七４ウ、叡山本七７オ）

両本とも誤っているが、東大本は特に理解し難い。「戣」に「ヒ」の音はないからである。恐らく「ヒ」は重点「〻」の誤りで、ここはもともと「孔戣〻（戣）ノ音キナリ」であり、国会本の方が原形に近いと考えられる。東

大本は誤った改変をしたものであろう。『玉塵抄』の漢字の重点は「＝」の形で誤られやすかったようで、巻七にも他にも誤写された例がある[12]。

⑦馬撲児―独眠孤館《ノ》事　―――孤《ハノ》字也　詳レ館―川中狗百姓眼――御厨飯ノ字アリ　川―ハ獨ノ字ナリ　百――ハ眼ノ字ナリ　百――ハ眼ノ字ナリ　馬―爪子ナリ　此心エ不知ソ　御――ハ館ナリ　馬撲ノ爪子ノコト不知ソ　馬撲ハ馬ヲヌウテ打タヽクワサヲスル小ワラウヘト云心カ　孤ハミナシ子トヨムソ　ヲヤモナイステ子ナトヲ云ソ　牛馬ヲヌイカウ者ハイヤシイステ子ナトノワサソ　此ハスイナリ　本義ハシラヌソ（東大本七a20オ、b20ウ）

馬撲児―独眠孤館《ノ》叓《ナリ》　―――ハ孤《ノ》字也《ナリ》　詳レ館　川中狗百姓眼―――御厨飯ノ字アリ　川―ハ獨ノ字ナリ　百――ハ眼ノ字ナリ　眼ノ字ナリ　馬―爪子ナリ　此心エ不知ソ　御――ハ館ナリ　馬撲爪子ノコト不不《マヽ》レ知ソ……（国会本七24オ、叡山本七33ウ へ「眼ノ字ナリ」の右傍に「五字過タ歟」と注する）

『韻府群玉』の「馬撲児」の項には「独眠孤館事―――孤字也　詳館」とある。同じく『韻府群玉』の「館」字の「獨眠孤館」の項を見ると、「廣州押衙崔慶成抵皇華驛夜見美人鬼也云云擲書云川中狗百姓眼馬撲児御厨飯慶成不對後丁晋公見曰川中狗蜀犬也百姓眼民目也馬撲児爪子也御厨飯官食也乃―――博異志」とある。この文章の内容は、次のように解釈される。崔慶成が会った美人が言った「川中狗百姓眼馬撲児御厨飯」を、丁晋公がこれは「獨眠孤館」のことを意味するとし、その謎解きをしているのである。

まず傍線部の「百姓眼」は〈百姓＝民〉〈眼＝目〉で、「目」と「民」を合せた「眠」字のことで、東大本では意味をなさない。国会本は「眼ノ字ナリ」が不要で、これがなければ「百――ハ眼ノ字ナリ」となり、正しくなる。叡山本は「眼ノ字ナリ」が誤りかと疑っていて、全くこの抄文が理解されていない。国会本がもっとも原形に近いと言える。

他の部分は異本間に差はないが、ついでに述べれば、「川中狗蜀犬也」は〈川中＝蜀〉〈狗＝犬（けもの偏）〉で、「獨」字のことであり、「馬撲児爪子也」が〈馬を撲る児＝爪子（愚かな子）〉で「孤」字のことである。「爪」と「瓜」は同一視されている。「御厨飯官食也」は〈御厨（宮廷の厨房）飯＝官食〉で、「館」字のことである。ただ「獨眠孤館」全体で何等かの特殊な意味を持つのかどうかはよく分らない。右に引いた抄文に「此ハスイナリ　本義ハシラヌソ」とあるように、抄者惟高はこのなぞなぞを完全には理解していない。

以上の検討からは、東大本巻七両本の本文は、国会本と比べると後出写本の性格を持っていると考えられる。

(二) 言語について

(Ⅰ) 表記

巻一では東大本と国会本・叡山本との間にかなりの表記の異同が見られたが、巻七の二本ではそのようなことは全く無く、ほとんど完全に一致している。

(Ⅱ) 音韻

(ア) オ段長音の開合

次の混同例がある。

a本　六例

カツケヲヤウテヒツカウタソ（七ａ４ウ）

カナシミイトウデ作タ詩ナリ（七ａ27ウ）

呉ニホウカウシタソ（七a28ウ）

野菜ヲキリソコノウ心ソ（七a30オ）

蓋寛《カウクワン》　饒傳《ジヤウ》（七a41オ）

ケツカウナクラアヲリナドヲ（七a44オ）

b本　四例

ソレ〳〵ニニヨウタ官ニ（七b3ウ）

早ウヒツカウデヨカラウスコトソ（七b4ウ）

開封《ハウ》ト云所ノ（七b29ウ）

イトマヲマウシテヒツカウタソ（七b43オ）

右のうち、「ヒツカウダ（デ）」「ケツカウ」は叡山本でも誤りが多く、開音形が正しい形と誤認される傾向があったものとみられる。また、例は少ないが、漢語では合音を開音に誤り、「ヒツカウダ（デ）」を除く和語では開音を合音に誤っているのも、叡山本と同様な傾向である（本書第二章参照）。なお、国会本、叡山本の巻七には、オ段長音の開合の混同例は無い。

（イ）四つ仮名

a本に混同例が一例ある。

ヂヤレデハナイト云タソ（七a18ウ）

国会本巻七には混同例はないが、叡山本には一例（「ヒツコマウヅ者ヲソ」〈七89オ〉）ある。

（ウ）清濁

東大本ａ本にのみ不濁点が付された例がある。

帨ハ女房ノコシニヲヒノヤウニシテ物デアラウソ　稅ノ字ノツギニタイタソ　サレトモ礼記ナドハスンテ。セイトヨンデミエタソ（東大本七ａ36オ）

帨ハ女房ノコシニヲヒノヤウニ物デアラウソ　稅ノ字ノツギニダイタソ　サレトモ礼記ナドハスンテゼイトヨンデミエタソ（東大本七ｂ37オ、国会本七43ウ、叡山本七64ウ）

「スンデ」よむのであるから、当然「セイ」であるべきであり、東大本ｂ本、国会本、叡山本の「ゼイ」は誤りである。この場合、文脈からみて三本が「セイ」を「ゼイ」と誤写する可能性は考え難いから、恐らく惟高の原本で誤って「ゼイ」とされていたのではなかろうか。東大本ａ本は、文脈上誤っている「ゼイ」を「。セイ」に改変したのではないかと考えられる。

『玉塵抄』で不濁点が使用されているのは、次の一例のみのようである（文献1第四章参照）。

仁義礼智ノ五。常アヤマラヌソ（国会本四〇36ウ、叡山本四〇51ウ「仁義礼智ノ一《スム》。常アヤマラヌソ」）

特に清音であることを示したい時には、次のように「スム」という注記がなされている。

大《スム》東小東ト云ハ（東大本一4オ、国会本一4オ、叡山本一4ウ）

礼記ノ本テハタン《スム》キウ《スム》トヨムソ（東大本五43ウ、国会本五15ウ、叡山本五28ウ）

東大本ａ本の「。セイ」が原本の形を伝えている可能性は考え難いのである。

(Ⅲ)　文法

(ア)　形容詞の音便形と原形

巻一のような東大本と他本との異同はみられない。

（イ）動詞の活用

下二段活用の一段化の例が次のように見える。

父母ニツカエルコトヲ（東大本七a37オ、b38オ、国会本・叡山本は「ツカユル」）

人ニアタエルソ（東大本七a50ウ、b51オ、国会本・叡山本は該当する文無し）

苗ヲウエレハ（東大本七a3オ、b3オ、国会本・叡山本も同じ）

三例のうち一例は国会本・叡山本と共通である。東大本の三例はab両本に共通であり、この一段化の形は両本共通の親本に溯るものと考えられる。一段化の形が右のようにヤ行下二段活用に集中しているのは、『玉塵抄』全体の傾向である（文献1第二章参照）。

（ウ）助動詞「べシイ」

「べシイ」が一例見える。

ノチノモハンニモナルべシイ心ソ（東大本七a5オ、b5ウ）

国会本・叡山本では「べイ」である。ab両本に共通していることからみて、この「べシイ」は両本共通の親本に溯るものであろう。『玉塵抄』全巻において調査した限りでは「べシイ」の形は発見できていない。「べシイ」は通常助動詞「ツ」に接続するとされるが、『史記抄』には「ツ」に接続しない「べシイ」が一例ある由であり[13]、東大本の「ナルべシイ」もあり得る形かも知れないが、『玉塵抄』全体からみれば異例であると言える。

（エ）助動詞「ナンダ」と「ナツタ」

国会本の「ナツタ」が東大本では「ナンダ」となっている例が一例ある。

①蔡克カ子モツタト云コトハキ、モセナンタソ（東大本七a19ウ、b20オ）

……キ、モセナツタソ（国会本七23オ、叡山本では「ツ」の右傍に「ン歟」とある〈七30ウ〉。）

東大本の存在する巻一～一〇の範囲で、次のように他に三例同様なケースがある。

②モノトモセナンタホトニ（東大本三43オ）

モノトモセナツタホトニ（国会本三50オ、叡山本三54オ「セナツホトニ」）

③ソノ郡ノ氏姓ノ人数ニイレナンタソ（東大本五20ウ）

……イレナツタソ（国会本五7ウ、叡山本五13ウ）

④近臣ニアワレナンタソ（東大本九43オ）

近臣ニアワレナツタソ（国会本九36オ、叡山本九48ウ）

国会本巻一から巻一〇までには「ナッタ」四例があるが、それがすべて東大本では「ナンダ」となっている。東大本の書写者は、「ナツタ」を「ナンダ」に意図的に改変したものと考えられる。叡山本の書写者も「ナツタ」の語形を疑っているふしがある。

『玉塵抄』に打消の「ナツタ」があることについては、柳田征司が言及し例示しているが、(14) その性格は明らかではない。柳田によれば、『詩学大成抄』では「ナンダ」と「ザツタ」が用いられているが、『玉塵抄』では「ナンダ」「ナツタ」「ザツタ」が用いられている。以下、柳田が挙げた例を除く「ナツタ」の例をすべて示す。

⑤ソノ前ハ洛ニ牡丹ヲシラナツタトシタモアルソ（国会本一三44ウ、叡山本三73オ「シラナンダ」）

⑥渉ガ陳エキテ陳ノ王ニナレト云タニ同心セナツダソ（国会本一四18ウ、叡山本一四23ウ）

⑦鄭エ行《ユ》タニ鄭カ无礼ニシテヨセツケナツタソ（国会本二四49ウ、叡山本二四51ウ）

⑧ソレカラ親類衆ニモデアワナツタソ（国会本二六5ウ、叡山本二六8オ「デアワナンタソ」）

⑨エトリカエラレナツタソ（国会本四八3ウ、叡山本四八5オ「エトリカエラレナンタソ」）

⑩餅ノ上《ウ》ノカシラガヨウムシテ十文《モン》字ニワレ折《サケ》ネハクワナツタソ（国会本四九34ウ、叡山本四九47オ「クワナンタソ」）

⑪腕可レ断ト云テ草セナンタソ　カキタスコト多ホトニウデモ手モタエウケウスホトニト云テカ、ナツタト此ノコトヲ談義ニイワレタソ（国会本五一2オ、叡山本五一2オ）

⑫名人ノ死ルイワレハイワシマサナツタソ（国会本五一33オ、叡山本五一34ウ）

右に柳田の挙げた三例（国会本三五28オ、三六52オ、四七19ウ、叡山本でも異同なし。なお③も柳田所引）を加え、『玉塵抄』に見出されている一五例の「ナツタ」のうち、東大本で四例（前述のように東大本の範囲での全例）、叡山本で四例が「ナンダ」になっている。一方、『玉塵抄』の「ザツタ」五例（東大本の範囲には無い）は全て叡山本でも「ザツタ」である。[15]柳田の説くように、「ザツタ」は他の抄物にも見える語であり、書写の際に改変されなかったのであろう。これに対して「ナツタ」は管見の範囲では他の抄物に見出し難い形であり、「ナンダ」の誤りと見られやすかったのであろう。

右に挙げた「ナツタ」の例のうち、⑥は国会本、叡山本いずれも「ナツダ」となっていて、「ナンダ」との語形の交渉の点で注目すべきである。また、⑪の例では「ナンダ」と「ナツタ」が近接して使われている。『玉塵抄』では「ナンダ」と「ナツタ」は一種の二重語をなしている。「ナツタ」の形は『玉塵抄』全体にわたって見られるのであって、惟高の原本に存在した形と考えられるのである。

(Ⅳ) 語形

二重語と考えられるもので、東大本と国会本で異なる語形をとっているものがある。

(ア) サエン―サイエン

国会本の「サエン」が東大本で「サイエン」になっている例が一例ある。

雞ハ土ノ中《ナ》ノ虫ヲコノウテ食ソ　サテサイエンノハタケヲツ、キウガツソ（東大本七a30オ、b31オ）

……サエンノハタケヲ……（国会本七37オ、叡山本七53オ）

管見では国会本には他に三例「サエン」があり、「サイエン」は見えないようである。次は東大本でも「サエン」である。

竹ノツ、ヲ多シテソレニ水ヲ入テサゲテモニナウテモハタケサエンニカクルソ（東大本一50ウ、国会本一54ウ、叡山本一61ウ）

他の二例は次のものである。

ソコニ老人ノハタケサエンヲツクル者アリ（国会本一二54ウ、叡山本一二78ウ）

セケンヲノカレステ、サエンヲシ梅木ヲソノニウエ木ヲツキ花ヲツクヤウナコトヲスルソ（国会本一三28ウ、叡山本一三47ウ）

「サエン」「サイエン」は「菜園」であることは明らかであるが、次に『玉塵抄』の「菜園」表記の例を挙げておく。

花壇ヤ菜園ナドノカキノフルウナリ修理モセイテ破レカケクツレタソ（東大本七a30ウ、b31オ、国会本七37オ、叡山本七53ウ）

郭巨ト云者菜園ヲスイテ金ノ釜ヲホリダイテ（東大本一37ウ、国会本一40ウ、叡山本一45ウ）

「サイエン」は節用集類に見えるが、「サエン」は中世の文献には他に見えないようである。

（イ）クチザキラ―クチザキ

国会本の「クチザキラ」が東大本では「クチザキ」になっている例がある。

騧ハ馬ノ毛ノ黄ニシテ口ザキヲノ黒ヲ云ソ（東大本七ａ32オ、ｂ33オ）

騧ハ馬ノ毛ノ黄ニシテ口ザキラノ黒ヲ云ソ（国会本七39オ、叡山本七57オ）

これは『毛詩』巻六の「小戎」の「騧驪是驂」に対する「毛伝」の「黄馬黒喙曰騧」によった抄文である。「口ザキラ」は「口先」と同意で「口の先」の意であり、「毛伝」の「喙」にあたる。東大本は「口ザキラ」の「ラ」を「ヲ」と誤ったため、「口先、尾の黒を」となり、「毛伝」の言うところと異なってしまった。しかも、「口サキ」でなく「口ザキ」としたため、語形としても普通でない形となった。『日葡辞書』も「クチサキ」で、「クチザキ」という語形は知られていないようである。『玉塵抄』には「クチサキ」もあり、両形が用いられている[16]が、東大本の書写者は「口ザキラ」を理解しなかったのかも知れない。

(三) 東大本巻七の性格

東大本巻七は、巻六と同様にａｂ二写本を持つが、ａｂ二本間の異同の問題については、文献３・文献６に述べた。ａｂ両本に共通する東大本巻七について言うと、以上考察してきたように、国会本と比較すると、本文の異同に関しても、言語事象に関しても、後出の写本の特色を有している。これは巻一・巻六の場合と同様である。また、国会本・叡山本とは別系統の写本と考えられるため、国会本・叡山本の本文の誤りを訂正できる場合も多く、きわめて有益な写本と言える。

五　その他の巻における言語事象について

東大本の本文の国会本との異同をめぐる問題については、以上述べたところで問題点を指摘できたと考える。以下、右に取り上げなかった巻二、三、四、五、八、九、一〇における言語事象について簡単に触れておく。

（Ⅰ）音韻

（ア）オ段長音の開合の混同

和語と漢語に分けて示す。

和語

色ノ心アリソウナソ（一〇17ウ、国会本12ウ「アリサウナソ」）

ウマレツキ性カヲサウドンニアルホトニ（一〇3オ、国会本2オ「ヲソウ」）

打ヲ、イフサイテハナニカミキコヤウスト云テ（一〇12オ、国会本8ウ「ミキコエウス」）

東陽ヲ治メサウラヲウスト云タソ（三19オ、国会本23ウ「サウラウソウス」、叡山本24ウ「サウラウワウス」）

上古ハ字カスクノウテ（九82ウ、国会本70オ「スクナウテ」）

足ニヒヾアカヾリガデカウズト作タソ（二28オ、国会本24ウ「デコウス」）

少室山ニヒツカウデイタソ（八4ウ、国会本6オ「ヒツコウデ」）

同姓ノ范レイガ功成ッ名トゲテ五湖エヒツカフタヲシタフテハンレイカイタ所ノアタリエヒツカフタソ（二44オ、国会本38オ二例とも「ヒツコウタ」）

ヲサナイ子トモタチヲモミマヲウソ（一〇49オ、国会本59ウ「ミマウテウソ」）

吾サキニハヤウミヤウトスル如ナトカイタソ（八4ウ、国会本6オ「ミウ」）

釆色《サイシキ》ガナイソ　ミヤウズヤウナイソ（八30ウ、国会本41ウ「ミウス」）

谷モヤシノウトヨムソ（九44ウ、国会本37オ「ヤシナウ」）

声ノ入ラウトキニ仄ヲシテヨカロウソ（四52オ、国会本34オ「ヨカラウソ」）

漢語

賊ト云ハスツハヌス人ガントウ〈強盗〉ナド、コ、ラニ人ヲワルウ云コトバソ（九81ウ、国会本69オ「ガンダウ」）

利根困学ノキヤウ（器用）ナ人ナリ（一〇18オ、国会本13オ「キヨウ」）

今時在家衆ノ位牌ヲケツカウ（結構）ニシテ（二23ウ、国会本20ウ「ケツコウ」）

銭宝乃至衣服等モケツカウ（結構）ナハ（九40オ、国会本33ウ「ケツナハ」、叡山本45オ「ケツコウナハ」）

チヤウホウ（重宝）ノ美ナモノヂヤホドニ（三38オ、国会本44ウ「チヨウホウ」）

戎昱《ユク》ハ唐《トウ》ノ詩人ナリ（二47オ、国会本40ウ「唐」）

巻五を除いて、すべての巻に混同例が見出される。巻二―五例、巻三―三例、巻四―一例、巻八―三例、巻九―四例、巻一〇―五例である。「ケツカウ」「ヒツカウダ（デ）」は、叡山本にも複数の混同例がある（本書第二章参照）。

（イ）四つ仮名の混同

次の一例のみが見られる。

ラウハアジナイモノトキコエタソ（九9ウ、国会本8ウ「アヂナイ」、叡山本11ウ「アジナイ」）

（II）文法

（ア）動詞の活用

下二段活用の一段化例が四例、上二段活用の一段化例が一例見られる。

種《セウ》トヨムソ　ウヱル心ソ（九44ウ、国会本37オ「ウユル」）

二度メニ又《マタ》ナラセハマヱノニクタヒレテヲトロヱルソ（九66オ、国会本55ウ「ヲトロユルソ」）

崿ノ心ハ歯ノ神チヤホトニ崿ハ齶ノ心カ　アギト、ヨムソ　ソレニタトエル心カ　又崿ト齶トカヨウカ（五163ウ、国会本68オ「タヨル」）

ミナノクルヲムカエル心ソ（一〇5ウ、国会本4オ「ムカエル」）

風―　風カ吹テキタレハヲチル花ノ色モ紅ナソ（四29オ、国会本19ウ「ヲチチル」）

「ムカエル」は国会本も一段化している。「タトエル」「ヲチル」が国会本と語自体が異なっているが、どちらの本文も意味は通じる。

（イ）「ゲナ」の接続

国会本の「ヨゲナ」が「ヨイゲナ」になっているものが次のように見られる。

方《ホウ》ーガヨイケナソ（東大本二1ウ、国会本1ウ「ヨケナソ」）

アツ氏トモエン氏トモヨメルソ　エンガヨイゲナソ（東大本五149ウ、国会本61オ「ヨゲナソ」）

接尾辞「ゲナ」は、形容詞の場合語幹に接続するのが本来であるが、この時代動詞等と同様終止連体形に接続する例が増加した（『時代別国語大辞典　室町時代編』「げな」の項参照）。『玉塵抄』でも「ワルイ」に接続する場合には「馬トヨムハワルイゲナソ」（一60ウ）のように「ワルイゲナ」という形をとっている。しかし、「ヨイ」の場合は国会本では例外なく「ヨゲナ」である。それが東大本では「ヨイゲナ」になっている場合があるということである。新しい語形に変えられていると言ってよい。同じ後出写本でも叡山本ではこのような改変は行われていない。

六　東大本の全体的性格

以上論じてきたように、『玉塵抄』東大本は同一系統である国会本・叡山本とは別系統に属する写本であり、かつ国会本より後出写本と考えられる。

国会本と異系統ではあるが、本文そのものは巻一を除いてよく一致する。漢字表記か仮名表記かという点でも完全に一致すると言ってよい。濁点のあて方も、比較的よく一致する。本文に関する異同でもっとも問題になるのは、漢字の字体である。これらについては、文献6で巻六、七について詳しく述べたところである。巻一は、書写の正確さの点で他の巻より劣り、書写者による改変が多く見られる点、注意して参照する必要がある。なお、東大本巻一〇には二〇丁余りに及ぶ大きな脱文がある（国会本21ウ6〜42オ12に相当する部分）。

国会本と比較すると、言語面で後出写本としての特徴が見られ、それは同じ後出写本である叡山本と共通するものが多い。

別系統であるところから、国会本の本文を補完する場合も多く、また原漢文の訓読が全体的に詳しく、巻一〇までの『玉塵抄』をよむ上で極めて有益な写本であると言える。

注

（1）　他の用例は文献2参照。

(2) 本書では、柳田征司「『玉塵』の原典『韻府群玉』について」（山田忠雄編『国語史学の為に』〈一九八六〉所収、後『室町時代語資料としての抄物の研究』所収）により、米沢図書館蔵本の写真を用いる。
(3) 小林芳規『平安鎌倉時代に於ける漢籍訓読の国語史的研究』三九七ページ。
(4) 「ソ、ク＞ソ、グ」（『日本語のすがたとこころ（二）』）
(5) 内閣文庫蔵の刊本『新編排韻増広事類氏族大全』（番号―漢三〇〇三、函号―別五〇一三）のコピーを用いる。以下の各章でも同様である。
(6) 北原保雄「形容詞「ヒキシ」攷」（『国語国文』一九七八・五）
(7) 土井洋一「抄物の一語法」（『国語国文』一九五七・九）
(8) 注7論文参照。
(9) 注6論文参照。なお、柳田征司も『詩学大成抄の国語学的研究研究篇』（一九七五）において、惟高の抄物の「ヒキイ」「ヒクイ」について同趣旨のことを述べている。
(10) 注9所引柳田著書および文献1参照。
(11) この「光武ノ」はかかっていく語句がないが、これは続く「前漢ノ末……天下ヲトツタソ」が佐伯梅友のいわゆる「筆のそれ」であって、その次にまた「光武ノ」が繰り返されていると考えられる。
(12) 次の例である。

人間ノ心デハナイソ（東大本七a23ウ、b24ウ、叡山本七40ウ）

人＝間ノ心デハナイソ（国会本七28ウ）

「人＝間」は「人人間」であり、「人（ひと）」と「人間（にんげん）」を重ねたもので、抄物にしばしば見られる類義語を重ねた表現と考えられる。次は叡山本が重点を脱落させている例である。

毛詩ニハシメニ鴟-鴞＝-＝既取《ニトモカ》 我子毀《コホツト》我室《ヲ》……（国会本七61ウ）

毛詩ニハシメニ鴟-鴞既《ニトモ》欺ニ我《カ》子《ヲ》一无レ毀《コホツト》ニ 我室《ヲ》一……（叡山本七94ウ）

東大本は両本とも「鴟-鴉＝-＝」を脱落させているが、その脱落に重点が認識され難かったことも影響していると考えられる。

(13) 大塚光信「べシとマイ」(『国語国文』一九六〇・一)による。

(14) 注9所引柳田著書第三章。

(15) 次の諸例である。

云イハテ、クラリトシテミエザツタソ (国会本一四50ウ、叡山本一四66オ)

方ト真乗ハヨメタソ　方トハヨメザツタソ (国会本一四71オ、叡山本一四93オ)

矢ヲハゲタレトモエハナサヾツタソ (国会本二九47ウ、叡山本二九58オ)

黄河ノニコツテ西カラクルハ初ハエ知ラサツタソ (国会本三〇30ウ、叡山本三〇44オ)

ホメタ語カ及バザツタソ (国会本五一15ウ、叡山本五一16ウ)

(16) 『時代別国語大辞典 室町時代編』は、「くちさき」の項に『玉塵抄』巻二〇の「駒、黄馬黒啄、ソウノ毛ノ色黄ニシテクチサキガ黒ソ」を引く。また、「くちさきら」の項にはこの巻七の例を引く。

第二章　叡山文庫蔵本におけるオ段長音の開合の混乱について

一

『玉塵抄』の叡山文庫蔵本は（以下「叡山本」と略称する）は、国会図書館蔵本（以下「国会本」と略称する）と同系統の後出写本であり、かつて文献1で述べたように、相当数のオ段長音の開合の混同例が見られる。本章は、この問題について全巻にわたって調査した結果の報告である。

以下、本文の引用に際しては、訓読符、音読符等の記号は省略し、漢字の字体も現行字体に改めた場合がある。

二

叡山本には、全五五巻を通じて、調査した限りでは一四五例の開合混同例が見出される。(1)

以下、まずI合音を開音に誤ったもの、II開音を合音に誤ったもの、に分類し、次にそれぞれについて、A和語、

B漢語に分け、和語についてはさらにa動詞、b形容詞、cその他、に分けて示す。動詞については、終止形、ウ・ウズに続く形、タに続く形、の順に示す。各分類項目内は、ほぼ正しい語形の五十音順である。叡山本の混同例に対応する国会本の語形も示す。漢語の場合、〈 〉内に漢字表記を示す。

I合音を開音に誤ったもの……五八例

A和語……二三例

a動詞……一八例

(1) 父子瑟ノ器ヲアラサウタソ（叡山本五91オ、国会本61オ「アラソウタ」）

(2) 鳥ハ羽カ干要ソ　カイツクラウテイルソ（叡山本三七16ウ、国会本12オ「カイツクロウテ」）

(3) 或乞《アルヒト》レー（醯）焉　アル人スカウトヨム《(ママ)》ソ　スヲコウトハヨムマ《(ママ)》ヌソ（叡山本一九22オ、国会本17ウ「コウ」）

(4) 侖吾ニスカウトアルト云テスヲハ人ニモラウコトチヤト云ソ（叡山本一九22オ、国会本17ウ「コウ」）

(5) 元紘カヲトシツケタ所ヲアラタメテシカヤウトシタソ（叡山本六23オ、国会本20ウ「シカヨウ」）

(6) トリツクラウテイモナウシテイタガ（叡山本一2オ、国会本2オ「トリツクロウ」）

(7) 四十ニシテ耕ヲ本ニシテヒツカウテイタソ（叡山本五59ウ、国会本37オ「ヒツコウテ」）

(8) 次山カヒツカウテイタ語溪ノ山ノキシニ石ノアルヲ（叡山本六63ウ、国会本56オ「ヒツコウテ」）

(9) ドコノ山カゲエヒツカウデハテウト思ナリ（叡山本九3ウ、国会本2ウ「ヒツコウデ」）

(10) 武当山ニヒツカウデ五穀ヲサケテクワヌソ（叡山本一四89オ、国会本68オ「ヒツコウデ」）

(11) ハヤウヒツカウテコロサレヌソ（叡山本一七3オ、国会本2ウ「ヒツコウテ」）

(12) 七日カクレテヒツカウテ（叡山本二〇62オ、国会本36ウ「ヒツコウテ」）

(13) 洛エヒツカウテ（叡山本二九46ウ、国会本37ウ「ヒツコウテ」）
(14) 吾カ家ニヒツカウテイテ（叡山本三〇71オ、国会本50オ「ヒツコウテ」）
(15) 蜀ノ成都ソノ外ノ軍勢トモヲミハカラワセタソ　ミツクラウ監軍ト云ソ（叡山本一73オ、国会本64オ「ミツクロウ」）
(16) 吏文類聚ニミヤウソ（叡山本一〇63ウ、国会本55オ「ミエウ」）
(17) 周礼ヲミタラハミヤウソ（叡山本一六29ウ、国会本23オ「ミエウ」）
(18) ウスイ酒モ二盃ツ、ケテノメハチツトヤウヨウナソ（叡山本五89オ、国会本59オ「ヨウ」）

b形容詞……四例

(19) 物ヲシエエイキカセツベイコガシカウミエタ者チヤト云タソ（叡山本一〇39オ、国会本33オ「物ヲヲシエユイキカセツベイコガシコウミエタ者チヤト云タソ」）
(20) 物スガウイナ、イタソ（叡山本一九37ウ、国会本30オ「物スゴウ」）
(21) 物スカウ思タケナソ（叡山本三二6オ、国会本4ウ「物スコウ」）
(22) キゲンヤウシテ（叡山本四六40ウ、国会本37オ「ヨウ」）

c その他……一例

(23) イマウジノフイカウヲ立テ（叡山本一六32ウ、国会本25ウ「イマウジ」）

B漢語……三五例

(24) カンヤウ〈肝要〉ノ者ソ（叡山本一二77オ、国会本53ウ「カンヨウ」）
(25) 上古上代ニハ采詩ノ官ヲヲカレテソノキヤウ〈器用〉ナ者ヲ此官ニナイテヲカレタソ（叡山本一一11ウ、国会本

8ウ「キヨウ」）

(26) ケツカウ〈結構〉ナ物デコソアルラウソ（叡山本一〇53ウ、国会本46オ「ケッコウ」）
(27) キルモノケツカウナソ（叡山本一二75ウ、国会本53オ「ケッコウ」）
(28) ケツカウニクイ者ナドソナエテ（叡山本一四12オ、国会本9オ「ケッコウ」）
(29) ケツカウナアヤ錦ノフスマニ（叡山本一七12ウ、国会本10オ「ケッコウ」）
(30) ケツカウニウツクシイソ（叡山本一八23オ、国会本16オ「ケッコウ」）
(31) ケツカウナ板ソ（叡山本一八75ウ、国会本50ウ「ケッコウ」）
(32) ヨイケツカウナナマ《ママ》板ノ（叡山本一八91ウ、国会本60オ「ケッコウナマナ板ノ」）
(33) アヲリニケツカウナカアルソ（叡山本一九61ウ、国会本48ウ「ケッコウ」）
(34) ケツカウナ上ハキソ（叡山本一九74オ、国会本58オ「ケッコウ」）
(35) ケツカウナ紙テアラウソ（叡山本二一30ウ、国会本27ウ「ケッコウ」）
(36) ケツカウナナ《ママ》文章カ（叡山本二一32ウ、国会本29オ「ケッコウナ文章カ」）
(37) カサリノケツカウナヲ云ソ（叡山本二一92オ、国会本84ウ「ケッコウ」）
(38) ケツカウナデタチデ（叡山本二四5ウ、国会本5ウ「ケッコウ」）
(39) ケツカウナハコニ入テ（叡山本二五4ウ、国会本4オ「ケッコウ」）
(40) ケツカウニ銀バクデダウテヲシタソ（叡山本二五65ウ、国会本57ウ「ケッコウ」）
(41) 琵琶ヲケツカウニシテ（叡山本二七18ウ、国会本13オ「ケッコウ」）
(42) ケツカウナハナヤカナ館ニ（叡山本二七41ウ、国会本28ウ「ケッコウ」）

(43) ケツカウナ紙（叡山本二七42ウ、国会本29ウ「ケツコウ」）

(44) ケツカウナ家ハ（叡山本二七45ウ、国会本31ウ「ケツコウ」）

(45) 蟬ノヌケカラノ甲《カウ》カ（叡山本四一38オ、国会本27ウ「甲」）

(46) 亀ノカウ〈甲〉ヲヤクソ（叡山本四二14ウ、国会本11ウ「コウ」）

(47) 殻ハコウヲ云ソ　亀ノ殻モ甲《コウ》ナリ……ソレニモカニノカウ〈甲〉ハマシタトアリ（叡山本四四23オ、国会本20オ「コウ」）

(48) 竹ノカウ〈甲〉ニカイテ（叡山本四六41ウ、国会本38オ「コウ」）

(49) 蝸牛……マルイ殻アリ　カタイカウ〈甲〉ヲ負テアルクソ　亀モコウヲ負テアルクソ（叡山本五二23オ、国会本17オ「コウ」）

(50) 悔ハモノヲクワウカイ〈後悔〉シタコトソ（叡山本一五3ウ、国会本3オ「コウクワイ」）

(51) サウドウシテザシキタツテシンダウ〈震動〉シタレハ（叡山本二五8オ、国会本7ウ「シンドウ」）

(52) サウ〈奏〉シテ（叡山本二五8ウ、国会本8オ「奏」）

(53) 褐ハツ、レノヒキヤウ〈比興〉ナキルモノソ（叡山本一六22ウ、国会本17ウ「ヒケウ」）

(54) 口ヘンカウ〈弁口〉ヲキイテ云タソ（叡山本二七15オ、国会本10ウ「ヘンコウ」）

(55) 毛詩ニ蟊《バウ》賊内ー《セム》（訌）ト　蟊ハイネヲハム虫ナリ（叡山本四四44ウ、国会本31オ「蟊《ボウ》」）

(56) 思ノマ、ニハウカウ〈奉公〉シタコトソ（叡山本一九17オ、国会本13ウ「ヘウコ」(2)）

(57) ミヤコニ黄ーーノ酒ヲホンサウ〈奔走〉スルソ（叡山本五72オ、国会本46オ「ホンソウ」）

(58) 牛ヲキリサイテリヤウリ〈料理〉シタソ（叡山本二〇18ウ、国会本11オ）

II開音を合音に誤ったもの……八七例

A和語……六三例

a動詞……三九例

(59)イカナ广ノ自由ヲ得テハタラクモエウカコウコトナラヌソ（叡山本五〇23オ、国会本19ウ「ウカ、ウ」）

(60)目ノアタリヲケヲウホトニ（叡山本二二20オ、国会本18ウ「ケワウ」）

(61)ミヤコノ万民上下ヲノ福徳ノ恩沢ヲカウムラウコトヲコイネコウトイワシムタソ（叡山本六77ウ、国会本68ウ「コイネカウ」）

(62)此カヨイ稲ヲソコノウソ（叡山本四六7オ、国会本6ウ「ソコナウ」）

(63)ヒコヅロウトモヨムソ（叡山本一四117ウ、国会本89オ「ヒコヅラウ」）

(64)タカイニ侮《アナトリ》ヲフセギヨウソ（叡山本三二58ウ、国会本43ウ「フセギヤウ」）

(65)天子ノソバニミヤツコウ女房タチノコトナリ（叡山本一二39ウ、国会本27ウ「ミヤツカウ」）

(66)有司ト云ハナニコトモヨイアシイコトモ上エモウスモノソ（叡山本九99オ、国会本72オ「マウス」）

(67)例ノ刈ーデアロウト云タソ（叡山本一二14ウ、国会本9ウ「アロウ」）

(68)音ーハ琴ナトノ曲調ノコトデアロウソ（叡山本一二16ウ、国会本11オ「アラウ」）

(69)此ハ左伝ニアロウソ（叡山本一二78オ、国会本54ウ「アラウ」）

(70)子朝ヲ、イコスコウトスル衆内ニアルソ（叡山本六84オ、国会本74ウ「ヲイコスカウ」）

(71)学問ヲヨウサセヨ　ソチノ家ヲヲコ[3]ソト云タソ（叡山本五一38オ、国会本36オ「ヲコサウソ」）

(72)人ハ貧ナ時ト富タ時ト生タ時ト死タ時トイヤシイ時ト貴ウナツタ時トデ人ノ交リ知音ノ真実ナト時ノナリニ

ヨツテネンコロナトヲトロウカトカミユルト云コトヲ門ニカイテヲシタソ（叡山本三〇85ウ、国会本60オ「ネンコロナトヲロソカトカミユル」）

(73) 鶴ノスネカナカイト云テキラバカナシモウソ（叡山本一〇7ウ、国会本6ウ「カナシマウ」）

(74) カウデカナヲウコトカト心ヲハゲマシテ（叡山本四八37オ、国会本26オ「カナワウ」）

(75) 琴ヲキコウトテカソ（叡山本三七28ウ、国会本20オ「キカウ」）

(76) 一人ツ、吹セテキコウトイワレタソ（叡山本四七32オ、国会本23オ「キカウ」）

(77) 弓矢ノ時ニスケヤヲウト云コトヲチカイコトヲセラル、ソ（叡山本一28オ、国会本24ウ「スケヤウ」）

(78) 詩ヲモツクロウト（叡山本四六45オ、国会本41オ「ツクラウ」）

(79) ツ、シモウスコトト云心ソ（叡山本二九48ウ、国会本39ウ「ツ、シマウス」）

(80) 玉ヲトロウトテ（叡山本一〇37ウ、国会本39ウ「トラウ」）

(81) 此モ桃ヲドロ（ママ）ウスル心アラウソ（叡山本一六74ウ、国会本59オ「トロウスル」）

(82) ソレトロウドコロサルルコトモナイソ（叡山本三二47オ、国会本35オ「トラウ」）

(83) 宰相ニナソウトヲモワシムタソ（叡山本三10オ、国会本10オ「ナサウ」）

(84) アタヲナソウト思ソ（叡山本一八33ウ、国会本28ウ「ナサウ」）

(85) 高祖ノナニナソウトテ琢キタマウソ（叡山本四〇39ウ、国会本28ウ「ナサウ」）

(86) ヨウナシナシ（ママ）ナソウト思フコトカ（叡山本四四24オ、国会本21ウ「ナソウ」）

(87) 天下ヲモトウトシテ（叡山本一四13ウ、国会本10ウ「モタウ」）

(88) ナニトヨモウスヤラ（叡山本二一13ウ、国会本12ウ「ヨマウス」）

(89)……トヨモウカ（叡山本五〇5ウ、国会本5オ「ヨマウ」）
(90)時ニヲウテハ（叡山本五三9オ、国会本9オ「アウテ」）
(91)セガカゴウテ槖駄ノヤウナホトニ（叡山本四八47オ、国会本33オ「ガ、ウテ」）
(92)帝ノ機ニチコウテコロサレタソ（叡山本二九8ウ、国会本7オ「チカウテ」）
(93)此モ我ノ字チコウタカ（叡山本二五25ウ、国会本23オ「チカウタ」）
(94)同ｼ年ニ及第シタドウシハ別シテチノウテ云イ通シテシタシイソ（叡山本一37ウ、国会本33オ「チナウテ」）
(95)仏ニ作《ナル》コトヲネコウテ仏ニ奉公シ（叡山本四九37ウ、国会本27ウ「ネカウテ」）
(96)力カツヲウナツテ天下ヲハカロウテ（叡山本三5オ、国会本5オ「ハカラウテ」）
(97)委蛇ハハアチコチヤスロウタナリソ（叡山本四六48オ、国会本43オ「ヤスラウタ」）

b形容詞……四例

(98)強胡ト云テエヒスハコワウガイナソ　此ノタルノ胡ハコヲウナイソ（叡山本一六58オ、国会本46オ「コワウ」）
(99)猿ハソ、コシウシツマラヌ者ソ（叡山本三一14オ、国会本10オ「ソ、カウシウ」）
(100)賢才ナホトニ半千ト云テヨカロウト（叡山本四〇47ウ、国会本34オ「ヨカラウ」）
(101)権勢ヲヨヲウナスコトソ（叡山本四六6ウ、国会本6オ「ヨワウ」）

cその他……二〇例

(102)伐ハ名デハアリソウモナイソ（叡山本四78オ、国会本54ウ「アリサウ」）
(103)冬ノ字イワレアリソウナコトソ（叡山本四84オ、国会本59オ「アリサウ」）
(104)アリソモナイコトソ（叡山本一三11ウ、国会本6ウ「アリサウ」）

(105) ヂヨノ音デアリソウモナイソ（叡山本一四116ウ、国会本88ウ「アリサウ」）
(106) カウアリソウナイコトソ（叡山本一九23ウ、国会本18ウ「アリサウモ」）
(107) アリソウナコトソ（叡山本一九26オ、国会本21オ「アリサウ」）
(108) アリソウモナイコトソ（叡山本五〇14オ、国会本11ウ「アリソウ」）
(109) アリソウナソ（叡山本五一29ウ、国会本28オ「アリサウ」）
(110) シヨヨトスミソウナソ（叡山本二一16オ、国会本15オ「スミサウ」）
(111) ソレソウナ課役ヲノゾカレタコトソ（叡山本三七46オ、国会本33オ「ソレヤウ」）
(112) 池カ水ノタマルトコロニナリソウナヲヲソレタソ（叡山本一四71オ、国会本54ウ「ナリサウ」）
(113) ノセソウナコトソ（叡山本二一59ウ、国会本53オ「ノセサウナ」）
(114) ホシイイ一点カヨソウナソ（叡山本四六11オ、国会本10オ「ヨサウ」）
(115) 蚊デハシアルカト存シサウロウト云タソ（叡山本二七27ウ、国会本19オ「サウラウ」）
(116) 上代ノ書ハソウハナイソ（叡山本三13オ、国会本13オ「サウ」）
(117) ホムルコトモソウソ（叡山本三33オ、国会本30ウ「サウ」）
(118) ソウアリサウモナイコトソ（叡山本九25ウ、国会本18ウ「カウ」）
(119) 位モナイ君子サエカウアルニイヲウヤ……（叡山本一二110ウ、国会本77ウ「イワウヤ」）
(120) 公孫豆ノ粥ヲマラセタソ　ソウシテコ、エタガ皆トケタト諸将ニイワレタソ（叡山本二三57オ、国会本39ウ「公孫豆ノ粥ヲマラセタソ　ウエコ、エタガ皆トケタト諸将ニイワレタソ」）
(121) ケツコウ賓《マロウト》ナニシテモテナイテ（叡山本五五75オ、国会本55ウ「マラウト」）

B漢語……二四例

(122) ソレハタ、一向《コウ》銭マブリマテソ（叡山本三八5ウ、国会本5オ「一向」）
(123) 此ノ山ノウツトウ〈鬱陶〉シイヲキライニクンテ（叡山本三53ウ、国会本49ウ「ウツタウシイ」）
(124) 狄カコウサン〈降参〉シテ城カヲチタソ（叡山本三二40ウ、国会本30オ「カウサン」）
(125) 軍陳ノ時ニ陣中ニ井ヲホツテ井ノ上ニキツコウ〈桔槹〉ノヤウニシテチイサイヒツサクルホドノ壷ヲカケテヲクソ（叡山本一六66オ、国会本52ウ「キツカウ」）
(126) ソトノキツソウ〈吉相〉ノヨイ馬ニ似タハ（叡山本二三24ウ、国会本16ウ「キツサウ」）
(127) 猶《シ》二翺翔《カウセウ》一也（叡山本四二45オ、国会本39オ「翔《シャウ》」）
(128) ナリカ、リヲミテヨウソウ〈相〉ジタソ（叡山本一九36オ、国会本29オ「サウ」）
(129) 物ヲナヲイテヲシツヒイツスルコトシヲウ〈雌黄〉ノ筆ヲ下《クダス》ト云タソ（叡山本四六1ウ、国会本1ウ「シワウ」）
(130) ソソウ〈粗相〉ナラハソサウニシケツコウナラハケツコウニアラウソ（叡山本一五34ウ、国会本27ウ「ソサウ」）
(131) 庖《ホウ》丁スル者ナリ（叡山本三6ウ、国会本6ウ「庖丁」）
(132) ホウチヤウ〈庖丁〉シテ（叡山本一七15オ〈ホウは朱で補入〉、国会本12オ「ハウチヤウシテ」）
(133) 魚ナトヲマナ板ニノセテハウテウスルヤウニ（叡山本三一18ウ、国会本13ウ「ハウチヤウ」）
(134) 負笈ハ書ヲ入ルハコナリ　ブンコウ〈文匣〉ノコトソ（叡山本四55ウ、国会本38ウ「ブンカウ」）
(135) 胡ヲセメウドテモウゼイ〈猛勢〉ヲツメタテラレタソ（叡山本三八56ウ、国会本51オ「マウゼイ」）
(136) ソレヨウ〈様〉ナ者（叡山本一九37オ、国会本29ウ「ヤウ」）
(137) カキヨウニヨウモナイコトアレハ（叡山本一九43オ、国会本34ウ「ヤウ」）

(138) 足ヲアトヲフムヨウニヒツツ、イテノホルコトソ（叡山本一九45ウ、国会本36ウ「ヤウ」）
(139) ナンボウヨキヨウナトイワルレバ（叡山本二〇3ウ、国会本2オ「ナンボナキヨウ〈器用〉ナトイワルレバ」）
(140) ナニトモ水ヲトヲサウヨウナイソ（叡山本三〇89オ、国会本63オ「ヤウ」）
(141) フルイツ、リヲ以テ酒テヲウテタカタニゼニハヤリ物ナイホトニソレヲヤツテ酒直ノヲツルヨウスマイタソ（叡山本四六51ウ、国会本46ウ「酒直ノヲツシヨ〈負所、後述参照〉ヲスマイタソ」）
(142) 皆々ノ様体《ヨウ》ヲ（叡山本二三112オ、国会本66ウ「様体」）
(143) 雨ノヨウス〈様子〉ヲヨウ知ソ（叡山本三四29ウ、国会本24オ「フラウス」）
(144) アチコチルロウ〈流浪〉シテ（叡山本一八35オ、国会本23ウ「ルラウ」）
(145) 此ノ女嫉妬フカウシテ性ガヲウセイ〈旺盛〉ニコワイフセギサマタクル気カアルソ（叡山本四72オ、国会本50ウ「ワウセイ」）

一四五例のうち国会本も同様に誤っているのは、(22)(81)(86)(108)の四例である。この四例のほかに、国会本独自の開合の混同例が、次のように一三例見出される。

(146) カミヲモケツリカタチヲモトリツクラウコトナイト（国会本四56オ、叡山本79ウ「トリツクロウ」）
(147) イトマヲマウシテヒツカウタソ（国会本二〇25オ、叡山本42ウ「ヒツコウタ」）
(148) コイネゴウハモトメネガウ心ソ（国会本一六51オ、叡山本64オ「コイネガウ」）
(149) 六畜ヲヤシノウコトヲ（国会本五〇6オ、叡山本7ウ「ヤシナウ」）
(150) カクイテヲコウトイワレタソ（国会本四二14オ、叡山本17オ「ヲカウ」）
(151) 物ヲシヲウテ惜ムコトヲ吝惜ト云ソ（国会本四二12オ、叡山本15オ「シワウテ」）

(152) 水カヤカレテカレテノウナツタソ（国会本五四6オ、叡山本6オ「ナウ」）
(153) ヨミソウナコトソ（国会本五〇33オ、叡山本39オ「ヨミサウ」）
(154) ケツカウナ手ノコイヲ以テ（国会本二五66オ、叡山本75オ「ケツコウ」）
(155) 精好《セイゴウ》ノ上々ノキヌナリ（国会本四八46ウ、叡山本66ウ「精好《セイガウ》」）
(156) カナシイヒロ〈疲労〉シタ者ドモ（国会本二五50オ、叡山本57オ「ヒラウ」）
(157) 玉ノヨウナ（国会本二五13オ、叡山本14オ「ヤウ」）
(158) 水ヤ玉ノキヨイヨウナソ（国会本四二13オ、叡山本16オ「ヤウ」）

結局、叡山本の開合混同例一四五例に対し、国会本の開合混同例は一七例ということになる。

　開合の混同とともに問題になるのは、四つ仮名の区別である。次に、叡山本における四つ仮名の混同例を挙げる。(4)
複数例がある場合、活用語は終止形で代表させ、用例における濁点の有無を区別しないで示す。

　ジ→ヂ

アテヂ〈宛字〉（一四12ウ）　イチヂン〈一人〉（五34ウ）　クヂラ〈鯨〉（五24ウ）
ソクヂ〈即時〉（五111ウ）　チヤマ〈邪魔〉（五〇23オ）　辻《ツチ》風（五三26オ）
ビヂヤク〈微弱〉（四六22オ）　ミヂカイ〈短〉（五17ウ、九10ウ、一六58オ）

　ヂ→ジ

アジナイ〈味無〉（九11ウ、二四66オ）　五丁《シャウ》力士（二一53ウ）　シウジヤク〈執着〉（五38ウ）
ジヤ〈助動詞ヂヤ〉（三55ウ、九100オ、二一38ウ、三二8オ・12ウ、四六48ウ・53オ）
スジ〈筋〉（一四13ウ）　仲尼《ジ》（九28ウ）　ハジシメタ〈恥〉（九98オ）

ズ↓ヅ

ウヅ〈助動詞ウズ〉（七89オ、四六7オ）　カヅエテ〈数〉（五66オ）

クツカツラ〈葛蔓〉（五77ウ、「クツ」の「ツ」の右傍に「ス」とある）　ヤハヅ〈矢筈〉（四六20オ）

ヅ↓ズ

ヒサマスイテ（三一15オ）

国会本では右に挙げた叡山本も混同している「チヤマ（邪魔）」一例のみで、国会本独自の混同例はみられない。

三

このような叡山本の開合混同例には、どのような傾向が見られるであろうか。

まず、和語と漢語についてみると、次表のように対照的な傾向を示していることがわかる。

	合↓開	開↓合
和　語	二三例　二七％	六三例　七三％
漢　語	三五例　五九％	二四例　四一％

和語は開音を合音に誤ることが多く、漢語は逆に合音を開音に誤ることが多い。その傾向は、和語において著しい。また、漢語の合音を開音に誤った三五例のうち二〇例は「ケツカウ」であり、合↓開の傾向が漢語において一

般的であったとは必ずしも言い得ない。これに対して和語は、前節で示した例のとおり、開音を合音に誤る傾向は偏りなく一般的に認められるのであり、これに反する傾向を持つ語は「ヒツカウデ」の形のみと言える。

叡山本は転写本であり、当然のことながら新たに書き下された資料の場合とは異なった条件下にある。叡山本の転写時期を柳田征司は江戸時代初期とし、(5)筆者もまたそれを妥当と考えるが、すでに開合が混乱していたとみられる近世初期にあっても、注意深く書写すれば、全く開合の混乱なく書写することが出来るのである。そして、全体としてみれば、叡山本は注意深く書写されているとみられるのであって、全五五巻で一四五例の開合の誤りは、決して多いとは言えない。後掲の表で明らかなとおり、全く混同例の見えない巻もあるのである。叡山本の混同例は、そのような注意深い書写の過程で、しかもなお誤られた例である。また、叡山本は国会本との共通の親本より少なくとも一回の転写を経ていると考えられるのであって（文献1第二章参照）、そういう誤りが各書写の段階で重ねられてきているものであることは明らかである。

大塚光信は、「開合混乱期に開合を表記しわけようとする努力を、いまわれわれがいわゆる歴史的仮名遣によって書記しようとするものに重ね合わせて考え」て、混同例を当該語の性質によって次のように分類し、「大体右の方ほど、混乱期においては正しく表記されにくい蓋然性が高いということになるはずである」とした。(6)

（甲）漢語

（乙）和語のうち、活用形に関係しないもの

　ｉ　名詞・副詞・用言の語幹など

　ii　指示語

（丙）和語のうち、活用形に関係するもの

i　ア・ハ・ワ行四段活用動詞の終止連体形
ii　ア・ハ・ワ行、バ・マ行四段活用動詞の音便形
iii　形容詞連用形の音便形
iv　未然形にウの下接したもの

叡山本の混同例を右の分類によって整理してみると、(甲)五九例、(乙)i一六例、(乙)ii四例、(丙)i一三例、(丙)ii一八例、(丙)iii七例、(丙)iv二八例となる。

和語についてみると、大塚がもっとも正しく表記されやすいとした(丙)iv(未然形にウの下接したもの)が、叡山本ではもっとも混同例が多いということになる。これは、叡山本の混同例の多くが、大塚の想定した意識的な書き分けの際の誤りではなく、転写の際の誤りであるためであろう(拗長音の誤りがわずか四例に過ぎないのも、拗長音の開音と合音は字数が違い誤りにくいためであろう)。特に(丙)ivの場合は、~ヨウを~ヤウとした三例(シカヨウ→シカヤウ、ミエウ→ミヤウ2例)を除いて、すべて開音を合音に誤ったものであることも、無意識的に発音に忠実に表記をしたためと考えることができる。この場合、異なり語一四語にわたって誤りがみられ、特に著しくある語に集中していることはない。アロウ三例、トロウ三例、ナソウ四例が目立つ程度である。

これに対して、(丙)ii(四段活用動詞の音便形)の場合は、一八例中半数近い八例がヒツコウデを誤ったヒツカウデであり、(乙)i(和語の名詞・副詞など)の場合は一六例中一三例が~サウを誤った~ソウの形であって、混同する語に著しく偏りがある。また、(甲)の漢語についても、五九例中二〇例がケツコウ〈結構〉を誤ったケツカウ、八例がヤウ〈様〉を誤ったヨウ、五例がコウ〈甲〉を誤ったカウであって、混同する語に偏りがある。このように特定の語に多く混同例がみられるのは、単なる偶然や無意識的な誤写とは考えられない。そこで、特に多く混同例

が見出される語について検討したい。

ヒツカウデ（ダ）は、従来からいくつかの混同例が報告されている。鈴木博によれば、東福寺本『四河入海』、蓬左文庫蔵『臨済録抄』[7]、土井本『周易抄』、成簣堂本『周易抄』に各一例[8]、大阪府立図書館蔵『周易秘抄』に二例がある[9]。大塚によれば、『湯山千句之抄』（板本）に二例あり[10]、柳田によれば、米沢本『詩学大成抄』にもある[11]。先に示したように（用例（147））、国会本独自の誤りの中にもヒツカウタがある。開合混乱期には、ヒツカウデ（ダ）の形が正しいものと誤認される傾向があったものと思われる。

ヒツカウデと類似した例にケツカウがある。この形については、かつて成簣堂本『論語抄』に二例、および天文二三年写『燈前夜話』に見えることを指摘したが[12]、鈴木によれば前出『周易秘抄』にもあり、柳田によれば岩瀬本『詩学大成抄』にもある[13]。国会本独自の誤りの中にも一例ある（前掲（154）の例）。この語もかなり広くケツカウが正しい形であると誤認される傾向があったものと思われる。その理由については、「構」と類似した「講」の字音カウへの類推が考えられる[14]。

トリツクラウ、ヒコヅロウなど、動詞のラウとロウをめぐる混乱も、どれが正しい形かゆれていたものと考えられる。叡山本では、本来～ロウであるものを～ラウと誤ったものがトリツクラウ、ミツクラウ、カイツクラウテの三例（（2）（6）（15））、本来～ラウであるものを～ロウと誤ったものがヒコヅロウ、ハカロウテ、ヤスロウタの三例（（63）（96）（97））ある。国会本独自の誤りの中にもトリツクラウ（（146））がある。鈴木は、土井本『周易抄』にマジラウ→マジロウと変化したとみられるマジロワヌ、マジロイの例があることを指摘した[15]。森田武は『天草版平家物語』の本文にはAixirôteとあるものがバレトの『難語句解』では「Aẏxiroẏ, o」となっていることについて論じ、ウケガウ→ウケゴウ、マガウ→マゴウなど他の例とともに『玉塵抄』『中興禅林風月集抄』のマジロワズ、『荘子抄』『慶長見聞集』のイラウの例を挙げて、「このように両方向（引用者云、合音形→開音形、開音形→合音形）の転化がある事実からして、終止連体形および連用形音便形の長音における開合の混同が軸になって、語幹末母音の交替を導くに至ったものと見られる」とした。そして、これらの例は、「必ずしもバレトの犯した誤りではなくて、当時のこうした事実を反映したものと見るべきであろう」とした。[16] 叡山本の〜ラウ、〜ロウの語尾の動詞については、この森田説がそのままあてはまると考えられる。なお、鈴木によれば、東福寺本『四河入海』にアイシロウ、イラウタレバ、ヒキツクラウテの例がある。[17]

亀の甲の意のコウをカウに誤った五例は、単なる不注意の誤りではなく、「甲」字の字音仮名遣いはカウが正しいとする意識によるものであろう。[18]

叡山本に一三例の混同例がみられる〜サウ→〜ソウ（102）—（114）、六例の混同例がみられる〜ヤウ→〜ヨウ（136）—（141）についてであるが、先に示したように国会本にも〜サウ→〜ソウ一例（153）、〜ヤウ→〜ヨウ二例（157）（158）がある。また、柳田によれば岩瀬本『詩学大成抄』に「ヨソウナ」「云イソウナ」「云イヨイヨウニ」の例がある。[19] 一般にサウは和語、ヤウは漢語と考えられているわけであるが、ともに接尾語的に用いられており、語源との関連が不明確になるとともに、開音の形を正しいとする意識が薄れて、〜ソウ、〜ヨウの形も誤りと認識されない場合もあったのではなかろうか。この点、後に述べるシマウ→シモウ、サウ（候）→ソウの場合と類似している。

右のように、〜ソウ、〜ヨウの形は、共に惟高妙安の抄の写本である叡山本、国会本、『詩学大成抄』岩瀬本に見えるのであるが、その目でみると、『玉塵抄』両本と『詩学大成抄』写本との開合の誤りには、共通した語が多いようである。柳田の挙げた『詩学大成抄』岩瀬本の開合の混同例は三六語四三例であるが、そのうち、モウス、ケヲウ、〜ソウ、ケツカウ、キゲンヤウテ、ソウロウ、〜ヨウ、ホンサウ〈奔走〉、カゴウデ、キコウ〈聞〉、ソウ〈然〉の一三語が叡山本と共通し、〜ソウ、ケツカウ、ノウ〈無〉、〜ヨウ、ヤシノウの五語が、国会本独自の誤り一五語の中に入っている。先に述べたように、『詩学大成抄』米沢本の混同例ヒツカウデは、叡山本、国会本ともに混同例がある。また、柳田は、米沢本に「物スガウ」の「ガ」が「ゴ」と朱筆で訂正されている例を報告しているが、叡山本には「物スガウ」二例（(19)(20)）がある。『玉塵抄』の国会本および叡山本（の原本）は惟高の弟子によって書写されたものと考えられるが（文献1第二章）、国会本は元来米沢から出たものであり、『詩学大成抄』の岩瀬本、米沢本に同じ惟高の弟子の手が加わっていることを想定することも可能である。

四

ここで、果して開合の混同であるか否かが問題になる語について述べたい。

①シマウ――シモウ

敬語の助動詞シマウ―シモウ―シムに関しては、『玉塵抄』では『詩学大成抄』と同様にシムが多用されるが、[20]まれにシモウの形も見える。その中で、叡山本がシマウの形をとっているものがある。

太宗ノ笑ワシマウソ（叡山本一九50オ、国会本39ウ「シモウ」）

叡山本には他にシモウが五例あるが、シマウは右の一例のみである。この場合は恐らく親本にシマウとあったものを転写者がシモウとしてしまったものであろうが、すでに湯沢幸吉郎が論じているように、[21]シマウとシモウとは同一の資料において共存し得たのであり、どちらかを誤りとみることは出来ない。恐らく湯沢の説くようにシタマウからシマウになったもので、語形変化の方向としてはシマウ↓シモウであり、シモウの方が本来は開合の誤りであったはずであるが、実際には誤りの形と考えられずに勢力を伸ばしたものと考えられる。

②サウ（候）――ソウ

サウが一二例、ソウが六例見える（他にスゥが八例ある）。いずれも叡山本と国会本の間に異同はない。二、三例示する。

ソノムスメカ云タハコ丶ハ烏衣国テサウト云タソ（叡山本三〇31ウ、国会本22オ）

閑ーカ云タコトハ我カカウスルサウソ（叡山本二九57オ、国会本47オ）

亮カ近比恐入テソウト云タソ（叡山本三二33ウ、国会本24オ）

人カコタエテ云タソ　アレコソ鬼谷子ト云人ゾウヨ（叡山本一〇16ウ、国会本13ウ）

この場合も、語源から考えればサウ↓ソウであって、ソウは開合の誤りとなるべきものであるが、実際にはこの両形は併存して用いられたのである。サウとソウとの関係については、亀井孝が論じているところである。[22]

③ウケガウ――ウケゴウ

ウケガウ、ウケゴウが併存したことは鈴木が指摘している。[23] 叡山本のウケゴウと国会本のウケガウが対応している場合が二例ある。

甘トハウケコウタ心也（叡山本二二100ウ、国会本91オ「甘ハウケカウタ心也」）

忍大師ノトヲリサマニ見テウケゴウタカヲ丶セラレタソ（叡山本二五29オ、国会本27オ「ウケガウタ面《カヲヲ》セラレタソ」）

右の二例を除いたウケガウ、ウケゴウの状態は次のとおりであり、両本は完全に一致する（他に国会本の「ウケゴウテ」「ウケゴウタ」に叡山本が脱字などのため対応しない場合が二例ある）。

ウケガウ二五例（ウケガワイデ8、ウケガワヌ14、ウケガワレタ1、ウケガウテ1、ウケガウタ1）

ウケゴウ一一例（ウケゴワイデ1、ウケゴワレヌ1、ウケゴウテ5、ウケゴウタ2、ウケゴウ2）

大ざっぱに言うと、未然形はウケガウの形が圧倒的に優勢で、終止連体形、テ・タに続く音便形がウケゴウの形が圧倒的に優勢であるという状態である。言い換えれば、「ウケガウ」「ウケゴウ」の部分だけに注目すると、ウケガウ2、ウケゴウ9となり、ウケゴウが圧倒的に優勢ということである。ウケゴウの形の成立は、ウケガウ→ウケゴウという開合の混同が前提になるのであるから、終止形、音便形にウケゴウの形が多いのは当然であろう。

③ハウル――ホヲル・ホウル

『玉塵抄』のホヲルの形は、『疑問仮名遣』[24]に国会本の三例（二六80オ、三七9オ、四四40オ）を引くが、他にホヲル六例、ホウル一例がある（ハウルは無い）。いずれも叡山本と国会本の間に異同はない。

ソチガイスンハ吾カ太子ハホヲツテステラレウス（叡山本六77オ、国会本67ウ）

ソレニ排レ仏ト云コトアリ　排ハヲシノケ取テホヲルコトソ（叡山本五二26オ、国会本18ウ）

高祖ノ太子恵帝ヲステ、ホウラトセラレタソ（叡山本一〇68オ、国会本59オ「ホウラウ」）

ホヲルはハフルの変化した形であり、ハフル→ハウル→ホウル・ホヲルのように変化したものであろうが、ハウルの形は抄物にはみられないようである。[25]『文明本節用集』には「抛《ハウル》物」とある。語源からすれば、ホヲル・ホウルは開合の誤りであるが、当時は両形が併存し、『日葡辞書』にハウルがなくホヲルの形がある点からすれば、ホヲルの方が規範的と考えられる場合もあったとみられ、単純な開合混同例でないことは明らかである。

④テウハウ（調法）――テウホウ（重宝）

テウハウ（調法）とテウホウ（重宝）とは、その用法においてはっきりと使い分けられており、両本とも仮名表記の場合、異同は全く無い。たとえば、ともに動詞として用いられている場合、次のように明確に意味が異なる。漢字表記の例も参考に掲げる。

楚ノ平王ノコロサレタソ　ニゲテ呉エイテ呉ヲテウハウシテ云ナシテ呉ノ兵ヲソツシテ楚エ入テ父ノアタヲ報シタソ（叡山本九44ウ、国会本32オ「呉エイテテウハウシテ」）

客人来タニ俄ニモテナサウヤウナイソ　侃カ母カ云ソ　調法セウスコトアリ　吾髪ヲキツテ酒肴ニカエテ思ホトモテナイタソ（叡山本四四3オ、国会本2ウ）

イヤシイ畜類ヲテウホウシテ重《ヲモン》セラレタソ（叡山本五三20ウ、国会本20オ）

賢人ヲ求メ重宝セラレウスコトナリト戒ラレタソ（叡山本四七44オ、国会本31オ）

テウハウ（調法）スルは〈用意する、準備する〉意、テウホウ（重宝）スルは〈大切にする〉意である。

次の諸例は、一見問題になりそうに見える。

今吾桐ニナツテ吾ト魚ヲテウハウシテクウソ（叡山本一三23ウ、国会本13オ）

茭モ菰モ一ノ草トミエタソ　イツレニテウホウシテ食トミエタソ（叡山本二二21ウ、国会本11ウ）

園ニウエタアヲイヲクラワヌトアリ　コヽラニテウホウシテクウコトハナイソ（叡山本一四105ウ、国会本80オ）

いずれも「食ウ」に続いているが、テウホウの方はいずれも草に対して使われており、〈珍重して食べる〉意と考えられる。これに対してテウハウは、『日葡辞書』に「肴を調法する」という例を挙げ「肴を用意し整える」意とするのに当たる。ただ、テウホウの二例もテウハウの意に解することも不可能ではなく、そうとすれば開合の混同例になるが、「重宝」の意ととる方が妥当であろう。[26]

⑥ハウ（方）——ホウ

叡山本と国会本とで異なる形をとっている場合がある。

仏術ヲ得テミツカネヲ煎シテ本ノ白カネニナイタソ　ヲトコノ偉カ此ヲミテ方《ホウ》ヲホシカツタソ（叡山本二五67オ、国会本58ウ「方《ハウ》」）

物ヲ私セイデ公界ニシテスミカドヲタテ、キツハトシタソ　サテ公方ト云タソ　公方ノ方ハヨホウナソ　方《ホウ》トヨミサウナガ公方《ハウ》トヨムソ（叡山本四七62オ、国会本43オ「方《ホウ》トヨミサウナカ公方《ホウ》トヨムソ」）

方士両方ニヨム人アリ　仙人ノヤウナ者ヲ云ソ　奇薬灵方ナドヲモツホトニ方士ト云カ　又十方ヲ飛升シアルクホトニ云カ　ソノ時ハ方士トヨマウ　方伎方術ノ伝ニ此ノツレナ者ハノルソ　方《ハウ》士トヨンテモヨカラウカ（叡山本四九27ウ、国会本20オ「方《ハウ》《ホウ》士両方ニヨム人アリ……奇薬灵方ナドヲモツホトニ方《ホウ》士ト云カ……方《ホウ》士トヨンテモヨカラウカ」）

「方」のハウとホウとの区別については、方向の意の場合は「ハウ」、四角形、薬方の意の場合は「ホウ」とされる。右の三例のうち、第一例は薬方の意に準じる用法であるので、叡山本のホウが正しいと思われ、国会本のハウは誤りであろう。第二例も国会本が誤っている。これは文脈からみてもホウではおかしい。第三例は方伎方術の方であるからホウであり、叡山本のハウは誤りと言えよう。

このように、これらの例は、当時の使い分けの原則から正誤を判断することが一応可能である。しかし、「方」を含む一々の語についてみれば、このような使い分けがどこまで徹底していたかは問題である。現に右に引いた第三例は、「方士」についてどちらによむべきか迷っている。次も同様な例である。

漫々《タル》ーー（方輿）東晢補詩　地也　方ーハ地ナリ　天ハ円ニ地ハ方《ホウ》ナリト云ソ　方ハカタトヨムソ　ヨホウナコトソ　地ノナリヲハ四方スミガアルソ　ホウナ心ソ　書ノ方輿勝覧モ地ノコトヲシルスホトニ云ソ　ツネハ

ハウヨトヨムソ　鸞岡佐首座ハ方《ホウ》ー勝ートヨメタソ（叡山本一四8オ、国会本6オ）

「方輿」は意味からすれば当然ホウヨとよむべきなのに普通はハウヨとよんでいるとし、ただ鸞岡はホウヨとしたとする。次も「方輿」のよみに関する論である。

方輿勝覧ト云書ノ名四方ノ天下ノアルコトヲノスル心ソ　方《ホウ》輿トモヨメタソ　ヨホウナ心ソ　四方モヨホウナソ　維广ノ方丈モ四方一丈ナソ　一丈ヨホウナソ　ドチシテモ一ノ心ソ　ホウト云テモハウト云テモ同者ナリ（叡山本一七13オ、国会本10ウ）

この例では、たとえば「四方《シハウ》」が一丈の部屋は、一辺が一丈の「ヨホウ（四角形）」の形のことであるから、ホウもハウも同じであると言っている。

『詩学大成抄』におけるハウとホウの使い分けについて、柳田は「方向を意味する時は開音、平方及び薬方に関する時は合音、という使い分けをしつつも、いずれとも決しかねたかと見られるものもある」として、米沢本の「方《ハウ》輿勝覧」、岩瀬本の「ハウノ字ハヨホウノ心カ不ㇾ詳ソ」「上方《ハウ》ハ寺ノ方丈ヲ云ソ」の例を挙げる。[27]

鈴木は、『蒙求抄』から「方ハ四方ナ心ソ　去ホトニ、ホウトヨマウト云義アレトモ、ハウト云タリトモ同シコトソ」（引用者云、この文の直前に「公方ハ公道テ曲カラヌ物ソ」とあり、この文は先に挙げた『玉塵抄』の例と同じく「公方」についての説明である）の例を引いて、この部分が『蒙求聴塵』では「ヨホウナル物ノ如ク正直也。方《ホウ》トヨムヘシ」とあることを指摘し、この違いを「平方の意の「方」の開合混同例「方《ハウ》」が『易林本節用集』に見えるが、このような混乱の実情を反映する蒙求抄の記述であると解される」とする。[28]

方向と平方形というのは、区別しにくい点があったのであろう。右のような事情を考えると、「方」字のハウとホウの違例も、単純な開合の誤りとは異なる点があると言える。

⑦ハウ（法）――ホウ

叡山本と国会本で異なる例は皆無である。仏教関係の語にはホウ、その他の場合はハウという区別は、両本で違例なく守られていると言える。

ただ注意されるのは、国会本で漢字表記の「法」に振り仮名をしてハウとホウとの区別を明確にしようとしているのに対して、叡山本では振り仮名を取ってしまっている例が相当数みられることである。

詩文ノヨミヤウノ法《ハウ》ハ（国会本二二53ウ、叡山本92オ「法」）

風ヲ吹セ雨ヲフラスル雨法《ホウ》ヲヨウ行《ヲ》ソ（国会本四七55ウ、叡山本79ウ「法」）

法令《ハウレイ》　法ハ法《ハウ》制令ハ号令《リヤウ》ソ　令《レイ》トヨムソ（国会本四六8オ、叡山本9オ「法令《レイ》　法《ハ》々制令ハ号令《リヤウ》ソ　令《レイ》トヨムソ」）

第二例は『韻府群玉』の「瘦中猱」の項の「老猴精解致風雨」の部分の解釈であり、この猿が龍と同様に風雨を司るものとし、その雨を降らせる法を「雨法」と言っている。龍神は法華経や密教と結びついており[29]、この「雨法」（原文は「雨-法《ホウ》」で音読符があり、ウホウである）という語は他に所見がないが、恐らく仏教関連の語と認識されていたものと思われる。

第三例において叡山本は、他の振り仮名は国会本と全く同じだが、「法」の振り仮名のみを省いている。叡山本の書写者にとっては、開合の区別は要するにかなづかいの区別であって、漢字で表記された「法」に振り仮名を施すことは無意味だったのではなかろうか。それに対して、「令」はレイかリヤウかで発音に明確な違いがあるため、振り仮名を残したものと考えられる。

右の三例のように国会本の「法」の振り仮名が叡山本で落ちているものは、他に七例ある[30]。

五

叡山本は文献1（第二章）で述べたように、一一名の書写者によって転写されたものと考えられるが、開合の混同例と書写者との間には、何らかの関連があるだろうか。叡山本の書写者と開合混同例・四つ仮名混同例の数、国会本の書写者と開合混同例の数を、巻別に表にしてみると七七頁の表のとおりである（前節で扱った問題のある諸例はここでは混同例に数えない）。なお、書写者の記号などはすべて文献1による。

この表から、叡山本および国会本の開合の誤りと書写者との間に何らかの関連が考えられるであろうか。

両本共通の誤り四例のうち、巻四四、五〇の二例の開合混同例（86）（108）は、文献1に述べたようにこの二巻が叡山本が国会本からの転写本とは考えられない巻の例であることから、両本共通の原本—惟高の原本あるいはそれに近い本—に遡る可能性も考えられる。巻一六は叡山本が国会本からの転写本であるか否か不明である巻であり、叡山本が国会本からの転写本である可能性もあるので、この二例の誤りが共通の親本に遡るか否かは、何とも言えない。ただ、国会本巻一六の書写者は、後述するように開合を誤りやすい傾向があるので、国会本に起源する可能性が高いともみられる。

国会本独自の開合の誤り一三例について検討すると、親本の誤りを引き継いだのではなく、すべて国会本の書写者による誤りではないかと考えられる。それは、国会本二九名の書写者中誤りを犯したのはD三例、R三例、U六例、X一例であって、国会本独自の誤りがわずか四名の書写者に集中しているからである。Dは三巻にわたって一例ずつ、Uは三巻にわたって六例というのは、偶然とは考えられない。Rは二五、二八、三一、四三の四巻書写し

巻	叡山本 書写者	叡山本 開合混同例	叡山本 四つ仮名混同例	国会本 開合混同例・書写者
一	a	4		
二	b			
三	c	6	1	
四	b	5		1・D
五	d	4	7	
六	a	4		
七	b		1	
八	a			
九	b	3	5	
一〇	e	5		
一一	b	1		
一二	f	7		
一三	b	1		
一四	c	6	2	
一五	e	2		
二九	j	3		
三〇	b	3		
三一	b	1	1	
三二	b	5	2	
三三	a			
三四	g	1		
三五	a			
三六	a			
三七	b	3		
三八	a	2		
三九	b			
四〇	b	2		
四一	b	1		
四二	c	2		3・U
四三	a			

一六	c	4＋②	1	1＋②・D
一七	e	3		
一八	g	5		
一九	c	12		
二〇	b	3		
二一	h（f）	7	2	1・D
二二	b	1		
二三	b	2		
二四	i	1	1	
二五	c	5		3・R
二六	b			
二七	b	6		
二八	a			
四四	c	1＋①		①・A
四五	b			
四六	k	9	5	
四七	b	1		
四八	b	2		1・X
四九	b	1		
五〇	a	2＋①	①	2＋①・U
五一	a	2		
五二	b	1		
五三	a	1	1	
五四	a			1・U
五五	b	1		
合計		一四五	三〇	一七

［丸数字は叡山本と国会本の共通例］

ているが、誤りは巻二五に集中している。Xは一例だけであるが、これは漢字の振り仮名の部分であり、後述するように振り仮名の誤りは転写者による場合が多いのである。

問題の叡山本独自の誤りについては、前掲の表に明らかなとおり、国会本と違って一一名の書写者すべてが誤りを犯している。その中で著しいのはfとkで、fは巻一二および巻二一の24ウ2行目までを書写しているが、その範囲で計一〇例、kは巻四六だけを書写して九例を誤っている。書写者cも、書写した七巻すべてに混同例があり、特に巻一九は一一例、巻三、一四、二五は各六例も誤っている。これらの誤りも、cが叡山本を書写する際に生じさせたものではないかと思われる。しかし、特定の書写者への誤りの集中は程度問題であり、叡山本のすべての書写者が書写した巻に開合の誤りがあるのであるから、叡山本の書写者すべてに、注意深い書写の際においてさえも開合の誤りを犯す傾向があったと言えるのである。

右に述べたように、国会本は叡山本に比べれば開合の誤りが非常に少なく、その誤りのほとんどは現存国会本の二九名の書写者中四名の書写者によって生じさせられたものである。また、叡山本と国会本共通の誤りは四例に過ぎない。両本の親本に遡る開合の誤りは、全五五巻という量からすれば、ほとんど無いに等しいと言ってもよいであろう。叡山本は、文献1で述べたように、国会本との共通の親本から少なくとも一回の転写（文禄二年）を経ており、叡山本の開合の誤りのうちその際生じたものも無いとは言えないが、現存の叡山本一一名の書写者すべてに通じる傾向は、やはり認めてよいと思われる。

先に叡山本の開合混同例が特定の語に集中する傾向があることを指摘したが、書写者ごとにみた場合、特定の書写者が書写した巻に特定の語の誤りが集中するということは、まず無いと言ってよい。たとえば、ケツカウ（二〇例）はbcefghiの書写した巻に見え、カウ〈甲〉（五例）はbckの書写した巻に見え、ヒツカウデ（八例）はabcdjの書写した巻に見える。ただし、アロウは三例すべてfの書写した巻一二に集中しており、fの個人的な誤りの傾向を示すと言えよう。また、aは一三もの大量の巻を書写しているが、一例もケツカウが無く、すべて正しくケツコウとしている。個人的な傾向というのはこの程度である。

叡山本の四つ仮名の混同例は全五五巻を通じて三〇例であり、開合混同例の一四五例に比べて少ない。これはそれを含む語の多少とも関係するわけであるが、『天草版平家物語』や『四河入海』においてもみられる傾向である。[31]叡山本の混同例を検討すると、開合の混同の場合より書写者との関連が強いようである。dkはそれぞれ一巻しか書写していないが、d（巻五）は七例、k（巻四六）は五例も誤っており、この両者だけで全体の誤りの四割を占める。逆に、aは一三巻も書写しているが、誤りは二例だけで、そのうち一例は親本から引き継いだと思われる国会本との共通の混同例である。叡山本の四つ仮名の誤りの大部分は、開合の場合と同様に、現在の叡山本が書写される時に生じたものと考えられる。

六

以上に述べてきたような叡山本の開合の混乱状態からみて、叡山本の書写者はオ段長音の開合を音韻として区別していたと考えられるだろうか。答えは否定的である。叡山本の書写者は、一々の語について、どう書くのが正しいかというかなづかいの意識は当然ある程度持っていたと考えられるが、音韻としては開音と合音を区別できなかったのではないかと考えられる。

その理由の第一は、これまで述べてきた叡山本の開合の混乱状態である。注意深く書写すれば、ほとんど誤りなく書写できるはずのところを、すべての書写者にわたって全般的な混乱がみられることは、書写者が開合を音韻として区別できなかったためと解するのが妥当である。もし、叡山本の書写者が自らの文章を書き下したとしたら、その開合の混同例は叡山本と比較にならないほど多くなったに違いない。

第二は、叡山本独自の異文に開合の混乱の多いことである。用例（56）（72）（111）（118）（120）（139）（141）がそうで、これらはいずれも国会本と同様であったとみられる親本の本文を改変した部分に見えるものである。（52）も親本の漢字を仮名書きにしたとみられる点で同様な例である。これらの例は、書写者が開合を音韻として区別し得ないことが露呈したものと考えられる。国会本に見えない叡山本独自の振り仮名の誤りもこれと同様にみられよう。(32)（45）（122）（131）（142）の例がそうである。

第三は、叡山本が理解できない親本の語句を改変するにあたって、開合の違いを無視していることである。右に挙げた（56）の例の「ヘウコ」を「ハウコウ」にしたのもそうであるが、他に次の例がある。

アルク時行ク所在々所々ニ酒テヲヲウタ借物アリ　エナサイテイクソ　フルイ縕袍ヲ一以タソ　此ヲ以テソノ方ニヤツテウツシヤウスマサウト云タソ（叡山本四六52オ、国会本46ウ「ヲツシヨヲスマサウト云タソ」）

国会本の「ヲツシヨヲ」は「負所〈負債〉ヲ」であるが、(33)叡山本の書写者はこの「負所」という語を理解できず、恐らく「鬱症」(34)が当たる「ウツシヤウ」に改変したものと考えられる。本来〈負債を払ってしまおう〉の意であるものを〈気がかりなことを晴らしてしまおう〉の意に変えてしまったことになる。「負所」は『玉塵抄』国会本に他に三例あるが、うち一例は前掲（141）の例で、「ヲツシヨヲ」が「ヲツルヨウ」にされている。(35)

開合の混同の時期については、すでに多くの研究がある。(36)

亀井は『天草版平家物語』の開合の混乱についての論考（注31所引）で次のように述べる。

概して「四つがな」の混用例は、「オ段の開合」の混用例よりも、いっそうためらひがちなすがたで文献のうへにあらはれはじめる。しかも、このやうな「四つがな」の混用例が、すでに確実にある程度まで見られるところの、その平家物語のローマ字がきにおいて、さらにいちじるしい様相を呈するところの「オ段の開合」の混用例は、たとへ、そのローマ字表記のうへにおける区別は微妙であっても、開合そのものの混乱の反映、すなはち、これの、規範としての、その権威の失墜の明白な徴候であらう。

石井みち江は、室町時代物語の表記を精査し、「慶長元和頃には開合音の区別はなくなったといえると思う」とし、[37]大塚はキリシタン版の表記の検討から、「開合音の区別が実際の音のうえでは意味を持っていなかったのではないか」とする。[38]

叡山本が江戸時代初期の書写とすれば、その書写者が開合の区別を音韻として持っていなかったとみることは、右のような研究結果と適合するものである。ここで、叡山本の開合混同例についてもう一度まとめてみると、ケツカウ、カウ〈甲〉、ヒツカウデなど、合音→開音の誤りが集中してみられる語は、発音としては合音であったが、かなづかいとしては開音形の方が正しい形と誤認されたものと考えられる。～ラウ、～ロウの語尾を持つ動詞の場合は、逆に合音形が正しい形と誤認されたとみられる。～ヨウ（様）、～ソウの場合は、あるものは誤った開音形の方が正しい形と誤られ、あるものは誤った合音形が正しい形と誤られたのであろう。要するに、これらの場合はかなづかいの意識が書写の際に顔を出したものと言える。その他の混同例の半数近くを占めるのは動詞にウ・ウズの付いた形で、ほとんどすべて開音→合音の誤りである。これらは無意識のうちに発音に従った表記があらわれたものであろう。

文献1において、『玉塵抄』の叡山本と国会本とでは、国会本の方がより原本に近い形と推定したが、このことは、オ段長音の開合の混同例の検討からも確認されるのである。

注

(1) 次の諸例は混同例に数えなかった。

九条十一—十三—十五—十七—十九—二十一—二十三—二十五—此ノ九ナリ　ドレモテウノ数ナリハンニハナイソ（叡山本一二104オ、国会本73オ）

「テウ」は『日葡辞書』も合音形であり、『邦訳日葡辞書』では「重」をあてている。

サルホトニ権幸ノ人モ側レ目六カシウ思テマハウニハミヌソ（叡山本二八12ウ、国会本12オ）

文献1で述べたように（五六四ペ）、「真秀《マホ》」の意の「マホニ」の長音化した形の「マホウニ」の開合を誤ったものと一応は考えられるが、「真方《マハウ》ニ」と解釈することも不可能ではないので、保留とした。

親類トモ物ヲダイテ尸骸ヲコウトツテ際タソ（「親属購《テ》レ尸《ヲ》」の訳。叡山本五三39ウ、国会本38ウ）

文脈からみれば「買イ取ツテ」とありたいところであり、カイトツテ→カウトツテの変化とも考えられ、そうすれば開合の混乱例になるが、「カウトル」という語の例が見出し難いので、混同例に数えないでおく。

(2) この部分、国会本によると次のようである。

景倩ト云者ハ揚州ノ采詩ノ官カラスグニ大理少卿ノ位ニ宮中直御ノ官ニナリテ揚州ヲトヲツテアルソ……ソコデ若水カデ、ハナムケシタソ……サテモコノタビ景ー公ドノ、京エ御ノ上アル体ヲミマラスルニマコトニミハセヌコトモノニシルイタ仙人ナドノ御トヲリアルモカウコソアルラウメソ　吾ハ口ヲシイイコン千万ナコトソ　景ー公ノ御馬ヲカウ馬カイニエナラヌコトヨト云タソ　思ノマヽニヘウコシタコトソ（国会本一九13ウ）

「ヘウコ」は『玉塵抄』の中にもう一例あり、同じ話に用いられている。

班景倩ト云者揚州採訪使ノ官カラスグニ大理少卿ノ官ニウツテ倪ーー（若水）ガイタ州ヲトヲツタニ倪ガ野原ノ郊エデ、班ニハナムケシテ酒ヲス、メタソ　班ガソハアタリ衆ヲテ云タソ　班ーードノ、今大理ノ官ニナツテ京エノホラル、コトハマコトニ仙人ニナツテ雲井エトヒノホラル、如ナソ　恨ルコトハ吾ガ馬ソエニナリ馬ヲヲウ下ベニエナラヌコトヨト云タソ　此ハ倪ハマコトニカウ思ウマイソ　イヤシイ位カラ一階ニ高イ位ニナツタヲヘウコシテ云タコトナリ（国会本一四58ウ、叡山本77ウ「ヘウコ」）

意味としては、〈言葉をつくしてほめあげる〉といったことであろう。恐らく「表挙」があたるのではないかと思うが、原漢文になく、他に例を見出せない。叡山本の「奉公」があたらないのは明らかである。

（3） この場合は「ヲコサウソ」の「サウ」を脱したものとも考えられるが、一応混同例に数えておく。このようにオ段開長音が合音の短音化した形をとっている例は、叡山本では用例(99)(104)、国会本では(156)に見える。『玉塵抄』中にはその他に「ケツコウ」の短音化した「ケツコ」が国会本で五例（一一55ウ、一二76オ、二六12オ・17オ、四七57ウ）、叡山本で四例（「ケツコウ」になっている巻一一の例を除いて、国会本と同じ例である。一二108ウ、二六18ウ・26オ、四七83オ）あり、「ホウコウ」の短音化した「ホウコ」が一例（国会本一一13ウ、叡山本19ウ）ある。

（4） 文献1では「ウヅクマル」を誤りの例に挙げたが、『日葡辞書』にも「ウヅクマル」とあり、問題があるので、誤りに数えないことにする。なお、この語については山田忠雄氏にご教示を受けた。

（5） 『詩学大成抄の国語学的研究 研究篇』（一九七五、清文堂出版）一五一ページ。

（6） 「開合音―キリシタン版の表記をめぐって―」（『文学』一九八二・一）

（7） 以上二抄の例は、「四河入海について―東福寺所蔵本と両足院所蔵本との比較小見―」（『国語国文』一九六六・五）による。

（8） 以上二抄の例は『周易抄の国語学的研究 研究篇』（一九七二、清文堂出版）による。

（9） 「周易秘抄について」（『滋賀大学教育学部紀要―人文・社会・教育科学』、一九七一）による。

（10） 「湯山千句の抄」（『国語国文』一九五七・三）による。

（11） 注5所引著書八二ページ。

（12） 「成簣堂本論語抄におけるオ段拗長音の表記について」（『未定稿』九、一九六一・九）

（13） 注9所引論文、注5所引著書による。

（14） これは現在われわれが犯しがちな誤りからの類推であって、論証することは難しいが、『玉塵抄』の次の例は、この二つの漢字がつながりをもって考えられていたことを示すものと思われる。

毛詩ノ十九ニ桓ノ篇アリ……此ノ詩ハ講《カマエタリ》レ武《ヲ》……武ノ叓ヲカマエテ武ノ祭ヲナサレタソ　講《カウス》トヨミサウナカカマウト点アリ　ツクリカ構ノツクリヲカイタソ　通シテアルカ　注ニカマウノ心ハナイソ（叡山本三三46オ、国会本44オ）

(15) 注8所引著書八二ページ。
(16) 『天草版平家物語難語句解の研究』三九〇―三九二ページ。
(17) 注9所引論文。
(18) 「甲」の字音はカフであるが、亀の甲、手の甲の場合には古来コフ（コウ）であった。用例(45)は蟬のぬけがら、(47)は蟹、(48)は竹、(49)は蝸牛について言ったものであるが、これらはいずれも亀の甲、あるいは手の甲に準じられるものであり、コウが正しいと考えた。なお、福島邦道「遊仙屈の「玳瑁」の訓について」（『訓点語と訓点資料』三二、一九六六・二）および『新明解国語辞典』の「あとがき」中の「字音かなづかい」の項参照。
(19) 注5所引著書による。
(20) シムについては、大塚光信「抄物とその助動詞三つ」（『国語国文』一九二九・九）、同「詩学大成抄とことば」（『国語国文』一九六八・九）参照。
(21) 「足利期の敬語助動詞シモ・シムについて」（『国語と国文学』一九二九・九、後『国語史概説』に収録）
(22) 「「オ段長音の開合」の混乱をめぐる一報告補訂」（『国語国文』一九六三・五）
(23) 注8所引著書。
(24) 国語調査委員会（本居清造）編、一九一三。「ホヲル」の例は、同書「はおり（羽織）」の項に引かれている。
(25) 文献1三九〇ページの表にハウルとして挙げた三例のうち、『玉塵抄』の二例はハウツ及びホヲルの音便形であり、『毛詩抄』の一例もハウツの音便形とみるべきものであった。
(26) 『実隆公記』の紙背文書（続群書類従刊行会の翻刻本による）を調べると、「調法」「重宝」という漢字表記の場合は誤りなく使い分けられているが、仮名書きの文書では、「てうはう」とあるべきところを「てうほう」とした例が次のように見える。

さりながらあすの事ことになにのてうほうも候はず、かくやの事はかりに心を入候つるに（巻八、八二ぺ、享禄二年十月）

いま一とかさねて女房のほうしよ申いたしたく候、いかやうにも御てうほう候て、かさねておほせいたされ候やうにたのみ入まいらせ候（巻八、二六五ぺ、享禄四年四月）

御よふにたち候まゝ物をまいらせ候へく候、さやうに候はすは、なにともてうほうなり候ましく候（巻八、二七九ぺ、享禄四年七月）

傍線の「てうほう」は、いずれも〈しかるべく取り計らうこと〉といった意に用いられており、明らかに「調法」であって、「てうはう」とあるべきところである。この紙背文書では正しいものが大部分ではあるが、右のような混同例があることからみて、実際の発音では混同することがあったものであろう。叡山本ですべて正しく書き分けられているのは、「調法」と「重宝」という漢字表記の違いを背景として、書写者が両語のかなづかいの違いを明確に認識していたためと思われる。ただし、叡山本に一例だけ「調宝」という表記が見える。

ー（芻）狗未タレ陳セ　ワラデ作タイヌソ　夜ルヌス人ヲホユルコトナイソ　用ニタ、ヌコトニ云タソ……荘子ノ天運ノ篇ヲ引タソ　ワラデ作タ狗ノフルウナラヌ時ハハコニ入テ調宝シテヲイタソ　ツ、ム巾ハヌイモノシタケツコウナ者ナリ（叡山本一五20ウ、国会本16ウ「テウホウシテ」）

「芻狗」とはわらで作った犬の模型で、祭に用い、祭が終われば捨てられる物で、右の例にあるように用があれば用い、不用になれば捨てることのたとえに用いる語である。この抄文は『荘子』の「天運」の篇の「夫芻狗之未陳也、盛以篋衍、巾以文繡」の解釈であるが、この部分は〈祭に使うあのわらの犬は、まだ神前に並べられない時は立派な箱にしまわれてきれいな錦の布でおおわれる〉という意味であり、右の例の「調宝」は国会本に「テウホウ」とあるとおり「重宝」すなわち〈大切にする〉意であることは明らかである。叡山本の書写者が国会本の仮名表記を漢字表記にする際、「調宝」と誤ったのは、この両語が開合の混同に伴い語としても混同しつつあったことを示すものであろう。

(27) 注5所引著書八三ページ。

(28) 「蒙求抄研究（二）」（『滋賀大学教育学部紀要―人文・社会・教育科学―』一九七六・三）

(29) 八代龍王は法華経の守護神としてまつられ、また法華経提婆達多品における龍女伝説も有名である。密教においても請雨経曼陀羅に龍王の姿がみられる。『世界大百科辞典』（平凡社）「龍王信仰」の項参照。

(30) 国会本の「法《ハウ》」が叡山本で「法」になっているものが、国会本二三9オ・叡山本13ウ、国会本三一67オ・叡山本96オ、国会本三七12ウ・叡山本17オ、国会本四六8オ・叡山本8ウ、国会本四九29ウ・叡山本40ウの五例、国会本の「法《ホウ》」が叡山本で「法」になっているものが、国会本二二15オ・叡山本28オ、国会本二二74オ・叡山本124ウの二例である。

(31) 亀井孝「オ段の（長音）の開合の混乱をめぐる一報告」（『国語国文』一九六二・六）および注7所引鈴木論文。

(32) 転写本の振り仮名に開合混同例が多くあらわれる現象を、仁和寺本『論語抄』について指摘したことがある。注12小稿参照。

(33) 『時代別国語大辞典　室町時代編』の「負所《おっしょ》」の項には、「他人から金銭・物資を借りていて、返却すべきもの、負債」とし、『玉塵抄』の二例を挙げている。

(34) 『日本国語大辞典』によれば「気がふさぐ病気」あるいは「疲れること」の意で、『書言字考節用集』に見える語である。

(35) 残る二例は次の文中に見えるものである。

債ハヲイモノトヨムソ　コヽラニ云ヲツシヨフモツ《負物》ノコトソ……ソノ債ノ方ニヤツテヲツシヨヲカエイテスマイタト云タソ（国会本二六11オ、叡山本17オ「ヲツシヨフモツ……ヲツシヨウカエイテ」）

国会本の「ヲツシヨヲカエイテ」の部分が叡山本では「ヲツシヨウカエイテ」となっている。単なる誤写かも知れないが、叡山本の書写者が「ヲツショ」の語をとらえ得なかったともみられる。

(36) 本章でこれまで挙げた研究の他に、岩淵悦太郎「オ段の長音における開合について」(『国語学論集』所収)、外山映次「近代の音韻」(『講座国語史(2)』所収)などがある。

(37) 「「室町時代物語」の表記に見る開合音の消滅過程」(『国語学研究』一七、一九七七)

(38) 注6所引論文。

第三章　類義語・二重語の使い分けと表記

一　はじめに

本章では、同一の漢字表記を持つ類義語・二重語の問題をとりあげる。

筆者は、豊島正之氏と共同で『玉塵抄』のＫＷＩＣの作成を行ってきたが、本文作成上の問題の一つは、漢字表記された語をどう読むかということであった。これについては、文献４・文献５で論じたところである。

ここでは、それに基づいて、特に多くの用例がある類義語の意味・用法の差や用例の状況など、およびそれらの表記との関連について論じる。

取り上げるのは、類義語として〈ウチ―ナカ（中）〉〈ウエ―カミ（上）・シタ―シモ（下）〉〈オト―コエ―ネ（音・声）〉〈ホカ―ソト（外）〉〈コトバ―ゴ（語）〉〈ソラ―テン（天）〉〈ヌシ―シウ（主）〉〈フミ―ブン（文）〉〈テイ―タイ（体）〉の九組、二重語として〈カウムリ―カムリ（冠）〉〈マユ―マイ（眉）〉〈イク―ユク（行）〉の三組である。

以下、用例の多い語については主として巻一、七、九について、その他の語に関しては巻一～一〇の範囲を中心に考察する。

用例は国会本により、音読符・訓読符・音合符・訓合符は表記しない。漢字の字体は現行字体に改めた場合がある。仮名字体の「ヿ」は「コト」、「〆」は「シテ」とする。

二　類義語（一）　ウチ――ナカ

（一）用例及び全体的な傾向

巻一、七、九の確例は次の通りである。（複合語は除く。）

【ウチ】

（1）急就ハ玉海ノ書ノ目録外ト云部ノウチニアリ（一3オ）

（2）玄宗ノ蜀エヲチサシム時ニヲリフシ霖《ナカアメ》ノ中《ウ》テ車ノ鈴ノヲトガ郎当々々トヒヾイタソ（一3ウ）

（3）東ノ国ノ斉ノウチニ潭《スムタン》ト云フ小国アリ（一3ウ）

（4）史記百三十巻ノ中《ウ》ニ談ノ字ハナイソ（一3ウ）

（5）河東ノウチ敵ニナラウト思フタ者ドモガ（一14ウ）

（6）此ハ蜀ノ中《ウ》ノ在所ナリ（一17オ）

（7）桒維翰ハ五代ノウチノ晋ノ初ノ王ノ高祖ノ時ノ者ナリ（一21オ）

（8）鄭ガ孫ノ手ノタナコヽロノ中《ウ》ニスチノモンアリ（一29ウ）

（9）一同《スム》ーハ百里ノウチヲ一同ト云ソ　ソノ中《ナ》ハミナ一ヤウニ同ソ（一31ウ）

(10) 十ノ中《ウ》ニモ次第ガアリテ一カラ十マデアルソ（一32ウ）

(11) 王ー《キ》（畿）ハ王ノヲリミヤコヲ云ソ　千里ヨホウソ　此ノ内《ウ》ヲ畿内《ナイ》ト云ソ（一35オ）

(12) 一ゴノウチヨイコトトワルイコトトノ二デクル、ソ（一35オ）

(13) 二十五ノ中《ウ》ドノサトリカ末世ノ人ノ本ニシテマナウデヨカウ《（マヽ）》ソ（一41オ）

(14) 子ノ位ハ平《ヘイ》サブライノ中デ大名ノウチデイチジンノヲトナツレソ（一48ウ）

(15) 禹ノ天下ヲアルカレタ内《ウ》ニ崆峒ト云フ山天下ニ三所アルソ（一51オ）

(16) 谷詩ニ老去《テ》崆峒問《ウ》レ道《ヲ》山《ナラン》トアリ　黄帝ノ如ク崆ー山ニ道ヲトウテ隠居シテイラレウズト云心ソ　山ニホカラカナ大ナ洞ドモカアルソ　コウトウ中《ウ》ガウツロニホガラカナ心ソ（一51オ）

(17) 蜀ノ成都《シャウ》ノ中ニアリ（一52ウ）

(18) 吾ガ手ノウチニアルト悟リノ心ヲ得タコトソ（一60オ）

(19) 五経ノ中《ウ》デ三経ヲ明タソ（一64ウ）

(20) サテム（「門」の誤り）ノ中《ウチ》ニ昏ノ字ヲカイタソ（一66オ）

(21) 鹿門山ノウチニ草隠ノクサヤノカクレガヲシテイタソ（七16ウ）

(22) 心ノ内ニ財宝ヲツミカサネテモ（七17オ）

(23) 心ノ中《ウ》ニ思フホドニ（七17オ）

(24) イツモカタウエビシヤウヲヲロシテヲク心ソ　ムネノウチノ心ソ（七17ウ）

(25) 人ハムネノ中《ウ》ニアル心ガ戸ヲデ、三界色々境ニフレテ悪心煩悩ノワルイ心カデクルソ（七17ウ）

(26) 茶ノ名所ノ建渓ハ建安ノ中《ウ》ノ溪ナリ（七18オ）

(27) 遺《イ》《ノコス》レ腹ハハラノ中《ウ》ニタネヲノコイタ心ソ（七27オ）

(28) 慢亭モ武夷山ノウチデアラウソ（七32オ）

(29) 渾ハコヲマウテハ官ニアケ奉公ナドサセイデウチニヲイテ農耕ノコトヲ本ニサセタ（七35オ）

(30) タソ士人タル中《ウ》ニ名馬ヲミシツテ求テクル者アアラウカ（七39ウ）

(31) 馬ノ身ノウチニ心力ノツヲイヲミテ（七40オ）

(32) 一月三十日テテツカワレウズ者ガデイデウチニヤスムカ私ノコトヲ弁《ベン》スルカスレハ（七47ウ）

(33) 十ノ中《ウ》テ又一二十ト次第ノ上下ヲ定ルソ（七50オ）

(34) イマ進士及第ヲコノタビハ天子ノタイリノウチデ行《ヲコ》レテ（七50ウ）

(35) 五常ノ中《ウ》ノ信ハ土カラ生スルソ（七55ウ）

(36) 三徳ハ九ノ中《ウ》テカンヨウヲ三エラウタソ（七57ウ）

(37) 口ノウチテウラナイヲシテ（七60ウ）

(38) 西域天竺ノウチノ辺土ノ国ナリ（七63オ）

(39) 蜀ノ郡ノウチニ王一ノメンシト云アルソ（七65ウ）

(40) ソノウチノコトヲトリアツカウ者ガキイテ（九2ウ）

(41) 女衆ガ手ヲトリクミヤウテミテ果ヲ車ノ中《ウ》エナケイレタトアルソ（九3ウ）

(42) 邾ノ国ノ中《ウ》ノ狐駘《タイ》ト云所テウタレテ死タソ（九7ウ）

(43) 冬サムイ中《ウ》ニサイテ香イソ（九9オ）

(44) 此ハ前漢書ノ食貨志ト云中《ウ》ニアルソ（九10オ）

(45) 君子偕老ノ詩ハ毛詩ノ第三ニアリ　鄘《ヨウ》国風ノ中《ウ》ナリ（九11オ）

(46) 女ハ十五ニナレハ髪ニカンザシヲシテ嫁スルコトヲユルスソ　ソレヨリ内ニハカンサシモセズヨメリモエセヌソ（九12オ）

(47) 墻有茨ノ詩ハ毛詩ノ第四ノマキニアリ　鄘《ヨウ》国風ノ詩ノ中《ウ》ナリ（九16オ）

(48) 身モチナリハソサウナレドモ中《ウ》ノ心ノイサキヨイコトハ（九19ウ）

(49) 機ハ心ノウチニアツテハタラク者ソ（九20オ）

(50) 此ハ尚書ノ第三ノマキノ夏書ノ中《ウ》ノ五子之歌ノ篇ニアリ（九22オ）

(51) ウチニイテ父母ヲヤシナワウズヒマナイコトヲモイウレエラレタソ（九24オ）

(52) ナニガウチニフセツテメ子サイシノツラマフツテメラウノコシヒサノマワリテ死ウスコトデハナイト云タソ（九32ウ）

(53) 張ーカトビラヲヲシヒライテヨソカラキテ人ノ内エ入タソ（九36オ）

(54) 漢書ニ樊噲ガ高祖ノクワンラクケナトアツテ内ニフシテトヲタテ丶アワレナツタソ（九36オ）

(55) 樊ーガガイナ者ナリ　ウチエ入テトビラヲヲシアケテ奏者ナシニ入タソ（九36オ）

(56) 閟宮ノ詩ハ毛詩ノ第二十ノ終ノマキニアリ　魯頌《セウ》ノ中《ウ》ナリ（九38オ）

(57) 桒穀《クワカヂ》ノ二カダイリノ中《ウ》ニ自然ニデキタソ（九41オ）

(58) 人ノ所エヨメリシテモユカイテ内ニイタソ（九45ウ）

(59) 亀ノウラヲ本ニシテ福ヲ求ハワルイソ　心ヲシツメ奔走セイデウチノ徳ヲヤウテノチニスルコトハ吉ナソ
……吾ガ一心の中ノ徳ヲヤシナエト云心ソ（九49オ）

(60) 宣王ハ厉王ノ烈ニ《アマリニ》ウケテ心ノウチニ乱ヲ撥《ヲサム》ル志アッテ（九59オ）
(61) 東国ノ斉ノウチノ琅邪《ラウヤ》郡ノ箕《キ》屋ノ山カラヅルソ（九60ウ）
(62) 王子猷ガ戴カ所エイテ門外カラ内エイテ（九64ウ）

【ナカ】

(63) 此ノ星ハ星ハ（ママ）ホシノ中《ナ》ノ王ナリ（一1ウ）
(64) 綬笥ハ綬ノヲヒヲ入タハコナリ　ソレヲ馮緄ガアケタレハ中《ナ》ニクチナワガ二アツテ（一11オ）
(65) 扶桑ハ若木《ジャボク》トモ云ソ　東海ノ中《ナ》ニアリ（一20ウ）
(66) 両方ニ山アリテ水ヲハサウダ所ノタニヲ澗ト云ソ……両方ノ山ノ中《ナ》ニ水ノマジワツテ流心ソ（一25ウ）
(67) 一同《スム》ーハ百里ノウチヲ一同ト云ソ　ソノ中《ナ》ハミナ一ヤウニ同ソ（一31ウ）
(68) トリアツカイ自由ニナラヌホトニマツ半分ニ中《ナ》カラ折テ短シタソ（一48オ）
(69) 王ト中《ナ》ガヨウテサイ〳〵ニユキカヨウタ（一55オ）
(70) 亀ノイキタヲツヽニ入テハ中《ナ》ニエヲルマイソ（一55ウ）
(71) 支那ノ荷見《ハスミ》ナドノヤウニ荷ノ中《ナ》ニ舟ヲコイデ荷ノ葉ヲヒキヨセテ盃ニシテ（一57ウ）
(72) 此ハ蜀ノ主劉備モノクウ中《ナ》ニ雷カ大ニナツタソ（七17オ）
(73) 魯連ハ仲魯蓮ナリ　仲ノ字ヲキツタソ　三字ツヽイタ名ヲ中《ナ》ヲキルカ多ソ（七19オ）
(74) 孔楊ノ二人ハ称ト中《ナ》ガヨイソ（七24オ）
(75) 杉原一枚ヲナカヽラ半分ニヲツテ（七33オ）
(76) コヽラニ白頭鳥ト云ハカシバ（ママ）カリ白ソ　ソウノ身ハクロイソ　ソレテハアルマイソ　ナカヾ白ハナイソ（七

35ウ）

(77) 安禄山ニ玄宗ノツカイ道具ノ家具什物ヲタマウタソ　ソノ中《ナ》ニ銀デシタサウリアルソ（七36ウ）

(78) 雞ハ土ノ中《ナ》ノ虫ヲコノウテ食ソ（七37オ）

(79) マコトハ五蔵ノ中《ナ》テ心ヤ肝ノキモヤ脾カラツルソ（七56オ）

(80) 仁義礼智ノ五シヤウガ人ハ干要ソ　ソノ中《ナ》ニモ一ノカンヨウガ礼ヲ（「ソ」の誤り）孔子モ礼ヲホメテ云エタソ（九13ウ）

(81) 酒宴ノ中《ナ》ニ項ーノ臣下ノ范噲ガヨイ時節ナリ高祖ヲ打ト云心テ（九21ウ）

(82) 柩ノ字ハツクリニ三方ヲヒキマワイテ中《ナ》ニ久ト云字ヲカイタソ（九32オ）

(83) 七十八十ノ老者ノ中《ナ》デハ年カワカイ心ソ（九37ウ）

「ウチ」の確例は、仮名表記される場合、漢字に振り仮名が付される場合、「内」で表記される場合であり、「ナカ」の確例は、仮名表記される場合、漢字に振り仮名が付される場合である。それぞれの用例数は次の通りである。（以下、複合語は除く。）

［表1］【ウチ】

	「ウチ」表記	「中」＋振り仮名	「内」表記	合計
巻一	八	一〇	二	二〇
巻七	一〇	八	一	一九
巻九	八	一〇	五	二三
合計	二六	二八	八	六二

［表2］【ナカ】

	「ナカ」表記	「中」＋振り仮名	合計
巻一	○	九	九
巻七	二	六	八
巻九	○	四	四
合計	二	一九	二一

表記について見ると、「ナカ」の確例のほとんどすべてが「中」に振り仮名された例で、仮名表記がほとんど見られないことが注意される。これに対して、「ウチ」は仮名表記の例が約四割に達する。

次に、その用法を検討すると、連体修飾語の有無に関してかなりの差が見出せる。次表の通りである。

［表3］

	連体修飾語有り	連体修飾語無し	合計
ウチ	五一	一一	六二
ナカ	一二	九	二一

「ウチ」は約八二%が連体修飾語を伴って用いられているのに対し、「ナカ」は連体修飾語を伴うものが約五七%、伴わないものが約四三%であり、大きな違いがある。「ナカ」は単独の名詞としての用法が四割を超えるが、「ウチ」は形式名詞的用法が八割を超えるということになる。これは当然意味の違いにも関連する。

「ナカ」は仮名表記が二例のみで、いずれも連体修飾語を伴わないものである。「ウチ」の場合は、表記の三形式について連体修飾語の有無との関連を示すと、次表の通りである。

［表４］【ウチ】

	「ウチ」表記	「中」＋振り仮名	「内」表記
連体修飾語有り	二六（93％）	二〇（77％）	五（63％）
連体修飾語無し	二（7％）	六（23％）	三（37％）
合計	二八	二六	八

「ウチ」表記が九割以上連体修飾語を伴う用法であるのに対し、用例は少ないが「内」は連体修飾語を伴わない名詞としての用法がかなり見られる。「中」に振り仮名されている場合はその中間的な状態である。

以下、連体修飾語を伴う場合と伴わない場合に分けて、その意味を表記とも関連させて考えて行きたい。

(一) 連体修飾語を伴う場合

「ウチ」五一例、「ナカ」一二例である。

連体修飾語の種類は、「ウチ」も「ナカ」も「～の」の形が圧倒的である。

類義語としての「ウチ」と「ナカ」は、ともに〈範囲〉について、あるいはそれに関連して用いられることが指摘できる。

まず、「ウチ」はほとんどすべて〈範囲〉に関して用いられ、内部と外部との間に一線を画することが出来るような〈明確に限定された範囲〉について用いられる。

「ナカ」は、〈範囲〉について用いられる場合、〈漠然とした範囲〉を指す点で「ウチ」と異なり、用例も多くはない。また、「ナカ」には「ウチ」に見られない〈ある範囲内の事物の集合〉について用いられる場合があり、この場合は明確な範囲についても用いられる。また、「ナカ」には他に〈真ん中〉〈最中〉の意がある。

以下、これらの意味の違いについて、用例によって説明する。

「ウチ」が〈範囲〉について用いられている例を先に掲げた用例の中からいくつか示す。

(4) 史記百三十巻ノ中《ウ》ニ談ノ字ハナイソ (一3ウ)

(7) 桒維翰ハ五代ノウチノ晋ノ初ノ王ノ高祖ノ時ノ者ナリ (一21オ)

(19) 五経ノ中《ウ》デ三経ヲ明タソ (一64ウ)

(23) 心ノ中《ウ》ニ思フホドニ (七17オ)

(38) 西域天竺ノウチノ辺土ノ国ナリ (七63オ)

(41) 女衆ガ手ヲトリクミヤウテミテ果ヲ車ノ中《ウ》エナケイレタトアルソ (九3ウ)

「ウチ」が用いられている「史記百三十巻」「五代」「五経」「西域天竺」というのは固有名詞に関わる非常に明確な範囲を示すものであり、「車」も明確に限定された範囲である。「心」も抽象的ではあるが限定された範囲と言える。前掲「ウチ」五一例中このような〈範囲〉を示すものは四八例にのぼる。右の六例の他(1)(2)(3)(5)(6)(8)(9)(10)(11)(12)(13)(15)(17)(18)(20)(21)(22)(24)(25)(26)(27)(28)(30)(31)(33)(34)(35)(36)(37)(39)(42)(43)(44)(45)(46)(47)(49)(50)(56)(57)(60)(61)である。

これらは一例を除いてすべて明確な範囲を示している。例外となるのは次の例である。

（2）玄宗ノ蜀エヲチサシム時ニヲリフシ霖《ナカアメ》ノ中《ウ》テ車ノ鈴ノヲトガ郎当々々トヒヾイタソ（一3ウ）

これは、〈雨が降っている状態の中〉と考えると、明確な限定とは言えないから「ウチ」の意味に適合しない。思うに、「霖」とは三日以上降り続く雨のことであるから、この「霖ノ中《ウ》」とは、雨が降っている状態をいうのではなく、〈霖の続く期間の範囲内〉ということで「ウチ」が使われたのではないかと思う。それにしても〈外部と一線を画する明確な範囲内〉とは言い難いようである。

「ナカ」が〈範囲〉について用いられているのは、一二例中次の三例である。

（65）扶桒ハ若木《ジヤボク》トモ云ソ　東海ノ中《ナ》ニアリ（一20ウ）

（71）支那ノ荷《ハス》見ナドノヤウニ荷ノ中《ナ》ニ舟ヲコイデ荷ノ葉ヲヒキヨセテ盃ニシテ（一57ウ）

（78）雞ハ土ノ中《ナ》ノ虫ヲコノウテ食ソ（七37オ）

「東海」「荷《ハス》（蓮の見えている水面）」「土」は、一線を画することの出来ない〈漠然とした範囲〉を示している。

次の五例は、〈ある範囲内の事物の集合〉について用いられているとみられる例である。

（63）此ノ星ハ星（マヽ）ハホシノ中《ナ》ノ王ナリ（一1ウ）

（67）一同《スム》ーハ百里ノウチヲ一同ト云ソ　ソノ中《ナ》ハミナ一ヤウニ同ソ（一31ウ）

（77）安禄山ニ玄宗ノツカイ道具ノ家具什物ヲタマウタソ　ソノ中《ナ》ニ銀デシタサウリアルソ（七36ウ）

（80）仁義礼智ノ五シヤウガ人ハ干要ソ　ソノ中《ナ》ニモ一ノカンヨウガ礼ヲ（「ソ」の誤り）孔子モ礼ヲホメテ云エタソ（九13ウ）

（83）七十八十ノ老者ノ中《ナ》デハ年カワカイ心ソ（九37ウ）

（63）は〈星、すなわち空にある天体の集合〉について用いられている。（67）は「ウチ」と「ナカ」がともに用いられている注目すべき例である。「百里（四方）」というのは〈明確な範囲〉であるから「ウチ」が用いられており、「ソノ中」は〈その百里四方の中の事物は〉の意である。（77）の「ソノ中」は〈玄宗の使った家具什物の中〉という意である。（83）の「七十八十ノ老者」も〈七十八十の年齢の範囲の老人たち〉ということである。これらはいずれも〈ある範囲内の事物の集合〉について用いられていると言える。

（80）については、次の例が参照される。

（35）五常ノ中《ウ》ノ信ハ土カラ生スルソ（七55ウ）

これは、「五常」すなわち〈仁義礼智信〉の五つの徳目という数で表せる明確な範囲について「ウチ」が用いられている。（80）も一見（35）と同様「五常」という明確な範囲を指しているようである。しかし、この（80）の場合は、「五常」の徳目をいずれも「干要」ととらえた上で、その〈等しく干要である「ナカ」〉でと言っているのであって、〈範囲〉というよりはやはり〈ある範囲内の事物〉について用いられているとみるべきである。

次は問題になる例である。

（79）マコトハ五蔵ノ中《ナ》テ心ヤ肝ノキモヤ脾カラツルソ（七56オ）

「五蔵」という数で表せる明確な範囲を指しているので「ウチ」であるべきもののように思われるが、この場合は〈五つの臓器の範囲〉というよりは〈等しく五蔵と呼ばれる五つの臓器の中〉ということで、やはり〈ある範囲内の事物の集合〉について用いられていると考えられるのではなかろうか。

結局一二例中〈ある範囲の事物の集合〉について用いられているのは六例となる。

類義語関係を成さない「ウチ」「ナカ」独自の意味については、次のことが言える。

「ウチ」には、〈範囲〉の意のほかに、〈家の内〉の意味のものが三例みられる。

(14) 子ノ位ハ平《ヘイ》サブライノ中デ大名ノウチデイチジンノヲトナツレソ（一48ウ）
(40) ソノウチノコトヲトリアツカウ者ガキイテ（九2ウ）
(53) 張ーカトビラヲシヒライテヨソカラキテ人ノ内エ入タソ（九36オ）

「ナカ」には、〈範囲〉〈範囲内の事物の集合〉の意のほかに、〈真ん中〉の意の例が一例、〈最中〉の意の例が三例ある。

(66) 両方ニ山アリテ水ヲハサウダ所ノタニヲ澗ト云ソ……両方ノ山ノ中《ナ》ニ水ノマジワツテ流心ソ（一25ウ）
(72) 此ハ蜀ノ主劉備モノクウ中《ナ》ニ雷カ大ニナツタソ（七17オ）
(81) 酒宴ノ中《ナ》ニ項ーノ臣下ノ范噲ガヨイ時節ナリ高祖ヲ打ト云心テ（九21ウ）

(三) 連体修飾語を伴わない場合

「ウチ」一一例、「ナカ」九例である。

類義語関係を成す場合の意味に関しては次の通りである。

「ウチ」「ナカ」ともに〈内部〉を意味する場合がある。「ウチ」三例、「ナカ」四例である。比較すると、「ウチ」が〈一般的、抽象的な内部〉の意味を表すのに対し、「ナカ」は〈具体的な物に関する内部〉を意味するという違いが認められる。

(16) 谷詩ニ老去《テ》崆峒問《ウ》レ道《ヲ》山《ナラン》トアリ　黄帝ノ如ク崆ー山ニ道ヲトウテ隠居シテイラレウズト云心ソ　山ニホカラカナ大ナ洞ドモカアルソ　コウトウ中《ウ》ガウツロニホガラカナ心ソ……又ハ空同トモカイタソ（一51オ）
(48) 身モチナリハソサウナレドモ中《ウ》ノ心ノイサキヨイコトハ（九19ウ）

(59) 亀ノウラヲ本ニシテ福ヲ求ハワルイソ　心ヲシツメ奔走セイデウチノ徳ヲヤウテノチニスルコトハ吉ナソ
……吾ガ一心の中《ナ》ノ徳ヲヤシナエト云心ソ（九49オ）

(64) 綬笥ハ綬ノヲヒヲ入タハコナリ　ソレヲ馮絽ガアケタレハ中《ナ》ニクチナワガ二アツテ（一11オ）

(70) 亀ノイキタヲツヽニ入テハ中《ナ》ニエヲルマイソ（一55ウ）

(76) コヽラニ白頭鳥ト云ハカシ（「カシラ」の誤り）バカリ白ソ　ソウノ身ハクロイソ　ソレテハアルマイソ　ナカヾ白ハナイソ（七35ウ）

(82) 柩ノ字ハツクリニ三方ヲヒキマワイテ中《ナ》ニ久ト云字ヲカイタソ（九32オ）

「ウチ」について。(16) は「崆峒」という語の説明であって、抽象的に〈内部がからで広々としている〉ことを言っている。(48)(59) は外部に対立する内部の「心」の中を指している。この場合も抽象的な内部である。この意味に用いられているのは右の三例のみで、「ウチ」の用法の中では少ないものである。

「ナカ」について。(64) は「ハコ」の内部、(70) は「筒」の内部、(82) は字の「匚」の内部であって、いずれも具体的な事物の内部について使われているのは明らかである。(76) は「身」に対する「ナカ」で、(48) と語句が類似するが、(48) が「心」という抽象性の高いものを指しているのに対し、(76) は具体的な体の内部の色について用いられている点が明らかに「ウチ」と異なる。

「ウチ」「ナカ」独自の意味を表す場合については、次の通りである。

「ウチ」には〈家の内〉を意味する例が一一例中八例（(29)(32)(51)(52)(54)(55)(58)(62)）で、〈内部〉の三例より多い。また、この意味の表記は仮名表記か「内」表記で、「中」表記は見られない。

「ナカ」は九例中〈内部〉の意の四例を除く五例中、〈仲〉の意が二例（(69)(78)）、〈真ん中〉の意が三例（(68)

(73)(74)である。

(四)「ウチ」と「ナカ」の使い分けと表記

以上考察してきたことは、次のようにまとめられる。

(i)「ウチ」は大多数が連体修飾語を伴って用いられるのに対し、「ナカ」は連体修飾語を伴わない単独の用法も四割を超える。言い換えれば、「ナカ」は名詞としての性格が比較的はっきりしているのに対し、「ウチ」は形式名詞的性格が強いということになる。

(ii)連体修飾語として〈範囲〉に関連して用いられる場合、「ウチ」は〈明確な範囲〉を表すのに対し、「ナカ」は〈漠然とした範囲〉〈ある範囲内の事物の集合〉の意に用いられる。

(iii)連体修飾語を伴わずに単独で用いられる場合、「ウチ」も「ナカ」も〈内部〉を表す意味を持つが、「ウチ」が〈抽象的な内部〉を表すのに対して、「ナカ」は〈具体的な事物の内部〉を表す。

(iv)「ウチ」独自の意味としては〈家の内〉を表すものがあり、特に単独の用法に多く用いられる。「ナカ」独自の意味としては〈仲〉〈真ん中・最中〉がある。

(v)表記に関しては、次の二点が注意される。

先ず、「ナカ」は仮名表記の例が非常に少なく、ほとんどが「中」に振り仮名が付された例である。これに対して「ウチ」は仮名表記の例が四割に達する。これは、「ナカ」が名詞としての性格をはっきり持っていることと関係するであろう。

次に、「ウチ」が〈家の内〉を意味する場合、「中」表記は、用いられず、仮名表記か「内」表記である。

最後に、原典の語との関連について述べると、巻一、七、九の範囲で原典の訓読語に用いられるのは次の「ナカ」二例のみである。

(84) 頼《サイワイニ》存二三尺桐《ノヲ》一中《ナニ》有《リ》二古今音《ノ》一トヤラ云句アリ（一48オ）

(85) 在《リ》二縲絏《ルイセツ》之中《ナカニ》一　絏ハ紲ト同ソ　人ヲシバルナワナリ（九61オ）

三　類義語（二）　ウエ――カミ　シタ――シモ

この二対の類義語は互いに関連するので、まとめて考察する。

ウエ――カミ

（一）用例及び全体的な傾向

「ウエ」と「カミ」の確例は、仮名表記される場合と、「上」字に振り仮名が付される場合である。巻一、七、九の確例を次に掲げる。

【ウエ】

(1) ヒトリ一人東ノ床《ユカ》ノ上《ウ》ニ腹ベントシテ坦々トシテ人ガキタレトモソレトモセズトリツクロウテイモナウシテイタガ（一2オ）

(2) 上尊ハ尊ハ樽ト同ソ　上ト云ハ天子カラタマワルホトニ上《ウ》ノ御尊《ヲンタル》ト云心ソ（一7オ）

（3）晋ガキカヌソ　ブイニセヌソ　同叔ト云者カ子《ムスメ》ヲ質《シチ》ニトツタコト人質《シチ》ノコトソ……ソノ上《ウ》ニ斉ノ封内《ホウダイ》ト云テ斉ノブンヲコト〳〵ク東二其畝《ノウネ》一ヲ田地ヲ晋エトツテ（一10オ）

（4）人ノクビヲ木ノウエニカケテ七日バカリサラシテ（一12オ）

（5）王天子ノヲリアル所ノ上《ウ》ニハ五色ノ瑞雲ガアツテヲ、ウソ（一25ウ）

（6）天子ノ上《ウ》ハイツモ五色ノ雲カタツソ（一26オ）

（7）スイニ山ノ上《ウ》ニハジカミガアレハソノ下《シタ》ノ土ニ銅カアルト云心カ（一39ウ）

（8）銅ノ柱ヲタテラレタソ　上《ウ》ニ仙人ヲツクリテヲカレタソ（一43ウ）

（9）重イ石ナドヲ上《ウ》ニツンテシボルソ（一46ウ）

（10）包《ツヽム》ハ上《ウ》ヲツ、ムコトソ　芭蕉ノ葉テツ、ミマワスソ（一52ウ）

（11）狂童モ上《ウ》ノ頑ー（童）ノ心ソ（一59オ）

（12）棊ノ上《ウ》テハマルイハゴ石ソ（一59ウ）

（13）泌ガ方ーーー（円動静）ノ四ヲ棊ノ上《ウ》テ云タヲキイテヲドロイテ（一60オ）

（14）陸《クガ》ノ上《ウ》ニイタケタモノ、ヤウナソ（一64オ）

（15）孔子ノイワレタソ　一ハイ十分ニミチテコホレヌト云者ハナイソ　ナニノ上《ウ》ニモ此カアルソ（七2ウ）

（16）夜ルヒルノ時刻ヲカンカエテ日月星ナドノウツリカワルヲカンカエテシルソ　ソレヲ暦ノ上《ウ》ヲモシルソ（七8オ）

（17）コ、ノモ人ノ上《ウ》ヲ云タコトデアラソ（ママ）（七14オ）

（18）人ノ上《ウ》ニシテ云トキハナニヲ草ト云タソ（七14オ）

(19) 明年風雨ト、ノヲツテ五谷フネウニアラウスホトニ麦ノイ、ヲウマ〱トシテヌンメラトシタラハ匙ノ上《ウ》エ流ソ（七17ウ）
(20) カウ上《ウ》デハ云ヘトモソコハソレラニハヲトルマイト酒ガスギテ自慢シテ云タ心モアラウソ（七22ウ）
(21) 群臣ガ評議シテ諸侯ノハタラキ上《ウ》ヲカルンシシモニワサワイヲナサル、ヲヲサエホソメウト云テ（七46ウ）
(22) 此カ疏ヲ以テ上《ウ》エコトヲマウシタソ（七48ウ）
(23) 此モ前後ヲミヌホドニクワシウワシレヌソ　先句ノウエハ大ガイカウアリサウナソ（七59ウ）
(24) 露ハ天子ノ恩ノウルヲイノ草ノ上《ウ》エアマネクヲシマズマンゾクスルホドウカベタ（七61ウ）
(25) コレヲコナイテ向上ノウエカラ云タコトソ（七64ウ）
(26) 髪ヲユウテ……ヒタイノウエノアタリニツクネテ（九7ウ）
(27) ソノ水ヲ治メラレタ国々カラソノ所ニアル名物ナドヲ年貢《グ》ニ上《ウ》エアケタコト（九12ウ）
(28) 山ノウエノマン中ニ池ガアルソ（九20ウ）
(29) 墀《チ》　塗階《ノ》上《ヘノ》地也《ナリ》　ミチヤ土ノキタハシノ上《ウ》ノ地ヲ云ソ（九22ウ）
(30) 上《ウ》ノ王命ノコトハ私ノヤウニハナイソ（九24オ）
(31) 図侍中ハ官ノ名カ　侍中ハ官ナリ　図ノ字上《ウ》ニソウタソ（九25オ）
(32) ハシキダハシヲ下カラ重々ヘアカリハセイテ一トヒニ上《ウ》ヘトビアカルコトソ（九26オ）
(33) クロイ所カラウルシノヤウナ墨ソ　ウエモナイクロイコトソ（九42ウ）
(34) 鳥居《イ》ト云ホドニ鶴ガ此ノ上《ウ》ニトマツテイタソ（九62オ）
(35) 陶ー（侃）ガ張ガチナミニ依テ上《ウ》カラメサレテ督ー（郵）ニナツタソ（九66オ）

(36) 李白云ー不レ使二レ白ーー《ヲテ》（揚眉）吐レ気《ヲ》　七言ノ句ノヤウナガ一ノ上《ウ》ニーヲシタガ心エヌソ（九70ウ）

【カミ】

(37) 白楽天寄《ス》二元微《ヒ》之一一生《シヤウ》休戚《セキト》与《ト》二窮通《トウ》一……一生ハイキタ一期《ゴ》ノアイダ休ハヨシトヨムソ　戚ハイタムトヨム
ソ　ウレウル心ソ　一ゴノウチヨイコトトワルイコトトノ二デクル、ソ……窮通モ上《カ》ノ休ー（戚）ノ心ソ
窮ハキハマルトヨムソ　貧ニセメツメラレタ心ソ　通《トウ》ハクツロイデ自由ナ心ソ　貧ト富トノ二ソ（一35オ）

(38) 此《ノ》心ハカミニシタソ（一49オ）

(39) 上《カ》カラ大舩ヲウカベテ江ヲワタツテ呉ヲセメタコトソ（一63ウ）

(40) キモノ、上下《カシ》ヲモシラヌホドノヲサナ子ト云心ソ（七18ウ）

(41) ナンニアル語ヤラミエヌソ　上《カ》ニ毛詩ヲ引タソ　毛詩ノ語ヤラ不レ詳ソ（七38ウ）

(42) 書ニ謹厥ー（麗）乃勧　ドノ篇ヤラソノ心不詳　可レ考ナリ　匪《スヤ》レ察《スルニ》二于獄《ウツタエノ》之ー《ホトコセルヲ》（麗）一　此ノ語ハ尚書ノ十二
ノ呂刑の篇ノコトバナリ……上《カ》ノ語モ尚書トシタガドノ篇ヤラソ（七40ウ）

(43) 裨ハ上《カ》ニモアツタソ（七56ウ）

(44) 面柔ハヲモテノコワイコトソ……上《カノ》ニ戚施ノ所ニアリ（七60ウ）

(45) 項ー（斷）　上《カ》ニカイタソ　唐ノ人ナリ（七64オ）

(46) 梁棟ー（姿）ハ上《カ》ニアリ（九5オ）

(47) 此詩ハ衛人其《ノ》上《カミ》ヲソシツタソ（九16オ）

(48) 韻府コ、ニハ楚茨ハ上《カ》ヲソシルトシテタレヲ云タトハナイソ（九16ウ）

(49) 此《ノ》上《カ》ノ句ハ江山如《シ》レ有《カ》レ待《コト》トアリ（九31オ）

（50）著《シ》ハ上《カ》ニアリ（九54オ）

（51）何徳《ソノ》之ー《タル》（衰）ト鳳凰ヲミテ孔子ノイエタソ……甚《シイカナ》矣吾《カ》ー《コト》（衰）[七] 此モ上《カ》ノ鳳凰ヲミテ云ヘタト同心ソ（九54ウ）

（52）及《シカ》ト俗書ニハヨムソ　及《ヲヨ》トヨム所モアルソ　此カ兵書ノ上《カ》ナリ（九63オ）

「ウエ」は三六例中二二例が連体修飾語を伴っているのに対し、「カミ」は一六例中連体修飾語を伴うものは（41）（47）（53）のわずか三例に過ぎない（（49）は「上ノ句」全体に「此」がかかっていると考え、連体修飾語を伴うものとはみない）。連体修飾語はすべて「〜の」の形である。

「ウエ」は約六割強が連体修飾語を伴うのに対して、「カミ」のそれは二割に満たない。これは大きな違いである。次表に示す。

［表1］

	連体修飾語有り	連体修飾語無し	合計
ウエ	二二	一四	三六
カミ	三	一三	一六

（二）連体修飾語を伴う場合

意味については、次のことが言える。

「ウエ」は二二例中、〈空間的な位置の上〉を表すものが一〇例（（4）（5）（6）（7）（14）（26）（28）（29）（34）（36））、

〈～について・関して〉の意を表すものが八例（(12)(13)(15)(16)(17)(20)(23)(25)）、〈表面〉の意を表すものが三例（(1)(19)(24)）、〈重ねて〉の意を表すものが一例（(3)）である。

これに対して「カミ」は、用例自体が非常に少ないが、〈身分の上位〉の意一例（47)、〈(衣服に関して) 空間的な位置の上〉の意一例（(40)）であり、残る一例は次の疑問例である。

(52) 及《シカ》ト俗書ニハヨムソ　及《ヲヨ》トヨム所モアルソ　此カ兵書ノ上《カ》ナリ（九63オ）

これは、兵書『司馬法』の文に見える「不及」のよみかたについて述べた箇所である。詳しく引用すると、次の通りである。

秦晋出《テ》レ戦《ヲ》ーー（交綏）左文十二　未《タ》レ致争《サウ》而両《ハ》退《ヲ》曰《フ》レ綏《ト》ー左伝ノ九文公十二年ノ伝ニアリ……秦晋トモニデヽ戦テ　交《コモ〳〵》綏《シリソク》トアリ　逐《フ》レ奔《ルヲ》不レ遠《カラ》従《ヲフ》レ　綏《コトシリソクヲ》　不レ及《シカ》トアリ　逐奔ーー（不遠）ー不レ逐（「遠」の誤り）トハニクルト云テフカヲイセヌコトソ　従《ヲウ》レ　綏《コトシリソクヲ》　ー不レ及《シカ》ハニクルヲヲヘドモヲイツメヌソ　ヲイツメタヲ及ト云ソ　及《シカ》ト俗書ニハヨムソ　及《ヲヨ》トヨム所モアルソ　此カ兵書ノ上《カ》ナリ

『司馬法』で「及」を「シカ」とよんでいることについて、「俗書」では「シカ」とよむが書物によっては「ヲヨ（バ）」とよむものもあると言っているのであり、「此カ兵書ノ上《カ》ナリ」とは〈これが俗書である兵書についてのよみかたである〉ということであろう。この場合は「カミ」では解釈できず、「ウエ」でなければ通じない。おそらく国会本の「カ」の振り仮名は誤りで、「上」は「ウエ」とみるべきである。なお、叡山本、東大本は「上」に振り仮名はない。

(三) 連体修飾語を伴わない場合

「ウエ」は一四例中、〈空間的な位置での上〉の意四例（(8)(9)(31)(32)）、〈身分の上位〉の意六例（(2)(21)(22)(27)(30)(35)）、〈表面〉の意二例（(10)(20)）、〈これ以上〉の意一例（(33)）〈前述〉の意一例（(11)）である。

「カミ」は一三例中、〈前述〉の意一〇例（(37)(38)(41)(42)(43)(44)(45)(46)(50)(51)）、〈川の上流〉の意一例（(39)）、〈身分の上位〉の意一例（(48)）、〈詩句の上の句〉の意一例（(49)）である。

〈身分の上位〉の意の場合は「ウエ」も「カミ」も共に用いられるのであるが、その違いを考えるにはこの意味の「カミ」の用例が少なすぎるので、後で「シタ」「シモ」との対義関係の考察のところで改めて考える。

〈前述〉の意の場合は、「カミ」が一三例中一〇例がこの意味であるのに対して、「ウエ」は一四例中(11)一例で、きわめて例外的である。ただこの例は東大本、叡山本も同文であり、「ウエ」が〈前述〉の意味に用いられることも稀にはあったと考えられる。

(四)「ウエ」と「カミ」の使い分け

以上、「ウエ」と「カミ」について考察してきたことをまとめると次の通りである。

(i)「ウエ」は過半数が連体修飾語を伴って用いられるが、「カミ」は八割以上が連体修飾語を伴わずに用いられる。

(ii) 連体修飾語を伴う場合、「ウエ」は〈空間的な位置での上〉〈〜について・関して〉〈表面〉の意のものが多く、他に〈表面〉〈重ねて〉の意を表す。「カミ」は用例がきわめて少ないが、〈(衣服に関して) 空間的な位置での上〉〈身分の上位〉の意を表す例が見られる。

(iii) 連体修飾語を伴わない場合、「ウエ」は〈空間的な位置での上〉〈身分の上位〉〈表面〉を表し、「カミ」は

〈前述〉〈川の上流〉〈詩句の上の句〉〈身分の上位〉を表す。ただし、例外的に〈前述〉の意に「ウエ」が用いられた例がある。

シタ――シモ

（一）用例及び全体的な傾向

「シタ」及び「シモ」の確例は、仮名表記されたもの、及び「下」に振り仮名された場合である。巻一、七、九の確例は次の通りである。

【シタ】

(53) 令ト云ハ守護ヨリハ下《シタ》ノ官ナリ（一15ウ）
(54) 尹ーハ田延年ガ下《シタ》デノモト吏ト云官デアツタソ（一17オ）
(55) ワキノ下《シタ》カラスヾシイカゼガデキテ（一39オ）
(56) スイニ山ノ上《ウ》ニハジカミガアレハソノ下《シタ》ノ土ニ銅カアルト云心カ（一39ウ）
(57) 地ニ金《コカネ》花カアレハソノシタノ土ノ中ニ金カアルナト、云ソ（一39ウ）
(58) 蔡邕《サイイウ》ガカマノシタニ桐ノ木ヲタイタヲトヲキイテ（一46オ）
(59) 居《イテ》レ高《ニ》シモノヒクイ所ヲミヲロイタソ　視《ミル》レ下《ミシカキヲ》ソ　下ハシタヲミヲロイタコトソ（一47オ）
(60) 王ー《シン》（濬）ハ気カ大ニシテガイニケナケナソ　羊祜ガツカサノ下《シタ》デキヨウヲミテ呉ヲ打ツフナイクサノ大将ヲシタソ（一63ウ）

(61) ソノ巣カラ小児アリ　チイサイ人ノ子アリ　カヲ、ダイテシタヲミヲロイテヲウヂノ宋卿ヲミテ云ハ（七26オ）

(62) 嬰ト云ソ　女子ノカサリナリ　賏ヲ二ツラネテ下《シタ》ニ女ヲカイタハ此ノ心ソ（七26ウ）

(63) 薛―書記ノ官テ相公ノ下《シタ》ニイタソ（七31ウ）

(64) 薛ガ今元（人名、相公）ノシタヲハナレテタチツルホドニ離コトヲ十云タソ（七31ウ）

(65) 馬ヲシルコト私ガ下《シタ》ニハテヌ者ナリ（七39ウ）

(66) ヲトガイノシタナノドノキワナ髭ヲ（七50ウ）

(67) 天ハ高イ所ニイテ地ノシタノヒクイ所ニ云コトヲヨウキクソ（七54ウ）

(68) 高イ所ニイテシタノヒクイ所エノソンタヲ云ソ（七65オ）

(69) 彭沢ノ守護ノシタナ奉行スル吏ト云者カ（九2ウ）

(70) 范滂ト云者ヲ宗ー（資）ガシタニヲイテナニコトモソレニアテマカセテ（九3オ）

(71) 垂ガ秦ノ符堅ヲタノウテ堅ガシタニイタ時ノコトナリ（九7オ）

(72) 闟ー（茸）ハ謙シテ人ノ下《タ》ニナル心ソ（九19ウ）

(73) 仲ー（尼）　孔子ナリ　仲尼《ヂ》ト云ソ　尼《ニ》トイワヌソ　コ、ノニ（「尼《ニ》」の項の意）ノ下《タ》ニタイタソ　サレドモ仲尼《ニ》トハイワヌソ（九20ウ）

(74) 王世充ガ下《シタ》デ別駕ノ官ニナツタソ（九36オ）

【シモ】

(75) 上カラ下《シモ》万民マデナヤウテ（一4オ）

(76) ソノ、東ノ方ノマガキソ　東籬ト云ソ　コ、ハ東ヲ下《シモ》ニツケテ籬《リ》東トシタソ（一25オ）

(77) 居《イテ》レ高《ニ》シモノヒクイ所ヲミヲロイタソ　視《ミル》レ下《ミシカキヲ》　ソ　下ハシタヲミヲロイタコトソ（一47オ）

(78) 又詩筒ハ白楽天ガコトソ　下《モ》ニアルソ（一52オ）

(79) ケモノニニテ角アリ　両方ニ角ノアルガ一方ハソラエアカリ一方ノハサキガシモエサガツタガアルソ（七3オ）

(80) 天ノコト渾然トシテナニトモシラレヌコトソ　ソコヲ渾ト云タソ　ソノ天ノコトヲ下《シモ》カラ工夫シテハカリスイシテカンカエシルコトソ（七7ウ）

(81) 群臣ガ評議シテ諸侯王ノハタラキ上《ウ》ヲカルンシシモニワサワイヲナサル、ヲヲサエホソメウト云テ（七46ウ）

(82) 高イ所エアガルニハシモノヒクイ所カラアカル者ソ（七54オ）

(83) 天子ヨリ下《モ》大夫ニイタルマデ五色ヲ以テ衣服ノカザリヤウアリ（七57オ）

(84) 崥《ハ》山足《ノフモトナリ》　足ハシモニアリ　フモト、モヨムソ（七57オ）

(85) 水ノ上カラ下《シモ》エ流順ナ流ニツイテワタレハヨイソ（九29ウ）

「シタ」二二例中一七例が「〜の」「〜が」という連体修飾語を伴っているのに対し、「シモ」一一例は連体修飾語を伴うものは皆無である。次表に示す。

【表2】

	連体修飾語有り	連体修飾語無し	合計
シタ	一七	五	二二
シモ	〇	一一	一一

「シタ」は約四分の三が「〜の」「〜が」という連体修飾語を伴って用いられているが、「シモ」はすべて連体修飾語を伴わずに用いられている。

(二) 連体修飾語を伴う場合

「シタ」のみが用いられ、一七例中、〈空間的な位置での下〉の意七例（(55)(56)(57)(58)）、〈身分の下位〉の意九例（(54)(60)(63)(64)(69)(70)(71)(72)(76)）、〈その項目中〉の意一例（(73)）である。

(三) 連体修飾語を伴わない場合

「シタ」は五例中、〈空間的な位置での下〉の意四例（(59)(61)(62)(68)）、〈身分の下位〉の意一例（(53)）である。

「シモ」は一一例中、〈空間的な位置での下〉の意六例（(76)(77)(79)(80)(82)(84)）、〈身分の下位〉の意三例（(74)(80)(82)）、〈後述〉の意一例（(78)）、〈川の下流〉の意一例（(85)）である。

「シタ」も「シモ」も共に連体修飾語を伴って〈空間的な位置での下〉及び〈身分の下位〉の意を表すが、その間に何らかの違いがあるだろうか。用例によって検討してみる。

まず、〈空間的な位置での下〉の意の場合。

(59・77) 居《イテ》レ高《ニ》シモノヒクイ所ヲミヲロイタソ　視《ミル》レ下《ミシカキヲ》　ソ　下ハシタヲミヲロイタコトソ（一47オ）

(61) ソノ巣カラ小児アリ　チイサイ人ノ子アリ　カヲ、ダイテシタヲミヲロイテヲウヂノ宋卿ヲミテ云ハ（七26オ）

これらは「ミヲロイタ」に続く場合であるが、「シタ」は「シタヲミヲロイタ」であるが、「シモ」は「シモノヒクイ所ヲミヲロイタ」であって、「シタ」は「シモノヒクイ所」に相当する。「シタ」は具体的な場所を意味し、「シモ」は方向の意も含むと考えられる。次の例でも、「シモノヒクイ所」が「高イ所」に対応しており、右と全く同様に考えられる。

(82) 高イ所エアガルニハシモノヒクイ所カラアカル者ソ（七54オ）

次は、「シモ」の方向性がさらに明瞭な例である。

(79) ケモノニニテ角アリ　両方ニ角ノアルガ一方ハソラエアカリ一方ノハサキガシモエサガツタガアルソ（七3オ）

次の二例も、〈下の方〉ということで、やはり「シモ」の方向性を示す例とみられる。

(80) 天ノコト渾然トシテナニトモシラレヌコトソ　ソコヲ渾ト云タソ　ソノ天ノコトヲ下《シモ》カラ工夫シテハカリスイシテカンカエシルコトソ（七7ウ）

(84) 崥《ハ》山足《ノフモトナリ》　足ハシモニアリ　フモト丶モヨムソ（七57オ）

問題となるものに、「シタ」が「シモ」と同じように「シタノヒクイ所」となっている例が一例ある。

(68) 高イ所ニイテシタノヒクイ所エノソンタヲ云ソ（七65オ）

「高イ所」に対応している点は(29)と同じである。この例の後の抄文は次の通りである。

高イ所ニイテシタノヒクイ所エノソンタヲ云ソ　漢ノ武帝踞《シリウタケシテ》レ廝《シニ》見ル二衛青ヲ一ト云　将軍ノ位ノ臣下ニケンサウセラレタソ　トウスニイテノコトテハナイソ　踞ハ漢書デシリウク（「タ」の誤り）ゲトヨムソ　コシヲカケタコトナリ（七65オ）

「高イ所ニイテシタノヒクイ所エノソンタヲ云ソ」は「踞廝」の説明である。『韻府群玉』「廝」字の「漢武踞廝」の項の「漢武踞廝見衛青」の註に「居高臨垂辺」とある。右の抄文はこれによった説明で、高い所に腰掛けて「シタノヒクイ所」にいる臣下に会うことを言っていると考えられる。この「シタ」は具体的な場所の位置を指し示すもので、「シモノヒクイ所ヲミヲロイタ」というような方向性の含意は認められない。

次は、「シタ」と「シモ」がともに文字の位置に関して用いられているものである。

(62) 嬰ト云ソ　女子ノカサリナリ　賏ヲ二ツラネテ下《シタ》ニ女ヲカイタハ此ノ心ソ（七26ウ）

(76) ソノ、東ノ方ノマガキソ　東籬ト云ソ　コ、ハ東ヲ下《シモ》ニツケテ籬東トシタソ（二25オ）

「シタ」は一字の構成部分における下の場所に書くという意であり、「シモ」は文字を連ねる場合下の位置につけるということで、やはり「シモ」に方向性の含意がある。

要するに「シタ」と「シモ」がともに〈空間的位置における下〉を意味する場合、「シモ」に方向性の含意があるということが言える。

次に、〈身分の下位〉の意の場合を考える。「シタ」一例、「シモ」三例は次の通りである。

(53) 令ト云ハ守護ヨリハ下《シタ》ノ官ナリ（一15ウ）

(75) 上カラ下《シモ》万民マデナヤウテ（一4オ）

(81) 群臣ガ評議シテ諸侯王ノハタラキ上《ウ》ヲカルンシシモノワサワイヲナサル、ヲヲサエホソメウト云テ（七46ウ）

(83) 天子ヨリ下《モ》大夫ニイタルマデ五色ヲ以テ衣服ノカザリヤウアリ（七57オ）

「シタ」が官位名を挙げて具体的な地位が下位であることを言っているのに対し、「シモ」はいずれも「上」「天子」に対立して一般人民、一般的に官位が低い人々の意味で用いられている。

(四)「シタ」と「シモ」の使い分けについて

以上の検討から、「シタ」と「シモ」の使い分けについて、次のことが言える。

(ⅰ)「シタ」は約四分の三が「~の」「~が」という連体修飾語を伴って用いられるが、「シモ」はすべて連体修飾語を伴わずに用いられる。

(ⅱ)連体修飾語を伴う場合はもっぱら「シタ」が用いられるが、その意味は〈空間的な位置での下〉〈身分の下位〉〈その項目中〉である。

(ⅲ)連体修飾語を伴わない場合、「シタ」は〈空間的な位置での下〉〈身分の下位〉の意を示し、「シモ」は〈空間的な位置での下〉〈身分の下位〉〈後述〉〈川の下流〉の意を示す。〈空間的な位置での下〉の意の場合、「シタ」は具体的な場所を示し、「シモ」は方向性を持つという違いがある。〈身分の下位〉の意の場合、「シタ」は具体的な官位について下位であることを示し、「シモ」は一般的な下位を示すという違いがある。

【ウエ・カミ】と【シタ・シモ】の対義関係について

以上の考察をもとにして「ウエ」・「カミ」と「シタ」・「シモ」との間の対義関係を考えると、次のことが言える。「ウエ」と「シタ」は、多くが連体修飾語を伴って用いられるのに対し、「カミ」と「シモ」はほとんど連体修飾語を伴わずに用いられる。従って、「ウエ」と「シタ」、「カミ」と「シモ」はそれぞれ用法上の共通性があることになる。この点で、「ウエ」—「シタ」、「カミ」—「シモ」という対義語のペアが形の上からは対義語としての関係が強いと考えられる。以下、具体的に考察し、巻一～一〇の範囲で見出した対義語であることを示す例を掲げる。

連体修飾語を伴う場合について。

「ウエ」と「シタ」は〈空間的な位置での上と下〉という意味において対義語の関係にある。前掲用例（7）はこの意味で「ウエ」と「シタ」が対義語をなしている例である。「カミ」「シモ」は連体修飾語を伴う用法が極めて少ないので、問題にし難い。

連体修飾語を伴わない場合について。

「ウエ」と「シタ」は〈空間的な位置での上と下〉の意味で対義語の関係にある。既掲の巻一・七・九以外の巻における次の例は両語が用いられているものである。

(86) ⿱久夬ノ字ハ上《ウ》ハ久《ヒ》ト云字ソ　下《シタ》ニハ夬トカクソ　古ノ氷ノ字ナリ（五1オ）

これは、一字の構成上の位置の上下について「ウエ」「シタ」と言っている。

(87) 淅《カシキ》レ米《ヲ》ーー《ニ》（剣頭）ー《ムス》（炊）トヨマウカ……淅ハカシヨネトヨムソ……炊ハ火ヲカクホトニテタク心ソ　ムスナト、ヨムカ　炊《カシ》トヨメハ上淅ヲカシヨネトヨムソ　ウエシタ同心ニナルソ　淅ヲ別ニヨムヤラ（六39ウ）

これは「淅米剣頭炊」という文字の連なりについて、「炊」を「カシク」とよむと、上の「淅米」を「カシヨネ」とよむのと重なってしまうことを「ウエシタ同心ニナルソ」と言っている。

「ウエ」には〈表面〉の意味があるのは前述の通りだが、その対義語として〈(表面にあらわれない) 内面〉の意味で「シタ」が用いられた例がある。

(88) ウエニカザリノ衣ヲキレトモシタノハダツキニヒトエノキヌヲキルソ（六15オ）

「カミ」と「シモ」は、やはり〈空間的な位置での上と下〉の意味で対義語の関係にある。以下、例を挙げる。

(89) 尚書ノ禹貢ノ篇ニ雲土夢作《ボウナス》レ乂《ヲサムルコトヲ》　ーー厥篚《ソノハコモノハ》　玄繊縞ト一篇ノ中ニ同シ字ノヲキヤウアリ　雲沢夢ー（沢）ノ中ニ土ノ字ヲヲイテ上下《ミモヲ》カネタソ　土ノ字ハ沢ノ心ソ　玄織縞モ上ノ雲土夢ノ心ソ　玄ハ絲ノクロイ色ソ　縞ハイトノ白色ソ　繊ハイトノホソイ心ソ　クロイトノホソイト白色ノホソイト云心ソ　ホソイト云字ヲ中ニヲイテ上下《ミモ》ノイトヲカネタソ（四2オ）

(90) 倒ー（騣）毛ガシモエヲエサカラウガサカサマニカミエヲエタソ（四54オ）

(91) 天地ノ中《ウ》四方カミシモトコマデモ孟ー（郊）ヲヲイアルイテハナレマイソ（五23オ）

(92) 大ナ木ヲケヅ、テ石ノ碑ニナリニシテソノ中ヲホリアケテナワヲ付テ棺ヲカラウデロクロヲ上《カ》カラ下《シモ》エヲトスソ（六47ウ）

(93) ーーー（辛夷楣）兮葯房 騒九歌 　楚辞ノ離騒経ノ中ノ九歌ノ篇ニアリ　辛ー（夷）ハコ、ニハコブシノ木ト云ソ　ソレデ門ノ上ヨコ木ヲシタカ　タ、門ト云コトカ……葯ー（房）ハ葯ハナニタル草ソ　ソレテシタ房カ　又葯ー（房）二字草ノ名カ　葯ハ広韵玉篇ニ白芷ノ葉トシタソ　藕也トシタソ　蓮房ノ心カ　又上《カ》ノカ辛ー（夷）ノ門トアルホトニ下《モ》ノ葯ノ房トイエト云カソ（一〇4オ）

〈空間的な位置での下〉の意の「シモ」に方向性の含意があることは前に指摘したが、それと対義語をなして用いられる「カミ」にも同様に方向性の含意があることは、(90)(91)(92) の例から明らかである。

(89) は「雲土夢作乂」という句において、「土（=「沢」の意）」が上の「雲」については「雲沢」、下の「夢」については「夢沢」という二語（いずれも地名）の共通成分として働いていること、また「厥篚玄繊縞」という句については「繊（糸の意）」が上の「玄」については〈黒い糸〉の意、下の「縞」については〈白い糸〉の意を表していることを説いたもので、真ん中の「土」「繊」から見て上の字を「カミ」、下の字を「シモ」と言っている。この場合も一つの字を基準にして上の方向にある字、下の方向にある字ということであるから、方向性の含意は認められる。

(93)は『楚辞』の「辛夷楣兮葯房」という句について、「辛夷楣」を「カミ」、「葯房」を「シモ」と言っている。先に掲げた(87)と類似した例であるが、(87)が単に文字の連なりの「ウエ」と「シタ」であるのに対し、この場合は二つの語句を関連したものとして対照させている点が異なる。これは、〈上の句〉〈下の句〉の意味に近いとも言える。

〈身分の上位と下位〉を意味する場合、「ウエ」・「カミ」と「シタ」・「シモ」が複雑な対義語の関係にある。まず、「カミ」と「シモ」が対義語を成している場合である。

(94) 下情ー（通）下ー（情）ハイヤシイ者シタ〳〵ノ者ノ心ト云コトソ　イヤシイ者下《シモ》タル者カ上《カ》エモ又ドコエモ通シテイク心ソ（四49ウ）

(95) 詩 采《トリ》レー《ヲ》（葑）采《ル》レ非《ヒヲ》无《シ》以《スルコト》二下体《ヲ》一……毛詩ノ采レ葑ノ葑水辺ノ草ナリ　此ヲトツテ宗廟ニ供シテ祭ソ　下体ト云ハ草ノ下ノネニ実カアルソ　葉ヲトル時ハ葉ヲトルソ　シタニ実カアルト云テ下《シタ》ナ実ヲハトラヌソ　上《カミ》ヲタツトンテ逆ニシモヲタツトハヌ心ソ（五50オ）

(96) 此ノ義ハ上《カミ》一人ヨリ下《シモ》万民ノ上マテ此義ハアルモノナリ（六59ウ）

これらは、明らかに〈身分の上位と下位〉について「カミ」と「シモ」が対義語として用いられている。前に〈身分の下位〉の意の場合、「シモ」は〈一般的な下位〉を意味すると述べたが、右の例において、「カミ」も「シモ」も具体的な官位などの上下ではなく、やはり一般的な身分の上下の意を表していると言える。

(97) 給ハ上《ウ》カラ下《シ》エタマウヲ云ソ　又下《モ》カラ上エマラスルヲモ云ソ（六30オ）

「下《シ》」は「シタ」か「シモ」か決定し難いが、「下《モ》」は「シモ」であり、これは、「ウエ」と「シモ」が対義語として用いられていると考えられる。同様な例は先掲の次の例にも見られる。

(21) 群臣ガ評議シテ諸侯ノハタラキ上《ウ》ヲカルンシシモニワサワイヲナサル、ヲヲサエホソメウト云テ（七46ウ）

「ウエ」と「シモ」も、一般的な〈身分の上位と下位〉の意の場合に対義語として用いられる場合もある。

「カミ」と「シタ」も、〈身分の上位と下位〉の意において、対義語として用いられる場合がある。

(98) 尉ノ官ハ秦ノ時ノ官ソ　上《カ》デ物ヲ安平ニ議シ定テソノ旨《ム》ヲ下《シタ》エ伝エ行《ヲ》ウコトヲツカサドル官ソ（六73オ）

これは、具体的な官位の上下に関して「カミ」と「シタ」が用いられていると言える。「ウエ」も一般的な〈身分の上位〉の意に用いられる場合もあり、「カミ」も具体的な〈身分の上位〉の意に用いられる場合もあるということになる。次の例は、「ウエ」と「カミ」が続けて用いられているものである。

(98) ーー（執雌）持下人莫踰之 家語 ……持レ下《モヲ》ー人ハ上《ウ》ヲミカミヲノゾム者ソ　ケカヲスルソ　下位《ゲ》ヲマブリへリクダレハシソコナイナキソ（八8ウ）

「ウエヲミ」「カミヲノゾム」というのはほぼ同じ意味を言っているのであるが、強いて考えれば「ウエ」の方が具体性を持っていると言えるかも知れない。

「カミ」と「シモ」は〈川の上流と下流〉〈前述と後述〉という意味において対義語の関係にある。〈川の上流と下流〉の意については用例(39)と(84)、〈前述と後述〉の意については用例(37)(38)(41)〜(46)(50)(51)が例証となる。

【ウエ・カミ・シタ・シモ】の類義関係・対義関係について

（一）「ウエ」――「カミ」、「シタ」――「シモ」の類義関係

先にまとめた「ウエ」―「カミ」、「シタ」―「シモ」の類義関係は、次の通りであった。

「ウエ」と「カミ」の使い分け

（i）「ウエ」は過半数が連体修飾語を伴って用いられるが、「カミ」は八割以上が連体修飾語を伴わずに用いられる。

（ii）連体修飾語を伴う場合、「ウエ」は〈空間的な位置での上〉〈〜について・関して〉〈表面〉の意のものが多く、他に〈表面〉〈重ねて〉の意を表す。「カミ」は用例がきわめて少ないが、〈(衣服に関して) 空間的な位置での上〉〈身分の上位〉の意を表す例が見られる。

（iii）連体修飾語を伴わない場合、「ウエ」は〈空間的な位置での上〉〈身分の上位〉〈表面〉を表し、「カミ」は〈前述〉〈川の上流〉〈詩句の上の句〉〈身分の上位〉を表す。ただし、例外的に〈前述〉の意に「ウエ」が用いられた例がある。

「シタ」と「シモ」の使い分け

（i）「シタ」は約四分の三が「〜の」「〜が」という連体修飾語を伴って用いられるが、「シモ」はすべて連体修飾語を伴わずに用いられる。

（ii）連体修飾語を伴う場合はもっぱら「シタ」が用いられるが、その意味は〈空間的な位置での下〉〈身分の下位〉〈その項目中〉である。

（iii）連体修飾語を伴わない場合、「シタ」は〈空間的な位置での下〉〈身分の下位〉の意を示し、「シモ」は〈空間

的な位置での下〉〈身分の下位〉〈後述〉〈川の下流〉の意を示す。〈空間的な位置での下〉の意の場合、「シタ」は具体的な場所を示し、「シモ」は方向性を持つという違いがある。〈身分の下位〉の意の場合、「シタ」は具体的な官位について下位であることを示し、「シモ」は一般的な下位を示すという違いがある。

(二)「ウエ」「カミ」⟷「シタ」「シモ」の対義関係

「ウエ」「シタ」と「カミ」「シモ」の対義関係に関して考察してきたことをまとめると、次のようになる。

(i)「ウエ」と「シタ」は多くが連体修飾語を伴って用いられるのに対し、「カミ」「シモ」は連体修飾語を伴う用法が極めて少ない。この用法上の特徴に関しては、「ウエ」「シタ」⟷「カミ」「シモ」という対立関係が認められる。

(ii) 連体修飾語を伴う場合、「ウエ」と「シタ」は〈空間的な位置での上と下〉という意味で対義語の関係にある。

(iii) 連体修飾語を伴わない場合、次のことが言える。

① 「ウエ」⟷「シタ」は〈一般的な空間的な位置の上と下〉の意味で対義語の関係にあり、「カミ」⟷「シモ」は〈方向性を含む空間的な位置の上と下〉の意味で対義語の関係にある。

② 「ウエ」と「シタ」は、〈表面〉と〈内面〉の意味で対義関係にある。

③ 「カミ」と「シモ」は、〈方向性を含む空間的な位置の上と下〉、〈川の上流と下流〉、〈前述〉と〈後述〉の意味で対義関係がある。

④ 〈身分の上位と下位〉の意味の場合、「カミ」―「シモ」、「ウエ」―「シモ」、「カミ」―「シタ」の対応が見られる。その使い分けは必ずしも判然としない。

（三）表記との関連について

「ウエ」の確例は、漢字表記三〇例、仮名表記六例、「カミ」の確例は、漢字表記一五例、仮名表記一例で、漢字表記が優勢である。意味用法と表記との関連は認められない。

「シタ」の確例は、漢字表記一〇例、仮名表記一二例、「シモ」の確例は、漢字表記六例、仮名表記五例である。意味用法との関連は認められない。

「ウエ」「カミ」に比べて、「シタ」「シモ」の仮名表記例が多いのが注意される。「ウエ」「カミ」の場合は、「上《ウ》」「上《カ》」という振り仮名によって書き分けられるが、「シタ」「シモ」の場合は、「下《シタ》」「下《シモ》」という振り仮名が必要であることも、表記に影響しているとも考えられる。「下《タ》」「下《モ》」という振り仮名もあるが、それぞれ二例ずつに過ぎない。

四　類義語（三）　オト――コエ――ネ

（一）用例及び全体的な傾向

仮名表記、漢字に振り仮名がある場合、及び「声」表記の場合は語形が確定できる。巻一、七、九の「オト」「コエ」「ネ」の確例はそれぞれ次の通りである。

【オト】

仮名表記のものである。

（1）玄宗ノ蜀エヲチサシム時ニヲリフシ霖《ナカアメ》ノ中《ウ》テ車《クルマ》ノ鈴ノヲトガ郎当々々トヒヾイタソ（一3ウ、『韻府群玉』「当」字の「郎当」の項に「明皇幸蜀問黄幡綽曰車上鈴声頗似人言語対曰似言三郎ーー（郎当）三郎ーー（郎当）」とある。）

（2）カマノシタニ桐ノキヲタイタヲトヲキイテ琴ニツクツテヨカラウト思テ（一46ウ）

（3）タキヾヲミテ火ノモユルヲトヲキイテ（一49ウ）

（4）呉ノ人家ノカマトノ木ノモエテ火ノハシルヲキイテヨイ琴ノ材木ト云テコウテ琴ニシタソ　コトノ音《ヲ》ガ一段スグレタソ（一49ウ）

（5）鳳蓋ーー（琴麗）和鸞玲瓏……スヾノヲトガヒ、クヲ玲ー（瓏）ト云ソ（七41オ）

（6）南窓読書ーーー（声吾伊）［谷］吾伊ヲ伊吾トモシタソ　声ノヲトマデソ　凡調《ソシラブル》二曲辞《ヲ》一者歌《フ》レ詩《ヲ》者《ノ》（原典「歌詩声者」、「声」字脱）羊吾夷伊那何之類《ナリ》ー曲ヤ辞ノ語ヲ曲ニ入コトナドシラヘテウタウ者又詩ナドヲ音ニフシニウタウ者ノ声ノヒヾキナドガ羊吾ト吾伊ナト、那何ナト、ヒヾク類ナリ　ゴイイゴ羊吾那何ナト、キコユルソ（九40オ）

【コエ】

仮名表記、「音《コエ》」表記、「声」表記のものである。

（7）尚書禹貢篇ニ東シテトミナコエニソ　東スト音ニヨムソ（一1ウ、「東」字に右傍線の音読符がある。）

（8）杜詩ニ鼓角満《ツ》二天《ノ》東《ニ》一ー皷ハウタフ時ノ皷デハナイソ　大鼓《コ》ヲツリテ時ノ鼓ヤ又人ヲヨセウトテトヲウキコヤカサウトテ打ソ……満二天ー一ハトコゾ東ノ方ニ吹キ打タ声ガ東ノ方ノ天ヤ雲ニヒヾキワタツタ心ナリ（一5オ）

（9）タトイ東ノ方エイカシムトモ声ヲアラタメテ別ノ声ヲナカシマハヨカラウ　ヲナシ声デ鳴《ナカハ》東エイタリトモ東

ノ者モニクマウソ　声ハナヲサレマイコトソ　声ガキヽタウモナイソ　不吉ナ声ソ……雨夜《アマヨノ》フクロウト云テ雨ノヨルフツテモウ〱トシタニ梟カホヽトナイタモウ〱シタコトニ云ソ　目ハミエイテモウ〱トシタコエソ　キヽタウモナイソ（一12ウ）

(10) 降《クダル》トヨム時ハ仄ナリ　降《カウスル》ト云時ハ平ソ　コエニスンデ降ストヨムソ（一15オ）

(11) 空中ニ人ノコヱガシタソ（一16ウ、原典「聞空中人曰」）

(12) 広ノ時ニ瀼州ト云州ヲヲカレタソ……此ノ韵府ニハ曩ノ音《コヱ》ヲ付タリ（一17オ）

(13) カナシミナクコエトヲウニヒヽイタソ（一21ウ）

(14) 惟《タヽ》有《リ》二側《ソク》輪車上鐸《ノタク》一耳辺長似《ク》レ叫《サケブニ》二東々《ト》一—ハ……ヲクツテ行ク人ノ耳ノアタリエスヽノ声カヒヾイテ東々《ツン》トナツテカナシンテヨハワルニ似タソ　東々ト死タ者ノ名ヲヨブヤウナソ　東々《ツン》ハスヽノ声ナリ　コヽハ亡者ノ名ガ東々チヤホトニシタソ　スヽヤ曲ノ声ニ丁東《チンツン》ト云コトアリ（一27オ）

(15) 同声相応《イヨウズ》《ヲウシ》ト云ハ同声ハ同ツレノ声ガコタユルソ　ヨビコヱヨケレバイラヱ声ヨシト云ヤウナ心ソ　鐘ハドツコノネモ同ソ　大小ハチガエトモ捴ノコエハ同ソ　ナリモノ声ノ（ス脱）ル者ソ　笛ハフヱノ音鼓《ツ》ハツヽミノ音ナリ　ツヾミニ笛ノ声ハナイソ　此ハ同シツレト云コトソ（一28オ）

(16) 六《リク》律合《ハカナイ》二陽声《ニ》一六同合《ハカナフ》二陰声《ニ》一ハ律ノ声カ六アリ　六ノ律ノ音ハ陽ノコヱニチヤウトアウタソ　六同ハ呂《リヨ》ノコヱ六アリ　此ハ陰ノ音ニアウタソ……六同ノ六ノコエハ銅ノツヽテテウシヲトルソ（一34オ）

(17) クイ物ノ羹ト声ノ琴トニ和ト酒トノコトアリ……サレトモ琴ノ声ノコトヤ羹ノコトナトニ同ノコトヲツイナトニシタラハソコニ故叓ヲモツテ句カツヨカラウソ（一36ウ）

(18) 絲桐—絲ト云ハ琴ヤ比巴ナドハミナ緒ヲ付テ緒《ヲ》ヲハジイテ声ヲ出ソ　緒ヲ絃ト云ソ……絲竹ト声ノコトニ云

ソ　絲ハコトヒワソ　竹ト云ハ笛尺八笙ノツレソ（一50オ）

(19) 伶ハ音《イン》曲ヲ弄《ロウ》ジテコエヲモテアツカフ方ヲ云ソ　声明《シヤウミヤウ》ヲ本ニシテコエノミチテ心エタ者ヲ云（一55ウ）

(20) 伶倫《レイリン》取《テ》二嶰《カイ》谷之《ノ》竹《ヲ》一吹《テ》レ之為《ヲツクル》二黄鐘之《ノ》宮《ト》一—……レイリンガ嶰谷ノ竹ヲトツテ此ヲ吹テ黄鐘ノ宮ノ調子ノ宮ヲツクツタソ　五音ガコエノ源ナリ　宮商徴《チ》羽ノ五ナリ（一56オ）

(21) 白状シテトガヲカツサライテ告《ツ》タ心ソ　上カラ下エツケシラスル時告《ガウ》コエナリ　下カラ上エモノヲマウシツグルトキハ告《コク》ノコエソ（一57オ）

(22) 心ノ中ノサトリハ声ニモカタチニモミエヌソ（一60オ）

(23) 捴ジテ阿ノ字ハ物ヲ云イタス声ノアイソニアト云ソ（一64オ）

(24) 雞鳴《キ》二天上《ニ》一犬吠《ホウ》二雲中《ニ》一ハ……鶏モ天上エアガツテナキ犬モ雲井《イ》ノ中ニホユル声ガシタソ（一66ウ）

(25) ヲサナ子ノキルモノヲキテヲサナ子ノナク声ヲシテ（七26ウ）

(26) 謝鼻《（ママ）》妃撫《ブス》二ーー《ヲ》（長離）一即《チ》大箏《サウナリ》也—排韵ニ謝氏ノ所ニ……サカモリハテ、四方ノ雲ガニワカニヲ、イタレテキルモノニ付手ヒチニツラヌキ付玉カナリヒ、イテ人馬ノ声カ虚空ニヒ、イテイントアリ（七32オ、『排韵増広事類氏族大全』の「謝」字の「仙妃」の項に「英妃撫長琴呂何香憂円鼓宴罷彩雲四合環佩人馬之声凌空而去」とある。）

(27) 此レ物トヨミサウナガ此レ物トコエニ点ジタソ（七38ウ）

(28) 詩ニ関々雎《タル》鳩《キウ》在《リ》二河之《ノ》洲《スニ》一トアリ　関々ハヤワラキタガイニタノシンタ声ナリ　雎ーハハト、云字ナレトモソレテハナイソ　コ、ラニ云ビシヤゴノコトヂヤト云ガソノ鳥カ（七66オ）

(29) 鶯ノ声ヲ俗耳ノ砭針ト云タコトアリ（九9ウ）

(30) 〓　大雨《ノ》声　ヲウ雨ノフル声ソ（九17ウ）

(31) 南窓読書ーーー（声吾伊）[谷] 吾伊ヲ伊吾トモシタゾ　声ノヲトマデゾ　凡調《ソシヲブル》二曲辞一者歌《フ》レ詩《ヲノ》者、（原典「歌詩声者」、「声」字脱）羊吾夷伊那何之類ー曲ヤ辞ノ語ヲ曲ニ入コトナドシラヘテウタウ者又詩ナドヲ音ニフシニウタウ者ノ声ノヒヾキナドガ羊吾ト吾伊ナト、那何ナト、ヒヾク類ナリ　ゴイイゴ羊吾那何ナト、キコユルゾ（九40オ）

(32) 喔ー（咿）嚅ー（咿）ハモノヲ云ナリ　コエノコトナリ（九42オ）

(33) 語ーー（嘔咿）ハ云コトノワケハシラズユイヤウコエガーートシタゾ　嘔ーノヤウハシレヌゾ（九42オ）

(34) 啞ー（咿）ハヲシノコトゾ　コエノウツモレタコトカ（九42ウ）

(35) 播《ホトコス》二ーー（芳蕤）之馥々一《タルヲ》 [陸士衡付] コトノ声ノハナヤカナヲホメテ云タゾ　蒼ー（旻）ハ天ノコトゾ　天ノ色ハアヲイゾ　ハナヤカナ声カ天エトヒアガル心ゾ（九47ウ、「蒼ー」以下は、『韻府群玉』の「英蕤」の項の「飛英蕤於蒼旻」の「蒼旻」の語釈であるが、国会本の本文は「英蕤」の項の原典を欠落させていて、「蒼旻」を「芳蕤」の項と合わせて解釈してしまっている。東大本も同様に欠落していて、「蒼旻」を「蒼蕤」と誤っている。）

(36) 韵会ニハ洴澼ハ絮ヲ漂スル声トシタゾ　ワタヲ水ニウカベテユツテ打ツ声ゾ　フタ〱トナツタカゾ（九54オ）

(37) 一鼓作《シ》レー《ヲ》（気）再而《ヒシテ》ー《ヘ》（衰）三而竭《シテツク》 [左] 此ハイクサノコトゾ　合戦ハジマラウトテハマツ大鼓ヲ打ゾ　一度ハシメニ打ヲ云ゾ……ツヽミノ声ヲキイテイサウデカツセウズ気勢ヲタスゾ（九55ウ）

(38) 前漢書ニ律ー（暦）志アリ　十志ノ中ナリ　音律ノコエノコト暦ノコト天ノ日月ノコトヲシルイタゾ（九62ウ）

【ネ】

すべて仮名表記の例である。

(39) 玄宗ノ蜀エヲチラル、時ニ車ノス、ノネガ三郎々当々トカタハシ路ノ中ナツタソ（一27オ、原典は（1）参照。）

(40) 鐘ハドツコノネモ同ソ　大小ハチガエトモ捴ノコエハ同ソ　ナリモノ声ノ（ス脱）ル者ソ（一28オ）

(41) 白桐ノ木ハ花ノ色ガ黄ナト紫ナトアリ　此ノ木ハ琴ヤ瑟ニスルニヨイソ　木ニヨリテネガヨイソ（一46オ）

(42) 窓ニヨツテキイテ笛ノネヲ品論シタソ（七67オ）

(43) 化身ノ者ナリ　ソレガ琴ヲコウテメツラシイ曲ヲヒイタソ　此ヲ広陵散ト云ソ　ナラビモナイ琴ノネナリ（九22オ）

「ヲト」は、鈴の音（(1)(5)）、琴の音（(4)）、火が燃える音（(2)(3)）、及び「声ノヲト」（(6)、後述）に用いられる。

「コエ」は、用例が圧倒的に多い。漢字の音《おん》（(7)(10)(11)(13)(25)）、人の声（(12)(14)(22)(23)(24)(29)(30)(31)(32)(34)）、鳥の声（(9)(26)(27)）、楽器の音――大鼓（(8)）・鈴（(15)）・鐘（(16)）、琴（(18)(19)(33)）、琵琶（(19)）、鼓（(36)）――、音楽の音階の音（(17)(20)(21)(37)）、曲の音（(9)(15)）雨の降る音（(28)）、綿花をさらす音（(35)）に用いられる。

「ネ」は、すべて楽器の音に用いられる。鈴（(38)(39)）、笛（(41)）、琴（(42)）、琴・瑟（(40)）の音に用いられる。

(二)「オト」「コエ」「ネ」の使い分け

「ネ」は、楽器類の音のみに使われるもので、もっとも用法が限定されている。

「オト」と「コエ」の違いとしては、まず「コエ」が人・生き物の口から出す声、漢字の音、音楽の音階に用いられるのに対して、「オト」は用例が少ないが、そのような例は見られないということが言える。（6）の「声ノヲト」については後述）。ただし、注意すべきは、「コエ」も右以外にも用いられることである。すなわち「コエ」は、楽器類の音、雨の音や綿花をさらす音に用いられた例がある。このうち、楽器類については「オト」も用いられ、また右に述べたように「ネ」も用いられる。

これらの使い分けを検討するのに、「オト」「ネ」は用例が少ないので、この二語について、『玉塵抄』の巻一・七・九以外の巻一〇までの巻の用例も含めて考察する。

まず、右の範囲の「オト」「ネ」の用例を示す。ただし、「オト」と「コエ」が近接して用いられているものは後でまとめて掲げて検討する。

【オト】

仮名表記の例のみである。

（44）坡ヵ雪ノ詩ニ隔テレ窓ヲ撩《レウ》乱撲《ウツ》ニ春虫ヲ一ハ春雪ノフツテ窓ヲハタ〳〵ト打タハ春ノドブ（ママ）小イ虫ノ窓ヲ打ヲトノ如ナリ……雪ノ窓ノ乱テフツタヲ虫ノ窓ヲウツト云タカ　虫ヲ打テハアリサウモナイコトソ（二22オ）

（45）弓ヲヒイテ矢ヲハナツマネヲシタレハ田ニイタソ　フルイイラレタキスノ雁ソ　フルイキズガイエヌゾ　トンテイナデイタソ　ツルノヲト高ウシタヲキイテ高ウトンデヲチタソ（二43ウ）

（46）師曠｜｜（歌北風）又歌南風―師｜ハ楽人ナリ　北｜南｜ハ楽ノ南ノ方北ノ方トノカチマケヲ風ノヲトテウラナウタソ（三27ウ）

（47）運斤成風ハヲノヲクルリ〳〵トフリメクラセハフイ〳〵トヲトカシテ風カアルソ　内ノツヲウ入トコロテヲ

トモテキ風モ吹ソ（三28オ）

（48）時无ーーー（齗鼻工）ハ谷句ナリ……ハナヲケツルト云ハ物ノ上手妙ナコトニ云ソ……郢ノ国ノ上手ノ番匠カテウノヲ手ニツワキヲハキカケテテウノ、柄ヲクルリ〳〵ト急ニナントモフリマワセハヲトカツイ〳〵トスルソ（三58オ）

（49）慕容垂《ハ》猶《シ》レ鷹《ノ》也……慕ーーハ世間ノサワグ乱ノヲコリサウナヲトヲキイテハ鷹ノハヅクロイヲシテ雲井エトビアガラウズ気ヲ以テ乱ノ大将ニナラウトヲモウ心ガアルソ（四3ウ）

（50）轡《クツワツラ》　驚《ク》二前《ニ》ー（蹤）一ハサキニ行ク馬ノヲトカ人ノ行《ク》ヲトカニコチノ馬カヲトロイタソ（五71オ）

（51）洪涛巨浪日夕相《イ》ーー《ス》（舂撞）……波カ互《タガイ》ニウチ来ウチ去　モノヲキネテツクヤウナヲトガスルナリ（五92ウ）

（52）有二ー《ト》（成）与《ト》レー（虧）昭氏之《ノ》鼓レ琴《ヲ》也……琴ヲヒク時ハ曲ノナルトカケテヲトモセヌトノ二アルソ（六60ウ）

（53）女ガノチニ式《シキ》ノヲウキナ人ホドニナツテ瞿ガソバニイタソ　琴ヤ瑟《シツ》ノヲトガキコエタソ（八38オ、『韻府群玉』去声の「癩」字の「松脂治癩」の「此女長如大人在側聞琴瑟声」による）

【ネ】

仮名表記、漢字に振り仮名のある例である。

（54）黄ー（鐘）声　弃《スタッテ》瓦釜雷鳴《メイ》　韓カコトハナリ　黄ーハヨイ曲ノネナリ　十一月ノ律ガーーニカナウタソソノ音カツキハテ、瓦ーーカワラノホウロクヤナベカマヲタ、ケハカミナリノトロ〳〵トナルヤウニテウシニモアワヌ　本々ノヨイ者カナウナツテソハツラナチリアクタノツレガヒレヲスル心ソ（五13ウ）

（55）尚書ノ注ニ琴瑟ノ絃ニヨイトアルソ　絲ノ性ノコワウツヲイヲ絃ニスレハ琴ノ音《ネ》ガサエテヨゲナソ（一〇44ウ）

(56) 三体ノ上ニ奉誠園ニ笛ヲキク詩ニ秋風忽洒《チソ、ク》西園《ノ》涙満目山陽笛裏《ノ》人　秋風ノ吹ニ笛ヲキイタレハモトノコトヲ思タイテ涙ヲハラリトコホイテ西ーニソ、イタ心シタソ　山陽ノ嵆ーヲ目ニミルヤウナソ　笛ノネノ中ニヲモイタイタソ（二〇62オ）

「オト」は、虫が窓を打つ音（(44)）、弓の弦の音（(45)）、風の音（(46)）、斧・手斧の音（(47)(48)）、馬の足音（(50)）、杵の音（(51)）、琴・瑟の音（(52)(53)）、及び気配（(49)）について用いられている。

「ネ」は、琴の音（(55)）、笛の音（(56)）、及び鐘の曲ノ音（(54)）について用いられている。

「ネ」は楽器の音に用いられる点で、先の用例と一致する。

これらの用法を「コエ」のそれと比較すると、「オト」は人・動物が口から出す声については用いられないという点では先の検討結果と一致する。

要するに、人・動物が口から出す声は「コエ」であるという点では問題はないが、「コエ」も人・動物の口から出す声以外にも用いられることが問題になる。右に引いた例で「オト」が用いられている風の音、臼に物をつく音には「コエ」が用いられた例がある。

(57) 翼ー（颸）風之颼々ハ文選ニアラウソ……颼々ハ風ノ声ナリトシタソ　広韵ニハ風ノ吹テトヲル声トシタソ（二〇56ウ）

(58) 洪濤ーー（巨浪）日夕相樘《イ》ー《ス》（春）……大ナミガヨルヒル打ツコトウスニ物ヲツク声ノ如ナソ（五28オ）

「オト」と「コエ」の使い分けを考えるのに、この二語が同じ原典を解釈説明した抄文に用いられた場合が有効である。以下、その例を挙げる。

(59) 鄭崇　字ハ子游ナリ　漢の哀帝ノ臣ナリ　諫ヲス、メタ者ナリ　革《カク》履《カワクツ》ヲ（「ハ」脱）イテ出仕《シ》シタソ　哀帝ノ

笑テヲシナツタソ　ソチノクツノヲトヲハキ、知ッタトアリ　坡詩ニ朝罷《ヤンテ》《ヨリマカリテ》人々識《ル》二崇直声《ヲ》如レ在《ハ》二履声《カ》中《ノウ》一《ニ》ト作タソ　出仕シテタイリヲ出テ帰人々タレモ鄭ーガ足ヲトテ知タソ　正直ナツ、シンタ声ガフムクツノ声ニアツテキコエタソ（二34ウ、『排韻増広事類氏族大全』の「尚書履声」の項に「鄭崇字子游漢哀帝朝拝尚書僕射数進諫毎見曳革履上笑曰我識鄭尚書履声」とある。）

（60）耳《ヲ》不レ聴《カ》二五声之《ノ》和《クワヲ》一為《ス》レー《ト》（聾）　耳ノカタチハアレドモ中ノキク性ガシイテ物ノヲトノ宮商角徴羽ノ五ノ声ノヤワライデニコ〳〵トアルヲキカヌヲ聾ト云ソ……聾ハ籠ノ字ノ心ソ　物ノヲトヲキカヌコトハ蒙籠トトヂコモツタウチニアツテ物ノワケ色ヲエミヌト同心ナルニヨツテ籠ノ字ノ心テ聾トカイタソ（四10オ）

（61）谼　大壑ナリ　タテ大ナリ　余流滑《ナメラカニシテ》无《シ》レ声快瀉《ヘ》二双石《ソヽク》ー《ニ》（谼）一　壑ヤ渓ヤ谷ハ皆水ノアルヲ云ソ　中《ナ》ニ流レ川ガアルカ又ハアソココ、ニ水ガ多アルヲ云ナリ　大壑ハ川モアリ水ガ多ソ　ソノアマリカ流レ出ソノロ〳〵トナメラカニ流ソ　フカイ水ハ声モノン〳〵ト流レテヲトモセヌソ　スクナウアサイ水ハ石ヤスナニアタツテ声ガアルソ　コ、ハ声モセヌソ　コ、チヨウ双石ーニナガレソ、イタソ　双ーーハ地ノ名カ　地ノ名カト思ソ（四31オ）

（62）淙　水ノ声ナリ　ソウ〳〵ト流テナルヲトナリ　文選ニ仰《アテキク》聆二大壑《ノヲ》ー（淙）一　大ーハ高山カラ谷エヲチテ流ル水ノヲトヲ打アヲノイデキイタソ（五2ウ、『韻府群玉』に「淙水声」とある。）

（63）春容ー善待問者如撞鐘待其ーー（春容）然後尽其声　孛記　礼記ノ孛記ノ篇ニアリ　人ノキテ物ヲトワウズヲ待テ答テイワウスヲ待テイル者ハソノキテトイヤウノ浅深ヲマツテカサネテフカウトエハソノツクカネノ声ヲツクシテ答ソ　ナマツキニシテソツト問エハソツトコタユルソ　カネノ本ノコエハテヌソ　フカウトエハ大ニカネカナリアサウトエハソツトヒクウナルソ　春容ハカサネテカネヲウチツクコトソ　ハシメハソツト

一声ナルソ　夅者カソノ心ヲエテカサネテツケハカネモソノ声ヲツクシテナルソ……寂寥乎《タルカナ》 短章ーー《タルカナ》（春容）乎大篇 韓 韓文ノ語ナリ　寂ー（寥）ハソツトカイタ文ナリ　サシテヲトモセヌソ　春ーハ礼記ノ夅ヲ問者カカネヲツクヤウニトエハ答ルコトモソノ如ナト云所ノ字ソ　カネノ声ノ心ソ　上ノ短章ヲシツカニヲトセヌ声ノコトテ云タソ（五34オ〜ウ）

(64) 鄭崇ハ直ナ声ヲトツタソ　クツノヲトニアルキ、シツタト哀帝ノイエタソ　西漢書《ママ》ニアリ（五55ウ、原典は用例(59)参照。）

(65) ー《ハ》（頭）ー《ク》（如）ニ青山峯《ノ》一手《ハシ》如ニ急雨点《ノ》一《スルカ》 ト　カシラハアヲ山ノミネノソヒエタ如ナソ　手テカツコヲ打タ声ハハラ〳〵トタ立ダチニワカ雨ノフルヲトノヤウナト云タソ（五63オ）

(66) 淙水声　ーー（淙淙）水ノ流ルヲトナリ　流ー（淙）懸崖巨石飛ーー《タリ》（流淙）高イ山ノツナイデカケテヲイタヤウナキシカラ大石エ山ノ水カトブ如ニ流レヲツル水ノコエガ淙々トアルソ……瑲《サウ》淙　四海群従間邇来頗ーー（瑲淙） 谷 ……又淙ハ水ノ声ナリ　瑲モ玉ノヲトナリ　詩文ノヲトカ玉ノナル如ク水ノヲトノヤウナト云心カ　文ヲホメテ瑲ート云ハ吾コトテハアルマイソ（五93ウ〜94オ）

(67) 鵝鴨池—李愬平《ソタイラクル》蔡《サイ》吏《ヲ》 詳《ナリ》レ雪 ……李愬ト云者李祐カ計ヲ以テヨル済カ城ヲ襲《ヲソウ》タソ　ヲソウト云ハシラヌヤウ城ギワエツクコトソ　ソノ夜大雪フツタソ　馬ニ枚ト云木ヲフクマセテ物ノコエセイテ城エセメ上《ノ》タソ　城ノソトマワリノ池ニ雁鴨カアルヲ打テサワガシテ人ノ声物ノヲトニマギラカイタソ　ツイニ元済ヲシバツタソ　唐書ニアルトノセタソ　排韵ノ李氏ノ所ニ李愬カ所ニ此ノコトヲノセタソ　元和年中ノコトナリ　大雪ノ夜々半ホドニ懸瓠城エキリ入タソ　城ノソハニ池アリ　池ニ鵝鷺アリ　此ヲウツテヲトロカイテ鳥ノ声ニ軍兵ノコエ物ノグノコエヲマキラカイタソ　混レ声《ニ》トアリ　混トハ一《ヒトツ》ニナツタソ　韵府ニハ乱《ル》二軍声《ヲ》一トア

リ（八25オ、『韻府群玉』「雪」字の「准蔡雪」の項に「呉元済叛李愬用李祐計夜襲会雪至城下有鵝鴨池撃之以乱軍声遂縛元済唐史」とある。また、「排韻」すなわち『排韻増広事類氏族大全』の「雪夜鵝池」の項に、「李愬字元直元和年中討呉元済会大雪夜半至懸瓠城旁皆鵝鶩池愬令撃之以混軍声黎明雪止入駐」とある。）

各例において、「オト」と「コエ」がどう使われているかを次に示す。

(59)――「クツノヲト」「ツ、シンタ声」「クツノ声」

(60)――「物ノヲトノ宮商角徴羽ノ五ノ声」

(61)――「フカイ水ハ声モノン〱ト流レテヲトモセヌソ」「スクナウアサイ水ハ石ヤスナニアタツテ声ガアルソコ、ハ声モセヌソ」

(62)――「ソウ〱ト流テナルヲト」「流ル水ノヲト」「水ノ声ナリ」

(63)――「…ソツトカイタ文ナリ　サシテヲトモセヌソ」「上ノ短章ヲシツカニヲトセヌ声ノコトテ云タソ」「カネノ声」「カネノ本ノコエ」「カネモソノ声ヲツクシテナルソ」

(64)――「クツノヲト」「直ナ声」

(65)――「雨ノフルヲト」「カツコヲ打タ声」

(66)――「水ノ流ルヲト」「水ノヲト」「玉ノヲト」「詩文ノヲト」「水ノヲト」「水ノコエ」「水ノ声」

(67)――「物ノヲト」「物ノコエ」「人ノ声」「鳥ノ声」「軍兵ノコエ」「物ノグノコエ」

右のうち、(59)の「ツ、シンタ声」、(64)の「直ナ声」、(66)の「物ノコエ」「人ノ声」「鳥ノ声」「軍兵ノ声」は、人・生き物が口から出す声について用いられたもので、前述のようにこの用法は「コエ」のみのものなので、当然である。

これ以外の例について、その使い分けを考えると、次の四つの場合がある。

（a）同一の対象に対して、原典に「声」字に対応する抄文には「コエ」が用いられ、対応しない抄文には「オト」が用いられる場合。

(60)――原典の「五声」を「物ノヲトノ宮商角徴羽ノ五ノ声」とする。

(62)――原典の「淙水声」の読み下し文の抄文「水ノ声ナリ」には「声」が用いられ、敷衍した説明である「ソウ〳〵ト流テナルヲトナリ」には「オト」が用いられている。

(63)――原典「尽其声」に直接対応する抄文である「ソノ声ヲツクシテナルソ」では「コエ」が用いられ、「寂寥乎短章」に対する抄者の解釈の抄文である「ソツトカイタ文ナリ　サシテヲトモセヌソ……上ノ短章ヲシツカニヲトセヌ声ノコトテ云タソ」では「オト」が用いられている（「声」も用いられているがこれについては後述）。

(66)――原典の「淙水声」に直接対応した抄文「淙ハ水ノ声ナリ」では「コエ」が用いられ、「琤淙」の抄者による解釈である「詩文ノヲトカ玉ノナル如ク水ノヲトノヤウナト云心カ」では「オト」が用いられている。

（b）原典の「声」に対して、会話文では「オト」、地の抄文では「コエ」が用いられている場合。

(59)――原典「履声」に対して会話文中では「ソチノクツノヲト」とあり、地の抄文中では「クツノ声」とある。

(64)――(59)と同じ原典に対する抄文であるが、やはり会話文中では「クツノヲト」とある。

（c）人の声と物の音という区別が認められる場合。

(67)――「乱軍声」の解釈として「人ノ声物ノヲトニマギラカイタソ」とある。

（d）同一文中に「オト」と「コエ」がともに用いられている場合。

(61)――「フカイ水ハ声モノン〱ト流レテヲトモセヌソ」

(65)――「手テカツコヲ打タ声ハハラ〱ト夕立ダチニニワカ雨ノフルヲトノヤウナト云タソ」

いずれも原典に対応する語がないものである。前引の(62)の「上ノ短章ヲシツカニヲトセヌ声ノコトテ云タソ」も同一文中に「オト」「コエ」が用いられている。また、前掲(6)(29)の例の「吾伊ヲ伊吾トモシタソ声ノヲトマデソ」とある。これらの使い分けは説明し難い。

右の(a)(b)(c)を総合して考えると、人や生き物が口から出す声以外の用法に関しては、「コエ」が原典と結びついて、言い換えれば原典の語の影響下に用いられるのに対して、「オト」はより日常語的性格を持っていると考えられる。前掲の(7)~(38)の「コエ」の例について、人・生き物の口から出す声・音階名・楽器の音以外に用いられた例をみると、(30)(36)がやはり原典の影響下にもちいられた「コエ」と認められる。一方、前掲(1)~(6)及び(44)~(53)の「オト」についてみると、原典の影響下に用いられたものはない。

ここで、楽器類の音について考える。

楽器類については、「オト」「コエ」「ネ」のいずれも用いられる。

これまで掲げた例の中で楽器類の音に用いられたものを次に示す。

「オト」

(1)――鈴ノヲトガ郎当々々トヒヾイタソ

(4)――コトノ音《ヲ》ガ一段スグレタソ

(5)――スヾノヲトガヒヽクヲ玲ート云ソ

(52)――琴ヲヒク時ハ曲ノナルトカケテヲトモセヌトノニアルソ

(53)——琴ヤ瑟《シツ》ノヲトガキコエタソ

「コエ」

(14)——東《ツン》々ハス、ノ声ナリ……ス、ヤ曲ノ声ニ丁東《チンツン》ト云コトアリ

(15)——鐘ハドツコノネモ同ソ　大小ハチガエトモ捻ノコエハ同ソ

(17)——琴ノ声ノコトヤ羹ノコトナトニ同ノコトヲツイナトニシタラハ

(18)——琴ヤ比巴ナドハミナ緒ヲ付テ緒ヲハジイテ声ヲ出ソ

(35)——コトノ声ノハナヤカナヲホメテ云タソ

(37)——ツ、ミノ声ヲキイテイサウデカツセウズ気勢ヲタスソ

「ネ」

(39)——車ノス、ノネガ三郎々当々々トカタハシ路ノ中ナツタソ

(40)——鐘ハドツコノネモ同ソ　大小ハチガエトモ捻ノコエハ同ソ

(41)——此ノ木ハ琴ヤ瑟ニスルニヨイソ　木ニヨリテネガヨイソ

(42)——窓ニヨツテキイテ笛ノネヲ品論シタソ

(43)——ナラビモナイ琴ノネナリ

(54)——黄ー（鐘）ハヨイ曲ノネナリ

(55)——琴ノ音《ネ》ガサエテヨゲナソ

(56)——笛ノネノ中ニヲモイタイタソ

「オト」は鈴・琴・瑟について、「コエ」は鈴・鐘・琴・琵琶・鼓について、「ネ」は鈴・鐘・琴・瑟・笛につい

て用いられている。この三語は楽器の種類によって使い分けられているわけではない。「ネ」はすべての例が楽器の音について用いられているのであるが、その用法は「オト」「コエ」にくらべて特徴がある。それは、八例中五例が「ネ」がよいという価値判断を伴って用いられていることである。

これに対して「オト」や「コエ」はそのような例はあるが掲げた中では各一例のみである。

楽器類の音に関して、「オト」と「コエ」の違いは判然としない。巻一〜一〇の「オト」全例は右に示したが、その範囲の楽器類の音を表す「コエ」の例を挙げると次の通りである。

(68) 鐸占風―唐ノ嵎陽宮ニ竹林アリ　ソノ内ニ玉ノ(ク脱)タケタヲ宮ノノキカニカケテヲイテ占風ー(鐸)ト云タソ　占ハウラナウトヨムソ　ス、ノナリヤウテ風ヲ占タカ風ニナルス、ノコエテ叓ノ吉凶ヲウラヲシタカソ(三29オ、『韻府群玉』「鐸」字の「占風鐸」の項に「唐嵎陽宮於竹林内懸砕玉名ーーー(占風鐸)相触為声」とある。)

(69) 韸　鼓ノ声ナリ　逢々ト同ソ(四58オ、『韻府群玉』に「鼓声」とある。)

(70) 逢　鼓ノ声　ホウ〳〵トナルコエソ　詳レ亀　々字ノ所ニアリ　鼓ーー(逢逢)声ナリ(四58オ、『韻府群玉』に「鼓声詩鼉鼓ーー」とある。)

(71) 暁厳夢《ゲンム》ニーーヲ(逢鼓)一　アカツキダイリノ五更ヲ打ツ、ミノ声ナリ　谷カ句ナリ(四58オ)

(72) 琴ハイトノ緒ヲカケテ弾《タン》ジテ声ヲ出スナリ(五6オ)

(73) ー(鍾)儀　楚人囚《トトラワル》ニ　於晋ニ一琴操《アヤツル》ニ南音ヲ一ー……コトノ南風ノ声ガキヲワヌホドニ楚ノイクサ利ヲ得マイト云タソ(五12オ)

(74) 伯牙カコトヲヒクニ山林ニ心カアレハコトノ声デヤカテキ、トツテ子期ガ峩ーニソロエタ泰山ヲミル如ナト云タソ(五12ウ、『排韻増広事類氏族大全』の「鍾子期」の項に「伯牙鼓琴子期善听伯牙志在高山子期曰峩又然若泰山志在流水」とある。）

(75) 寸莛撞《テイツク》レ鐘《ヲ》　莛ハ草ノクキヤ木ノホソイユワイ枝ヲ云タソ　建《テ、》二天下《ノ》之鳴鐘《ヲ》一撞《クニ》レ之《ヲ》以《セハ》レ莛《ヲ》豈《ニ》能《ク》発《センヤ》二其《ノ》音《イン》声《ヲ》一哉—……天下一ノ大カネヲツヽテモソレヲツクニ草ノクキカホソイ木ノスワイナトテツカハカネノ本ノ声ハテマイソ（五15オ）

(76) 風入松《ニウ》ハ琴ノ曲ノ名ナリ　琴声也《ナリ》　風カ吹テ松ノ葉ニ入レハ琴ノ声カスルソ（五30ウ、『韻府群玉』に「風入｜（松）琴声也」とある。）

(77) 善待問者如撞鍾待其｜｜（春容）然後尽其声［斈記］……ソノツクカネノ声ヲツクシテ答ソ　ナマツキニシテソツト問エハソツトコタユルソ　カネノ本ノコエハテヌソ……春容ハカサネテカネヲウチツクコトソ　ハシメハソツト一声ナルソ　斈者カソノ心ヲエテカサネテツケハカネモソノ声ヲツクシテナルソ（五34オ）

(78) 古イ冢ヲホリヤブツタレハフルイ銅ノウツワモノアリ　琵琶ニナリカ似テソノ体ハマルイソ……木デシテイトノ緒ヲツケテヒイタレハ声カ清ウホガラカニキコエタソ（五37オ）

(79) 祝ハ始ル心ソ　楽器ナリ　漆桶ノ如トアリ　ソレヲウツテ声ヲナスソ（五54ウ、毛詩巻一九の「有瞽」の集伝に「柷状如漆桶」とある。）

(80) ……吹《キ》レ笙《ヲ》弾《ス》レ箏《ヲ》……弾ト云ホトニ吹ハセヌソ　体ハ竹デスルソ……絃ヲツケテヒケハ声ガ高シテ箏々然タルソ（五61オ）

(81) 梧桐生《ス》二｜｜《ヲ》（孫枝）一｜｜《ヲ》（「｜｜《ヲ》二」は衍字）為レ琴《ニ》甚《ハタ》清《シ》ハ……桐ノ木デコトヲツクツテヒケハ声カ一段サエテ清ウ寥《ホカラカ》ソ……孫枝ヲ生スルホドノ古木ヲセイテハ声カスグレマイ（六8オ）

(82) 鍾声不《ル》レ｜《ヤワラカ》（比）乎《カ》　比ハヤワラグナリ　左伝ニ鍾ノ声ガ和シテヤワラカヌカト云ソ　陣ニハカネツヽミヲ

打ソ　ソノ声テイクサノカチマケヲシルソ（八63ウ）

（83）隣ニ笛ヲ吹者アリ　声ノスコウヒエタヲキイテ（一〇62オ、『排韵増広事類氏族大全』「向」字の「聞笛感旧」の項に「鄰人有吹笛者発声寥亮」とある。）

結局、巻一〜一〇の範囲で楽器類の音を表す例をみると、「オト」は五例、「コエ」は二二例で、「コエ」の方がより多く用いられている。用法上の差は、楽器類の音以外の場合と同様、「オト」は原典の語の影響によって用いられた例がないのに対して（(52)は原典の「声」を「オト」と訳す）、「コエ」は二二例中七例が原典に「声」がある場合である。それ以外の楽器類の音について意味用法上の違いは見出しにくい。

注意すべきは、（71）において原典の「音」が抄文では「声」となっていることである。

まとめると、この三語の意味用法の違いについて、次のことが言える。

（ｉ）「ネ」は楽器類の音に関して良い評価を伴って用いられるのが普通で、用法がもっとも限定されている。

（ii）「コエ」は人・生き物が口から出す音に用いられるが、「オト」はこの意味に用いられることはない。これ以外の意味については、「コエ」「オト」ともに用いられるが、「オト」の方がより日常語的性格を持つと考えられる。

（三）表記とよみの問題

「声」表記例は「コエ」とよむべきであることについては、前述のようにかつて考察した。

問題は、振り仮名のない「音」表記をどうよむべきかということである。

まず明確なのは漢字の音を意味する場合である。この意味の右掲の例では（7）（10）（27）が「コエ」表記、

(12)は「音《コヱ》」表記である。巻一、七、九で振仮名のない「音」表記で漢字の音の意味の「コエ」を表したと認められる例は合計七五例にのぼる。例示する。

(84)僉《ミナ》トヨムソ　皆ノ字ノ心ソ　音ハセンナリ（一28ウ）

(85)シバ〳〵ノ時ハ数ハサクノ音ナリ（七53ウ、「音」に訓読符（左傍線）が付されている。）

(86)贖ハシウノ音ナリ　アカウトヨムソ（九51オ）

これらの「音」表記が「コエ」とよまれるべきことは、仮名表記、振り仮名表記の例から明らかである。この意味の漢字表記には「声」はまず用いられないと言ってよい。巻一～一〇で次の一例を見出したのみである。

(87)冴ハ声モヨミモナイソ　不レ知ソ（八4オ）

次の二例も漢字の音に関するものだが、具体的な字音を意味するものではない。

(88)知ト識ト同ケレトモ字カワツタソ　声モ平仄チカウタソ（八13ウ）

(89)天之牖民如ー（箎）如ー（箎）……韵会ニ篪ヲカイタソ　マドヲミチヒクトヨンタソ　ヨウトイウト声チカイソ（八28オ）

(87)も具体的な字音を指していない点に注意すべきである。

要するに、漢字の音を意味する「コエ」を漢字表記する場合、「声」ではなくもっぱら「音」が用いられるという明らかな表記の基準があると考えられる。

漢字の音の意味以外の「音」表記例は、巻一～一〇の範囲で次の通りである。

(90)又五音ノ中ノ声ヲ宮ト云ソ……宮ノ声カ中央ニイハジメテソレカラ四方エツタエタホドコシテ四ノ声ヲ生シテ五音ノ大綱ニナルソ　宮ハ五行ニ配《ハイ》スル時ニ土ノ音ソ……中ノ声ハ脾《ヒ》ノザウカラ出ソ（二50オ）

(91) 聴《ク》㆓都邑《イウノ》人民《ノ》之声宮《ニ》㆒則歳美《ビナリ》——……声宮ノ字心エヌソ　声ニ宮商ノ五音アリ　宮ハ君ノ位中ナリ　ヨイ音ナリ　ソノ心カ（二55オ）

(92) 孟子ニ師曠《カ》之ー（聡）師ーハ楽人ナリ　音ヲヨウキ、ワケタソ（四43オ）

(93) 発《シテ》㆓鯨音《インヲ》㆒鏗《カウタリ》㆓ーー（華鐘）㆒　鯨ハクジラナリ　魚ハネムラヌホトニ鐘ハツク声テ人ノネムリホンナウノネムリヲサマスホトニ魚ヲ名ニ付ソ　魚ノ中テノ王ナリ　声モ大ナリ　余ノ魚ハ声ハセヌソ　鯨ハ声カアルヤラ……クシラノホユルヤラ大ナ音ヲダスソ（五13オ）

(94) 石鐘——……得《テ》㆓双石《ヲ》於潭上《ニ》㆒扣而聆《タヽイテキケハ》㆑之《ヲ》南《ノ》音《ハ》函胡《ニシテ》　北《ノ》音《ハ》清越《ナリ》……此ノ石ヲタ、ケハカネノ如ナ音カツルソ　石ヲタ、ケハ一ハ南方ノ音カシテ函ーナリ　函ーハ心ヲ不㆑知ソ　一ハ北方ノ声テ清ースンテアザヤカナ心カ（五13ウ）

(95) 撞《ツク》㆓ーー《ノ》（万石）之ー《ヲ》㆒（鐘）方朔伝トアリ　万石ハ大ナカネナリ……千年ノヲゴリテ大カネヲ打宮ノ音ノ鼓ヲ打セラレタヲ方朔カイサメタソ（五14オ、『漢書』の「東方朔伝」に「撞万石之鐘撃雷筳之鼓」とある。）

(96) 如㆓洪鐘㆒ハ洪ハ大ノ心ソ　音ハ大ガネヲツク如ナソ（五14ウ）

(97) 粛　雝《シュクヨウ》和鳴《ス》先祖是《コレヲ》聴《ク》トアリ　楽ノ音ノヤワラキツ、シウタ声ヲ周ノ先祖后稷公刈タチノキイテヨロコバレタコトソ（五55オ）

(98) 暗蛩有虚織短線ー（无）㆓ーー（長縫）㆒孟郊詩ナリ　虫ノ声カハタヲヲルニ似ソ　ヲリタイタ者ハナイソ　虚《ムナシク》　織ト云タソ　イトモ本ノイトテハナイソ　音ヲイトニシタソ　本ノイトノ如ニ長ハナイソ（五62オ）

(99) 琴ノ曲ノ名ニ猗蘭操アリ　孔子ノツクレタソ……谷ノ中ニ蘭ノヒトリツレモナクヨウ茂シテアルヲミテ吾ヵ身ノナリニヒキアワセテ蘭ニナツケヨソエテコトハヲ作テコトノ音ニ入テウタエタソ（八18ウ）

（100）礼ニ命《シテ》レ楽師《ニ》一調《シラベシム》二笙竽笛簫《チヲ》一―礼記ニアリ　楽人ノカシラノ師ニ云付テ笙ヤ竽《ウ》ヤ笛《チ》ヤ簫ヤナドヲシラベテ音ヲト、ノエ調子ヲアワセト、ノエサセラレタソ……コトヤ比巴モ絃ヲタンシテコエヲト、ノユルヲ琴ヲシラブル比巴ヲシラブルト云ソ（八27オ）

（101）凡《ソ》調《シラブル》二曲辞《ヲ》一者歌《フ》レ詩《ヲ》者《ノ》羊吾夷伊那何之《ノ》類《ナリ》―曲ヤ辞ノ語ヲ曲ニ入コトナドシラヘテウタウ者又詩ナドヲ音ニフシニウタウ者ノ声ノヒヾキナドガ羊吾ト吾伊ナト、那何ナト、ヒヾク類ナリ（九40オ）

（102）鐘子ー（期）ニ冬ノ鍾ノ所ニアツタソ　伯牙ガ琴ノ音キ、シツタ者ナリ（一〇62オ）

これらの「音」は、ほとんどすべて音楽・楽器の音を意味している。（92）（95）（98）（102）以外の例は「声」とともに用いられており、これらの「音」が「コエ」とよむべきものであることは明らかである。

右の例のうち唯一音楽・楽器の音でないものは虫の声を表す（98）であるが、これも単なる虫の声ではなくこおろぎ（蛩）の鳴き声を糸を織る音に聞きなしているものである。しかし例外的であることは確かである。

これらの「音」を「ネ」とよむことは可能であろうか。（91）（97）は「よい」という価値判断を伴って用いられている点で、「ネ」と共通する。前掲（55）では「音」に「ネ」と振り仮名されている。可能性はあると言えるが、「ネ」自体が用例が極めて少ないことを考えると、「ネ」とよませるのであれば振り仮名があるのが普通と考えられる。

結局、この三語と表記の関連をまとめると、次のようになる。

（iii）「オト」は仮名表記されている。「ネ」は仮名表記と「音」字に振り仮名が付されたものがある。「コエ」は仮名表記の他に「声」表記と「音」表記があるが、「音」表記は漢字音と音階・楽器の音の意に用いられるのに対し、

「声」表記は漢字音の意に普通用いられないという使い分けがある。楽器の音に関しては「声」表記も「音」表記も用いられる。その他の意味には「声」表記が用いられる。

五　類義語（四）ホカ――ソト

(一) 確例及び「外」表記例

「ソト」が仮名表記の例が多数あるのに対し、「ホカ」の確例は非常に少ない。以下、巻一～一〇の範囲で両語の確例を示し、次いで「外」表記の例を挙げる。

【ソト】

(1) 秦ノ函谷ヨリ山ヲサカウソトヲハ秦カラ六国ヲ皆山東ト云タソ（一6オ）
(2) 廣南ノ南方ノ海ノソトニアルソ（一17オ）
(3) 韵會ニ唐ノ時ニ南方ノ廣州ソトニ瀼州ヲハシメテヲカレタトアリ（一17オ）
(4) 扶ーヲモコレヨリソトニ国ハアルマイ思タニサラニマタ東ノ方ニ扶桒ノ日ツル所ノ東ニ日本ト云国ガアルヨト（一20ウ）
(5) 王城ノソトヲ関外ト云ソ（一35オ）
(6) 酒ヲツヽエ入テ口ヲトヂ上ヲツヽンデ二夜ヲケバツヽノソトエ酒ノヨイ香《カ》ガハツトスルソ　達スルトハソトエヅルコトソ（一52ウ）
(7) 身ノ骨カアラワレテソトエキラリトミエタソ（一60ウ）

（8）竹ナドハソトハマルウテ中ニナニモナウテウツロナソ（二13ウ）
（9）ソトニカキヲシテ水ヲマワイテアルソ……天子ノ宮ハソトヲ水ガクルリトメグルナリ（二42ウ）
（10）傳ノ注ニ釭ハ玉ノヲヒナリトアリ　ヨコニソトエテ、ミユルソ（三59オ）
（11）内ヲヨホウニソトヲマルウスルソ　ソトハヨホウナソ（四1オ）
（12）門ノソトノチリツチマデニヲイワタルソ（四18ウ）
（13）塞鴻ハソノ、ソトニ家カアツタケナソ（四27ウ）
（14）シカ〳〵ソトエハデイデウチカラソコナウコ、ロソ（四31オ）
（15）内ー《ハ》（饔）掌《ツカサトル》二王及《ヒ》世子后膳《ノ》羞《ヲ》一ーハ……外ー（饔）掌《ルコト》二祭々祀及《ヒ》賓客飧《ノ》ー《ヲ》一上ノハ内ノ心宗廟ノ祭ノ膳及ヨソカラノ賓客ノ膳ヲト、ノユルソ　此ハ外ーナリ　ソトノコトソ（五53オ）
（16）ソノミメノヨイ人ガ吾ヲムカエウトテ門ノソトエデ、マタレヌカソ……吾カ門ノソトヲ云ソ　門ノ戸ヨリソトエテ、マツコトソ（五69ウ）
（17）上ノ句ハ門ノソトノ巷テマツコトソ（五70オ）
（18）ソトエデ、日ヲミサシメヒルニナツタカト云テヲヤノソトエデタマニ化シタソ（五89オ）
（19）カキヨリソトエハダスマイソ（六9オ）
（20）……フセツテイタソ　ソトノサワガシイヲキイテ（六46ウ）
（21）カドノ中《ウ》カラソトヲウカ、イノゾキミルコトソ（六61オ）
（22）書院ノヲクニ帷帳ヲフカ〳〵トヲロシテ帳ノソトニ孶徒ヲアツメ談義ヲシテ（六61オ）
（23）貧ーノイヤシウヒラウシタ者ハ身ノ労シテスチ骨ノヲトロエタルニクルシムソ　衣食カタラヌホトニソ　ソ

トノナリソ（七17オ）
(24) 家ノ中ニイテソトエチツトモテヌ心カ（七20オ）
(25) 子ヲダイテ戸ニソトニヲイタハ（七23ウ）
(26) ミヤコノ外ノソトノ国ヲハミヤコノカキト云タソ（七37オ）
(27) 馬ノ身ノウチニ心力ノツヲイヲミテソトニミエタ皮ヤヤセタコエタヲハ忘レテトラヌソ（七40オ）
(28) 女ー（墻）ハ女房衆ナドソトヲミルホドニ高ハナイソ（七56ウ）
(29) 温ガキヲエテ大ニ喜デソトニテ、モノキカエ冠ヲキテデタツテ老《ラウ》女ニミセテ又問タソ（八9オ）
(30) 宣王ノ古ノ文王ノ時ノコトヲ行《ヲ》テウチニ政ヲヲサメソトハ夷ヲハライシリゾケ（八19ウ）
(31) 暴ワ吾カ門ノソトエカワノヤナエハクルガ吾カ門ノ内エハコヌソ（八28オ）
(32) マンズル気ガムネカラソトエアブレデ、ミエタコトカ（八61オ）
(33) 墻《キニ》有《リ》レ茨《シ》不レ可《ラ》レ掃《ハラウ》也トアリ　カホ（「キ」の誤り）ト云ハソトヨリ異ナワルイコトヲフセク者ナリ（九16オ）
(34) ソレヤウナウスイキヌノ帳ヲソトエハテラレヌソ　ウチデインギンニ拝セラレタソ（一〇7オ）
(35) 此カソトエテ、土ニ生スルカハラノ内ニアルヲ云タカ（一〇28ウ）
(36) 紅ナイトヲ五幔ノソトエタイテ（一〇47オ）
(37) 思惑ハ心ノ中ニアリ　ソトエアラワニミエネトモクイ〳〵ト思イツモリ更ニキレヌソ（一〇50オ）
(38) 石ヲ一ウツテソトノ窓ノモトニ立セテ（一〇65オ）

【ホカ】

(39) 沈浸ー（醲）郁　此ハ人ノナリ性ヲ云タコトカ　人ノイカニモ沈テウカツホウニウカブセツニナイカアルソ

ホカニウルヲイアツテ物ヲヒタイタ如ナアルソ（五56ウ）

【外】

「外」表記は多数あるが、巻一、七の全例を挙げる（「コトノ外」は除く）

(40) ソノ外ノ星ハ吾ガ位々職《ショク》々ガアツテ（一1ウ）

(41) 七国ノ中秦ノ外ノ六国ハミナ秦ヨリ東ニアルソ（一6オ）

(42) 漢ノ代ニ官人ノ礼《レイ》儀ノタチイフルマイソノ外ノコトヲシタ書アリ（一12ウ）

(43) 絶域将《マサニ》スレ无《ント》レ外《カ》……将《ニ》スレ无《シ》レ外ハコ、マデ此ヨリ外ハ世界モ国モナサウナト思タソ（一20ウ）

(44) 経六百五十七部ソ　ソノ外仏像ヤ天竺ノ宝モノナドツ、ミモタシテ（一23オ）

(45) 此ノ外ニ又ノ一義ニト云心ソ（一29ウ）

(46) 十二紀ソ　ソノ外八覧六《チランリク》論ナドヲ合テ一部ノ書トシテ（一49オ）

(47) 此外尚書ノ伊訓ノ萹ニワルイコトヲ多云タソ（一58ウ）

(48) 蜀ノ成都ソノ外ノ軍勢ドモヲミハカラワセタソ（一64オ）

(49) 蜀ノ兵ソノ外ソコアタリノ軍勢ドモ（一64オ）

(50) 桃花ノ賦ハ事文ソノ外ノ書ニノセタソ（七16オ）

(51) 悼賈ハ賈誼ヲイタム文カ　此外色々諸ノ文萹アルソ（七16ウ）

(52) ミヤコノ外ノソトノ国ヲハミヤコノカキト云タソ（七37オ）

(53) 色々ノ木ザイモク料足ソノ外種々ノ物ヲトリアツメヒロイヲイテツクツタソ（七49オ）

（二）「ソト」と「ホカ」の使い分け

「外」表記例は、（41）（43）（52）を除いてすべて「此外」「ソノ外」で、「コノホカ」「ソノホカ」とよむべきものである。これらの「ホカ」は〈〜以外〉という意味である。仮名表記の「ソト」の例を検討すると、いずれも〈外側〉〈外部〉の意味であり、〈〜以外〉の意味はない（『時代別国語大辞典　室町時代編』も参照）。従って、〈〜以外〉の意味である（41）の「外」は「ホカ」である。

一方、「ホカ」にも〈外側〉の意味がある。「ソト」の用例（4）は「外」の用例（43）に直接続くもので、同じ文脈でともに「〜ヨリソト」「〜ヨリ外」の形で用いられている。この場合、原漢文に「外《カ》」とあり、抄文の「外」は「ホカ」とよむべきであろう。それに続く（4）の「ソト」は原文の「ホカ」を言い替えたものと見られる。（26）（52）は「外」と「ソト」が「ミヤコノ外ノソトノ国」と直接連続して用いられており、「外」は「ホカ」とよむ以外にない。この場合も、やはり、「外」を「ソト」と言い替えたものと考えられる。

「ホカ」の仮名表記例はきわめて稀で、巻一〜十までの範囲で（32）の一例見出せただけである。〈外側〉の意味である。

結局、「ソト」と「ホカ」の使い分けに関しては、次のことが言える。

（i）「ホカ」が〈〜以外〉の意味を持つのに対し、「ソト」がその意味を持たないというのが最大の違いである。「ソト」はもっぱら〈外部〉〈外側〉を意味する。「ホカ」にもその意味があるが、使用例は少ない。

（ii）表記に関しては、「ソト」がすべて仮名表記であるのに対し、「ホカ」はほとんどすべて「外」という漢字表記である点が異なる。原漢文の振り仮名は「ホカ」であり、「外」を「ソト」とよんだ確例は見出せなかった。

（iii）（ii）及び前述のように「外」を「ソト」で言い替えた例が見られることから、〈外側〉〈外部〉の意味では、

「ソト」の方がより日常語的であったものと考えられる。

(iv)「ソト」は、用例(11)(15)(21)(27)(30)(31)(34)(35)の例から明らかなように、「ウチ」に対立する語である。

六　類義語(四)　コトバ――ゴ(語)

(一)　確例及び全体的な傾向

「コトバ」と「ゴ(語)」も、『玉塵抄』では類義語の関係にあると考えられる。以下、「コトバ」の仮名表記例は多数あるので、巻一、七、九の例を上げる。「ゴ」については、巻一〜一〇までの音読符による確例を挙げる。

【コトバ】(複合語は除く)

(1) 大明生《ス》二於東《ニ・ヨリ》一　礼記ノコトハナリ(一1オ)

(2) 駕言《セヨワレユカン》徂レ東《ニ》ハ毛詩ノ東山ノ篇ノ詞《コトハ》ソ(一1オ)

(3) 比《ムツブ》二頑《クワン》童《ヲ》一ハ尚書ノ四ノマキ伊訓《キン》ノ篇ノコトバナリ(一58オ)

(4) 詩狂童恣《ホシイマヽ》ニ行《ヲコナフ》フ　―毛詩ノコトバソ(一58ウ)

(5) 重宝ノ貝ヲ加ト云　ゼニカキヌカヲコトバソエテダイテメデタイト云心ソ(一60ウ)

(6) 世上ノ仁義法度ノクツレハツルヲ云イヲカレタ言《コトハ》ヲシエデクツル、山ノアヤウイヲサ、エトメテヲイタト云心カ(七2オ)

(7) 由庚ト崇丘ト由儀トノ三篇ノ名ハアレドモ詩ノコトバウセテナイ逸《イツ》詩ト云コトアリ(七8オ)

(8) ーー（玉匙）金鑰常完堅 黄庭 ノコトバナリ（七17ウ）

(9) 玄又玄ト云タハ玄ヲカサネテ云タソ　カサネテ云ハ玄ヲフカウ云心ソ　録ニハ玄々ト三カサネテ云ソ　二度モ三度モソコハ同心ソ　玄々ノ所ガ妙マテソ　妙玄ノ所ハコトバニモノベラレヌ所ソ（七17ウ）

(10) 晋ノ代ノ人ハ風流ヲモテニシテコトバナトモイヤシウナイソ（七21オ）

(11) 孫ーニ与《アタエ》タ書ノコトバヲミヌホドニナニコトヲ云トモエワキマエヌソ（七23ウ）

(12) 匪レ察《スヤ スルニ》ニ獄《ウツタエノホトコセルヲ》之ー（麗）一　此ノ語ハ尚書ノ十二ノ呂刑ノ篇ノコトバナリ……上《カ》ノ語モ尚書トシタガドノ篇ヤラソ（七40ウ）

(13) 礼記の内則ノ初ニ……コ、ニノセタ語ノ心アリ　コトハワコ、ニノセタヤウニハナイソ（七45オ）

(14) 官位ヲ同シメシウトノコトハヲヒルカエシ礼物ヲトツテ法《ハウ》ヲマゲツナドスルコトソ（七46オ）

(15) 蓼蕭ノ詩ハ毛詩ノ巻十ノ小雅ノ部ナリ……此ノ次ノコトバニ既《スデニ》見ニ君子一《ヲ》我《カ》心寫《ウツシヌ》兮《ノビヌ》（七61オ）

(16) 易ニ ー《トツテ》（資）始《ハテ》ー（資）生《ナル》 乾坤　易ノ一ニ乾坤ノ二ノ卦ノコトバソ　乾ノ卦ノ詞ニ 大哉《ヲ、イナルカナ》 乾元万物ー始《テム》トアリ　坤ノ卦ノコトバニ至《レルナ》 哉坤元万物ー生《テナル》トアリ（九1オ）

(17) 中《ナ》ヨシノ友ダチナリ　イツモ二人ツレテアルイタソ　文ヲヨウカイテ新イコトハヲカイタソ（九3ウ）

(18) ソノ時ニ紇ガ死ンダニ魯ノ国ノ者ガコトバヲ作テ誦ジタソ　我《カ》君小子《ニシテ》 是《コレヲ》使《ツカウ》 朱儒々々……（九8オ）

(19) 五色ノエノグデ花鳥ナドヲウツクシウカイタヤウ文章ヲツクリタスコトソ　此ノヤウナヲソシツタ儒者アリコトバニ花ヲ面白ガラセタハ……（九13ウ）

(20) 衛ノ君ノヲサナイ子ニハチカ、スルホドニエコトバニタイテモエイワズヌイテモエステヌソ（九16ウ）

(21) 夜ナカホトニ客ガフツト嵆ガ所エキテ吾ハ昔ノ者ナリ　今イキテ世ニアル者デハナイト云タソ　嵆ト音律ノコトヲ語タソ　ソノコトバコトワリタ、ノ者デハナイソ　化身ノ者ナリ（九22オ）
(22) 玄宗ノ天宝年中ニ新シウ楽ノコトバヲ作テウタワセラレタソ（九40オ）
(23) 咿ー（嘔）九譯《ヤク》重《ナル》ー咿ーハモノヲ云ウコトバノ心ソ　九ーーハ譯《ヤク》ハヲサトヨムソ　コトバノ心ソ　易《ヤク》ノ心ソカユル心ソ　ソノ国ノコトバニカウ云ハ此国ノカウ云コトハチヤソ　ソコ〳〵テカエテ云ソ　九州ノコトバヲカエテ云ホドニ重《カサ》ト云ソ　ソレヲ重《スル》レ訳《ヲサヲ》ト云ソ　ヲサヲカサネテ云語ガ咿嘔ナルソ（九42オ〜42ウ）
(24) 舎《ステ》二、尓《チガ》　灵ー（亀）一 易 ニアリ　易ノ頤《イ》ノ卦ノコトハナリ（九49オ）
(25) 不二ーー《サケステ》（避遺）一 秦卦 　秦ノ卦ノコトハナリ（九59オ）
(26) 孑ー（遺）ハ毛詩ノ雲漢ノ篇ノコトバナリ（九59オ）
(27) 鶴カ鳥居ノ上デ云タコトバモ韵ヲフンダソ　有鳥ーー丁令威トーー故人非トアリ　威ノ字ト非ノ字ト微ノ韵ノ字ナリ（九62オ）
(28) 賦ト云ハスツハヌス人ガンダウナド、コ、ラニ人ヲワルウ云コトバソ（九69オ）
(29) 七月ノ詩ノコトハソ（九70オ）

【語】（抄文中の「語」の音読符〈右傍線〉を付す。）

(30) 卿ート云ハ謝ーヲ云ソ　卿《ナンヂ》トモヨムソ　コ、ラニ貴方ト云イソナタナト、云ツレソ　チツトシヤウクワンシタ語ナリ（一5ウ）
(31) 聞《クニ》二空中一人《ヲノ》曰葬《ル》二菜東《ノニ》一ーハ……此モ北史ノ語ソ（一16ウ）
(32) 蟻《ギ》同《トウ》ーハ文選《モンゼン》ノ笛ノ賦ノ語ナリ（一29オ）

(33) 咫尺《シセキ》千里ト云フフルイ語アリ（一31オ）

(34) 以《テ》レ銅《ヲ》為《シテハカヽミト》レ鑑　可《シ》レ正《タヽス》二衣冠《ヲ》一―ハ唐ノ太宗ノ語ナリ（一39ウ）

(35) 生《シヤウ》　入《ル》二竹筒一ト云語禅話ニアリ（一55ウ）

(36) 逆《サケ》二忠直《ヲトヲサケ》一遠二耆《キ》徳《ヲ》一……此ハ殷ノ湯王ノ死レテ湯王ノマゴ太甲ノ位ニツカレタ時ニ伊尹ガ太甲ニヲシエミチビイテ云タ語ナリ（一58オ）

(37) 五尺《セキ》　童―《ノ》ーー子羞《モハツ》レ称《スルコトヲ》二　五伯《ハト》一……董仲舒策《ショサク》文ト云ニカイタ語ナリ（一65オ）

(38) 尚書《シヤク》ノ仲虺《シヤク》之誥ノ萹ノ語ナリ（二30オ）

(39) 阮ガ愛スル心テ此ノ語アルト蒙求ノ談義ニ人ノイワレタソ（二39ウ）

(40) 微《ビ》躬―微ハイヤシイスコシキトヨムソ……吾身卑《ヲヒ》下゛シテ云語ナリ（二49オ）

(41) 燕ノエヒスノ国ハ語ガ梵語ノヤウナソ（四17ウ）

(42) 遠国カラヤ天竺ナドカラ漢ノミヤコエハ語ガチカウヲ通《ツウ》叓《ズ》ガアツテソコカラハ語ヲカエテ心ヲ伝テミヤコエマウスソ……天竺ノ経ノ梵語ヲ三蔵カ天竺エワタツテ漢土ノ語ニウツシカエテクルソ　ソレヲ譯《ヤク》ト云ソ　易《ヤク》ノ心ソ　易ハカユルトヨムソ　天竺ノ語ニカエタ心ソ（五58ウ）

(43) 唐二突《トツス》―ー《ニ》（西施）一　詳レ畫《クワクニ》　此ハ韵府ノ仄陌麥昔ノ韵ノ畫《クワク》ノ字ノ所ニアリ　排韵ノ楽ノ字ノ所ニモアリ　ミナ語同ソ（七58ウ）

(44) 僧落髪後称ーー（沙弥）華言息慈……沙弥ハ天竺ノ語ソ　梵語ノコトソ……　サテ天竺ノ語ヲ梵語ト云ソ　華《クワ》言ト云ハ華ハ中華トモ云ソ　唐ヲ云タソ……言ハ語ノ心ソ　唐土ノ語ノ心ソ　唐ニハ沙弥ヲ息慈ト云ソ（八5オ）

右の用例から、「コトバ」と「語」の意味用法について検討すると、次のように考えられる。

まず、「コトバ」も「語」も、『玉塵抄』の原典『韻府群玉』など、原漢文について、特定の原典の語句であることを示す場合に用いられることが指摘できる。

右の用例では、「コトバ」の用例（1）（2）（3）（4）（8）（12）（16）（24）（25）（26）（28）、「語」の用例（31）（32）（38）がこれで、「〈原典名〉ノコトバナリ・ゾ」「〈原典名〉ノ語ナリ・ゾ」という形がほとんどであるが、「コトバ」には（16）の二例目のように「〈原典名〉ノコトバニ……」という形も見える。

次に、引用された原漢文の語句を説明する抄文において、その語句を指していう場合、「語」が用いられている。たとえば、（36）では「此ハ……ヲシエミチビイテ云タ語ナリ」という形である。（30）（37）（40）もこの用法である。

また、同じく引用された（または言及された）原漢文の語句を直接指していう場合も、「語」が用いられる。（39）（43）がこの用法である。

さらに、漢文の熟語や成句の意味に用いられる場合がある。（32）（34）である。

注意されるのは、「語」の一五の確例中、（41）（42）（44）を除く例すべてが何らかの点で引用されたまたは関連して言及された原漢文の語句と直接関連して用いられていることである。

これに対して、「コトバ」の場合は、二八例文（語数とは一致しない）中、原漢文の語句と直接関連し、原典名とともに用いられている例は、右に挙げた一〇例のみである。残りの例のうち、多いのは原漢文の語句と直接関係なく、一般的なことばの意味で用いられたもので、用例（5）（6）（9）（10）（13）（18）（19）（20）（27）がこの意味である。また、朗誦する詩や楽の語句の意味に用いられたものがある。用例（7）（17）（21）（26）がそうであり、

（16）もそう考えられる。残る（11）（13）（15）（23）及び「語」の（41）（42）（44）については、後に検討する。

以上をまとめると、「コトバ」と「語」の意味の全体的傾向について、次のように言える。

（i）「語」は大部分が原漢文の語句を指して用いられている。その用法は、〈具体的な原典の語句であることを示す〉もの、〈原漢文の語句の説明の部分においてその語句を指し示す〉ものである。これに対して、「コトバ」は〈特定の原典の語句であることを示す〉用法が三分の一程度みられるが、大部分は〈原漢文の語句に直接関連しない一般的なことばの意味〉、及び〈詩・楽の句を示す〉のに用いられる。

（二）音読符の付されていない「語」の意味の検討

次に、巻一、七について、音読符の付されていない「語」の用例について検討してみる。

（45）墻東―ハ避レ世《ヲ》墻東王君公ト云タハ……逢萌《ホウマウ》カ傳ノ語ナリ（一5オ）

（46）符登謂《テ》二雷悪《アク》地《ニ》一曰雷ーー其聖《ハレ》乎《カ》……雷カ登ニ異見シテ莀カケイリヤクセウズホトニフカウ思案セヨト云タソ　ソコテ云タ語ソ　雷征東ハソレ聖《セイ》カト云タソ（一8オ）

（47）居レ此乎《ヲヲンコヽニ》トハドコテイワレタヤラシラヌソ　漢書ノ本ナイホトニソ　韓信カ傳ノ語ナリ（一11ウ）

（48）雷同《ドウ》―ハ毋《ナカレ》二雷同《スルコト》一ハ礼記ノ曲礼《ライ》ノ語ナリ（一28ウ）

（49）趣《ヲモムキ》同《シ》―此ハ准南《エ》子ノ書ノ語ナリ（一30ウ）

（50）銅―山上有《ニリ》レ薑《キヤウ》下《タ》有《モニ》レ銅―酉陽《イウ》雑俎《ザツソ》ノ語トシタソ（一39ウ）

（51）趙ーハ前漢ノ宣帝ノ臣ナリ　京兆尹《テウイン》ノ官ニナリテ發《ハツシ》レ奸《カンヲ》摘《ツムコト》レ如《シ》レ神《ノ》―摘レーハトガヲカクイタヲタンダエアラハス心ソ……韵會ノ摘ノ字ノ注ニ趙ーーガ傳ノ語ヲノセタソ　韵會ノ注ニハ摘レ伏ト摘ノ字ニシネウヲシ

タソ（一56ウ）

(52) 黄童白叟―韓退之語ナリ（一62ウ）

(53) 童謡《ヨウニ》云阿童復阿童……王濬ヲヲサナイ時ニ阿童ト云タソ……此句ハ王濬カ傳ニ此ノ語ハナイソ……ソノ時ニ呉ノワラウベガウタノ語ナリ（一63オ～63ウ）

(54) 文粋ヲ引タソ　文粋ト云書多ソ……モトワカイ時ニヌイタソ　恵鳳上司句ヲキレタ卒ナリ　面白語多ソ（七1ウ）

(55) 便宜留田―ハ前漢ノ 趙充国 カ傳ノ語ナリ（七4オ）

(56) 風宜―土地所生｜気所―ハ尚書ノ語ナリ（七5オ）

(57) 兩儀―是生二｜｜一 易 ノ語ナリ（七6オ）

(58) 豹留《ム》レ皮《ヲ》　王彦章曰人死《シテハ》留《メ》レ名《ヲ》｜死《シテハ》｜《ム》レ｜《ヲ》……周ノ軍カマケテ王｜｜トラエラレタソ　ソコテ云タ語ナリ（七13オ）

(59) 得皮得髄　達磨将滅命門人名言所得云々師曰道副得吾｜（皮）恵可｜《ハト》（得）二吾｜《ヲ》（髄）一　四人ノ弟子一々見得ノ所ヲイワレタソ　皮肉骨髄ノ四ナリ　得二吾｜一ト得ハ印可ノ語ナリ（七15オ）

(60) 粉児―来鵲曰今之《ノ》｜｜……此ハ世界ノ者ヲアサケツタヤウナ語ソ（七19ウ）

(61) 破《ル》レ賊《ヲ》小児―謝安曰《カ》小《ク》児《ノ》輩遂《ニ》已《ニ》｜レ｜《ヲ》……謝安ヲイト棊ヲ打喜フテイモナウテ云タ語ナリ（七26オ）

(62) 晋書ノ伯道ガ傳ノ賛ノ語ソ（七28オ）

(63) 殷浩被《レ》レ黜《シリゾケ》甥《ヲイ》韓伯至《ル》二徙《ル》所《ニ》一浩詠《シテ》二曹顔遠《カ》詩《ヲ》一云《ク》―……浩カ所エイテ一所ニシバラクイタソ　後カ曹ガ別ノ所エウツ、タソ　浩カ曹カ所テ泣テ云タ語ナリ（七33オ）

(64) 生《イキテ》別離《ス》—悲《キコトハ》《ミハ》　莫《シ》レ悲《ハ》レ於二———一《スル》……楚辞ノ語ナリ　楽《タ》《トキハ》　莫レ楽《キハ》　於二新相識一ト云語アリ　コヽノ語ト一ツイカ　楚辞イマコヽニナシ　不レ考ソ（七33ウ）

(65) 朱ハ朱晦庵カ　朱ハ禅録ノ語ヲ文章ニツカウタソ（七36オ）

(66) 魚網之設《マウケヲ、》鴻《イナルトキハカヽル》則—レ之—ナンニアル語ヤラミエヌソ　上《カ》ニ毛詩ヲ引タソ　毛詩ノ語ヤラ不レ詳ソ（七38ウ）

(67) 九方皐得《テ》レ馬曰《ヲ》牡《ニシテ》而黄及二再往《ニ》一乃而驪《クロシ》《ナリ》……九方皐カコトハ列子ニアリ……陳管斉詩集ノ注ニモ此コトヲ列子曰トシテノセタソ　トレモ語ヤ字ヲノケ語モカワリテ心ニクイソ（七40オ）

(68) 匪《スヤ》レ察《スルニ》二于獄《ウッタエノホトコセルヲ》之—（麗）一　此ノ語ハ尚書ノ十二ノ呂刑ノ篇ノコトバナリ……上《カ》ノ語モ尚書トシタガドノ萹ヤラソ（七40ウ）

(69) 東方朔傳《カ》ニ以—（蠡）測海トアリ　以《テ》レ管窺《ヲウカヽイ》レ天《ヲ》以《テ》—《ヲル》—レ—《ヲ》トツヽイテアルゲナソ……此ノ語ヲ以管天蠡海管窺《キ》レ蠡《リ》《レイ》測《シキ》ナドヽカヽルヽソ（七44オ）

(70) 悔吝者言乎其——（小疵）也　係辞　易ノ語ナリ（七46オ）

(71) 十家貲《ノシ》　漢文惜《ム》《ニ》二——之—一　ナニコトニ十—ノ—ヲ惜レタソ……漢高柔疏トアリ……高柔ト排韵ノ高ノ所ニアリ　ドノ代ノ者トハナイソ……此カ疏ヲ以テ上《ウ》エコトヲマウシタソ　ソレニカイタ語ナリ（七48ウ）

(72) 負《ヲフ》レ羈《キヲ》　子犯曰臣—二—《テ》洩《セツヲ》一従《シタカウ》レ君《ニ》……ヲヂノ子犯河ヲワタツテ璧ノタマヲ身ヲハナサス以タヲ重耳ニワタイテ……ト云タソ　ソノ時ノ語ナリ（七52オ）

(73) 申公傳ニ—（卑）之无甚高論—申公ハ魯《ロ》ノ国ノ人ナリ……卑レ之—コノ語ハ漢書ノ詳節ニハナイソ　本ノ漢書ニアラウソ（七54ウ）

（74）竟《ツイニ》死《ルトモ》何《ソ》ー《ケン》（裨）ー……竟死ーシヌルトモタスクル者ハアルマイソ　何ノ書ノ語ヤラ（七55オ）
（75）敷《シキ》施《ス》ー翕受ーー 皐謨 尚書ノ第二ノ皐陶《ヨウ》謨ノ語ナリ（七57ウ）
（76）先《ツ》ー《ス》（施）ナニヲマツ施ト云タヤラ　記 礼記ノ語カ（七59ウ）
（77）教《ケウ》ニ施《シ》設ト云語アリ（七60オ）
（78）波斯ー西域《ノ》国《ノ》名《ナリ》　……禅録ニモ南海ーート云語アリ（七63オ）
（79）参《シン》差《シ》　ーー《タル》　菜 詩 此ハ毛詩ノ第一国風部ナリ　関雎《クワンシヨ》ノ篇ノ語ナリ（七66オ）
（80）吹《テ》ーー兮誰思 離 離騒ノ語ナリ（七67オ）

これらの例の意味は、先に確例の「語」についてまとめたところと一致する。すなわち、用例（45）（47）〜（52）（55）（56）（57）（62）（64）（66）（70）（74）（75）（76）（79）（80）はその語句が特定の原典の語句であることを意味し、用例（46）（53）（58）（60）（61）（63）（68）（69）（71）（72）（73）は原漢文の語句の説明の部分でその語句を指して用いられたものである。用例（54）（59）（65）（67）（77）（78）は漢文の熟語・成句の意味である。

このように、音読符の付されていない「語」は、確例「ゴ」の意味用法と一致する。従って、これらの「語」は「ゴ」と見るべきものである。すなわち、次のことが言える。

（ii）漢字表記の「語」は、「コトバ」ではなく「ゴ」であると考えられる。

なお、「コトバ」が振り仮名付きで漢字表記された例として用例（2）の「詞」、（6）の「言」があるが、「語」に「コトバ」と振り仮名された例は調査した範囲では皆無である。

(三)「コトバ」「ゴ」ともに〈特定の原典の語句であることを示す〉意を持つことについて

先に述べたように、「コトバ」も「語」も〈特定の原典の語句であることを示す〉用法があるが、その二語の意味に何らかの違いが認められるであろうか。先に挙げた用例の中で、原典の語句に関連して「コトバ」と「語」が近接して共に用いられた(12・68)(13)の例、及び巻一〜一〇の範囲の同様の例について検討する。

(12・68) 匪《スヤ》レ察《スルニ》二獄之《ウツタエノホトコセルヲ》ー　(麗)一　此ノ語ハ尚書ノ十二ノ呂刑ノ篇ノコトバナリ……上《カ》ノ語モ尚書トシタガドノ篇ヤラソ（七40ウ）

(13) 礼記の内則ノ初ニ……コ、ニノセタ語ノ心アリ　コトハワコ、ニノセタヤウニハナイソ（七45オ）

(81) 冶《ヤ》《ヤス》レ容《ス》ーーー誨レ淫《ヲ》 易 ドノ卦《ケ》ノコトハヤラ不レ詳ソ　此語ヨウモナイ語ナリ　冶ハケスコトソ（五35ウ）

(82) 旄《ボウ》麾ー右秉《リニトツテ》二白《ヲ》ー一以《テサシマネク》ー　ハ尚書ノ 牧誓 ノ語ナリ　尚書ノ六ノマキ牧誓ノ篇ノコトバナリ……合戦ニ武王ノテラル、時ニ……右《リ》ニハ白旄ノシラハタヲトツテイエタソ……（六26ウ）

(83) ー（彜）訓ー（彜）憲 詩 民之秉ー 生民 ノ篇トアリ　此語ハ生民ノ中ニハナイソ　フシンナソ……烝民ノ詩ニ彜訓彜憲トツ、イタコトバワナイソ（八49ウ〜50オ）

(12・68)(13)(83)の例を見ると、「語」は「コ、ニノセタ」「コノ」「此」という連体修飾語を伴っていて、原典から引用された原漢文のその語句のみを限定して指している。一方、「コトバ」はその原典のことばというより広い意味で用いられていると考えられる。(13)(83)の例では「コトバハコ、ニノセタヤウニハナイソ」「…トツ、イタコトバワナイソ」という文脈で「コトバ」がもちいられている。「語」は現実にそこに引用されている語句について用いられるので、このようなその原典のことばという一般的な意味には「コトバ」が用いられるという使い分けが見られる。（81）の例も、同様に考えられる。先に保留にしておいた次の（11）も「…コトバヲミヌホドニ」とあり、実際に引用されていない原典のことばを指しており、やはり同様に考えられる。（15）は引用されているのであるが、すでに引用されている語句ではなく、「此ノ次ノコトバニ」とあり、これから引用する語句を指すもので、これらの例に準じて考えることが出来る。（82）は、このような意味の違いが認め難い。

（11）孫ーニ与《アタエ》タコトバヲミヌホドニナニコトヲ云トモエワキマエヌソ（七23ウ）

（15）蓼蕭ノ詩ハ毛詩ノ巻十ノ小雅ノ部ナリ……此ノ次ノコトバニ既《スデニ》見二君子一ヲ我カ心寫兮《ノビヌ》《ウツシヌ》（七61オ）

右をまとめると、次のようになる。

（iii）「コトバ」も「語」も、原漢文の原典の語句であるという意味に用いられるが、「語」が引用された原漢文の特定の語句であることを意味するのに対し、「コトバ」の場合は、その原典の一般的なことばの意味で用いられる。

（四）「語」が〈一国の言語〉を意味する場合

（一）で保留にしておいたもののうち、残る（23）（41）（42）（44）について、検討する。

（23）咿ー（嘔）九譯《ヤク》重《ナル》ー咿ーハモノヲ云ウコトバノ心ソ　九ーーハ譯《ヤク》ハヲサトヨムソ　コトバノ心ソ　易《ヤク》ノ心ソ　カユル心ソ　ソノ国ノコトバニカウ云ハ此国ノカウ云コトハチヤソ　ソコ〳〵テカエテ云ソ　九州ノコトバヲカエテ云ホドニ重ト云ソ　ソレヲ重《スル》レ訳《ヲサヲ》ト云ソ　ヲサヲカサネテ云語ガ咿嘔ナルソ（九42オ～42ウ）

（41）燕ノエヒスノ国ハ語ガ梵語ノヤウナソ（四17ウ）

（42）遠国カラヤ天竺ナドカラ漢ノミヤコエハ語ガチカウヲ通《ツウズ》吏ガアツテソコカラハ語ヲカエテ心ヲ伝テミヤコエマウスソ……天竺ノ経ノ梵語ヲ三蔵カ天竺エワタツテ漢土ノ語ニウツシカエテクルソ　ソレヲ譯《ヤク》ト云ソ　易《ヤク》

ノ心ソ　易ハカユルトヨムソ　天竺ノ語ニカエタ心ソ（五58ウ）

（44）サテ天竺ノ語ヲ梵語ト云ソ　（八5オ）

（41）（42）（44）の「語」は、〈一国の言語〉という意味である。（23）の「ソノ国ノコトバ」も同じ意味である。しかし、「語」が（41）のように単独で〈一国の言語〉の意味を表し得るのに対して、「コトバ」の場合はそうではなく、「ソノ国ノコトバ」で〈その国の言語〉の意味を表しているのであり、「コトバ」は（i）の〈一般的な意味でのことば〉である。まとめると、次のようになる。

（iv）「語」には〈一国の言語〉の意味があるが、「コトバ」にはこの意味はない。

（五）「コトバ」と「語」の使い分け

これまで、「コトバ」と「語」の意味用法の違いについて、四点にまとめた。再び掲げると次のとおりである。

（i）「語」は大部分が原漢文の語句を指して用いられている。その用法は、〈具体的な原典の語句であることを示す〉もの、〈原漢文の語句の説明の部分においてその語句を指し示す〉ものである。これに対して、「コトバ」は〈特定の原典の語句であることを示す〉用法が三分の一程度みられるが、大部分は〈原漢文の語句に直接関連しない一般的なことばの意味〉、及び〈詩・楽の句を示す〉のに用いられる。

（ii）漢字表記の「語」は、「コトバ」ではなく「ゴ」であると考えられる。

（iii）「コトバ」も「語」も、原漢文の原典の語句であるという意味に用いられるが、「語」が引用された原漢文の特定の語句であることを意味するのに対し、「コトバ」の場合は、その原典の一般的なことばの意味で用いられる。

（iv）「語」には〈一国の言語〉の意味があるが、「コトバ」にはこの意味はない。

複合語に関しては一つ問題がある。次の例である。

（84）楊脩字ハ法祖後漢ノ末ノ者ナリ　俊才ニシテ孝ニスイタソ……曹操トツレタチテ行トキミチバタニ曹娥カ碑ノセナカニ字ガ八アツタソ　カクシ語ヲ楊ハミテヤカテ心エタソ（七25オ）

これは有名な逸話で、『蒙求』の「楊修捷對」の項にある。後漢の楊修と曹操が曹娥の碑の背にある碑文を見たが、それは「黄絹幼婦外孫齏臼」の八字で、楊修は即座にその意味を悟るが、曹操は解せず、三十歩歩いてやっとその意味を解したという。すなわち、「黄絹」は「色絲」で「絶」字を、「幼婦」は「少女」で「妙」字を、「外孫」は「女子」で「好」字を、「齏臼」は「受辛」すなわち「辤」を示すとする。結局「絶妙好辤」ということになるという。『蒙求』には「カクシ語」にあたる語句はないが、抄者惟高妙安が頻用している『排韻』すなわち『排韻増広事類氏族大全』の「楊脩」の項に「楊脩字徳祖好孝有俊才…能解曹娥碑隠語…」とある。「カクシ語」は「隠語」にあたる。

巻一～一〇の範囲で、「カクシコトバ」という語が次の三例ある。（『時代別国語大辞典 室町時代編』は『玉塵抄』から他の例を引く。）

（85）阿童—童謡《ヨウニ》云《ク》阿童復阿童街《テ》レ刀《ヲ》浮渡《テル》レ江《ヲ》王濬ヵ小字阿童—王濬ヲヲサナイ時ニ阿童ト云タソ……街レ刀——ハ心エヌソ　口ヘンニ刀ヲカクハ叨ミタリトヨムソ　ソノヤウナ心カ　ソコニアテコトアツテイワウソ　童謡ハカクシコトバガ多ソ（一63オ）

（86）楚伐蕭鄖无社蕭大夫呼申叔展楚大夫叔展曰有麥麴乎曰无有有鞠藭（東大本も同じだが「山鞠藭」の誤り）乎曰无有—蕭ノ国ノ大夫ハヲトナソ蕭ノ鄖无社カ楚ノヲトナノ大夫申叔展ヲヨウタソ　敵ノ方ノ者ナレトモ前ニシリウトテアツタホトニ物イワウトテヨウタソ　楚ノ叔ーカ鄖ニトウテ云ソ　麥麴ハシアルカト問タソ　クスリ

ナリ　イヤナイトコタエタソ　又山鞠ーカアルカ　イヤソレモナイトコタエタソ　クスリノ用テ云ヤウナレトモソノ心テハナイソ　麴ハ水ニアルソ　山ーハ山ニアルソ　山カアルカ水カアルカヲシラウ為ソ　アス合戦アラハ蕭ノ者ハミナ死スルコトアラウ　山ニニケ水ニカクレヨトシラセウ為ソ　鐶カ心エイテナイト云タソ……河魚腹疾柰何曰目於眢井中而托之若為茅絰哭井則己叔展又結茅表井須哭乃応ー叔展カ无社ヲタスケウトテ又云ソ　河魚ノ腹ノヤマイナルハナントヽ云ソ　此モ水中ニカクレヨト云フ心ソ　日月於ーー　眢ハフルイクツレテ水モナイ井ナリ　井ノ中ヲミテスクワシメト云タソ　此ハ河魚ノヤマイト云タニ无社サトリテ云タ返叓ナリ　若為ーーシカラハカヤヲナワニコシエ（ママ）テスクワレヨ　井ノ中ニナク声セハ吾テアラウソト云タソ　叔展カカヤノナワヲナワセテ井ヲアラワシテシラセタソ　ナク声ヲマツテコタエテタスケウト云タソ　明日蕭潰申叔視茅絰号哭而出之……申ーーカ前ノ日无社ニカクシコトハヲ云テサトラセタホトニ无社カカラ井ツエニケテ入テイタソ（三17オ）

(87)平《ルコト》二　蔡州《ヲ》一カ己酉《ツチノトノトリ》　酉ノ年ナリ　此ノ己酉ヲカクシコトバニ云タコトソ　發レ地　地ヲホツタレハ石ニ文ヲホリ付タヲ得タソ　石ニキツタ文ニ雞未《タ》レ《ス》肊トアリ　雞カコネバ肉ガナイソ　肊ト云ハ肉月ヲヘンニカクソ肉月ヘンノ月ヲノクレハツクリハ己ト云字マテソ　ソ己ノ字ソ　ツチノトノ字ナリ　酒未《タ》レ《ス》熟　酒ノ熟セヌハ水カナサニ熟セスソ……酒ノ字ハ水酉トモ酉水トモ云ソ　酒ノ一字ヲ二字ニワケテ云タコトナリ　酒ニ水ノケテ熟セヌハ酉ノ字ハカリソ（六48ウ）

(85)は特定の「カクシコトバ」を指したものではない。(86)の「カクシコトバ」は一種の暗号のようなものであり、(87)は、文字についてのなぞなぞに近い。(84)の「カクシ語」はまた違うが、どちらかと言えば文字に関するものである点で(87)に類似する。

意味から言えば、「カクシ語」を「カクシコトバ」と読むことも可能だが、単独で用いられる場合、「コトバ」と「語」が明らかに区別されていることを考えれば、「カクシゴ」という複合語を認めるべきだと考える。他に確例は見出せていないが、「カクシコトバ」の類語に「カクシ字」もあるのであり（『時代別国語大辞典 室町時代編』参照）、こういう語が存在した可能性は十分ある。（84）の場合、原典の「隠語」との関連もあり、「語」は「コトバ」ではなく、「ゴ」と認めるべきだと考える。

七　類義語（六）　ソラ――テン（天）

（一）確例及び全体的な傾向

巻一～一〇の「ソラ」「テン」の確例は次の通りである。

【ソラ】（複合語及び「ソラニイウ」「ウワノソラ」を除く）

（1）江東日暮雲ノハ杜子美ガ天末ノ李白ヲ思テ作タ句ナリ　天末トハトヲイ雲ノソラノアタリニイタ友ダチノ李白ヲユカシウ思テ……クル、雲ノカ（「方」の誤り）ヲ打ナカメテ江東ノアンノアタリニソイツラウト思テミヤツ夕心ソ（一5ウ）

（2）宸ノ字ノ上《カ》ノ宀ハソラノ天ノ心ソ（二18オ）

（3）一飛冲《ヒイル》レ天ニ……冲《ヒイル》ト云ハ雲カスミニソラエトヒアカルコトソ　老子経ニハ冲《ムナシ》トヨンタソ　虚空ノ心ソ　ヒイルモ虚空エアカルソ（二28オ）

（4）楹桷欻《エイカククコツトシテ》　穹崇―楹ハノキナリ　桷《カク》ハタルキナリ　穹ハソラナリ　崇ハタカイトヨムソ　ノキモタルキモ高ウ

ソラニ架《カ》シタト云心ソ（二34オ）

（5）盧《ロ》杞《キ》嘗《カッテ》騰《トウ》二上《ス》碧霄《ニ》一見《ルニ》二宮闕楼臺《ヲ》一皆以《テ》二水晶《ヲ》一為《ト》墻―盧―ハ唐ノ臣ソ……碧―ハソラナリ　霄ハソラトヨムソ　ソラノ天ハ皆アヲイソ　倶舎ニアルソ　娑婆世界ノ南瞻《セン》部洲ハ須弥山ノ南ソ　須弥ノ南ヲモテノ山ハアヲイタカラノ玉ナリ　ソノカゲガウツロウテソラカアヲイソ　須弥ノ四方ノ山ノ色ガ別々ナソ（二52オ）

（6）上古ハ人ヲル所ヲ宮ト云タソ　宮ハ穹《キウ》ノ心ソ　穹ハ天ノソラナリ　ソツトシタ家ソ　天ヲコ、ウテノソクヤウナソ（二54ウ）

（7）熊克ハ字ハ子後晋陽ト云所ニイテ九朝通畧ト云書中興小暦トヲツクツタソ……中興ノ小暦ハ時節ナトノコトヲシルイタカ　天ノソラノ心ソ（三10ウ）

（8）穹　高イ心ソ　尓雅ノ書ニ穹ハ蒼々タル天トアリ　天ノソラハアヲ〱トシタマテソ　郭璞カ注ニ天ノ形ノ穹窿トシタト云タソ　吾ヲ天ニシテ天ノイエト云心ソ（三10ウ〜11オ）

（9）蒼―（穹）ハ穹ハタカイソラナリ　天ノ色アヲイヲ云ソ（三11オ）

（10）層―（穹）ハ層ハカサナル心ソ　九重天ト云ツレソ　九ツカサナツタコトハシラヌソ　タ、高テ重々アルト云心ソ　層ハ級ナリトシタソ……教ニハ天ヲサタスルニ重々ニソラエ天ヲタ、ウデ云ソ（三11オ）

（11）漢宮人麗娟体弱常恐随風軽挙―（「――」脱）（唱廻風）……体―ソノ身ヤセテ力ナクユワイソ　風吹ハコロヒサウナナリソ　風ニツレテカル〱トソラエモアカリサウナソ（三28ウ）

（12）天子ノヲリアル所を宸ト云ソ　宇ノ心カ　（「宀」脱）ノ点ハ宇宙ノソラノ心ソ（三33ウ）

（13）其為書充棟宇ト柳文ニアリ　タカ所ノコトヤラ　書ノ多ヲ云タソ　宇ハソラヲ云ソ　家ノウチテモウツロナホトニムナ木ノ高イ所ハ天ノ心ソ（三38ウ）

(14) 作賦ーーー（聲摩空）天子ノ前カテ文ヲカキ賦トモノコトハヲツクツタレハソノ名カアカツテ天ノ空エヒ、キワタツテ天ノソラヲモスルホトニ名カ高ウアカツタソ（三44ウ）

(15) 鴻飛冥《テメイ》々弋《ヨク》人何慕《ソトラン》焉ー鴻厂ノ大ナル智恵ノフカイ鳥ハ雲イノハルカノメイトカスンタソラニイル（四23ウ）

(16) 手揮《キシテ》二五絃《ヲ》一目二送《ス》ーー《ヲ》（帰鴻）一……コトヲヒイテソラヲ吾カ巣エ帰ル鴻ヲミヲクツタソ　世上カキニアワイデソラヲミタソ　客人キテキニアワヌコトドモヲ云ホドニソラヲナガメタ者アリ（四23ウ～24オ）

(17) 瑀ー二ーーー一（指翔鴻）……使ノキタヲリフシニカソラヲ鴻カカケリ飛テスキヲ瑀カ鳥ヲユビザシシテ（四24オ）

(18) 安得《イツテ》二ーーー《ノヲ》（五采虹）一　駕《テ》レ天作《ニナサン》二長橋《ト》一ー[李]ハ李白カ李賀テアラウソ……五色ノ虹を得テ天ノソラニカケテ長々ト橋ニカケタイソ（四30ウ）

(19) 望気者至《ノノテ》二南陽《ニ》一曰《ク》気《キ》佳哉《ナルカナ》鬱ー葱ー《タリ》ト云タソ　望気ト云テソラノ雲ノ気ナ色ヲミテ吉凶ヲウラナウソ　モト日本エ唐人カワタツテ泉ノサカイエツイテ京ヲ問タソ　日本人ガ吾ガ国ヲヒロウ大ニ云ワウトテマダ京エハ十日モハツカモアルト云タレバ唐人ガソラヲミテ云コトハサヌミトヲウナイ一日二日バカリアラウト云タソ王城ノ上ノ雲ノ気ガミエタト云タソ……光武ハ後漢ヲ中興セラレタ王也　南陽ト云所ノウマレソ　此ノ王ノイラレタホドニ王気ガソラニ立テミエタソ（四40ウ～41オ）

(20) 喁《ノ》　魚口上《リ》見《ユ》　魚ハ水ヲノムニ口ヲソラエアケテノムソ（五52ウ）

(21) 何彼《ソノ》襛矣《タル》唐棣《テイノ》之華《ナリ》　……唐ーノ花ハサイテ下エタレテ花ノサキガウチエカエイテソラエナルソ（五58オ）

(22) 觭　角《ナリ》一俛《ハフシ》一仰《ハアヲク》　ケモノニニテ角アリ　両方ニ角ノアルガ一方ハソラエアカリ一方ノハサキガシモエサガツタガアルソ（七3オ）

(23) 鴻漸《スヽム》二于陸《リクニ》一其《ノ》羽《ハ》可《シ》二以《テ》為レ儀《ト》　鴻鵠ノ大鳥カソラヲバトバイテ地ノ上ニアエムソ（七7ウ）

（24）喋《フマンテ》レ血盟《チヲ》二父子《ニ》一指《コト》レ天《ヲ》出《ツ》二ーー《ヨリ》（肝脾）一　谷ガ詩ナリ……指レ天—ソラノ天ヲサシテ天道モカ、ミテミサシメト云テチカウコトハマコトヲアラワスコトソ（七56オ）

（25）道安ノ方カラ習ーー（主簿）ニ云タソ　今ゲンザウマウス僧ハ弥天釈《ノ》道安ト云者デスウト云ワレタソ　弥天ハ天ニ弥《ワタ》ルト云心ソ　吾カ名機智ガ一天下ニヲシワタイキコエタ者ト云心ソ　マンジタコトソ　ヤガテ習ーーガ返叓モヲトラヌソ　四海ノ習ーート云者デスウト云タソ　弥天ト四海ハヨイツイソ　天ノソラヲ云タレハ地ノ世界ヲ以テコタエタソ（八4ウ）

（26）或《ヒト》夢《ラク》一女子取《テ》レ巨篩《ヲ》篩《ヒ》二落《ス》紅豆《ヲ》一成《ナル》レ人須《ト》臾《ニシテ》一貴人盛《ニシテ》二冠服《ヲ》一堕《テ》レ地《ニ》云《ク》徐舎人也《ナリ》……ソノ時ニアル者アリ夢ニミルコトハ女房ガ一人アリ　大ナミヲ取テソラヨリ紅豆《アヅキ》ヲヒヲトイタソ　ヒヲトイタアヅキガ人ニナツタソ　バケタコトソ　サシタレハヤガテホドモナウヒトリノ貴人トミエタガ衣冠タ、シウケツコウニデタツタガ一人ソラカラ地エヲチタソ　云コトハ吾ハ徐舎人ト云者ヂヤト云タソ（八58ウ）

（27）二大鵾盤《シテ》レ空《ニ（ヲ）》飛鳴《ス》……大ナトビガ二アリ　ソラヲクルリ〳〵トビメクツテ鳴キカナシンタソ（九10ウ）

（28）蒼—（旻）ハ天ノコトソ　天ノ色ハアヲイソ　旻ハソラトヨムソ　ハナヤカナ声カ天エトヒアガル心ソ　花《ト》也ハ英丼ノコトソ（『玉塵抄』本文では脱落しているが、この部分は『韻府群玉』の「飛ーー（英丼）於蒼旻嵆康琴付花也」の解釈である。）（九47ウ）

【テン】（いずれも右傍線の音読符によって「テン」とよむことが確実な例）

（29）物命《スルヲ》レ之曰《ヲ》レ同《ト》ハ物ハ天地ヲツクリダスヲ造物ト云ソ　天ノコトソ　天ガナニコトヲモシダスソ（一29オ）

（30）師子ノハラノ中ニ虫アリ……毎月月ノツイタチ十五日ツコモリノ夜天ニ上《ノ》テ人間ノ人ノワルイコト罪ヲ告《ツ》ソ

（二19ウ）

(31) 哭《ナイテ》レ竹《ニ》冬生《ス》レ笋《ヲ》　母カクイタカツタホトニ竹ヤブニ入テ臥テナイタ　天ガ孝行ノ心ヲ感シテ雪ノ中生シタソ（五9オ）

(32) 黄帝鋳《イテ》二鼎《ヲ》荊山下《ノトニ》一成《ル》有《リ》レ龍下《ク》　迎《テウ》二黄帝《ヲ》一上ー《ル》（騎）群臣後宮従レ上天上《ニルモノ》　十餘人……三皇ノ時ノ黄帝鼎ヲ荊山ノフモトテイラレタニ鼎ガテキタソ　龍カ天カラ下《ク》テ黄帝ヲ迎テ天ニノホツタソ　帝ノ龍ニノツテ天エ上《ノ》タソ（五17ウ）

(33) 各〈在《リ》二天《ノ》一ー《ニ》（涯）一　一所ニイ、デアチコチハナレテトヲイ所ニイタト云コトソ　天ノ一ーソノ人ノトヲイ所ヲノソメハ天ノ一方ヲミルマテソ（七9オ）

(34) 喋《フマンテ》レ血《チ》盟《ヲ》二父子《ニ》一指《コト》レ天《ヲ》出《ツ》二ーー《ヨリ》（肝脾）一　谷ガ詩ナリ……指レ天ーソラノ天ヲサシテ天道モカ、ミテミサシメト云テチカウコトハマコトヲアラワスコトソ（七56オ）

(35) 天生《ナセリ》二烝民《ヲ》一有《リ》レ物有《リ》レ則《ノリ》民之秉《ノトルコトツネヲヨクスコノイ》レ彝　好《ヲ》二是懿徳《ヲ》一トアリ……天カラ万民ヲ生シテ下界ニヲイタソ……ヨイ徳アル人ヲ天ガコノミホメヌコトハナイソ　天カ周ヲヨウカヾミテ徳ヲ下土エクダシテ此ノ天子ノ宣王ヲ保護セラル、ソ（八50ウ）

(36) 魏文侯与二虞人一期　獵《シテカリス》　以《テ》レ飲酒楽《ヲム》天ー《ル》（雨）……文侯ノ虞人ト日ヲ定メテカリヲセラレタソ……コレト約束シテカリシテカリニ得タ鳥ケタモノヲサカナニシテ酒ヲノウテナクサマウトイワレタソ　時ニ天大ニ雨ガフツタソ（一〇60ウ）

以上の確例からこの二語の意味について考えると、次のことが言える。

(i) まず、大きな違いとして、「ソラ」には、この現実世界における「ソラ」の意味がある。それは、〈直接見ることが出来る「ソラ」〉であり（用例（1）（16）（17）（19））、また〈動作が出来る「ソラ」〉（用例（3）（11）（15）（23）（26）（27））、また〈上の方向〉を示す「ソラ」である（（20）（21）（22））。これに対して、「テン」は、現実世界から隔絶した〈天上の世界〉の意味（（32））、〈創造主・天の神〉の意味（（29）（30）（31）（35））、〈天候・時節等を支配するもの〉の意味（（36））がある。また、「ソラ」には〈遙かな遠い場所〉を意味する例（（1））があり、「テン」にも同様な意味の例（（33））があるが、この場合も「ソラ」が「雲ノソラノアタリニイタ」であるのに対し、「テン」は「ソノ人ノトヲイ所ヲノゾメハ天ノ一方ヲミルマテソ」であって、現実世界の「ソラ」に対する現実から隔絶した世界を指す「テン」の違いは認められる。これらの意味に用いられる場合、「ソラ」と「テン」が同一文脈で用いられることはない。

右以外の用例のうち、注意されるのは、「ソラノ天」（（2）（5）（24・34））「天ノソラ」（（6）（7）（8）（14）（18）（25））である。「ソラノ天」の場合、用例（24・34）により「ソラノテン」であることは確実である。「天ノソラ」もこれに準じて「テンノソラ」と考えられる。用例（14）の「天ノ空」も「テンノソラ」とみてよいであろう。「ソラノテン」「テンノソラ」はどちらも〈高い天空〉といった意味であり、手の届かない世界を指している点で、「天」に近いと言える。（2）（5）（8）（18）はいずれも字の解釈の用語であり、抽象的な意味である（（12）の「宇宙のソラ」も同意）。（14）（18）は〈声が天空にひびく〉〈虹の橋を天空にかける〉というもので、いずれも現実の空ではなく、比喩的にあるいは想像上にとらえられた〈天空〉である。（7）は〈気候や時節等を支配する天空世界〉の意と考えられる。（7）は〈時節や天候等を支配する天上界〉の意味、（25）は「地ノ世界」に対するもので〈天の世界〉である。（24・34）は〈天の神のいる天空〉の意味である。これをまとめると次のようになる。

（ⅱ）「ソラノテン」「テンノソラ」は、概括すれば〈高い天空〉の意味だが、具体的には、〈字の解釈における天空〉〈想像上または比喩的な天空〉〈天上の世界としての天空〉を意味する。これは、(i)で述べた「天」の意味にほぼ一致する。

残る例について。(5)の「ソラ」は、字の解釈におけるものであるが、ともに用いられている「ソラノ天」と同じ〈高い天空〉意味である。(6)も字の解釈に関連するものだが、「テン」と考えられる「天」は、直前の「天ノソラ」と同じく〈高い天空〉意である。(9)(13)(28)の「ソラ」と「天」は、いずれも字の解釈における〈高い天空〉で、同じ意味に用いられている。(10)は、仏教では「九重天」のような「天」を「ソラ」に重ねて畳んだものと説明すると言っているのであり、「天」は限定された世界であり、「ソラ」はそれを包み込む空間ということになる。これはもちろん仏教に関連した場合に限られる解釈であろう。(25)の「天」は「テン」で、後続の「テンノソラ」と同様〈天の世界〉を指す。これらの「ソラ」「テン(天)」は、関連した抄文に「ソラ」「テン」「テンノソラ」「ソラノテン」が同様な意味で用いられている。ただし、仏教語の場合は「天」が特別な意味に用いられる。まとめると、次のようになる。

(iii)字の解釈に関連する場合、「ソラ」と「テン」は同じように抽象的な〈高い天空〉の意味に用いられる。また、仏教語としての「天」は、〈限定された天の世界〉の意味に用いられる。

(iv)表記に関連しては、確例の「ソラ」はすべて仮名表記であり、「テン」はすべて漢字表記である。

(二) 音読符の付されていない「天」の意味

「ソラ」とよむべき漢字表記の「空」の例は少ないが(既出(14)、後出の(47)はその例である)、右に引いた音読符の付された「天」表記以外に、音読符の付されていない「天」の例は数が多い。以下、それらについて検討する。

音読符の付されていない「天」の用例を例示すると（巻一〜一〇の範囲の半数弱）、次のとおりである。

(37) 杜詩ニ鼓角満《ツ》二天《ノ》東《ニ》一—鼓ハウタフ時ノ鼓デハナイソ　大鼓《コ》ヲツリテ時ノ鼓ヤ又人ヲヨセウトテトヲウキコヤカサウトテ打ソ……満二天—一ハトコゾ東ノ方ニ吹キ打タ声ガ東ノ方ノ天ヤ雲ニヒヾキワタツタ心ナリ（一5オ）

(38) 天地《ヲ》為《シ》レ炉《ト》万物《ヲ》為レ銅《ト》—ハ天《ト》地トハ物ヲイルフイガウ也（一44オ）

(39) 授《サツケテ》二王《ニ》丹経三十六巻《ヲ》一与《ト》レ王白日《ハク》升《ニノホル》レ天《ニ》—王ニ丹経三ーヲサツケタソ　八人カ王ヲツレテ白晝ニ天エノホツタソ　仙人ニナツテ天ニノホルヲ白日飛升ト云ソ　升ハ昇ヲモカイタソ（一66ウ）

(40) 高朗《ヨク》令《ヨキヲ以ヲラシム》終《ヲウ》—ハ天カラ周ヲタスケテ日月ノ如ナル高ウ明ナル道《ミ》ヲ以テ長ク高明ノホマレヲ得シムルソ（二30ウ）

(41) 天命ハ天カラ下知シテヲカレタ身デアルソ（二33オ）

(42) 黄帝ノ楚の荊山ノフモトテ鼎《カナ》ヲイラレタレハ龍カ下《ク》テ黄帝ヲムカエテ天ニ上《ノ》ソ（二44オ）

(43) 命—（窮）ハ天カラ人間ノ人ノウエノ貧福モナニモアテカウコトソ（三14オ）

(44) 時和歳—（豊）天ノ時候モ和シ融シテ五谷モミノリテ豊饒ナソ（三35ウ）

(45) 倬彼雲漢昭回于天—倬トハ大ナ心ソ　天河ノ大ナコトヲ（「ソ」の誤り）　河ノ上ニ雲カヲヽウナリ　雲ノヒカリテリカヽヤイテ天ニウンテンスルソ　旱ノアツテ（「イ」の誤り）　精光ナリ　サルホトニ天ノ下ノ雨ヲホシカルソ……今ノ人ナニタルツミカアレハ天カラヒテリシテシタノ者ヲ罰シテイタムルソ（三39ウ）

(46) 天カラ夏ノ禹ニ玄圭ノ玉ヲタマウタト尚書ニアリ（三47オ）

(47) 凌—（雲）—シノクトハソコエツキツメタコトソ　空ノ天ノ上マテツキツメタ心ソ（三47ウ）

(48)天ー　ツネハ天ノコトヲ天公ト云ソ（三53オ）

(48)ー（眉）仲（「ー」衍）孺ー居《ス》二滑川《ニ》一天雨《フラス》二金十斛《ヲ》一故富《ニ》与二王侯等《ヒトシ》一　ト滑川ニイタソ……天カラ金ヲ十石フライタソ　サテタノシサ諸王諸侯ト同シヤウニアツタソ（四38オ）

(49)鍾山《ノ》神名《ヲク》二ーー《ト》（燭龍）一天不レ足《ラ》二西北《ニ》一无《シ》二陰陽消息《ノ》一ー烛ーハ鍾《セウ》山ノ山ノ神ノ名ナリ　天ハ昔カラ西北ノイヌイノ方ガタラヌホトニ陰陽寒暑ノ気候カナイソ……天カカケテ日月ナイホトニクライ所ヲ鍾山ノ龍カ火ヲ口ニフクンテ西北ノ天門ヲテライタソ（五18ウ）

(50)剣気ー（衝）ハ前ニアリ　地ノソコナ剣ノ氣カ土ヲテ、天ノ北斗ノ星ノアタリ牽牛ノ星ノアタリマテサイタコトアリ　衝《ツク》ト云ハソコエ至タ心ソ　天エトヾイタ心ソ（五32ウ）

(51)皇《ヲ、イナルカナ》　矣上帝臨《ムニ》レ下《モニ》　有《リ》レ赫《カクタルコト》　ト云ソ　天ノ上《ウ》ニイラル、帝ハ大ナ徳ノテリカ、ヤクコト日ノ如ナソ（五40ウ）

(52)陶侃《カン》夢《ニ》登《ル》レー《ニ》（天）至《テ》二ーー《ニ》（八重）一而墜《ヲツ》　詳レ翼　陶ーハ渕明ガヲウヂナリ　夢ニ八ノツバサヲ生シテ飛テ天ニ上《ノ》テ門ノアルヲミテ八重マテ上《ノ》タソ　イマ一ノ門アリ　エ入ヌソ（五59オ）

(53)搔《イテ》レ首《ヘヲ》　問《フ》二青天《ニ》一尓《ノミ》　タ、コウクワイシテカウヘヲカイテ此コトヲ天ニ問タマテソ（五63ウ）

(54)往来付《ス》二造物《ニ》一未《タ》《ス》レ用《イ》相《イ》ーー《スルコトヲ》　（招魘）坡カ句ナリ　往ーヅルモヒツコムモ天ニマカセテスルマデソ……造物ト云ハ天ヲ云ソ　天ノ異名ソ　天ガ人間ノ世界国土万物ヲツクリダスソ　サテ造《ツクル》レ物《ヲ》ト云二字ヲ以テ天ノ名ニシタソ（六27オ～27ウ）

(55)君居《ハス》二天南《ノ》ー《ニ》（陲）一ハ南方ノ国ノ天ノハテト云タ心ソ（六35ウ）

(56)若ー《シ》（披）三雲霧《ヲ》而睹《ミルカ》二青天《ヲ》一ー雲キリノヲ、ウテモウ〱トシタヲ打チヒラキノケテハレテアヲ〱トシタ天ヲミルヤウナソ（六41ウ）

(57) 杜句ニ公堂宿霧―《ク》(披)ハ公堂ハ天子ノ殿ナリ　アシタトウ出仕シテ天子ヲヲカウタハヨイカラフツタキリカハレテ天ヲミタ如ナソ（六42オ）

(58) 天葩《ハ》―《ク》(吐)ニ―(奇)芬《ヲ》一韓文ニアリ　葩ハハナブサナリ　天華《ゲ》ナト、云ツレソ　文章ノコトバヲ花ニ比シテ云タソ……人間ノ花テナイト云心デ天ート云タソ（六65オ）

(59) 是生《レス》ニ――(兩儀)一易ノ語ナリ　天地ワカレヌサキハマルカツテ鶏ノカイゴノマンマルナ如ナソ　卵《カイゴ》ヲワツテ天トナリ地トナツタソ（七6オ）

(60) 後張衡作《ツル》ニ―――《ヲ》(渾天儀)一漏水轉《シテ》レ之《ヲ》以考《カンガウ》レ暦《ヲ》―後漢ノ張―渾天―ヲ作タソ　天地日月ノメクルコトトモヲシルヤウヲツクリダイタソ　渾天ハ渾ハスブルトヨムソ　ナニモカモ一ナヲ云ソ　天ノコト渾然トシテナニトモシラレヌコトソ　ソコヲ渾ト云タソ　ソノ天ノコトヲ下《シモ》カラ工夫《クフウ》シテハカリスイシテカンカエシルコトソ（七7ウ）

(61) 上ノ句ハ黛《タイ》色参《ス》《イタル》レ天三《ニ》千尺トアリ　此句ハ木ノ高サヲ云ソ　三千尺モアルソ　天エト、ク心ソ　参ハイタルトヨムソ　言句ナトニ参スル心テハナイソ　参《イタル》レ天《ニ》トヨム人モアルソ（七9ウ）

(62) 天降《クシテ》レ威《ヲ》知《テ》ニ我国《カニ》有《コト》レ疵《ヤマイ》―……此ハ天カラ威ヲクダシテタイラゲタコトナリ（七45ウ）

(63) 寰宇記　寰ハ環ト心カ通ソ　メクル心ソ　天地四方ヲヒキマワイタ心ソ　宇ハ天ノ心ソ　ソノ中ヲシルイタ記ト云心ソ（七58ウ）

(64) 天人ハ清浄ノ梵行ヲ修シテ天人ニウマル、ソ　下界ノハシメテ世界ノテキハシメニ人ダネカナカツタソ　欲界ノソノ上《ウ》ノ色界ノ梵天ト云天カラ天人カ下《ク》タソ　色界ノ梵天ノ中《ウ》ニ光音天ト云アリ　ソノ天人ノ下界エア

マクタツテ人ノタネニナツテノチニ下界ニ人ダネテキテ文字トモヲスエテ天エ上タソ（八5オ）

(65) 夏アツウテカナシイト云テ天ヲウラミコトヲ云イナキナゲクソ……冬ノサムイヲモ天ヲカコツソ（八67オ）

(66) 共《ケウ》土氏折《リ》二天柱《ヲ》一絶《ツ》二｜｜《ヲ》（地維）一……古ニ共土氏ト云カ顓頊《セン》ト王ニナラウト云テ争テナラヌ所テハラヲタテ、不周山ニアタツテ天《ノ》柱カ折テ地維カ絶《タヘ》タソ……又昆崙山ニ銅ノ柱カアリ　高シテ天エ入タソ　ソレヲ天柱ト云タソ（九56オ）

(67) ｜天保《ヤスンジ》二 定《ム》尓《チヲ》一亦孔《ハナハダ》 之固《タシ》｜天カラ君ヲ守テ安寧ニシ定ルソ（二〇34オ）

これらの「天」の意味は、〈天上の世界〉（(39)(42)(49)(51)(52)(58)(61)(66)）、〈創造主・天の神〉（(40)(41)(43)(45)(46)(48)(53)(54)(62)(67)）、〈「地」に対する「天」〉（(38)(59)(63)）〈天候・時節等を支配する天〉（(44)(48)(60)）、〈仏教の天〉（(64)）、〈高い天空〉（(37)(45)(47)(50)(56)(57)）、〈遙か遠い場所〉（(55)）である。これは、「テン」の意味と合致し、これらの「天」は「テン」であると考えられる。

(三)「ソラ」と「テン」の使い分け

結局、「ソラ」と「テン」の違いは、先に挙げた(i)(ii)(iii)(iv)の点に認められる。これを用例番号を除いた形で再び掲げておく。

(i) まず、大きな違いとして、「ソラ」には、この現実世界における「ソラ」の意味がある。それは、〈直接見ることが出来る「ソラ」〉であり、また〈動作が出来る「ソラ」〉、また〈上の方向〉を示す「ソラ」である。これに対して、「テン」は、現実世界から隔絶した〈天上の世界〉の意味、〈創造主・天の神〉の意味、〈天候・時節等を支配するもの〉の意味がある。また、「ソラ」には〈遙かな遠い場所〉を意味する例があり、「テン」にも同様な意味の例があるが、この場合も「ソラ」が「雲ノソラノアタリニイタ」であるのに対し、「テン」は「ソノ人ノトヲイ所ヲノゾメハ天ノ一方ヲミルマテソ」であって、現実世界の「ソラ」に対する現実から隔絶した世界を指す「テン」の違いは認められる。これらの意味に用いられる場合、「ソラ」と「テン」が同一文脈で用いられることはない。

(iii)「ソラノテン」「テンノソラ」は、概括すれば〈高い天空〉の意味だが、具体的には、〈字の解釈における天空〉〈想像上または比喩的な天空〉〈天上の世界としての天空〉を意味する。これは、(i)で述べた「天」の意味にほぼ一致する。

(iii)字の解釈に関連する場合、「ソラ」と「テン」は同じように抽象的な〈高い天空〉の意味に用いられる。また、仏教語としての「天」は、〈限定された天の世界〉の意味に用いられる。

(iv)表記に関連しては、「ソラ」はほとんどすべて仮名表記であり、「テン」はすべて漢字表記である。

八　類義語（七）　ヌシ——シウ（主）

類義語として「アルジ」も考えられるが、仮名書きの例が見出せないので、ここでは取り上げない。

（一）確例

【ヌシ】（仮名表記、振り仮名、左傍線の訓読符により「ヌシ」と認められる例）

（1）楊州ノ法曹参軍《ハウサウサン》ノ官ニナツテ楊州エ下《ク》テ法曹ノイル所ノ主ニナツタソ（一19オ）

（2）札ハフミノコトソ　天子エ上《タテ》ルフミソ　トコロ〳〵カラノボスル在所ヤソノ主《ヌ》ハカワレトモヲウスチメノ文《モン》言ハヲナシイソ（一28オ）

（3）此ハ天下ヲ魏呉蜀ノ三个《ガ》国シテ以タソ　ソノ時ニ三ノ国ノ主ヲタトエテ云タコトソ（一64オ）

（4）周ノ戦国ノ時ニ五人ノ諸侯秦斉晋宋楚ノ五国ノ主ノ天下ヲ五人ノ吾カ物ニシテトリアツカワシタソ（一65オ）

（5）此ノ詩ハ衛ノ国ノ主文公ヲホメタソ（二15ウ）

（6）国ノ主ハタヽノイタツラニ大酒ノウテ楽《ラク》シテハカナウマイホトニトイワレタソ（二16オ）

（7）下《ヲリテ》レ車　先《ヨリツ》問二大姓《ヲ》一吏《リ》数二閭《ヘテ》里《ノ》豪強《ヲ》一以對《テコタウ》—……車ヲヲリテ先一番ニミヤコニハ氏姓ノ大テ名カラソノ主々ヲ問タレハ定ヅカイノヤウナ吏ガテ、ソノ村里テノ声ヲスル者ヲカズヘテコタエタソ（五41ウ）

（8）漢《ノ》武帝得《テ》二西那国《ノ》玉枝《ヲ》一賜《フ》二近臣《ノ》年高者《キニ》一—……此玉枝ガ汗《アセ》ヲカケバ以タ主カヤムソ　主カシヌレバ枝カ折《ヲル》ゝソ（六9オ）

（9）王元規任《ス》二河清縣《ニ》一……王ーー河ー縣ノ令《レイ》カニナツタソ　任スト云ハソコノ主ニナツテソコヲ吾カマヽニスル位ニナルヲ云ソ（六63オ）

（10）蘓公ト云人暴公ヲソシツタソ　暴《ホウ》モ蘓モミナ国ノ名ソ　二人ミナ国ノ君ナリ　ホウソノ国ハ王ノ五畿内ニアル国ソ　二人ハソノ国ノ主デ王ニツカエテ卿《ケイ》ノ位ナリ（八27ウ）

（11）陶潜《センカ》曰《ク》聊欲《ス》三弦歌《シテ》以為《セント》二ーー（三径）之ー《ト》（資）一……陶ガ云コトハ弦ートハ所ノ守護ナトニナルコトソ　孔子ノ子由カ所ノ主ニナツテコトヲヒイテ歌タコトアリ　ソレカラ弦ーハ守護ナドノコトニ用ルソ（九2オ）

（12）状間聊闒茸《タウゼウ》心潔《イ》　似《シテリ》二ーー《ニ》（毗尼）一　[谷]　十八巻ニアリ　陳栄偖カ方カラ詩ヲ作テ谷ニヨセタソ　ソノ和韵ナリ　状ーハヌシカナリカヽリイカニモ瀟洒トシテシツカニシテイタソ　コヽニ間ノ字山谷ノ本ニハ閑ナリ

間ト閑トハ一ナリ（九19ウ）

（13）尸　陳也又主也古者立ー主神……古者ーハ昔ハ立ㇾ尸人形ゴエイヲツクリテソレヲタテ、ソノ神体ヌシニシテマツルソ　尸ハ人形ノコトソ（九34オ）

【シウ】（振り仮名、右傍線の音読符により「シウ」と認められる例）

（14）同シハウハイ《傍輩》ノ大夫ノ官ノ者屈原ガ才能ノアルヲネタウデ主《シウ》ノ懐王ニ讒言《ザンゲン》シテツミモナイコトヲ云タソ（一53ウ）

（15）不《ル》ㇾ得《エラレ》於君《ニ》一則熱ㇾー（中）ハ君ヤ主《シウ》ノキニアエハ心モス、〱トシテカルイソ　マメナソ　君ノキニモアワイテシリメニカケラルレハ此ヲ思ホトニムネノ中モアツウキガコモルソ（二7オ）

（16）漢書ニ張耳ガ趙ノ王張敖ヲ吾王孱王《カハセン》ナリト云タソ　吾主《カシウ》ヲヒゲシテ云タソ（四34ウ）

（17）漢祖ー《ル》（騎）二周昌項《ガクビニ》一……酒宴ノアツタ時ニ昌ガ高祖ノ心安イラシム所エ入テコトヲヒロウシタソ　高祖ノ戚《セキ》夫人ト云手カケモノヲダイテサスラレタ所エイタソ　此ヲミテ昌ガニゲテハシツタソ　高祖ノヲツカケ昌ガコ、ムカシタ項《クビ》ニヒタトノツテヲレハナニタル主《シウ》ノ王チヤソトトワレタニ昌ガコゞウテイタガカヲ、打アゲテ高祖ヲミテコナタハタ、ナナカヲ昔ノ桀紂ノ如ナ主デヲリアルト云タレハ祖ノ大ニワラワレタソ（六67ウ、東大本「コナタハタ、昔ノ桀紂ノ」とある。この抄文は『漢書』の「周昌伝」の「高帝方擁戚姫昌還走高帝遂得騎昌項。上問曰我何如主也。昌仰曰陛下即桀紂之主也於是上笑之」によったものである。）

（18）桓温得二老婢《ヲ》一乃《チ》刘琨妓《カギ》也《ナリ》　曰公ー《クノヘ》（聲）甚似《タリ》二刘司空《ニ》一……洛陽エ桓温マウゼイヲヒキイテ立タソ　サテイクサ利ヲエイデシリゾイタソ　年ヨリテノキイタイヤシイ女ヲ得タソ　此ノ老女カ温ヲ一目ミテナイタソ……タノウタ主《シウ》ノ刘琨ドノニヨウニサシマシタト云ソ（八9オ）

(19) 僕夫起《タッテ》レ食《ヒリ》ーー《ス》（車載脂）車ーーハ毛詩ノ泉水ノ篇ニアリ　ボクノラウドウモノヲクウテタチデ、主《シウ》ノヨソエデラル、カ又吾カ所エモドルカスルホトニ車ノクサビヲヌイテクサビニアフラヲヌルソ（八39オ）

(20) 掘《ホッテ》二平王墓《ノツカヲ》一ー（鞭）レー《ニ》（屍）三百……平王ヲウツンダツカヲホリヲコイテ平王ノシガイノシヤレカウベヲホリダイテ杖テタ、クコトカズ三百シタソ　日クレ道トヲシ倒行逆施《シ》ト史記ニカイタソ　臣下トシテ主ノ屍ヲ打コトサカサマ逆ナコトデハアル（九32ウ）

(二)「ヌシ」と「シウ」の使い分け

この二語の使い分けに関して、次のことが言える。

(i)「シウ」はすべて〈主君〉の意味であるのに対し、「ヌシ」の主要な意味は〈領主〉〈統治者〉（用例（1）～（7）、（9）～（11））である。すなわち、「シウ」は人間の支配関係における語、「ヌシ」は土地の支配関係における語である。次は原漢文の「主」に音読符が付され「シウ」と読む例である。人間についてではないが、意味は〈主君〉に相当するものである。

(21) 尓雅翼ニ葵為《ハリ》二百草之《ノ》主一トアリ　ホメタソ（九46ウ）

「ヌシ」の残る例についてみると、〈持ち主〉の意（(8)）、〈当人〉の意（(12)）がある。用例（13）は、原漢文の「主神」が「神体ヌシ」と訳されているもので、〈神体そのもの〉といった意味であろう。〈当人〉の意味の範囲に入ると考える。

なお、複合語として「家ヌシ」「云イ主」の例がある。

(22) 自《リ》二伯之《ノ》東一首《セシカウベ》如《シ》二ーー《ノ》（飛蓬）一ハ伯ノ東セシトハ東ノクニエ陣ダチシテデラレテヨリ久ウ帰ラレヌホドニ

女房モ此ヲ思イウレイテカミモ白ウナツテ蓬ノ風ニトブ如ニミダレタソ　家ヌシガナイホドニカミヲモケツリカタチヲモトリツクラウコトナイト此詩ノ末ニアルソ（四56ウ）

この場合の「家ヌシ」は夫を指しているのであり、〈家の統治者〉という意味に解される。次の例も「イエヌシ」であると考えられるが、意味はやや異なり、〈家の持ち主〉といった意味であろう。

(23) 王宣方置《ハウヲク》レ宅《ヲ》—王——ト云モノ宅ヲヲクハ人ノ屋敷ノ中ニ家ヲツクツテイタソ　指《シテ》二庭中《ノ》青桐一双《ヲ》一曰《ク》此應《レベシ》レ酬《ムクウアタヒヲ》レ直—ハ此ノ宅《イエ》主ニ庭ニ青桐ノ木二本アツタヲサイテ此ノ二本ノ桐カワウズト云テ家主ヲヨウテ代ヲワタイタソ　召《メシテ》二宅主《ヲ》一付《ス》二銭四千《ヲ》一ハ宅《イエ》主ヲヨビタイテ料足四千《セン》ヲ付シタソ（一48オ）

次は、「主」に訓読符がないが、〈当人〉の意であり、「イイヌシ」と考えられる。

(24) 誰《カ》云《フ》者《ノ》兩黄鵠……誰——カウ云者ハタソト云ヘハ兩鵠ト云タソ　此ハ云イ主ハアルマイソ（六45ウ）

結局、「ヌシ」については、次の意味が追加される。

(ii)「ヌシ」には、他に〈持ち主〉〈当人〉の意味がある。

表記に関しては次のような違いがある。

(iii) 表記に関しては、「ヌシ」の確例一三例のうち、仮名表記二例、訓読符によるもの一〇例、訓読符・振り仮名の場合が一例であるのに対して、「シウ」の場合は確例八例のうち仮名表記は無く、振り仮名によるものが六例、音読符によるものが二例である。「ヌシ」は訓読符による表記が多く、「シウ」は振り仮名による表記が多いということになる。

九　類義語（八）　フミ――ブン（文）

（一）確例

【フミ】

（1）札ハフミノコトソ　天子エ上《タテ》ルフミソ（一28オ）

（2）受《ル》レ書《ヲ》銗《コウ》筩―銗ノ字書ニミルガミダサヌソ　書ヲ入ル器ソ　フバコノ心テアラウソ　前漢ノ時ノ趙廣漢ガシタイタソ　フミヲ入テトヲウミタシテヤツタソ（一56オ）

（3）杜ガデヌホドニフミヲヤツテ云タソ（四11オ）

（4）鱗―（鴻）ハ此ハ書ノコトニ云ソ　フミノ使ノコトソ　鱗ハ魚ナリ　鯉ノハラニ書ヲ入テ傳タソ（四26ウ）

（5）アスソノ、中エイテミヨ　フミガアラウソ　ソノフミヲトツテ鴻ガ方エヤレト云タソ　モト押衙ノ官ニナツタ者アリ　ソレハナサケノアル者ナリ　ソレヲタヅネヨト云コトヲフミノヲクニカイタソ（四28オ）

（6）カクフミモハジメヲクマデ一叓ノ義ノソロウテ全イヲ一通ト云ソ　トリマゼテ云タフミナトヲ一通トハ云ウマイソ（四47オ）

（7）音信ノフミヤナトノハル〱カラコ、エキタヲ通ト云ソ（四50ウ）

（8）消息ハサムイアツイノイキ、ヲ云ソ　ヲトツル、コトソ　ソノ心テコ、ラニフミヲ消―ト云ソ　此《ノ》間ハアツイサムイニワツライモナイカツ、ガナイカト云テ知《シリウ》トノ方エフミヲヤツテ問ソ　ソレカラシテ云タコトソ（五18ウ～19オ）

(9) 符ハフダナリ　コ、ラニハ紙ニ云ウイワレヲカクソ　カイタフミノマン中ヲキリタツカ又ハスヂカイナドニキツテ一方ノヲクヲ本主ノ方ニヲイテ一方ノ右ノ方ヲサキエヤル心ソ（六1ウ）

(10) 尉ハコ、ラニハゼウト云ソ　年ノ五十バカリノ男ヲゼウト云ソ　フミノヲク書に左衛門ノ尉右衛門ノ尉トカクワ吾ト小年ノヨツタ思ト云心ニカクソ（六73オ）

(11) 太子ノフミヲ以テ良ガムカイニヨビタイタソ（八43ウ）

(12) フミニ羊トアルヲアヤマツテ芋《ウ》ノ字トミテ芋ノ返支ヲシテ蹲鴟トカイタソ（九10ウ）

(13) 驛書ト云ハソコ〳〵ノミチニ家ガアツテソコニ足ノハヤイ馬ヲヲクソ　ソレニノツテイソキノコトヲツゲウ為ソ　コ、ノモソノ驛デツケテキタフミナリ（一〇64ウ）

【ブン】（振り仮名、右傍線の音読符により「ブン」と認められる例。「モン」との問題については後述）

(14) 韓退之ガ文ニアリ……韓カ文ニハ百川トアリ（一13ウ）

(15) 令《ム》下有《ル》レ文者《ノハ》東《シ》有《ル》レ武者《ノハ》西《セ》上……文《ブン》アッテ文字李問ナドノ方ヲ面ニセウズ者ハ東ノ村ニイ武士ノ方ヲ本ニシテ弓矢カタヲ面ニセウス者ハ西ノ村ニイベシト云付タソ……尹カヒトリデ、云コトハワタクシハ文ノ方モ武藝ノ方モトチモカネテ不足モナイ者デサウラウト云タソ……某ハ文ノ方モ武ノ方モトチモ存シタホトニ……西ニナリトモ東ニナリトモアリタイ方ニアラウスナリ（一17ウ）

(16) 天下ノ才ノアル者カノボリツドウテミヤコテ文ヤ詩カ題ガテ、ソコテ當座ニ文デマリ詩デマリ作ソ　ソレヲ名人ノコビタ長老ノ人カ文ヤ詩ノ善悪ヲエラブソ（一32ウ）

(17) 張鷟《カ》文《ハ》猶《シ》二青銭《ノ》万送万中《ノ》一……張鷟ハ字ハ文成ト云ソ……ヲヤノ父ガミテ云コトハ……五色ノ文章ヲカイテ朝廷ニツカエテ文瑞ヲアラワサウスト云テ名ヲ鷟ト付タソ　唐ノ高宗ノ時ニ進士ニ八度マデアガツタソ　八度

ナガラ及第シタソ　ソレヲホメテ員《ウン》半千ト云者ガ文|ヲホメテ青銅銭ノ万度センエレドモ万トナカラセイセンソ　ワルイハ一モナイソ（一41オ～41ウ）

(18) 石ヲ立テ功ヲナイタ文|ニカイテ石ニキザミホリツケテヲク処ノ山ナリ（一47ウ）

(19) 中書ノ官ニナツタソ　文学ガスグレイデハ中書ノ官ニハナラヌソ　天子ノヲウセダサル、コト文|ニカキダス官ソ（一61オ）

(20) 四書五経ノ中ニ此ノ文|ノカ、リ尚書ヨリホカニハナイソ（四2オ）

(21) 進士ノ文《ブン》ヲ　主《ツカサド》ルカシラヲ王司頭《トウ》ト云ソ（四58ウ）

(22) 前漢ノ張湯カコトナリ……ツミノ軽重ヲ命シテ文ヲカイタソ　父カ文ヲミタソ　文ノ体ガ功ノ入リツマツタ老吏ノツミヲサタシタヤウナカイタソ……ソノカイタ文|ヲ獄舎壁ニヲシツケテヲイタソ　前漢書ノ酷吏傳ニアルソ　ヲサナイ小児カ文ヲカイタソ　孛問ノスグレタコトソ（六48オ）

(24) 磨崖ノ碑ハ元次山カ大唐中興ノ頌ヲ作テソノ文|ヲ語渓ノ山ノ石ニホリツケタソ……此ノ乱ノコトヲ頌《セウ》ト云文ニカイテ……ホリツケタソ（六56オ）

(25) 柳文ノ十八ヤラニアリ　愬《ソ》蝶ノ文トアリ……法《ハウ》曹ノ官ノ唐登ト云者ヲリテ水ニツカツテアビタ所ヲ螭カデ、ヒンマイテ水ノソコエ入タソ　柳子厚ガソレヲウラミイタンデ蝶ノ龍ニウツタエテ山ノ神モ江ノ神モ灵《レイ》アラバ吾文|ニカイテウツタウルコトヲキイテ此ノ螭ヲ罰《バツ》シテ此ノ江ヲコスイテステラレヨト云タソ（八2ウ）

(26) 韓柳カ文集ニ平淮雅《「柳文」》平淮西裨《「韓文」》ト云文|アリ（八25オ）

(二) 「フミ」と「ブン」の使い分け

「フミ」は〈手紙・書状〉を意味する。

「ブン」は、そのほとんどすべてが広く言えば〈文章〉の意味である。その多くは文学的な文章（(14)(16)(18)(24)(25)(26)）、公的な文章（(17)(19)(21)(22)）であり（もちろんこの両者は関係がある）、他に碑などの文章（(18)）、具体的な文章の表現（(20)）を意味する場合がある。〈文章〉以外の意味として「武」に対するものとしての〈学問〉の意がある（(15)）。

振り仮名、音読符のない「文」は、意味を検討すると、すべて「フミ」ではなく「ブン」とよむべきものと認められる（右の挙例中(14)(16)(22)(24)では音読符の付されている「文」と共に用いられている）。

「文」の例を示す。

(27) 詩ヤ文ヲナスコトハ軍ノ陣大将ナドニタトエテ云コト多ソ（六26ウ）

(28) 天子カラナクサムラル、詔書ヲ天子ニカワリテ封ーガ、イタ文ノ署ニ……（五49ウ）

(29) 千古万古ノ昔ノ君王ノ恩ニ報シタト云心カ　前後ノ文ヲミネバ報スル心カシレヌソ（五51ウ）

(30) 碑ノ文ヲコウ板ニウツシカキナドシテヲク所ガ（六51ウ）

「文」には、漢音「ブン」の他に呉音「モン」があり、次のように「文」に音読符が付されていて、意味からして「ブン」ではなく「モン」と読むべき例が一例見出せた。

(31) 連漪ヲ小波タツトヨムソ　風ノ水ヲ吹テ文ヲナスコトソ……コ、ハ水ノ淪ーノコトソ　水ノスンデモンノアルヲ云ソ（八16ウ）

「モン」は〈模様〉の意味であり（別に金の単位を示す接尾語の用法がある）、「フミ」「ブン」の類義語にはならない。

「モン」は右の例以外はすべて次のように仮名表記されている。

(32) 亀ノコウヲヤイテソノモンヲ以テウラヲスルニ（五59ウ）
(33) 白虎ー（麾）旗ニハ風雲龍虎ヲモンニカクソ　山ヨセニ陣ヲスユレハ虎ノモンノハタ水辺ニハ龍ノモンノハタヲ立ソ（五93ウ）

また、「文」の訓には「フミ」の他に「アヤ」があり、〈かざること〉の意味に用いられている。

(34) モノ云ニカザルコトナイソ　ソレヲ文《アヤ》スクナイト云タソ（一〇16ウ）

結局、「フミ」と「ブン」の使い分けについては、次のように言える。

(i)「フミ」は〈手紙・書状〉を意味し、「ブン」は広く〈文章〉を意味する。「ブン」には別に「武」に対する〈学問〉の意味がある。

(ii) 表記に関しては、「フミ」がすべて仮名表記であるのに対し、「文」は仮名表記の例は見出せず、すべて漢字表記であり、振り仮名、音読符が付されることがある。

一〇　類義語（九）　テイ（体）――タイ（体）

(一) 確例

【テイ】

(1) トリツクロウテイモナウシテイタガ（一2オ）
(2) サヒ〳〵トシテトゼンナテイソ（一16オ）
(3) ソコ〳〵ノ山川ノテイ人民ノナリカ、リヲシルイテ（一23ウ）

(4) 大ナ心モチアリテナリテイモ大ニ人ラシイソ（一25オ）
(5) 自若ハ理運ニサウ（「ウ」は「ラ」の誤り）ヌテイニ自然ニワザトメカヌソ（一55ウ）
(6) 文章ノテイガクワシウコマカナソ（二11ウ）
(7) 北方ノエビスタイヂニ出ラルテイ大ナソ（二39オ）
(8) 西戎ヲタイチシテ陣立ニ武具ヲケツコウセラレタテイヲ作タソ（二42オ）
(9) 美人ノテイイカニモサウ〳〵トシテウツクシカツタソ（三6オ）
(10) 夫婦ノミチモタエハテ、国ノテイモヤフレタヲソシツタソ（三32オ）
(11) 平生ノテイテイテ（三58オ）
(12) 王ハキイテキカヌテイミテミヌテイニアルソ（四43オ）
(13) 宋景文修二唐史一ヲ好二艱深ノ語一ヲ云震霆ク不レ及ハレーニレーヲ（掩聡）……景文ハ文ノ詞キツクツニ艱《カン》難ニシテユク〳〵ノビ〳〵トナイソ　ツマツテ心ガフカウテウラリトキコエヌソ　フカイ心ノ語ヲツクツタソ　ソノ文ノテイハ震ーハツネハ迅雷ト云ソ　掩レ耳ト云ソ　宋ハ震ートカキ耳ヲ聡トカイタソ　此ガ艱深ノ語ソ（四43オ）
(14) ソコ〳〵テノタチイノ礼ノテイヲシテヲスエタソ（四51オ）
(15) 風雨打二舩ーヲ（蓬）一［谷］スゴイテイナリ（四58オ）
(16) 貧ナレハサムイヒエタテイソ（四59オ）
(17) 冬ニハ花ハマレナソ　ワビタサムイテイニアル花カ（五24ウ）
(18) 王導ガサカイ腹立シタテイモナイソ（五33ウ）
(19) 沉浸ー（醲）郁　此ハ人ノナリ性ヲ云タコトカ　人ニイカニモ沉テウカツホウニウカブセツニナイカアルソ

ホカニウルヲイアツテ物ヲヒタイタ如ナアルソ　醲ハ酒ノコイ如ナソ　コウミノアル人アリ　郁ハニヲウナリ　ニヲ〳〵トシテニヲイノアルヤウナコトソ　人ノ性モ又文章ノ体《テイ》ニモカウアルソ（五56ウ）

(20) 吾下知ニシタカワシメタテイカアルソ（五63オ）

(21) 仙翁張《レハ》レ口《ヲ》蜂飛《テ》入《ル》レ口《ニ》成《ル》レ飯《ト》食《ス》レ之《ヲ》……葛ガ口ヲアケタレハ蜂ガフツト飛テキテ口エ入タソ　ハチガ食トナツタソ　ソレヲ食シタソ　コ、ノテイヲスイスルニ客ヲヨウタニ客ハキテマテトモ膳《セン》ガヲソイソ……ソコテ口ヲハツタレハ蜂カ口エ入テ飯ニナツタソ（五66ウ）

(22) 孤舟簑笠雪ーーーー（万径人蹤滅）トアリ　一チヤウフネニノツタソ　ミノカサ雪ニサムイテイナリ（五72オ）

(23) 帝ノソチカテイハ呉ノ牛カ月ヲミテアエイデスタメクヤウナソトイワシムタソ（五83ウ）

(24) ヨウ帰ラレタトモイワズシラヌテイデイタソ（六41オ）

(25) 語　侖吾ニー《イ》（闚）二見《ル》室家《ヲ》一トアリ　門エ入テハ室内家内ノ体《テイ》ヲタチキ、ウカ、ウソ（六61オ）

(26) 謝安ヲイト碁ヲ打喜フテイモナウテ云タ語ナリ（七26オ）

(27) メサレヌニマイツタテイニシテ（八43オ）

(28) 邵ーカコトニナニトシタテイノ気ソ（八61オ）

(29) サスカニ美人ナリ　ソノテイヲホメテ作タソ（九69オ）

【タイ】

(30) 剛中ハ剛ハコワシトヨムソ　中ハ中央《アウ》ナリ　此モ人ノ心ヲ云ソ　心ハ中ナリ　身ノ中《ナ》ニアリ　土ハ柔《ヤワラカ》ナソ　石金ハカタイソ　水ヤ土ヤ風ハソノ体《タイ》ヤワラカナリ（二13ウ）

(31) 籠《ロウ》ハコムルトヨメハ平ソ　一籠薬籠竹籠食籠ナト、云時ハ体《タイ》ガテキテ仄ナリ（二14ウ）

(32) 観ハミルト云時ハ平ナリ　観スル観念又楼閣ヲ榜ー（観）臺ー（観）ナト、云時ハ体《タイ》ガヲモウナリテ仄ニナルソ（四50オ）

(二)「テイ」と「タイ」の使い分け

「テイ」の確例が二例（(19)(25)）を除いてすべて仮名表記であるのに対し、「タイ」の確例がすべて漢字の振り仮名である点が注意される。

用例数に大差があるが、右の確例によってその意味の違いを考えると、まず「テイ」は〈様子・状態〉を意味すると考えられる。そのほとんどは人間に関する〈様子・状態〉であるが、自然に関するもの（(15)(17)）、文章に関するもの（(6)(13)(19)）もある。これに対し、「タイ」は〈それを形成しているもの〉（用例(30)）、〈体言・体言相当の語〉（(31)(32)）を意味すると考えられる。

次は、原漢文に振り仮名のある例である。

(33) 張公……帰《ルンハ》則 体《テイ》常《ニ》湿《テ》而寒《シ》……浦カラ帰レハ身ガイツモヌレテヒエワタルソ（五21オ）

(34) 躬ー《ハ》（骴）体柔《テイヤワラカナリ》　通《シテ》作《ス》レ眦《ト》　身体ノヤワラカナコトヲ（「ソ」の誤り）　身ヲナヤイテ女房ノナマメイテヒネリマワル心ソ（八65ウ）

(35) 漢武午《ノ》日取《テ》二ーー《ヲ》（蜥蜴）一飼《カウニ》以《ス》二丹砂《ヲ》一……物ニ入テヲイテヲカレタレハイモリノ体ガミナ赤ナツタソ　体《タイ》尽《コト〳〵ク》赤《シ》……（二55ウ）

これらはいずれも〈からだ〉の意味で、「テイ」と「タイ」の意味上の区別は認められない。

次は、「体」に音読符（右傍線）の付されているものである。「テイ」も「タイ」も字音であるから、当然ながらこれだけではどちらか決定できない。

（36）荘子ニ此ノ文ノ体一所ニアルソ（四2ウ）

（37）隠ト云字ハ体ハミエイテウヅモレテソレカノヤウニウスガクレテキラリトミエヌヲ云ソ（四6オ）

（38）フルイ銅ノウツワモノアリ　琵琶ニナリカ似テソノ体ハマルイソ（五37オ）

（39）作《テ》レ詔《メ》慰二辺《ヘン》将傷夷《スル》者《ヲ》一曰傷《イ》　居《コトハヲク》二尓体《ニ》一痛《イタムコトハ》二　在《リ》二朕躬《チンガミニ》一……天子カラナクサメラル、詔書ヲ天子ニカワリテ封ー（敕）ガ、イタ文ノ畧ニ傷居ーーキスツキソコナウコトハ汝等《ラ》ガ身ノ体ニアルソ　居ハヲクトモヲルトモヨムソ　ソチラカ身ニトマツテアルソ　痛《イタ》ーフビンナト思《イ》心ニイタミカナシムコトハ吾カ身ニアルソ（五49ウ）

（40）此ノ花ノ体ヲ云タ字ソ（六31ウ）

（41）王ハソレヲモ不レ知楼ノ上ニ暁ガタフセツテイタソ　ソトノサワガシイヲキイテハダカナ体テヲリテヨハワツテ敵ヲノツテ云タソ（六46ウ）

（42）文ノ体ガ功ノ入リツマツタ老吏ノツミヲサタシタヤウナカイタソ（六48オ）

（43）紫騮随《フ》二剣几一義《ニヲ以》取《テシ》無二虚歳一——……紫ーハ馬ノ毛ノ色ナリ　騂騮ハヨイ馬ナリ　几案ニソエテアルソ　馬ヤノ近所ノコトカ　剣ヤ太刀刀兵杖トモタテヲイタ体ソ（六52オ）

（44）悠々　我《トシテレウ》ー（思）世家（終風の誤り、東大本も同じく誤る。）……終風ノ詩ノ心ハ衛ノ国ノ荘姜ト云フ夫人の吾身ノ乱ニアウテカナシイ体ニナツタヲカ（「ナ」脱）シンテツクラレタソ（一〇43オ）

（36）（40）～（44）は〈様子・状態〉の意味で、「体」は「テイ」とみるべきものである。（37）（38）（39）は

〈からだ〉の意味である。(39) は原漢文の「尓体」によったもので、「汝等ガ身ノ体」「ソチラガ身」と訳されている。これらは意味からみて「テイ」とよむべきである。

「テイ」には複合語がみられる。

(45) 自　若《ミツカラシカリ》ハ自然テイノ心ソ（一55ウ）

(46) 自ー（若）アリノマ、ニツクロワヌ自然テイニアルソ（四45ウ）

(47) 遭《テ》レ風《ニ》失《ス》レ米《ヲ》曰考中下其《カ》人《ノ》自若《セリ》……失レ米《ヲ》夕官人ガ平生テイニ色モソコナワズキニモアテヌソ（二8ウ）

(48) 堯ノ眉八彩ハ八字ニ両方エ分ソ　彩ハウルワシイホメタ心ソ　眉ハタレモ八字ナソ　サレトモツヲウシリノハネテヒツ、タモアリ　シリノウナタレタモアリ　一文字ニヌンマトシタモアリ　ヨイコロニ八字文ヲ正体《テイ》ニカイタ如ナソ　正テイナヲホメタソ（二1オ）

いずれも〈様子・状態〉の意である。

結局、同じく「体」の字音語である「テイ」（呉音語）と「タイ」（漢音語）の使い分けに関しては、次のようにまとめられる。

(i)「テイ」は〈様子・状態〉〈からだ〉の意味を表すのに対し、「タイ」は〈それを形成するもの〉及び〈体言・体言相当の語〉の意味を表す。「テイ」は複合語の下位成分となる例がある。

(ii)「テイ」はその用例の大多数が仮名表記であるのに対し、「タイ」は確例（少数だが）はすべて漢字表記である。

（一）確例

【カウムリ】

（1）以《テ》レ銅《ヲ》為《シテハカヽミト》レ鑑　可《シ》レ正《タヽス》二衣冠《ヲ》一――ハ唐ノ太宗ノ語ナリ……アカヾネテ鏡ヲイテソノカヾミヲミテハ衣裳ノカタマイタレナドヲナヲシエボシカウムリノユカウダヲスクニタヾシウスルソ（一39ウ）

（2）黈《トウ》ハ天子ノカウムリ冕《ヘン》ノワキソバニアル緒《ヲ》ナリ（四42ウ）

（3）君子偕《トモニ》老　副《ウフウシケイシテ》笄　六《ク》珈《ナリ》　トアリ　君子ノ夫《ヲット》ニメニナツテトモシラカニ老ノ伴《モ》ニナル人ハフウシケイシテカミノカンサシノカザリニ六ノ玉ノ珈アルソ　……女人ノ副ハ男ノ冕《ベン》ノ心ソ　カウムリソ　カミノモトヾリヲカクス心ソ（九12オ）

（4）緇ーハウチギナリ　天子エ出仕ノハ皮弁ナリ　皮テシタカウムリナリ（一一76ウ）

（5）ダイリ殿ノキダハシニ螭《チ》ノカウムリヲキテ筆ヲソメテ物ヲシルサウトテ立テイル官ナリ（一五45オ）

（6）馬牛ノ衿裾ト云タツレソ　馬牛ノヤウナ身ニ大官人ノカウムリ衣服ヲキセタト云心ソ（一〇35オ）

（7）得レ志者《ノ》軒冕之謂也……軒ノクルマニノツテアルクホドノ者冕ノケツコウナカウムリヲキルホドノ位ノ人ハ志ヲ得タ人ソ（一一54オ）

（8）泌曰自《マ》レ巾至《マテ》レ履《ニ》皆陛下《ノ》所賜《ウ》所……泌カ返吏ニマウシタワ上《カ》ニイタヽイタカウムリカラスソノ足ニハク履《クツ》マデコト〳〵クダサレタ物ナリ（一四26オ）

(9)　毛詩ノ第十四ニ頍弁ノ詩アリ……　有二頍《タル》者一弁《ナリ》　實《ニ》維《レ》伊何《コレイカンソ》　皮ノカンムリ頍ハカウムリノカタチソ　冠ヲキツトシテハアルソ　ソノ人ハナントヤウナソ……酒サカナモヨシ冠ヲキタキツトシタ人ソ　此ノ周ノ幽王ヲ云タソ（五二30オ）

【カムリ】

(10)　黔ハクロイトヨムソ　カシラガ黒ヲカムリキヌソ　イヤシイ者ハカウベニカムリヲキヌソ　クロイ髪アラハスホドニソ（一八7ウ）

(11)　黄帽ハタケノコノカワヲカムリニシタソ　帽ヲ冠モ一ソ（二〇5オ）

(12)　谷カ詩ノ心ハコ、ニ俗人ノアルカ夢ニ僧ニナツテ髪ヲソリヲトイタソ　俗ヲハトビコエテ出家シテ僧ノ衆中エ入タソ　カミヲソリステ、俗ノカムリヲヌキステタソ（二六12オ）

(13)　守護カ春ヲ行シテアルクニ車ノミスヲヲロシカムリヲフカウキテカヲガミエネハ本ノ守ートノテハナイカト思ソ　サテミスヲ高々トアケサセカムリヲモノケテカヲ、キラリトアラワシテ万民ニミセテ信ヲトラセウタメソ（二九61ウ）

(14)　法サウヲタ、シ罰スル官ノキルカムリハチヤントシテタカウイセイアリサウニヲソロシゲニシテキルソ　御史ノ官ハ法冠ノカムリヲイタ、クソ（三四23ウ）

(15)　有黄冠扣レ門曰……黄ナカムリヲキタ者カ門ヲタ、イテキテ云コトハ某ハフスベノ嚢ノ中ノ猱《サル》デソウト云タソ（四七55オ）

(16)　知《ル》二其《ノ》支《ヲ》一者皆白衣冠《ナリ》……ソノ内儀ヲ知タ者ハ白イテタチニナツテカムリキル者葬ノ時ノヤウニシタソ（四八12ウ）

（17）鉅儒《タカウス》ー二軒冕《ヲ》一　軒ハクルマノナカエノコトソ　冕ハカムリソ　大官人大儒ハ高軒ト云ソ　高イ車カムリ高々トイタ、クナリ（四八56ウ）

（18）遺《ヲクル》以《ス》二虎幘麂靴一委《シテ》二之《ヲ》地《ニ》一不レ服《セ》[本]　長史ノ官ノ者竇ーカ大ナ鹿ノ皮デシタ幘ノカムリト鹿ノ皮ノ靴トヲ朱桃椎ニヲクツタソ　朱カウケトツテ地ニステ、カムリヲモイタ、カズクツヲモハカヌソ（五〇28ウ）

（二）「カウムリ」と「カムリ」の使い分け

巻一～一〇の用例が少ないので、『玉塵抄』全巻から採取した用例を挙げた。

これらは抄文中の用例であるが、原漢文の訓読語としての用例が「カウムリ」のみ見られる。

（19）卓蹤ー冠《カウムリニシ》レ徳《ヲタカウスル》ーレ　ー者《ヲ》陶《ハ》唐《ナリ》[選]　文選ニアリ　徳沢ヲ冠ニシテイタヾキ行迹ヲ高ウスル者ハタソ　陶唐ソ（五71ウ）

（20）内則ニハ縦《カンツ、ミシ》レ拂《ウチハライ》レ髦冠《ヲカウムリシ》緌纓《スイシエイスト》トアリ（七45オ）

これらの用例を検討すると、次の点が指摘できる。

「カウムリ」は、九例中（3）（6）（7）を除いた六例における「カウムリ」は、いずれも天子の冠か、天子のもとへ出仕する時の冠か、天子から拝領した冠か、天子のことばに用いられた冠である。（3）は「君子」の妻の「副」が男子の「冕」すなわち「カウムリ」にあたるとしているもので、「冕」は天子や高官の冠のことである。（6）（7）の「カウムリ」は、相当な高官の冠である。

これに対して「カムリ」は、天子に関連した例は皆無で、高位の者の冠に用いられた例は（19）のみで、他に官職に関連する冠が（14）（15）（19）の三例あるが、いずれも高位の者の冠ではない。他の六例はすべて官位に無関係な一般的な〈かぶりもの〉である。

要するに、「カウムリ」が天子に関連して、あるいは高位の者の冠を指すのに対し、「カムリ」は一般の〈かぶりもの〉を指す傾向がある。見出した例では、「カウムリ」と「カムリ」が同一の場面で用いられた例はなく、右のような使い分けがあったものと考えられる。位相的には、「カウムリ」が訓読語としての性格があるのに対して、「カムリ」は日常語的性格が強いと考えられる。

(三)「カンムリ」「カブリ」について

なお、用例が少ないが、「冠」を意味する語に他に「カンムリ」「カブリ」がある。

「カンムリ」は用例(9)の「カウムリ」と並んで用いられている一例を見出したのみである。「カムリ」に対する「カウムリ」に近い性格の語かと推測されるが、一例だけでは何とも言えない。

「カブリ」は三例が次のように集中して用いられている。

(21) 記　范《ハチハ》則冠《ニシテ》而蟬《ニ》有《リ》レー（緌）ハチヲツクリテ冠ニシテ蟬ヲソエテツクルソ　ソノヲノコトソ　蟬ヲ冠ニシテイタヾクコトハセミハ清イ者ナリ人ハイサキヨカラウズコトヲ表スル心ナリ　范ハハチトヨムソ　ハチヲスルコトモイワレアルソ　此ハ礼記ノ檀弓ノ篇ニアリ　兄ノ死タヲカナシマイテ別ノ者カ哀タソ　別々テ一ニナイコトソ　ハチハカウスレトモ別ノ蟬ニカフリノヲガアルソ　蚕《カイコ》ハ　績《イトヒケ》トモ蟬ノカフリノヲニハナラヌハ蜂ハカブリスレドモカニノ筐《ハコ》ニハナラヌソ（九48オ）

ここは『礼記』の巻四「檀弓下」の「蚕則績而蟹有匡、范則冠而蟬有緌」という文の解釈の条であるが、前半と後半では矛盾している（これに類する抄文の矛盾は『玉塵抄』中にかなり見られる）。前半の「ハチヲツクリテ……イワレアルソ」は、人の「冠」の飾りに蜂と蟬をつけるが、その理由は蟬は「清イ者」であり、蜂に関しても「イワレアル」からであるとする。これは恐らく原典を参照しない抄者惟高の独自の解釈である。一方、「此ハ礼記ノ檀弓ノ篇ニアリ」以下の後半部分は、原典及びその註釈を参照しての解釈である。この箇所は、鄭玄注の「如蟹有匡、蟬有緌、不為蚕之績、范之冠也」とあり、〈蚕の繭と蟹の甲羅、蜂の冠（触角）と蟬の緌（嘴）とは類似した点があるが、別のものである〉ということ、すなわち抄文にあるように「別々テ一ニナイコトソ」ということを述べたものである。前半の抄文中にある「冠」は「カウムリ」とよむべきである（前述参照）。抄文中の「カブリ」は具体的には人間ではない蟬の嘴や蜂の触角を意味しており、「カムリ」よりさらに低いものについて用いられていると言える。

これらの語の使い分けについては、次のようにまとめられる。

(i)「カウムリ」はおおむね高位の者の冠を指すのに対して、「カムリ」は一般のかぶりものを指す傾向がある。また、「カウムリ」が訓読語的性格があるのに対して、「カムリ」は日常語的性格が強いと言える。

(ii)「カンムリ」「カブリ」は極めて用例が少ないが、「カンムリ」は「カウムリ」に近い性格の語ではないかと推定され、「カブリ」は動物に関して用いられていることから、「カムリ」よりさらに低いものに関して用いられたのではないかと考えられる。

一二　二重語（二）　マユ――マイ（眉）

（一）確例

【マユ】

（1）趙師雄ー松林見美人……松林ノアイタ酒ヤノイエノソハニシテ美人ヲミタソ　シロイテタチテマユナトウツクシウモツクラスツクロワヌナリソ（三6オ）

（2）霽雪兼《テ》レ山《ヲ》粉黛《タイル》ー（重）雪ノフツテ山ノハレタニ点シタハ粉ーヲマユヲツクツテ白イ粉ヲヌツテツクリカサネ如ナソ（五58ウ）

（3）今代捧心《ノ》孝取笑如《シ》二ーー《ガ》（東施）一 谷 カ詩ナリ……西子カムネヲサ、エテ物イタウナリヲシタレハナヲウツクシウアツタヲ西ーカチカクノ東ーガ天下一ノミメワルガマユヲシワメタナリヲニセテシタレハミル者ヲソレテニケタソ　今時ノ孝ハソノ如ナソ（七59オ）

（4）眉 史二堯ー八彩ーマユノ八モンジノ心ソ（九67オ）

（5）眉毛覆《ヲ、ウ》レ眼《ヲ》 唐毛若虚傳 マユゲカ眼ヲヲ、ウタト云ソ　岑文本カマユガ目ヲスキタモヲ、ウタツレソ（九67ウ）

（6）坡句ニ横雲却《キャク》月十眉《ノ》様トアリ　マユノ十ノヤウアラウソ（九69ウ）

（7）遠山眉　卓《タク》文君眉望如《シ》二ーー（遠山）一《ノ》　詳レ黛　卓ーーハ蜀ノ司馬相如カ妻ナリ　美人テワアルラウ　ツクタマユヲトヲウカラミレハトヲ山ノカラ〳〵トホソウミエタ如ナソ　谷カ窓中遠山是眉黛ト作タソ　窓ノ中トヲイ山ヲミタハ美人ノマユノ黛《マユスミ》テツクタ如ナソ（九71オ）

（8）渕明攅《アツム》レ眉《ヲ》　遠《ヲン》師勉《ツトメテ》令《シテ》レ三レーー《ヲ》（渕明）入《ラ》二蓮社《ニ》一渕明ー《テ》（攅）レー《ヲ》（眉）而去　詳レ社……遠ガ陶ヲ社ノ衆ニ入タカツタテス、メタレハ陶ガマユヲシワメテインタソ（九72オ）

（9）方朔察《サツス》レ眉《ヲ》　東ーー《カ》（方朔）言《ク》蒼生《ノ》憂楽見《ハテ》二其《ノ》眉《ヲ》一支《コト》可《シ》レー《ス》（察）　東ーーカ云タソ　民百姓ノ喜トカナシムトワ眉ヲミテ此ハ喜フコトアルヨカナシムコトアルヨト知ソ……人ハウレシイヨイコトニハマユガノビ〳〵トス

ルソ　イヤナワルイコトカナシイコトニハマイヲシワムルソ　ソレデシルト云心ソ　祖録ニ皺《スウ》レ《シワムル》眉《ノ》飯展《ノフル》レ眉《ヲ》《ノ》飯トイワレタソ　ケツコウナウマイト、ノエ白イモミモナイ飯ニムカウテハマイガノヒ〳〵トナルソ　又ワルイクロウモミダラケナ无采ナカ、ミ汁ノ膳ニムカウテハマイヲシワムルソ（九72ウ）

(10) 翠ー（眉）マユヲミドリニツクツタソ　美人ヲ翠黛ト云ソ　同コトソ（九73ウ）

(11) 鬚《シユ》ー（眉）ヒケトマユトソ（九73ウ）

(12) 月彎《ワン》ー　彎ハハルトヨムソ　弓ハリハ月ノ如ナソ　マユノナリ（九73ウ、東大本「マユノナリソ」）

(13) 楣ハ門ノウエヲ云ソ　ヒタイノ心ソ　ヒタイモ眉モ同コトソ……マユノ心カソ（二〇3オ）

(14) ヨイ飯ニアエハ喜テキゲンヲヨウシテマユヲノベテクウソ　キゲンノヨウテ喜時ハカヲ、ノビ〳〵トシテマユモノフルソ（二四33オ）

(15) 螓　似蝉 [詩] ー《ノ》（螓）首《カシラ》蛾眉《ノナリ》……蛾ノ眉ハクモニ上ラウアリ　ソレカマユノヤウナソ（二五47オ）

(16) 效《ナラウ》レ臏《ニ》　師金曰西施病《ヤ》レ心而《テムネヲ》臏《ス》其里之《ノ》醜《シウ》人見而《テ》美《トシテ》レ之《ヲ》亦捧《タヲサエテムネヲ》レ心而臏《ス》……昔西施ト云ソ　天下第一ノ美女アリ　心《ムネ》ヲイタウデムネヲサエテカヲ、シワメテカナシカツタソ　マユヲシワメタレハナヲウツクシカツタソ……悪女ハタ、西ーカマユヲシワメタヲ人カホムルコトヲ知テマネヲシタソ（二五50オ）

(17) 一顰ト云ハマユヲシカメタホトノソツシタブンザイソ（二五51オ）

(18) 双ー（顰）ハ眉ノコトソ　マユハ両方ニアルソ　翠ー（顰）―翠眉ノコトソ　マイケハシトリニハナイソ　マイヲツクルコトソ　マユズミヲ付テクロウアヲウスルソ（二五51オ）

(19) 韋同妻《カ》兒《チ》眉美《ナリ》　眉間《ノ》常《ニ》貼《ニウツス》二ーー《ヲ》（花鈿）問《ハ》レ之《ヲ》曰《ク》幼《ナツシ》　時為《ニ》レ賊《ノ》所《ル》レ刺《サ、》……多人衆ノ中女ノマユノアイヲツイテキズツケタコトソ　ソレカクス心ニ花鈿ヲツケタソ（三七2ウ）

(20)……牽頞ーー（鼻渕）……牽頞心エヌソ　頞《アク》ハ眉ナリ　マユヲ牽《ヒク》ト云コト心エヌソ　病体ノコト不レ知ソ　マイヲ引ノフルコトハ喜ヒノ時キゲンノヨイ時眉ヲノブルト云ソ　カナシイコトニハマユヲシハムルソ（三七26オ）

【マイ】

(21) 黄眉翁青瞳……老母海辺ニ栞ノ木ノ葉ヲトツテイタソ　蚕《カイコ》ニカワウ為ソ　黄眉ノマイノ黄ナ老人ガソコニイタソ（二2ウ）

(22) ソコテ王ノカケノ莫ー子ノ眉間尺ヲモコロサレタソ　眉ーハ両方マイノアイタ一尺アツタホドニ云タソ　尺字ヲ赤トモカイタソ　アカイテハナイソ　尺ト赤ト音同ホトニ音ノ同カテカイタソ　此ヲワルウ心エテマイノアイタカ赤カツタト云ハアヤマリソ（三4ウ）

(23) 学堂瑩《ニシテ》 眉過《ク》レ目《ヲ》……眉カ目ヲスグルワマイノ毛ノコトデアラウソ　ワカウテクロウテ長コソアルラウソ　眉過レ目ハフシンナソ（九67ウ）

(24) 廣眉……城中好《メハ》二廣眉《ヲ》一四方且《ツ》半額《ガク》《ヒタイ》 ―城中ハソノ時ノ都ソ　ミヤコニヒロマイテコノウデハヤラカセバ天下四方ドツコモイナカソツドマテカヲ半分マイニスルソ（九68オ）

(25) 有《リ》二ーー（黄眉）翁……ソコニ又マイノマツ黄ナ老翁カアツタソ（九68オ）

(26) 淡掃《クハテ》二ーー（蛾眉）《ヲ》一朝《ス》二至尊《ニ》一……天然ノ美人ヂヤホトニマイカネシテケワウテウツクシウスルコトヲキラウタソ　マイモヲシノゴウテ素《ソ》面デ天子エ出仕シタソ（九69オ）

(27) 方朔察《サツス》レ眉《ヲ》　東ーー《カ》（方朔）言蒼《ク》生《ノ》憂楽見《ハテ》二其眉《ノヲ》一支可《コトシ》レー《ス》（察）　東ーーカ云タソ　民百姓ノ喜トカナシムトワ眉ヲミテ此ハ喜フコトアルヨカナシムコトアルヨト知ソ……人ハウレシイヨイコトニハマユガノビ〳〵トス

ルソ　イヤナワルイコトカナシイコトニハマイヲシワムルソ　ソレデシルト云心ソ　祖録ニ皺《スウ》《シワムル》レ眉《ノ》飯展《ノフル》レ眉《ヲ》《ノ》飯トイワレタソ　ケツコウナウマイト、ノエ白イモミモナイ飯ニムカウテハマイガノヒ〳〵トナルソ　又ワルイクロウモミダラケナ无采ナカ、ミ汁ノ膳ニムカウテハマイヲシワムルソ（九72ウ）

(28) 蒼生可レ察《ス》レ眉《ヲ》……民万人ノウレイ喜ヲハマイヲシラウソ（九73オ）

(29) 志レ目《ヲ》中《ツ》レ眉《ニ》魯侵《ヲカス》レ斉《ヲ》顔息射レ人《ヲ》中レ眉《ニ》曰我无《レシ》レ勇吾ー《リ》（中）ニ其ー《ノヲ》（眉）一也ー魯ノ国カラ斉ヲ伐タソ　顔ーカ人ヲイテ人ノ眉ニイアテタソ　云コトハ吾ハケナケナ性ガナイソ　吾ハ目ヲイウト心サイテタレハマイニアタツツト云心カ（九73オ）

(30) 挙《テ》レ按《ヲ》斉《シ》レ眉《ニ》　梁鴻妻孟光《カメ》毎《ニ》レ饋《ヲクル》レ食《ヲ》ー（挙）レー《ヲ》（按）ー《ス》（斉）レー《ニ》（眉）……夫ニゼンヲスユルタビゴトニゼンヲ高ウアゲテマイノトヲリエアケテモツタソ（九73オ）

(31) 刺レ女傷《ヲキスツク》レ眉《ヲ》……見嫗《ルノ》抱《ヲ》二一歳女《ノヲ》一皃陋《チナリ》《イヤシ》ー（刺）レ之傷《テ》二眉間《ヲ》一後竟《ニ》娶《ル》レ之《ヲ》……人ニツカレテマイノアイダニキズガアツタソ　ノチニ十四年ヤラシテツイニソレヲ妻ニシタソ（九73ウ）

(32) 軒《アグ》レー《ヲ》（眉）軒ハアグルトヨムソ　マイヲミアケタコトソ（九73ウ）

(33) 眉ー（開）ハ喜ノコトアツテキケンノヨイ時ハマイヲノヘヒラクソ　マイヲノヒ〳〵トスルソ　カナシイコトイヤナコトニハマイヲシワメテトリヨスルヲ（二一88オ）

(34) 双ー（顰）ハ眉ノコトソ　マユハ両方ニアルソ　翠ー（顰）ー翠眉ノコトソ　マイケハシトリニハナイソ　マイヲツクルコトソ　マユズミヲ付テクロウアヲウスルソ（二五51オ）

(35) 肩山　皺局（「眉」の誤り）吟詩ー（肩）聳ー（山）［坡］マイヲシワメ詩ヲ沈吟シテ肩ヲ山ノソコ（「ヒ」の誤り）エタヤウニトカラカイテ案シタナリハ貧乏シサウナ、リソ（三五61ウ）

(36)……牽頻ーー（鼻渕）……牽頻心エヌソ　頞ハ眉ナリ　マユヲ牽ト云コト心エヌソ　病体ノコト不レ知ソ　マイヲ引ノフルコトハ喜ヒノ時キゲンノヨイ時眉ヲノブルト云ソ　カナシイコトニハマユヲシハムルソ（三七26オ）

(二)「マユ」と「マイ」の使い分け

「マユ」も「マイ」も調べた範囲では用例数に差はない。巻九に両語とも用例が多いのは、この巻に「眉」字の項目があるからである。「マユ」と「マイ」の使い分けについては、次のような現象が指摘できる。

まず、「マユ」と「マイ」が同じ原典の解釈の部分に近接して用いられる場合、初めに「マユ」が用いられ、次いで「マイ」が用いられている。用例（9・26）（18・34）（20・36）（この場合「マユ」の次に「マイ」、その次にまた「マユ」となっている）参照。これは、「マユゲ」と「マイゲ」についても見られる。

(37) 両茎ノ眉……両方ノマユゲカ一スチ二スチアルマデソ　両茎ト二スチハカリト云ハ年ヨリキワマツテマイゲモヌケヲチテ一スヂ二スヂノコツテアルト云心ソ（九70ウ）

次に、〈……ゾ〉に類する述語の部分には、常に「マユ」が用いられている。「マユソ」(4)「ヒケトマユトソ」(11)「マユノナリ」(12)「マユノ心カソ」(13)「マユノヤウナソ」(15)である。

右のことから、抄者惟高にとって規範的な形は「マユ」であったと考えられる。「マイ」は「マユ」から変化した語であり、これは当然である。

一方、「マイ」はその大多数の用例が「マイヲ」「マイニ」の形で動詞の補語として用いられているのに対し、「マユ」の場合は半数程度であり、「マユガノビ〱トスル」「マユヲツクル」「マユヲシカムル」「マユヲシワムル」

「マユヲノブル」「マユヲヒク」という熟語表現に限られる。

　このことから、「マイ」は規範的な「マユ」に対して、日常語として自由に用いられる語であったことが考えられる。

　「マユ」「マイ」による複合語のうち、「マユズミ」は管見の五例がすべてこの形で「マイズミ」は見られず、「マイガネ」は逆に五例がこの形で、「マユガネ」は見られない。

(38) 黛色ハミトリノ心ソ　マユスミヲハ翠黛ト云ソ（七9ウ）
(39) 不レ用《イ》ニーーー《ヲ》（朱粉施）一 [谷] カ句ナリ　此ハスクレタ美人ナリ　ヲシロイマユズミテヨソヲウニ不レ及ソ（七59ウ）
(40) 谷カ窓中遠山是眉黛ト作タソ　窓ノ中トヲイ山ヲミタハ美人ノマユノ黛《マユスミ》テツクタ如ナソ（九71オ）
(41) 双ー（顰）ハ眉ノコトソ　マユハ両方ニアルソ　翠ー（顰）ー翠眉ノコトソ　マイケハシトリニハナイソ　マイヲツクルコトソ　マユズミヲ付テクロウアヲウスルソ（二五51オ）
(42) 趙舎徳ハ飛燕カ妹召入宮為薄眉号遠山眉舎徳趙飛燕カイモウトソ　召レテ宮中エマイツタソ　薄眉ハウス〳〵ト眉ヲツクツタソ　ウスマイト云ソ　ウス假妝ト云モウスマイノコトソ　卓文君マユスミヲツケヌソ（三五62オ）
(43) 女人ハ吾ヲ愛シテヒサウスル者ノ為ニマイカネヲシテミメカタチヲヨウスルソ（五36ウ）
(44) ナニカ无ーガヤウナミメワルヲトリソロイマイカネヲシウツクシイ者ヲキセテモ天下一ノ美人ノ西施ニツキツケテナラヘテヲカウズコトデハナイソ（七58ウ）
(45) 淡掃《クハテ》ニーー《ヲ》（蛾眉）一朝《ス》ニ至尊《ニ》一……天然ノ美人ヂヤホトニマイカネシテケワウテウツクシウスルコトヲキラウ

タソ　マイモヲシノゴウテ素《ソ》面デ天子エ出仕シタソ（九69オ）

(46) 赤ー（眉）ハマイガネヲマツカニシテカブツタワアイジルシノ心ソ（九69オ）

(47) 緑雲擾々梳ーー（鬢暁）也　阿房付　アヲ〳〵トシタ雲ノミタレタレハ宮女タチノ暁景陽宮ノ鐘ナレハヲキテアサヨソヲイセラル、ソ　マイカネヲセラル、ソ（三五28ウ）

「マユズミ」は「黛」の訓として定着している古くから用いられている語であるのに対し、「マイガネ」はこの形では辞典類に一切載せられていない。恐らく「マイ」（眉）と「カネ」（鉄漿）の単なる連続と解されているのであろうが、(46)のように「マイガネ」と「カネ」が連濁している例があることから、「マイガネ」という複合語を認めるべきである。「マユズミ」に比べれば、当然この時代に用いられ始めた新しい複合語である。意味は、必ずしも〈眉をひき鉄漿をつける〉という文字通りの意味というより、右の例を検討するとむしろ〈化粧する〉という意味に用いられている。また(46)の例は単なる〈眉〉の意味に用いられていると見られる。

以上の点を総合すると、同じ意味の語である「マユ」と「マイ」は次のように使い分けられていると考えられる。

(i)「マユ」は歴史のある規範的な語であり、きちんとした言い方の場合に用いられる。具体的には、注釈の際最初に用い、また述語として、あるいはどのような眉であるか説明する場合に用いられる。

(ii)「マイ」は、より日常的な語であったものと考えられ、特に助詞「に」や「を」を伴って動詞の補語として自由に用いられる。

一三　二重語（三）　イク——ユク（行）

（一）「イク」「ユク」の各活用形の用例数とその傾向

「イク」「ユク」の巻一〜一〇の範囲における抄文中の用例数は、次のとおりである。（複合語は除く）

［表1］

	未然形	連用形	終止連体形	已然形	命令形	合計
イク	二二	一〇二	一一	一	三	一三八
ユク	九	一一	二八	〇	〇	四八

全体的に「イク」が「ユク」の約三倍用いられている。特に連用形は「イク」（「イテ」一〇〇例、「イキ」二例）は「ユク」（「ユイテ」一〇例、「ユキテ」一例）の一〇倍近く用いられている。その中で、終止連体形のみは「ユク」が「イク」の約二・五倍用いられていて、全体の傾向に反している。

（二）各活用形の用例の検討

［未然形］

【イク】　二二例

用例の形は、「イカルル」一一例、「イカウ」六例、「イカヌ」二例、「イカイデ」二例、「イカシム」一例である。

原典との関連に留意して用例を示す。

（1）張ガ死シテノチドコエモイカイテ燕子一ニイタソ（五48ウ、『排韻増広事類氏族大全』の「張建封」の項に「不他適有燕子楼」とある。）

（2）漢王曰《ノ》吾《モ》亦《タ》欲《ス》ル東《セント》ハ祖ノヲレモハヤ江東ノカタエイカウト思フソ……ト云フ心ソ（一11ウ）

（3）王曰《ノ》一一（楚人）亡《ウ》レ一《ヲ》（弓）楚人得《リ》レ之《ヲ》何《ヲ》求《ン》也……王ノ楚ノ者カ矢タラハ楚ノ者ガヒロワウソ　同シ国ノ者ガトツタソ　ヨソエイカヌコトソ　モノシテタンタエテナニセウソトイワレタソ（二44ウ）

（1）は抄者が参考にしたと考えられる原典（この場合は抄者惟高が人物の事績について常に参考にしている『排韻増広事類氏族大全』〈以下略して『排韻』とする〉）に「イク」に相当する「適」字がある。（2）は原典の比較的忠実な口語訳であるが、原典に「イク」に相当する漢字は見出せない。（3）は原典に該当する部分が見られず、抄者が付け加えてよりわかりやすく説明しているものである。「イク」未然形の用例中原典が明確な一四例についてみると、（1）のように原典にある漢字に対応するものはこの一例のみで、残りの一三例はすべて（1）（2）のように原典の影響なく「イク」が用いられている。要するに、ほとんどすべての用例は原典との直接の影響によるものではなく、抄者自身のことばに用いられていると言える。

【ユク】九例

用例の形は、「ユカルル」一例、「ユカウ」二例、「ユカヌ」一例、「ユカイデ」四例、「ユカウズ」一例である。

（4）遄《カエセ》レ車言《ヲワレユカン》邁　トアリ……車ヲカエセトウユカウソ（八35ウ）

（5）アサユウニ行《ユ》ウト思ドモイカニモ道《ミチ》ニ露多ホドニソ（五40ウ、原典の『毛詩』に「不夙夜謂行多露」とある。）

（6）洚　水《ノ》不《ル》レ遵《シタガフ》レ道《ニ》也　水カ本ノ水道エハユカイテワキエナガル、コトカ（四30ウ）

（4）は原典の訓読語「ユカン」をそのまま口語化して「ユカウ」とした例である。（5）は原典に「ユク」に相当する「行」字が存する例である。（6）は原典の直接の影響ではなく、抄者が敷衍して説明している部分である。「ユク」の未然形の用例中原典が明確なもの七例についてみると、（4）（5）のように原典の影響により「ユク」が用いられているとみられるものが四例、（6）のように原典の影響ではないものが三例で、これは「イク」の場合と対照的である。

［連用形］

【イク】　一〇二例

用例の形は、「イテ」七一例、「イタ」二九例、「イキ」二例（中止法一例、「イキツベイ」一例）である。ほとんどすべて「イテ」「イタ」の形である。

原典との関連に留意して用例を示す。

（7）申包胥《ハウショ》如《ユイテ》レ秦《ニ》乞《フ》レ師《イクサヲ》……申ーー（包胥）ガ秦エイテ合力勢ヲタマワレトコウテ（一〇21ウ）

（8）胤国ノ君ノ二人ヲソレカ所エイテ罰シテツミニ行レタソ（八19オ、『尚書』の「胤征」に「胤国之君受王命往征之」とある。）

（9）至二平陽一……平陽ト云村ノヤウナ所エイテ（一17ウ）

（10）坡詩新図到《トル》二楽浪《ニ》一……ソノ国カララクラウエイタト云コトソ（六22ウ）

（11）夢《ニ》入《ル》二洞府《ニ》一有《リ》二一神人一也……夢ニ仙境エイタレハ神人ノ人間ノ人ノヤウナニナイ奇異ナ者ノナリソ（一〇28ウ）

（12）魯ノ季孫ガ母ノ死タニ魯ノ君哀公ノイテトムライヲイワレタソ（五35オ、『礼記』「檀弓」に「季孫之母死哀公弔焉」

とある。）

（13）項羽敗《ハイシテ》　逃《ル》无《シ》二面目一見《マミユル》二江東父《ノ》老《ニ》一トハ羽カ垓《ガイ》下ト云所デ弓矢ニマケテヲチテ江東ノ辺エイタソ　江東ノ年ヨリドモガキイテ……（一5ウ）

（7）は原典の訓読語「ユイテ」が抄文では「イテ」になっている例である。（8）は原典に「イク」に対応する「往」字が存する例である。この二例のように「イク」が原典の影響を受けている例は、原典が確定できる「イク」連用形用例八三例中わずか六例に過ぎない。

（9）～（13）は、大多数を占める原典の影響によらない「イク」連用形の例である。（9）（10）は、原漢文の「至」「到」に相当する語を「イク」で表現している。（11）は原漢文の「入」に相当する語を「イク」で説明している。これらは原典の語から離れて、文脈的によりわかりやすい「イク」を用いていると言える。（11）（12）は、原典に相当する語のない「イク」を付け加えて説明している。このような原典の語句に依拠しない「イク」が右に述べたように大多数を占めている。

意味は、〈人が具体的にある場所へ行く〉ことで、「イク」の主語はほとんどすべて人である。主語が人あるいは生き物以外であるのは次の二例に過ぎない。

（14）気ガ中《ウ》ニアマルホドナケレハソトエ発《ハ》スルコトユワイソ　弓モヒキフクラムルコトスクナクタモツコト久ウナケレハ矢ガサキエイテ物カヌケヌソ　ソノ如クソ（五92ウ）

（15）祢衡与《ト》二孔融楊脩一善《ヨシ》常《ニ》曰《ク》ーー《ハ》（大児）孔文挙ーー《ハ》（小児）楊徳祖《ト》ー祢ー（衡）カ孔ト楊トヲ児ト云タソ　子ドモト云心ソ　孔ーハ年ガイテ大ナソ　楊ーハ年ヲトリテワカイホドニ小児ト云タソ（七24オ）

【ユク】　一一例

用例の形は「ユイテ」一〇例、「ユキテ」一例である。

原典との関連に留意して用例を示す。

(16) 毛詩ニハ于《ユイテ》以采《テトル》レ蘩《ヲ》于《ニ》二澗《ノ》之中《ウチ》一……澗《タニ》ノウチニユイテハント云草ヲトルソ（六71ウ）

(17) 毛詩ニ四牡騤々《タリ》トアリ　ユイテヤスマヌナリ（九27ウ、『毛詩』巻九「四牡」の詩の「四牡騑々」〈「騤々」は誤り〉の「毛伝」に「行不止之貌」とある。）

(18) 日没《ボツシテ》　賁《ス》レ東《ヲ》ハ……日カ西ノハテエ行《ユ》テ光モナウナル所エ行テアレハ（一13ウ、『韻府群玉』の「日賁東」の項に「日没反照東也」とある。）

(19) 晋ノ王ー《エン》（衍）ヲサナイ子ヲウシナウタソ　死タソ　カナシムコトゼヒナイソ　友ノ山簡ガユイテトムラウテナグサメテ云タソ　孩児ノソデフトコロニ入レツダイツスルホドノソツトシタ者ナリ（五11ウ、『韻府群玉』「情」の字「鍾情」の項に「王衍喪幼子悲甚山簡曰孩抱中物何至于此」とある。）

(16)は原典の訓読語の「ユイテ」をそのまま抄文に用いたものである。(17)は抄文に引く『毛詩』の註釈である「毛伝」の「行」字にあたる語である。(18)(19)は原典に「ユク」に相当する語がなく、抄者が解釈に際して用いた語である。連用形一一例はすべて原典が明確であるが、そのうち(16)(17)のように原典の語の影響で用いられたものが四例、(18)(19)のように原典の影響でなく用いられた例が七例である。「イク」の場合と比較すると、原典の影響が大きいことは明らかである。

［終止連体形］

【イク】　二一例

「イク」終止形の場合は一一例中一〇例原典が明確であるが、すべて原典の語の影響ではないものである。以下全例を掲げる。

(20) 障《サヽエテ》二 百《ハク》川《ヲ》一而東《セシム》レ 之《ヲ》—韓退之ガ文ニアリ　此ハ物ノスタレクツレテユクヤウナコトヲセキトメテ本々ノ如ニシナスコトソ　タトエハ万方ノ水西ヤ南ヤナドエツ、ミナトキレテイクヲセキトメテモトノツ、ミヤ川エモトス心ソ（一13ウ）

(21) 鄭弘請於神曰常患若耶溪載薪為難……私毎日越ノ若耶ノ溪テタキ木ヲコツテ舟ニノセテカエルニムカウ風カ吹テイクニモ、トルニモ順風テナウテ難キシサウラウ（三26ウ）

(22) 荊軻刺秦王白虹ー《ク》レー《ヲ》（貫日）……始皇ヲサシコロシニイク時ニシロイ虹ガ日ヲツキヌイテ立タソ（四29ウ）

(23) 下情ー（通）—下ーハイヤシイ者シタ〳〵ノ者ノ心ト云コトソ　イヤシイ者下《シモ》タル者カ上《カ》エモ又ドコエモ通シテイク心ソ（四50オ）

(24) ーー（曲経）通《ス》二幽処《ニ》一ト三体ニアリ　ミチヲアチコチスヂリマガリテヲクノフカイシン〳〵トシタ所エイクミチアルソ（四50オ）

(25) 坡詩ニ有《リ》《レハ》レ我自《ヲ》至不レ須 遺《モチイヤルコトヲ》二麗ー《ヲ》（通）一 酒アレハ吾ガイクホドニ麗ーヲヲコイテヨバル、ニ不レ及《ハ》ト作タソ（四50ウ）

(26) 美人三十人ウツクシウヨソヲイテタツテツレタチテ行ヲミルニ丁《観》度《文》カ馬ニノリクツワヲソノアトニヒカエテアリ　一ノアトノ一人ガ云ソ　ーーー（芙蓉館）ノ主ヲ迎エニイクト云タソ　丁度ハヤカテ死タソ（五38オ、『韻府群玉』「館」字の「芙蓉館」の項に「見美女三十余靚粧麗服観文丁度按轡於後後一人曰迎ーーー主俄而度卒」とある。）

(27) 周道ーー《タリ》（倭遅）……倭ー（遅）ハ周ヲデ、トヲウドノ国エソ使ニイクソ（九24オ、『毛詩』の巻九「四牡」の「毛伝」に「倭遅歴遠之貌」とある。）

(28) 范睢《ショ》与二秦謁《ノエツ》者王稽《ケイ》一入《ル》レ秦《ニ》……秦エイク時ニ秦ノ謁者《ノ》官王稽トツレタツタソ（九28オ）

(29) 見《テ》二岐路《ヲ》一而泣《ナク》レ之ー為《ナリ》下其可《ク》二以《テ》南《シツ》 可《カ》中以《テ》北《シツ》上 道ハタ、一ヂヤガワキエチマタガ多ウワカレテ東西南北四方八方エイク道路ヲ、イソ　サアレハ本ノミチニユキマヨウソ　本ノヲシエノミチハ一ナリ　此ヲカナシガツタソ（一〇47ウ）

【ユク】 二八例

終止連体形の場合は他の活用形と異なり、「ユク」の使用例が「イク」の約二・五倍に達する。「ユク」全体の用例中終止形の用例が約五八％である。逆に「イク」の場合は約八％に過ぎない。二八例すべて原典が明確であるが、以下、用法にも留意して用例を掲げる。

(30) 征ハ行《ユク》心ソ　ユクトヨムソ（四26ウ）

(31) 行ハ行《ユク》テハナイソ　ツラヲナス心ソ（五66オ）

(32) 徂ハ行《ユ》トヨムソ（七50オ）

これらは、漢字の訓として「ユク」が用いられているものである。この類は六例を数える。他の活用形にはこの用法はない。

(33) 匪躬ーハ易ノ蹇ノ卦ノ詞ナリ　蹇ハマガリコ、ンタナリソ　険難ノ心ソ　往《ユク》トキハ険難アリ　クルトキハホマレアリ（二49オ、『周易』巻一一の「蹇」の条に「往蹇来誉」とある。）

(34) 莫《ク》レ往《クト》 莫《ク》レ来《ルト》 悠々《トシテ》 我思ーエイエユクトモナクモトルトモウツ、ノヤウニエイノ国ヲ思ナリ（一〇43オ）

これらは、原典の語の影響による「ユク」である。全部で四例ある。

右の合計一〇例を除く一八例は、原典の語の影響ではなく「ユク」が用いられていると考えられるものである。

以下全例を掲げる。

(35) 鎮東――……東ノ国ヤ郡ヲ威勢デモチシヅメテ乱ノユクヲシヅメテブイニナス心ソ（一8ウ）

(36) 障《サヽエテ》二百川《ハクヲ》一而東《セシム》レ之《ヲ》―韓退之ガ文ニアリ　此ハ物ノスタレクツレテユクヤウナコトヲセキトメテ本々ノ如ニシナスコトソ　タトエハ万方ノ水西ヤ南ヤナドエツヽミナトキレテイクヲセキトメテモトノツヽミヤ川エモトスコトソ（一13ウ）

(37) 詩ニ流水何太《ソハナハタ》急《ナル》　深宮尽日閑慇勤謝《ニス》二紅葉《ニ》一……慇ーハネンゴロノ心ソ　流水ニ云ソ　ホネヲリナリ　タエ（ママ）モ流テ行《ユ》クハ辛労ニアラウソ（四20ウ）

(38) ー《テ》（双）レー《ニ》（鴻）而舞《ウ》　鴻モツルト一ナリ　メグミヲ行《ヲ》ウイワレカ　ツルカ行《ユク》トコロニ車ヲヲウテサキ〳〵エイテマウタソ（四25オ）

(39) 青海ー（驄）日〳〵《ニ》歩《ムコト》千里　一日ニ千里ユク名馬ナリ（四44ウ）

(40) コヽラニ先容ト云ハ客人ノクルヲ案内ヲ云ヲ云ソ　又ソノ人ノ知人ナドカユク所ノ主人ニサキエイテマイラウトマウサル、ホトニ同道シテマイラウナト、云ヲ云ナリ（五34オ）

(41) 此ハドコゾ大ニモナイ州ノ守ニナツテ行《ユク》送行ニ作タ詩ナリ（五92オ）

(42) 黄ー（鬚）児ノ字ハマタサノミ年ハ行《ユ》マイソ（六65ウ）

(43) 此カラ人ノ使ニ行《ユ》コトヲ皇華ト云ソ（八20オ）

(44) 前ノ蕭何ガシヲイタコトノ如ニスコシモチガエス云付タソ　サキエ行ク人ノ足アトヲフンデ行《ユ》ヤウニシタソ（八32ウ）

(45) 元結《カ》門人叔将《サニ》二出遊《ント》一三年《ニシテ》　而還《ル》……唐ノ元次山カ門下生ノ叔ト云者アリ　チトタチデ、ヨソヲモミユクサキ

デ亨問ヲモシテミタイト思テタチデ、方々ヘメグツテ三年トウシテ帰タソ（八33オ）

(46) 大叓ノヲツカイニユクホドニ忠信ノ心ヲ本ニ以テコトヲハカリヨウムカイ君ニトエソ（八66オ、『毛詩』の「皇々者華」の詩およびその註釈に「ユク」に当たる字はない。）

(47) 不レ得三同従《クコトヲ》二郊祀《ニ》一璃車《カ》後《ヲクル、コトニ》レ　偃数十歩《ナリ》　……郊祀ノマツリアリ　ソノヲトモニナツテ同ヤウニ行《ユ》ナイソヲクレテアトニ行タソ（九25ウ）

(48) 回レ光ハサキエユク心ヲアトエモトスコトソ（九45オ）

(49) 来者《ランヲハ》　猶可《シ》レ一《フ》（追）　コウスルヲハナヲモヲイシタウ心ソ　行《ユ》ヲヲウハケニモソ　クルヲ追ソ　ムカユル心テアラウソ（九47オ）

(50) 此ノ女ワカウテヤモメニナツタソ　相如ガイキヤウテトナリニイタヲ琴（「琴」の誤り）ヲヲモシロウヒイテアヂキナイト云詩カナンソヲ曲ニ入テツイニヒキトツタソ　王孫ナ身ヂヤホトニ下位ナ所エユクコトヲハツカシウ思タソ　ツイニ嫁タソ（九71オ、『排韻』の「卓文君」の項に「有女名文君新寡司馬相如以琴心挑之為偶王孫耻之」とある。）

(51) 祈レ一（悲）ハトブライニ善叓ヲシテサキノ世ニヨイ所エユクヤウニト云コトソ（一〇6ウ）

(52) 遇《アウテ》レ雨《ニ》之吉《ノナリ》　一一（群疑）亡《ホロフレハナリ》　也　易ノ睽卦ノコトハナリ　ヨメリシテユクミチデ雨ニアウタソ（一〇39オ）

共に原典の語の影響でなく用いられている「イク」一〇例と「ユク」一八例を比較してみる。「イク」の(21)(26)は会話文中に用いられたもので、他の活用形の場合も共通して一般に会話文中では「イク」が用いられるということである。以下では会話文以外の「イク」と「ユク」を比較する。

まず、「イク」はすべて〈具体的なある場所へ行く〉意であるが、「ユク」にはその意味以外に用いられた例がある。(35)は〈(乱が)広まる〉意、(49)は〈歩む(能力のある)〉意、(42)は〈(年が)多くなる〉意、(50)は〈嫁に行く〉意である。これと関連して、文に表れた主語についてみると、「イク」は(20)の「水」以外は人間が主語であるのに対し、「ユク」は(35)の「乱」、(36)の「物」、(37)の「水」、(32)の「年」のように人間以外の主語が相当用いられる。このことは実は他の活用形の原典の語に影響されていない例にも言えることである。これまで示した例でいうと、「ユク」未然形の(6)、連用形の(16)がそうである。もっとも、「イク」がこれらの意味に全く用いられないわけではない。前掲(15)は〈(年が)多くなる〉意である。

この活用形に特有の問題として、「ユク」が準体法に用いられる例が多いことが挙げられる。「イク」が準体法に用いられているのは九例中(20)の一例のみであるのに対し、「ユク」は一八例中(35)(37)(47)(49)の四例みられる。

連体修飾語として用いられる場合、「ユク」は(33)(40)の「ユクコト」、(28)の「ユクヤウナコト」、(30)(32)の「ユクトコロ」のように「コト」「トコロ」のような形式的な名詞にかかっていく用法、いわば準体法と同類の用法が多い。「イク」のかかる名詞には(22)(28)の「時」、(24)の「ミチ」、(29)の「道路」、のように具体的なものを修飾していて、「コト」「トコロ」にかかる例は見られない。

［已然形］

【イク】一例

(53)順《シタカツテ》レ流《レニ》而東《ス》……水ノ流ルニツレゾウテイケハ東エ行ソ(一1ウ)

［命令形］

【イク】三例

(54) 師曰有客且去……イマ客人ノアルソ　マツソチエイケトイワレタソ（三46オ）
(55) 是役也能以徳攻……役ハ人ヲツカウコトソ　軍ハ軍兵ヲソコエイケコチセイト云テサルヲツカウ如ニスルホトニソ（三59オ）
(56) 早々夜ノ中ニトチエモトラウイケトイワレタホドニ夜ノマニ江南ニ至テ舟ニノツテ大庾嶺エイカレタソ（八59オ）

いずれも当然ながら会話文に用いられ、原典の語の影響のないものである。

(三)「イク」と「ユク」との使い分け

次のようにまとめられる。

(i) 全体として、「イク」の方がはるかに優勢で、「ユク」の約三倍用いられている。また、活用形ごとの傾向をみると、連用形は「イク」が絶対的に優勢で、「ユク」の約十倍の用例がある。これに対して、終止連体形は逆に「ユク」が「イク」の約一・五倍用いられている。
(ii) 会話文中に用いられるのは原則として「イク」である。
(iii) 原典との関係でいうと、原典の語の影響についても顕著な差がある。原典の語に対応して用いられているものを調べると、「イク」の場合原典が明確な例一一四例中わずか七例であるのに対し、「ユク」は同じく四六例中一八例に及ぶ。
(iv) 意味上の違いについて言うと、あくまで傾向としてではあるが、「イク」が単純に〈人がある場所へ行く〉意を表すものが大多数であるのに対し、「ユク」には〈広まる〉〈多くなる〉など他の意味の用例も相当数認められる。

（v）「ユク」には連体形の準体法、およびこれに類似した「コト」「トコロ」などを修飾する用法が目立つのに対し、「イク」にはあまり見られない。これが終止連体形では「ユク」が「イク」より優勢である一つの理由と考えられる。
（vi）「ユク」には「……ユクトヨムソ」の形で漢字の訓を示す用法があるが、「イク」にはない。これも終止連体形で「ユク」が優勢な一つの理由であろう。
（vii）表記に関して、漢字に振り仮名が施されている場合はすべて「ユク」である。

「イク」が日常的な口語であるのに対し、「ユク」が文章語的性格を持っていたと考えられることはこれまで指摘されている通りである。ただ、現代においてもこの両語は口語として用いられているのであり、その使い分けは右に述べたところと重なり合う点もある。

なお、当然のことであるが、原典の訓読文中では「ユク」のみが用いられる。以下例示しておく。

（57）振《タル》鷺于飛于《ユキトブユク》二彼《ノ》西雝《ヨウニ》一（五54ウ）
（58）邑《ユウ》《サト》之《ノ》女過《キ》レ時《ヲ》未《タ》レ適《ユカ》レ人《ト》（九45ウ）

一四　漢字に関わる類義語・二重語の表記の問題

これまで取り上げてきた類義語・二重語について、漢字表記との関連で注意すべき点を指摘しておく。

（一）和語の類義語の表記について

（a）同一の漢字に対して複数の和語の類義語が訓として対応する場合

一方が仮名表記、他方が漢字表記という形で書き分けられている場合があることが注目される。

「ソト」―「ホカ」の場合、「ソト」は確例が仮名表記のみであり、漢字表記に振り仮名が皆無であるのに対して、「ホカ」は確例が漢字を用いた「外《ホカ》」表記が大多数である。現在では、常用漢字「外」の訓として「ソト」「ホカ」は共に認められており、むしろ「ソト」の方が一般的と言えよう。『時代別国語大辞典 室町時代編』に挙げられている通り、節用集類には「外」字に「ソト」の訓があり、その点では現在と同様であった。しかし、『玉塵抄』においては、右のような書き分けが行われている。

「オト」―「コエ」―「ネ」の場合、「オト」は確例がすべて仮名表記であり、漢字「声」「音」に振り仮名の確例がある「コエ」「ネ」とは異なっている。『時代別国語大辞典 室町時代編』によれば、主要な節用集類には「音」字に「オト」の訓がないようであり、この場合は「オト」を漢字表記しないのは一般的だったのかも知れない。

（b）類義語が同一漢字で表記される場合

書き手がどの語にその漢字を宛てて用いたのかが問題となる場合が少なくない。読み手からすれば、どう読むかということであり、本章で取り上げた問題を考えるきっかけとなったのも、『玉塵抄』の索引作成にあたって、こういうものをどう処理するかという問題の解決を迫られたためであった。

「ウチ」―「ナカ」の場合、二で論じたような表記、意味用法の違いは存在するが、それにしても「中」と表記された語を「ウチ」と読むべきか「ナカ」と読むべきか決定し難い場合も出てくる。書き手自身もこのことを自覚しているのであり、漢字表記をしながら「中《ウ》」「中《ナ》」と振り仮名で区別している。仮名表記すれば簡単に書き分けられるのであるが、誤読の危険を冒して漢字表記が用いられている。これは現代にも通じる問題であろう。

「ウエ」―「カミ」も類似したケースである。三で論じたような意味用法の差はあるが、やはり「上」表記をどう読むかが問題になる場合はあり、「上《ウ》」「上《カ》」という書き分けが見られる。書き手が誤読の危険を想定していると考えざるを得ない。

「シタ」—「シモ」も右二組と類似したケースであるが、二語とも仮名表記例が確例の半数に達する。この場合は二語とも「シ」で始まり右の二語のような第一音節の振り仮名による書き分けが不可能で、完全な振り仮名をするか、「下《タ》」「下《モ》」という振り仮名によらなければならないことも影響しているのかも知れない。

「コエ」—「ネ」の場合、ともに「音」字で表記された例がある。ただし、この場合は、四で論じたように「コエ」はほとんど漢字音の場合であり、「ネ」は限定された少数の場合のみに用いられており、実際には読みが問題になることは少ない。

(二)　和語と漢語の類義語について

これは和語と漢語の類義語が同一漢字で表記される場合であり、漢字の訓と音との対応の問題である。

「コトバ」—「ゴ」(語)の場合、「コトバ」は仮名表記、「ゴ」は漢字表記ではっきりした書き分けがある。ただ、「語」に対する「コトバ」の訓は易林本節用集に見られるが他の節用集類には見られないようであり、訓として一般的でなかったのでこのような書き分けは当然と考えられる。

「ソラ」—「テン」(天)の場合も、「ソラ」は仮名表記、「テン」は漢字表記で書き分けられている。この場合、「天」字について「ソラ」の訓は一般的であり、『玉塵抄』では抄者の表記として書き分けられているということである。

「ヌシ」—「シウ」の場合、仮名表記は和語「ヌシ」のみであるという点では右二組と同じだが、「ヌシ」は仮名表記の他に漢字に右傍線を付す訓読符による表記が多い点が異なる。「シウ」は仮名表記はなく、漢字に振り仮名、または左傍線の音読符で「シウ」であることを示している。

(三) 漢語の類義語について

「テイ」—「タイ」は、呉音と漢音の類義語であるが、呉音の「テイ」の大多数が仮名表記であるのに対し、漢音「タイ」は確例が少数であるがすべて漢字表記である。

(四) 和語の二重語について

「イク」—「ユク」の場合、「イク」はすべて仮名表記であるのに対し、「ユク」は仮名表記及び漢字に振り仮名表記である。すなわち、漢字表記は「ユク」に限られる。一三で論じたように、「ユク」は「イク」に比して文章語的性格があり、そのことと漢字表記とは当然関連があると考えられる。

『玉塵抄』は、日常語に近い語彙や語法で語句を用い、いわゆる口語体抄物の文体で書かれた文章である。その意味で、現代の啓蒙的な論説的文章に通じるものであり、その類義語・二重語の漢字表記に関わる問題は、現代にも通じる点が多々あるということが出来る。「中」を「ウチ」と読むか「ナカ」と読むか、「上」を「ウエ」と読むか「カミ」と読むか、「下」を「シタ」と読むか「シモ」と読むか、は、現代文においても必ずしもすべての場合に明確ではない。それでも明快な仮名表記を選ばず漢字表記を選択する場合が多いのであり、そこに日本語表記の一つの問題があることは明らかである。

第四章　原典の漢文の訓読について

――『毛詩』の場合――

一　はじめに

『玉塵抄』において、註釈の対象である漢文（以下引用された具体的な注釈対象の漢文を「原漢文」と称する）は、本抄の原典である『韻府群玉』の本文が主であるが、それに関連して引用されている他の書物の漢文を含む。抄物の多くは、『論語』『周易』など特定の書物の注釈をするものであるが、『玉塵抄』の原典である『韻府群玉』は韻書の形式をとった類書であり、各韻に属する字を末尾に持つ熟語を集め、各熟語の使用例を示した書である。

このような種々雑多とも言える原漢文を抄者惟高はどのようにして解釈し注釈したのであろうか。『玉塵抄』をよんでいくと、多くの原漢文についてその原典の書物を参照していることがわかる。

原漢文がどのように訓読されているかは、抄文のことばとの関連で重要な事柄である。本章では、『韻府群玉』に多く引用されている『毛詩』について、その訓読の状態の一端を考えてみたい。そのため、巻一、七について、『韻府群玉』所載の『毛詩』の語句を国会本がどう訓読しているかを整理し、叡山本、東大本と比較して考察を加えた。
『毛詩』の語句が註釈の対象になっている場合の抄文は、次の二つのタイプがある。
『毛詩』のどの箇所が原典であるかを明確にして抄している場合
『毛詩』のどの箇所が原典であるかを明確にせずに抄している場合
以下、それぞれの場合について考察する。

二 『毛詩』のどの箇所が原典であるかを明確にして抄している場合

各用例の掲げ方は次の通りである。

最初に『韻府群玉』の本文を〔 〕内に記す。必要な場合は「|」と表示されている部分について（ ）内に該当する文字を補う。

次に、国会本の当該語句の訓読部分及び関連する抄文を掲げる。必要な場合は「|」と表示されている部分について（ ）内に該当する文字を補う。音読符（右傍線）、訓読符（左傍線）、音合符、訓合符を付す。

次に、叡山本、東大本の当該語句の訓読部分を記す。音読符、訓読符、音合符、訓合符を付す。

次に、【 】内に、清原家の訓点を伝える『毛詩鄭箋』（静嘉堂文庫蔵本の複製本〈汲古書院刊〉による）の本文を記し（ヲコト点は省略）、小川環樹・木田章義校訂『毛詩抄』（岩波書店）による訓読文（巻一〜十は京都大学附属図書館・清家文庫蔵活字本『毛詩』に、巻十一〜二十は右の『毛詩鄭箋』によっている）を〈 〉内に記す。最後に（ ）内に『毛詩』の巻と篇名を記す。

すものである。

『毛詩』の語句の注釈は相当の長さになる場合になる場合が多いが、以下のページ数は、その始まりの位置を示

『毛詩』のどの篇が原典であるかを示した例は、次の通りである。

（1）〔駕言徂ー（東）車攻〕

駕言《セヨワレ》徂《ユカン》レ東《ニ》ハ毛詩ノ東山ノ篇ノ詞《コトバ》ソ（国会本一1オ）

駕言《セヨワレ》徂《ユカン》レ東《ニ》（叡山本一1オ）

・駕言《セヨワレ》徂《ユカン》レ東《ニ》（東大本一1オ）

【駕言《セヨワレ》徂《ユカ》レ東〈駕せよ、言《われ》・東に徂《ゆ》かむ。〉（巻十、車攻）】（巻八の「東山ノ篇」というのは誤り。）

（2）〔小東　ーー大東杼軸其空詩〕

小東大東杵《キヨ》-軸其《レ》空《シ》《ツキヌ》……詩ノ十三ノ巻ニネンコロニアルソ　大東ノ篇アリ……大小ト云ハ大《ヲ、イニシテモ》東

小《スコシキニシテモ》東《ス》トヨムソ（国会本一3ウ）

小東大東杵《キヨ》-軸其《レ》空《シ》……大《ヲ、ヒニシテモ》東小《スコシキニシテモ》東ストヨムソ（叡山本一4オ）

小東大東杵《チヨ》-軸 其《レ》空《ツキヌ》《シ》……大《ヲ、イニシテモ》東小《スコシキニシテモ》東ストヨムソ（東大本一3ウ）

【小《ニモ》東大《ニモ》東杵《チヨ》-軸其空《ツキヌ》《ムナシ》小にも東し・大にも東す、杼《チヨ》軸《(チク)》・其（れ）空《つ》きぬ《むなし》。〉（巻十三、大東）】

（3）〔梧ー（桐）生矣于彼高岡巻阿〕

梧《コ》-桐生《ヲイ》矣《タリ》于二彼《ノ》高岡一ハ毛詩ノ巻阿ノ篇百公浄ノ成王ノ賢人吉士求ヲ云タソ　鳳凰鳴《ナイタリ》于《ニ》二彼《ノ》朝-陽《ニ》一……

（国会本一47オ）

梧《コ》-桐生《ヲイ》」矣《タリ》于《ニ》二彼ノ高岡一……鳳凰鳴《ナイ》矣《タリ》于《ニ》二彼《ノ》朝陽《ニ》一（叡山本一53オ）

梧-桐生《ヲイ》」矣《タリ》于二彼《ノ》高岡一ハ毛詩ノ巻阿ノ篇石公セキノ賢人吉士ホメテ云タソ　鳳凰鳴《ナイタリ》二　于《ニ》彼《ノ》朝陽《ニ》一（東大本一44オ）

【鳳皇鳴《ク》矣于彼高-岡　梧-桐生《ヲヒ》矣于彼朝-陽〈鳳皇鳴く、彼の高岡に。梧桐生《を》ひたり、彼の朝陽に。〉（巻十七、巻阿）】（『韻府群玉』の本文は誤っている。）

（4）〔[詩]来燕来ー（宜）[鳧鷖]〕

[詩]来燕来ー（宜）[鳧鷖]　鳧鷖ノ詩ハ毛詩ノ十七ニアリ……来《リ》」燕来《シリ》」宜《シ》ト云タソ（国会本七3ウ）

来燕来《リ》宜《シ》ト云タソ（叡山本七5オ）

来《リ》」燕来《シリ》」宜《シ》ト云タソ（東大本七a3オ・b3オ）

【来燕来宜《ヨロシク》《シ》〈来（り）て燕し・来（り）て宜《よろ》《し》しくす。〉（巻十七、鳧鷖）】

（5）〔髦士攸ー（宜）[棫樸]〕

髦《ホウ》-士攸《ノ》レー《キ》（宜）ーー此ハ毛詩ノ十六大雅ノ部ノ詩ナリ（国会本七3ウ）

髦《バウ》士攸《ノ》レー（叡山本七5ウ）

髦《ボウ》士攸《ノ》レー《キ》（東大本七a3ウ・b3ウ）

【髦-士攸レ宜《シキ》〈髦《（ボウ）》　士の宜しき攸なり〉（巻十六、棫樸）】

（6）〔[詩篇]由ー（儀）万物之生各得其宜也〕

[詩篇]　由ー《ハ》（儀）万物之生《ノ》|《スルコト》各得《リ》二其《ノ》」宜《ヲ》一也ーー由儀ノ篇ハ毛詩ノ十ノ巻ニアリ（国会本七8オ）

白儀　[詩篇]　万物之生《ノ》|《スルコト》洛得《タリ》二其宜《ヲ》一也（叡山本七11ウ）

詩篇　由ー《ハ》万物《ノ》之生《スルコト》　各得《リ》二其《ノ》宜《ヲ》一也（東大本七ａ７オ・ｂ７オ）

【由ー儀万ー物之生各得二其宜《キ》一也〈由儀は万物の生《セイ》すること各其宜《キ》を得たり。〉（巻十、由儀）】

（7）〔鼠皮　相ー有ー詩《セイ》〕

相《ミレハ》レ鼠有レ｜｜（皮）毛詩ニ相鼠ノ篇アリ……毛詩ノ三ニアリ……人《トシテ》　而无《ンハ》レ礼不《シテ》レ死何《セナンスレソ》為トアリ（国会本七11オ）

相《ミレハ》レ鼠有レー……人《トシテ》　而无《ンハ》レ礼不《シテ》レ死何為（叡山本七16ウ）

相《ミレ》レ鼠有《ヲリ》レ｜｜　……人《トシテ》　而无《ンハ》レ礼不《シテ》レ死何《セナンスレソ》ー為（東大本七ａ９ウ・ｂ10オ）

【相《アヒ》レ鼠有レ皮……人而無《ク》レ儀不レ死何為《セ》〈鼠《ねずみ》を相《み》れば皮《かは》有り……人として儀無くんば、死なずして何をか為《せ》む〉（巻三、相鼠）】（『玉塵抄』の「礼」は「儀」の誤り。）

（8）〔流離　ーー之子詩　旄丘　梟也〕

ー｜ー（流離）之子　詩　旄丘　梟也　毛詩ノ二ニ旄ー丘ノ篇……瑣《サタリ》兮尾《ビタルハ》兮流ー離《ノ》之子也《ナリ》（国会本七29ウ）

ーー之子《ナリ》　……瑣《サタリ》兮尾《ビタリ》兮流離《ノ》之子也（叡山本七43オ）

ー｜ー之子　……瑣《サタリ》兮尾《ビタルハ》兮流ー離《ノ》之子《ナリ》（東大本七ａ24ウ・ｂ25ウ）

【瑣《サ》兮尾兮流ー離之子《コ》〈瑣《サ》たり尾たり、流離の子《こ》なり。〉（巻二、旄丘）】

（9）〔詩篇　黍ー（離）　閔宗周也〕

詩篇　黍ー（離）　閔《カナシムソウ》二宗ー周《ヲ》一也……彼《カシコニ》　黍《ノ》　離々《タルアリ》　彼稷之苗《ニシヨクノナエアリ》　ト詩ニ作タソ（七33ウ）

閔《カナシム》二宗周《ヲ》一也……彼《カシコニ》　黍離々《ノ》彼稷《ニ》之苗《ナエアリ》　（叡山本七48オ）

閔《カナシムソウ》二宗ー周《ヲ》一也……彼《カシコニ》　黍《ノ》　離々《タルアリ》　彼稷之苗《ニシヨクノナエアリ》　（東大本七ａ27ウ・ｂ28ウ）

【黍《シヨ》ー離《リカナシヘリ》閔二　宗ー周一也……彼《カシコニハ》《カシコハ江》　黍離離《タルアリ》　彼《カシコニハ》《カシコハ》　稷之苗《ナヘナルアリ》　〈彼《かしこ》（かしこは江）には黍の離離たるあり、彼《かしこ》《かしこは》には稷《シヨク》の苗《なへ》な

るあり〉（巻四、黍離）】

(10)〔四驪 比物ーー詩六月〕

比-物ーーー（四驪）[詩六月]六月ノ篇ハ毛詩ノ十一(ママ)ニアリ……六-月棲-々《タリ》 戎車既-飭《ニヲ、シ》……此-物四-驪閑《ナラツテ》 之維-則《ノツトル》……此-物トヨミサウナガ此-物トコエニ点ジタソ（国会本七38ウ）

六月棲々《タリ》 我車既飭《ニヲ、シ》……此物四驪閑《ナラツテ》 之維則《ノツトル》（叡山本七56オ）

六-月棲-々《タリ》 戎-車既-飭《ニヲ、シ》……此-物四-驪閑《ナテツテ》 之維-則《レノトル》（東大本七a31ウ・b32ウ）

【六-月棲-棲戎-車既飭《ニヲ、シ》《ト、ノホレリ》 ……比-物四-驪閑《ナラフ》 之維則《レノリ》《ノトル》〈六月に棲々たり、戎車・既に飭《ただ》し。……比物・四驪あり。閑《なら》ふて維れのり則《のり》《ノトル》あり。〉（巻十、六月）】（『玉塵抄』は「比物」を「此物」と誤っている。）

(11)〔騧驪ーー是駗〕[小戎]

ーー（騧驪）是駗 [小戎] 小戎ノ篇ハ毛詩ノ六ニアリ……小戎俴《アサキトコロアリ》 收ーー 騏駵《リウ》是中《ナリ》 騧-驪是駗《レソエウマナリ》ー（国会本七39オ）

小戎俴《アサキトコロアリ》 收ーー 騏駵是中《ナリ》 騧驪是駗《ソエムマナリ》ー（叡山本七56ウ）

小戎俴《アサキトコロアリ》 收ーー 騏駵《リウ》是中《ナリ》 騧驪是駗《ソエムモナリ》ー（東大本七a32オ・b32ウ）

【小-戎俴《アサキトコ》 收…… 騏駵《リウ》是中騧《クワ》-驪《リ》是駗《サン》〈小-戎・俴《あさ》き收《とこ》あり、……騏-駵《リウ》・是れ中なり、騧《クハ》-驪《リ》・是れ駗《サン》なり。〉（巻六、小戎）】

(12)〔[詩篇] 魚ー（麗）美万物盛多能備礼也 [小雅]〕

[詩篇] 魚ー《リ》（麗）美万物盛多能備礼也 [小雅] 魚ー《リ》ノ篇ハ毛詩ノ第九小雅ノ部ナリ……魚麗《フ》ニ于(ママ)四留《リウ》一鱨《シヤウ(ママ)》鯋《ナリ》

ー罾ハ寡《クワ》婦《フ》ノ笱《ウエ》ナリト注シタソ……毛詩ノ古本アリ　笱ヲウエト点シタソ……君-子有《リ》レ酒旨《ウマウシテカツ》且《マタ》多《シ》（国会本七41オ）

魚麗　[詩蘦]　美万物盛多能備礼也……魚麗二于罶《リウニ》一鱨《シヤウ》　汝魚《ナリ》　罶ハ寡《クワ》婦《フ》ノ笱《ウエ》ナリト注シタソ……君子有レ酒旨《ウマウシテ》且《ツ》-多（叡山本七60オ）

魚ー《リ》美万物盛多能備礼也……魚麗《フ》二于罶《リウニ》一鱨《シヤウ》-鮢鯊　罶ハ寡《クワ》婦《フ》ノ笱《ウエ》ナリト注シタソ……君子有《リ》レ酒旨《ウマウシテカツ》且《マタ》多《シ》（東大本七a33ウ・b34ウ）

【魚麗《フ》二于罶《リウ》一鱨《シヤウ》-鯊《サ》　［《毛伝》麗歴也　罶曲-梁也　寡《クワ》-婦《フ》之笱《ウエ》也］……君-子有レ酒旨《ムマウ》且《マタ》多〈魚・罶《リウ》に麗《ふ》。鱨《シヤウ》鯊《サ》なり。……君子酒有り、旨《むま》うして且多し。〉（巻九、魚麗）】

（13）[詩]　兎爰刺桓王失信注兎无ー（脾）

[詩]　毛詩ノ兎-爰ノ蘦アリ　刺《ソシル》二桓王失《ノ》レ信《コトヲ》注《ヲニ》兎无《ニ》レー（脾）……詩ニ信ヲ失シラレタコトハ序ニアリ　土ノコト脾ノコトハ詩ニモ注ニモナイソ（国会本七55ウ）

刺《ソシル》二桓王失《ノ》レ信《フヲ》（叡山本七84ウ）

刺《ソシル》二桓王失レ　信《コトヲ》|ヲ（東大本七a46ウ・b47オ）

【桓王失《ウ》レ信|〈桓王・信を失《う》て〉（巻四、兎爰）】（『韻府群玉』には「刺桓王失信」とあるが、『毛詩』原文には「刺」字は無い。また、惟高の言うとおり、『韻府群玉』にある「兎无脾」は『毛詩』の毛伝や鄭箋注等に見えない。）

（14）[詩]　湛彼露ー（斯）

[詩]ニ湛彼露ー（斯）湛露ノ詩ハ毛詩ノ十ノ小雅ノ部ナリ……湛々露斯トアリ　彼ト云字ハナイソ　湛々トタ、ウデアリ……匪《レハ》レ陽|ニ不レ晞《ヒ》トアリ（国会本七60ウ）

湛《タンタル》彼《ノ》露《アリ》ー……匪《ンハ》レ陽《ニ》不レ晞《ヒ》トアリ（叡山本七93オ）

湛《タンタル》彼《ノ》露《アリ》ー……匪レ陽《レハ》二不レ晞《ヒ》トアリ（東大本七a51ウ・b51ウ）

【湛-湛露斯　匪《アラサレ》レ陽不レ晞《ヒ》〈湛湛たる露あり、陽に匪《あらざ》れば晞《ひ》ず。〉（巻十、湛露）】

（15）〔詩……蓼彼蕭ー（斯）〕

蓼《リクタル》彼《カノ》蕭《セウナリ》ー（斯）蓼蕭ノ詩ハ毛詩ノ第十ノ小雅ノ部ナリ……蓼《リクタル》彼《ノ》蕭《アリ》ー（斯）零《ヲツル》露《ニ》湑《ショタリ》兮……既《スデニ》見二君-子《ヲ》一我《カ》心寫《ノビヌ》《ウツシヌ》兮（国会本七61オ）

蓼《リクタル》彼《ノ》蕭《セウアリ》ー……蓼《タル》彼《ノ》蕭ー零露湑《ショタリ》兮……既見君子我心寫《ノビヌ》兮（叡山本七93ウ）

蓼《リクタル》彼蕭《セウアリ》ー……蓼《タルカノ》彼蕭《アリ》ー零《ヲツル》露《ニ》-湑《ショタリ》兮……既《ステニ》見二君-子《ヲ》一我《カ》心寫《ノビヌ》《ウツシヌ》兮（東大本七a51ウ）

蓼《リクタル》彼蕭《セウアリ》ー……蓼《リクタル》彼《ノ》蕭《アリ》ー零《ヲツル》露《ニ》湑《ショタリ》兮……既《ステニ》見二君-子《ヲ》一我《カ》心寫《ノビヌ》《ウツシヌ》兮（東大本七b51ウ）

【蓼彼蕭斯零露湑《ショ》兮　既見《ミツレ》《ミレハ》二君-子《ヲ》一我《カ》心寫《ウツリヌ》兮〈蓼たる彼の蕭あり、零露・湑《ショ》たり。既に君子を見《み》《みれば》つれば、我が心・寫《うつ》りぬ。〉（巻十、蓼蕭）】

（16）〔詩……恩ー（斯）勤ー（斯）鴟鴞〕

恩《ウツヲモンシ》レー《レヲ》（斯）勤《ツヽシム》《ネンコロス》レー《ヲ》（斯）鴟鴞《シケウ》……鴟-鴞々-々既《ニ》取《トモ》我《カ》一子无毀我室——……恩《ウツクシウモ》レ斯勤《ヲツトム》レ斯《ヲ》……恩《イックシンシ》ー勤ーハト斯ハヲキ字ニシテヨミサウナソ　コヽノ本ニハーレ斯《ヲ》ーレ斯ト斯字ヲヨマテ《（ママ）》点シタソ　斯ハヲキ字ニシテテンシタ本モアラウソ　ヲキ字ニシテヨマヌガヨサウナソ　モト小喝食ノ時ニ毛詩左伝ノ文字ヨミヲ北禅ノヲイノ天龍ノ尊宿湖隠和尚ニヨウタガコヽノ点ハヲホエヌソ　恩ー勤ー閔ーハ斯ハミナヲキ字ナリ（国会本七61ウ）

恩《ウツクシンジ》レ斯《ヲ》勤《ム》レ斯《ヲ》鴟鴞……鴟鴞既欺《ニ》二我《トモ》子《カ》一《ヲ》无レ毀《コホツコト》二我室《ヲ》一……恩レ斯勤レ斯ハ……恩ー勤ーハ（叡山本七94オ）

恩《ヲモンシ》レ　ー勤《レヲツ、シム》《ネンコロニス》レ　ー《ヲ》　鴟鴞……既取《ニ》二我《トモ》子《カ》一《ヲ》无毀《シコボツコト》二我室《カ》一《ヲ》——……恩《ウツクシウシ》レ斯《ヲ》レ勤《ツトム》レ斯《ヲ》……恩ー《イツクシンシ》勤ーハ（東大本七a52オ・b52オ）

【鴟ー鴞鴟ー鴞既取《トルトモ》二我子一無レ毀《コホツ》二我室一　恩《ウツクシムシ〈イ〉》《ネンコロニシ〈ケ〉》レ斯勤《コレヲシム〈イ〉》《ネンコロニス〈ケ〉》レ　斯鸒《コレイク》ー子之閔《ヤメハ〈イ〉》《カナシヒテナリ〈ケ〉》レ　斯《コレ》〈鴟ー鴞・鴟ー鴞、既に我が子を取《と》るとも、我が室を毀《こぼ》つこと無れ。斯《これ》を恩《うつくしむ》（ねんごろにし）じ斯《これ》を勤《をし》む〈イ〉（ねんごろにす）ケ。鸒《イク》ー子が斯《これ》を閔《や》めばなり。（かなしびて）〉（巻八、鴟鴞）】

（17）〔千ー（斯）倉万ー（斯）箱　甫田〕

千ー（斯）倉万ー（斯）箱　甫田　甫田ノ詩ハ毛詩ノ詩ハ毛詩ノ第十四ノマキナリ　小雅ノ部ナリ……千《チヾ》斯倉《クラ》万《ヨロツ》斯箱《クルマ》ト毛詩ノ本ニ点シタソ　マチツトモノタラス点ナリ　ナニタル本ニナニト点アル（国会本七62オ）

千斯食万ー箱……千斯倉万斯箱《クルミ》（叡山本七95オ）

千ー倉万ー箱……千《チヾ》斯倉《クラ》万《ヨロツ》斯箱《クルマ》（東大本七a52ウ・b52ウ）

【乃求二千《チ、》斯倉《クラ》一乃求二万《ヨロツ》斯箱《クルマ》一〈乃《すなはち》・千《ちゞ》の斯の倉《くら》を求《もと》む、乃・万《よろづ》（の）斯の箱《くるま》を求む。〉（巻十四、甫田）】

（『韻府群玉』は『毛詩』の本文を正確には引いていない。）

（18）〔詩蒲　螽ー（斯）后妃子孫衆多也〕

詩蒲　螽《シウ》ー（斯）ハ后ー妃《ノ》子孫衆ー多也《ナリ》　毛詩ノ一ニ螽ー（斯）ノ蒲アリ（国会本七64オ）

螽斯　詩蒲　后妃ノ子孫ノ衆多也（叡山本七98オ）

螽《シウ》ー《ハ》后妃子孫衆ー多也《ナリ》（東大本七a54ウ）

螽《シウ》ー《ハ》后妃《ノ》子孫衆-多也《ナリ》（東大本七ｂ54オ）
【螽《シウ》-斯《シ》后-妃子-孫衆-多也〈螽斯《シフ》は后妃の子孫衆多なり。〉（巻一、螽斯）】

（19）〔参差　ーー荇菜詩〕
参《シン》-差《シ》　ー-ー荇《タル》ー菜　詩ハ毛詩ノ第一国風部ナリ　関《クワン》-雎《シヨ》ノ蕳ノ語ナリ　詩ニ関-々《タル》雎-鳩《キウ》在《リ》二河《ノ》之洲《スニ》一トアリ（国会本七66オ）
ーー　荇《タル》菜……関々《タル》雎鳩在二河之洲《ニ》二（叡山本七101オ）
ーー　荇《タル》-菜……関々《タル》雎鳩《キウ》在《リ》二河之洲《スニ》二（東大本七ａ56オ・ｂ56オ）
【関-関雎-鳩在《リ》二河之洲《ス》二……参-差荇-菜〈関関たる雎鳩、河の洲《シウ》《す》に在り。……参差たる荇菜を……〉（巻一、関雎）】

右の一九例については、次の三点が指摘できる。

（ｉ）特別の理由がある（14）一例を除いて、すべて原漢文は訓読されており、しかも国会本、叡山本、東大本三本の訓読文がほぼ一致している。
（ii）三本が一致している訓読文一八例についてみると、小異はあるがその訓読は清原家の訓読とおおむね一致している。
（iii）抄者惟高は、若い時『毛詩』の訓読を学び、『玉塵抄』作成当時『毛詩』の点本（ただしかつて学んだ時のものではない）を所持し、参照していた。おそらくその点本は、清原家の訓読に近いものであったろう。
（ｉ）について。

例外となる（14）は巻十の湛露の詩の句の場合で、国会本が訓点を付していないのに対し、叡山本、東大本は訓点を付している。「湛彼露斯」が問題の語句であるが、国会本が訓点を付していないのには理由がある。（14）の抄文に明らかなように、この『韻府群玉』所載の本文には誤りがあり、原典の『毛詩』では「湛々露斯」なのである。惟高が『毛詩』本文と異なる故に訓点を付さなかったか、あるいは叡山本、東大本のように付されていた訓点を国会本の書写者が意図的に省いたものであるか、どちらとも断定し難いが、いずれにしろ三本の訓読の有無の差の原因はここにあると言ってよい。なお、叡山本の巻七は国会本からの間接の転写本であるが（文献1参照）、この訓点は国会本以外の写本を参照したものであろう。その訓点が東大本の訓点と一致しているということになる。後述するように、他にもこのように叡山本と東大本が一致する例がある。

右の一例を除いて三本の訓読が一致しているのは、『毛詩』の訓読が抄者惟高によってなされ、各写本がそれをそのまま継承しているということを示すものである。

（16）は冒頭の「恩」字の訓にのみ三本間に相違があるが、これは誤写がからんでおり、かつて論じた（文献3）。

（ii）について。

三本の訓読が清原家の訓読と異なるものは、次のとおりである。

（2）「小東大東」　清原家本　音読　小にも……大にも
　　　　　　　　『玉塵抄』　訓読　スコシキニシテモ……ヲヽイニシテモ

（3）「生」　清原家本　セイ
　　　　　『玉塵抄』　セイ（もしくはシヤウ）スルコト

（7）「何為」　清原家本　何をか為《せ》む
　　　　　　『玉塵抄』　ナンスレソ

（9）「閔」　清原家本　カナシヘリ
　　　　　『玉塵抄』　カナシム
　　「彼」　清原家本　カシコニハ（大江家カシコハ）
　　　　　『玉塵抄』　カシコニ
　　「苗」　清原家本　苗なるあり
　　　　　『玉塵抄』　苗アリ
（10）「則」　清原家本　〈右傍訓〉則《のり》あり・〈左傍訓〉のとる
　　　　　『玉塵抄』　のつとる
（11）「驂」　清原家本　音読　サン
　　　　　『玉塵抄』　訓読　ソエウマ
（15）「寫」　清原家本　ウツリヌ
　　　　　『玉塵抄』　〈右傍訓〉ノビヌ・〈左傍訓〉ウツシヌ

（iii）について。

抄者惟高は、（10）（12）（16）（17）の四例で自分の所持する『毛詩』の点本に言及している。

（10）では、「此物」（「比物」の誤り）の訓読みか音読みかの問題で、惟高自身は訓によみそうな所と思うが「コエニ点ジタソ」として、惟高の所持本では音読みをしていると述べ、それに従っている。この音読みの形は清原家本に一致する。

（12）では、「毛伝」の「斯」字を、「ココラニ魚ヲトル物ニウケト云アリ」として、内心「ウケ」ではないかと疑っているが、「毛詩の古本」に「ウエト点シタソ」として、それに従っている。この「ウエ」の訓も清原家本に一致する。

(16)では、「恩斯勤斯」の「斯」字を置字にするかよむかで大いに迷っている。「ヲキ字ニシテヨミサウナソ」と思うが、「コ、ノ本」には「斯ヲ」とよんでいると述べ、しかし「ヲキ字ニシテ点シタ本モアラウソ」と迷い、結局「ヲキ字ニシテヨマヌガヨサウナソ」と所持本に従っている。それでもなお迷いは残り、若い頃『毛詩』の訓読を天龍寺の湖隠和尚に学んだが、ここの箇所はどうよんだか覚えていないと述べる。明らかに惟高の所持する『毛詩』の点本は、湖隠和尚に学んだ頃のものではなかったのである。この「斯」字を置字でなくよむ訓法は、清原家本と一致する。

(17)では、「毛詩ノ本ニ点シタ」ものが「マチツトモノタラ」ない訓法で、「ナニタル本ニ別ニナニト点アル」と疑っているが、その物足りないよみ方は清原家本と完全に一致している。

このようにみてくると、『玉塵抄』を抄している当時惟高が所持していた本は、清原家の訓法と非常に近いものであったことは確かである。

以上、原典が『毛詩』のどの篇であるかを明示して抄している場合は、『韻府群玉』にどの篇の語句であるかが記されている場合が一九例中一二例で、この場合は参照するのが容易である。

そうでないのは、(2)(6)(7)(12)(13)(18)(19)の七例で、これらは詩、詩篇、小雅などとあるだけで、篇名は示されていない。しかし、引用語句が、(6)の「由儀」、(7)の「相鼠」、(12)の「魚麗」、(13)の「兎爰」、(18)の「螽斯」と、その篇名が用例の最初にあるため、惟高はその篇であることを了解したのであろう。(2)と(19)は篇名が示されていないが、(19)は『毛詩』巻頭の詩であり、(2)は「小東大東」で始まる語句なので、「大東」であることが容易に分かったのであろう。惟高は少なくとも『毛詩』の篇名は覚えていたものと思われる。なお、(2)は『韻府群玉』には「車攻」とあり、それが正しいのだが、惟高は抄文では「東山」の篇としている。しかし、付された訓点は清原家のよみかたと一致しており、惟高は実際には正しく「車攻」の篇を参照していると考えられる。

このように出典の篇名が判明している場合には、抄者惟高は、清原家系の訓点が付された所持本を参照していることは明らかである。

三　『毛詩』のどの箇所が原典であるかを明確にせずに抄している場合

以下の例である。

(20)〔詩〕椅ー(桐)梓漆〕
椅《イ》-桐ーー(梓漆)ハ桐バカリヤラ椅ト桐ヤラ不レ詳ソ　椅-桐ハキリナリ　木ノ実《ミ》ヲ梓《シ》ト云ソ(国会本一47オ)
椅-桐ーハ……(叡山本一53オ)
椅桐ーハ……(東大本一44オ)
【椅《イ》-桐梓-漆《ヲサヘ》〈椅《イ》桐《トウ》梓《シ》漆《シツ》《うるし》をさへに。〉(巻三、定之方中)】

(21)〔詩〕被之僮々竦敬皃〕
僮々ハ毛詩ニハ竦《セウ》-敬《ケイ》-皃《ノカタチ》ーハ人ヲヲソレウヤマウタナリヲ僮々トシタソ(国会本一50ウ)
僮々ハ毛詩ニハ竦《セウ》《ヲソレウヤマウ》敬《ケイ》　皃《ノカタチ》ーハ……(叡山本一57オ)

僮々ハ毛詩ニハ竦《セウ》敬《ケイ》《ヲソレウヤマウ》　皃《ノカタチ》ーハ……（東大本一47オ）

【被《ヒ》之僮ー僮《タル》　〈《毛伝》僮ー僮竦《ショウ》敬也〉〈被の僮僮たるあり〉（巻一、采蘩）】

（22）〔詩狂ー（童）恣行〕

詩　狂童恣《ホシイマヽニ》ー行《ヲコナフ》　ー毛詩ノコトバソ（国会本一58ウ）

詩　狂童恣《ホシイマヽニ》ー行《ヲコナウ》　（叡山本一66オ）

詩　狂童恣《ホシイマヽニ》ー行《ヲコナフ》　（東大本一54オ）

【狂ー童恣レ《ホシイマヽ》　行《ヲコナフ》〈狂童・行を恣《ほしい》まゝにす〉（巻四、褰裳）】

（23）〔仳離　有女ーー詩ー（仳）別也〕

有女ーーー（仳離）詩ー（仳）別也　毛詩ニドノ篇ヤラ不考ソ　仳ーハワカレワカル、心ソ（国会本七29ウ、『韻府群玉』の「仳別也」は毛伝の語句。）

有レ女ーー（叡山本七42ウ）

有レ女ーー（東大本七a24ウ・b32ウ）

【有レ女批《ワカレ》ー離《ワカル》ー〈女有て批《わか》れ離《わか》る〉（巻四、中谷有蓷）】

（24）〔詩我独于ー（罹）〕

詩ニ我独于ー（罹）ハ毛詩ノドノ篇ヤラ不考ソ　于罹ノ二字点ヲシラヌソ　于罹ナト、ヨマウカ　詩ヲミタラハヤカテシラウソ（国会本七38ウ）

于レ　罹《アツカルウレイニ》　ナト、ヨマウカ（叡山本七55ウ）

于レ罹《アツカルウレイニ》 ナト、ヨマウカ（東大本七a31ウ・b32ウ）

【原典箇所不明】

（25）〔詩……魚網之設鴻則｜（罹）之〕

魚-網之《ノ》設 鴻《マウケヲ、イナルトキハカ、ル》 則 ｜レ（罹）之—ナンニアル語ヤラミエヌソ 上《カ》ニ毛詩ヲ引タソ（国会本七38ウ）

魚-網之《ノ》設 鴻《マウケヲ、イナル》則罹レ之《ニ》（叡山本七56オ）

魚-網之《ノ》設 鴻《マウケヲ、イナルトキハカ、ル》 則 ｜レ之《ニ》（東大本七a31ウ・b32ウ）

【魚網《ウホアミ》之設《マウケヲシキ》 鴻｜則離之《カ、レリ》〈魚の網《あみ》《モウ》の設《まうけ》をしき、鴻・離《かゝ》れり。〉（巻二、新台）】（『韻府群玉』の「罹」は「離」の誤り。）

（26）〔百罹 逢此｜｜兎爰〕

百_四_惟（「四惟」は「罹」の誤り）逢此｜｜兎爰 字ミエヌホトニ除之 百《ノ》_罹《ウレイ》ニアウ心カ 不審ナリ（国会本七38ウ）

逢此｜｜……百罹《ノウレイ》ニアウ心カ（叡山本七56オ）

逢此｜｜……百《ノ》ノ罹《ウレイ》ニアウ心カ（東大本七a31ウ・b32ウ）

【逢《アヘリ》二此百罹《モ、ウレヘ》一〈此の百《もゝ》の罹《うれへ》に逢《あ》へり〉（巻四、兎爰）】

（27）〔雉罹 ｜｜于羅詩〕

雉罹《シカ、ル》 ｜｜《シカ、ル》二（雉罹）于羅《アミニ》一詩 ドノ篇ヤラ ナニコトニ云タソ（国会本七38ウ）

雉罹《シカ、ル》 ｜｜ 于羅一（叡山本七56オ）

雉罹《シカ、ル》 ｜｜二于羅《アミニ》一（東大本七a31ウ・b32ウ）

【雉離《カヽレリ》二于羅《アミニ〈江〉》一　〈雉・羅《あみね（ママ、江）》に　に離《かゝ》れり。〉（巻四、兎爰）】（『韻府群玉』の「罹」は「離」の誤り。）

(28)〔纚　緌也詩紼｜維之〕

纚　緌也　詩紼之（「｜」の誤り）（纚）維之ハ毛詩ノトノ篇ヤラ不レ考　点モ除ナリ……毛詩ノ紼之トアリ　紼《フツ》ハ喪車ヲヒクツナソ　ヒクナト、ヨムソ（国会本七44ウ）

紼之維之……紼ハ喪車ヲヒクツナソ　ヒクナト、ヨムソ（叡山本七66オ）

紼之維之……紼《フツ》ハ喪《サウ》車ヲヒクツナソ　ヒクナト、ヨムソ（東大本七a37オ・b38オ）

【紼《フツ》-纚《リ》維《ツナク》之〈紼纚《フツリ》して維《つな》ぐ〉（巻十五、采菽）】

(29)〔埤　増也詩政事一｜益我通作膍〕

詩ニ政-叓一｜（埤）益我ニ　通レ膍《シテヒト》　詩ニドノ篇ヤラエ考ヌソ　政《コト》セイタウヲマシタ心ソ（国会本七57オ）

政叓一｜益我（叡山本七87オ）

政事一｜益我ニ（東大本七a48オ・b48オ）

【政-事《アル》一《ヒトツ》埤《アツク》益《マス》レ我〈政事あるときは一《ひとつ》を埤《あつ》く我に益《ま》す。〉（巻二、北門）】

(30)〔詩福禄膍之〕

詩ニ福-禄膍《ス》レ之《ヲ》　此モドノ詩ヤラ不考ソ（国会本七57オ）

福禄膍《ス》レ之《ヲ》（叡山本七87オ）

福禄膍《ス》レ之《ヲ》（東大本七a48オ・b48オ）

【福-禄膍《アック》之〈福禄膍《あつく》す。〉（巻十五、采菽）】

(31)〔戚施　燕婉之求得此｜｜詩面柔下不能仰〕

燕婉之求得此ーー（戚施）詩 毛詩ニドノ篇ヤラ不考 点モシガタイソ 燕ーハウツクシイ人ヲタツヌル心カ我（「戚」の誤り）ーハ美人ノ名カ又ウツクシイナリカ不レ知ソ 面柔下不能仰 カヲホウノユツクリトタレサガリテ物ハヅカシサウニシテアヲノクコトモエセヌヤウナ心カ 此ハスク（「イ」の誤り）ナリ 詩ヲミタラハシラウソ（国会本七59ウ）

燕婉之《ノ》求得ニ此戚施《ヲ》一……面柔下《ニテ》不レ能レ仰《クコト》（叡山本七91オ）

燕婉之求得《リ》ニ此《ノ》ーー《ヲ》一……面柔下《ニテ》不レ能《ワ》レ仰《クコト》（東大本七ａ50オ）

燕婉之求得ニ此《ノ》ーー《ヲ》一……面柔下《ニテ》不レ能《ワ》レ仰《クコト》（東大本七ｂ50ウ）

【燕ー婉之求得ニ此戚《セキ》ー施《シ》一 「《毛伝》戚ー施不レ能レ仰《アフク》 《鄭箋》箋云戚ー施面《ヲ》柔《ヤハラカクタル》 下レ人以レ色故不レ能レ仰」〈燕婉の求をしき、此の戚施《セキシ》を得たり。〉（巻二、新台）】

右の一二例のうち、(26)を除く一一例がその原漢文が『毛詩』のどの篇の語句であるかが分からないため、原典を参照できなかったものである。(26)は『韻府群玉』に『毛詩』の「兎爰」が出典であることが明記されているが、抄者惟高が「百罹」を「百四惟」と誤ったため、兎爰の詩にこの語句を見出せなかったのである。すぐ下では正しく「百罹」になっているが、これは惟高がすぐ気がついて訂正したのか、後の書写者が訂正したのかどちらとも決め難い。

これらの例を検討すると、次のことが言える。

(ⅳ) 一二例中、国会本、叡山本、東大本の三本の本文が大体一致しているものが八例、一致していないものが四例で、前節で扱った原典の箇所が明確な例に比較すると、一致していないものの割合が高い。

(ⅴ) 三本が一致しているものについては、次のことが言える。

①ほとんど訓点を付していないものが四例、普通に訓点を付しているものが四例である。
②訓点を付しているもので、清原家の訓法と一致するものはない。
(vi) 三本が一致しないものは、いずれも国会本にない訓点が叡山本、東大本で加えられているものであり、その訓点は叡山本と東大本が一致しており、かつ清原家系の訓読と見られる。
(vii) 全体として、このように原典参照が出来なかった場合、惟高の原本では約半数については自己流に訓読し、約半数は訓読されなかったということになる。その訓読されなかったものについては、転写者が新たに訓点を施した場合もあったと推定され、それは国会本より後出の写本である叡山本、東大本にみられる。
(iv) について。
三本の本文が大体一致しているものが (20)(22)(25)(26)(27)(28)(29)(30) の八例、一致していないものが (21)(23)(24)(31) の四例である。
(v) の①について。
ほとんど訓点を付していないものは (20)(26)(28)(29) の四例、普通に訓点を付しているものが (22)(25)(27)(30) の四例である。
(26) は訓点は付してないが、疑いながら意味を考え、「百ノ罹《ウレイ》ニアウ心カ」と述べており、これは清原家のよみとほぼ一致するが、訓読の一致とは言い難い。
(v) の②について。
訓点を付している (22)(25)(27)(30) の四例のうち、清原家の訓法と一致するものはなく、(27) の「雉罹于羅」の「羅」のよみが清原家本の注記する大江家の訓法と一致するだけである。

残る三例は抄者惟高の独自のよみと考えられる。(22)(30)は意味をとる上で支障のないよみと考えられるが、(25)は鳥の名である「鴻」を「ヲ、イナル」とよむ明らかな誤解をしているのであり、原典を参照出来ない場合は、かなり自分勝手なよみをしていることもあるとみられる。

(vi)について。

三本が一致していないものは(21)(23)(24)(31)の四例であるが、それぞれについて検討すると、次の通りである。

(21)は基本的な訓読そのものは三本一致しているのであるが、「竦」「敬」字に付された左傍訓が叡山本と東大本だけに存し、国会本にはない。この左傍訓は清原家本にはみられないものである。これは『毛詩』本文ではなく「毛伝」の語句であり、『韻府群玉』にある「皃」字は「毛伝」にはない。

(23)は、返り点一つの問題であるが、国会本には訓点がないのに対して、叡山本と東大本には訓点があり、それが清原家本と一致する。

(24)は、国会本の「于罹ノ二字点ヲシラヌソ　于罹ナト、ヨマウカ」とあるところが、叡山本、東大本では于《アツカル》レ罹《ウレイニ》　ナト、ヨマウカ」と訓読を推測しているのであり、この場合は訓点がなくては抄文が理解できず、おそらく抄者惟高の原本には訓点が存在したものと思われる。国会本では何らかの理由で訓点が脱落し、他の二本で保存されていることになる。これは原典箇所をつきとめ得ていない。

(31)は、国会本に訓点がなく、叡山本、東大本にほぼ同じ訓点があるのだが、惟高は抄文で「点モシガタイソ」と言っているのであり、惟高の原本に訓点が付されていたとは考え難い。この部分は『韻府群玉』の本文に問題があるところだが(文献3参照)、叡山本、東大本の訓点そのものは清原家本と大体一致する。この場合は、おそらく転写者が清原家本系の訓点が付された本を参照したのではないかと考えられる。

以上のように、原漢文が『毛詩』のどの篇であるかが明示されていないのは、『韻府群玉』に出典名が「詩」あるいは「詩篇」とだけ記されて、篇名が記されていない場合である。このような場合でも、前節で述べたように、その『韻府群玉』引用語句の冒頭が篇名であったりするような場合は、惟高はその篇名を了解し、そこを参照しているのであるが、そうでない場合は、篇名が判明するような手がかりがないので、どの篇かわからないということになる。惟高は『毛詩』の若い時から『毛詩』の勉強はしているのであるが、さすがに一つの語句から篇名を挙げることは出来なかったのである。(20)～(31)の例では、抄者惟高は原典を参照して抄していないと言うことができる。この場合、『玉塵抄』三本間の訓読の異同が相当程度みられ、右に述べたような問題が生じる。

四　抄者惟高の『毛詩』訓読の方法

抄者惟高が『韻府群玉』の用例中の『毛詩』を訓読するに当たって、原典の『毛詩』を参照している場合と、参照していない場合があること、及びそれによって生じる問題を論じてきた。

ここまでとりあげてきた例は、巻一、七で『毛詩』の語句が抄の対象になっているすべての場合であるが、『毛詩』の訓法については、『玉塵抄』全巻に記述がみられる。ここでは巻一～十の範囲で、右に示した巻一、七以外の巻における『毛詩』の訓読に関して注意すべき記述を掲げてみる。掲げ方は巻一、七の場合と同様であるが、国会本だけを示す。

(32)〔高朗令ー（終）既酔〕

高朗令《ヨキヲ以ヲラシム》《ヨク》　終《ヲウ》　｜ハ天カラ周ヲタスケテ日月ノ如ナル高ウ明ナル道《ミ》ヲ以テ長ク高明ノホマレヲ得シムルソ……此ハ毛詩ノ既《キ》酔ノ篇ノコトバナリ……既レ酔《ツクス》《ヲ》トモヨム　毛詩ノ点-本アリ　ソレニハ既酔ト点シタソ（国会本二30ウ）

【既《キ》-酔大-平也……高-朗令《ヨク（イ）シム（イ）ラフ（イ）ヲヘ（イ）》《ヨキヲモテ（ケ）》　終《ヲフ（ケ）》　〈既酔は太平なり《（たり）》。高朗に（し）て令《よ（イ）》《よきをもて（ケ）》　終《をふ（ケ）》　（終《を（イ）》へ令《し（イ）》む）〉（巻十七、既酔）】

（33）〔纘｜（戎）祖考〕

纘《ツギ》《ウ》二戎《ヲ、イニシテ》《ナンヂノ》　祖-考一―毛詩ノ大雅ノ君臣ヲ美タ詩ソ　烝《セウ》民ノ篇ノコトバソ……戎ノ字ハ又ノ点ニ汝ナリ　ナンヂトヨムソ　毛詩ノ点ニイ点ケ点ト云コトアリ　イ点ト云毛萇ガ毛詩ノ傳《スム》ト云テ注ヲシタソ　傳ノ字ノヘンハ人-辺ナリ　人-辺ハカタカナノイノ字ナリ　ケ点ト云ハ鄭玄カ注ヲ箋《セン》ト云タソ　箋ノ字ハ竹カムリソ　竹ノ字ノカタ〳〵ハケナリ　サテイ点ケ点ト云ナリ　毛カ伝ノ心テ点スルハ右ノカタニ点ズルソ　毛カ義カ本ナリ　右ニツクルソ　鄭ガハソノ後ノ者ナリ　サテ毛カ（ママ）義ノ点ヲハ左ニテンスルソ　此ハ毛詩ノナライソ（国会本二38ウ）

【纘《ツキ（イ）オホキニシ（イ）》《ツイ（ケ）ナムチノ（ケ）》二戎　祖-考《ヲ》一　〈祖考を（イ）纘《つ（イ）》ぎ戎《おほ》きにし（イ）（戎《なむぢ》の祖考に纘《つ》いで（ケ））〉（巻十八、烝民）】

（34）〔于彼｜｜（西雝）振鷺〕

于二彼《ノ》｜｜一《ニ》（西雍）毛詩ノ十九ノ振鷺ノ篇ノコトバナリ……振鷺《タル》于《ユキ》飛于《トブユク》二彼《ノ》西雝《ヨウニ》一……于《ニ》二彼｜｜一《ニ》トナラウタガ点-本ノ点ニ于《ユク》二彼｜｜一《ニ》トアリ　上句ニ于《ユキ》飛トアルホドニ下ノ于ハ于《ニ》トヨムカヨサウナソ（国会本五54ウ）

【振-鷺于《ユキ》飛于《トフユク》彼西-雝《ヨウ》　〈振鷺・于《ゆ》き飛《と》ぶ、于《ゆ》く彼の西雝《ヨウ》に。〉（巻十九、振鷺）】

（35）〔詩民之秉ー（彝）生民〕
民之秉ー（彝）生民ノ蔔トアリ　此語ハ生民ノ中ニハナイソ　フシンナソ……生民ノ蔔ニナイホドニ烝民ノ蔔ヲミタレバ烝民ニアルソ　民ト云所デトリマキラカイタソ　唐人ト云エトモシチガユルコト多ソ　烝民ハ毛詩ノ第十八ニアリ（国会本八49ウ）
【民之秉《トレル》レ彝《ツネ》〈民の彝《つね》を秉《と》れる〉（巻十八、烝民）】

（36）〔詩天子是ー（毗）節南山輔也〕
詩天子是ー（毗）節南山輔《タスクル》也……節南山ノ詩ハ毛詩ノ第十二ニアリ　尹氏太師維周之柢《レノ》《モトナリ》秉《トル》二国之均《ノ》《キンヲ》一四方是維天子是毗《レ》《アツク》《タスク》……柢ヲモト、ヨムハイ点ナリ　毛ガ心ソ　カタメトヨムハケ点ナリ　鄭ガ心ソ……毗《アツクス》《タスク》ーアツイハイ点ソ　タスクハケ点ソ　柢ハ鄭玄箋《カセン》ノ心柢ハ桎トナサウストシタソ（国会本八62オ）
【尹氏大師維周之氐《モト（イ）》《チナリ（ケ）》秉《トリ》二之均《キム》一四方是維天子是毗《コレアツク（イ）》《タスク（ケ）》ー〈尹氏大師、維《こ》れ周の氐《もと》なり（イ）。国の均を秉りて、四方是を維す。天子是を毗す《あつく》《たすく（ケ）》（イ）〉（巻十二、節南山）】

（37）〔縶維ー之ー之以永今朝詩白駒〕
縶《エツ》維ーー《シ》（縶）之ーー《シテ》（維）之以永《ヒサシウス》二今朝《ヲ》一詩白駒　白駒ノ詩ハ毛詩ノ十一ニアリ……皎《カウ》々《タル》白駒食《ハマヌカ》二我《カ》場《ニワノナエヲ》苗一縶之《シ》維《シテ》之以永《ナカウス》二今朝《ヲ》一ー……縶ハコ、ニ点本アリ　チツト点シタソ　韵会ニハシツノ音ノ所ニ入タソ……永《ナカイ》ハ毛ガ心ソ　永《ヒサ》ーハ鄭カ心ソ　ケ点ナリ　広韵ニハ縶ハ陟立ノ切ソ　チツ音ナリ（国会本九57オ）
【皎《ケウ》々白駒食《ハマヌカ》二我場《カニハ・チヤウナエ》苗一縶《チウ》之維《イ》之以永《ヒサシウ》二今朝一〈皎《ケウ》々たる我が場《には》《チヤウ》苗《なえ》を食《は》まぬか。縶《チウ》し維《イ》して、以て今朝を永《ひさし》うせむ。〉（巻十一、白駒）】

興味深いのは（34）の例で、「振鷺」の篇の「于彼西雝」のよみ方に関して、「于」を「ニ」とよむように習ったが、参照した点本には「ユク」とよんでいると述べ、しかし上の「于」を「ユク」とよむのだから下のこの「于」は「ニ」とよむのがよさそうだと言っている。清原家の訓法では右に示したように双方の「于」を「ユキ」「ユク」とよんでいるのであり、この点本は清原家系の訓読をしているものである。前掲（16）例で、惟高は小喝食の時天龍寺の湖隠和尚に『毛詩』の訓読を習ったことを述べているが、恐らくここの「ナラウタ」もそのことを指しているものとも考えられる。（16）の例では若い時どのように習ったか覚えていないと言うが、ここではその習った訓法を覚えていて、それと所持する点本との違いを明らかにしているのである。

（32）は、『毛詩』の篇名である「既酔」のよみ方についての論である。「キスイ」と字音でよむ場合と「酔を既《つく》す」とよむ場合があると述べ、所持する点本では「既_酔」と訓合符が付されていると述べる。「既_酔」は「既に酔う」とよむべきであって、同じ訓よみでもまた異なる。清原家の訓は「既-酔」で、字音よみである。この場合、惟高の所持する「毛詩ノ点本」と清原家の訓法とは一致しない。

（37）も、参照した点本に言及している。この場合は「縶」字のよみに関するものだが、『玉塵抄』の本文が混乱している。最初にこの字に「エツ」と振り仮名しているが（東大本も「ヱツ」、叡山本は振り仮名を欠く）が、この字に「エツ」の音はない。所持する点本に「チツ」と点してあると言うが、「縶」字には「チツ」の音はなく、右に示したように清原家本は「チウ」とする。恐らく惟高の所持する点本では「チウ」を誤って「チツ」としてあったか、もしくは点本の「チウ」を惟高が「チツ」と誤読したか、どちらかであろう。惟高は韵会には「シツ」の音であるとし、広韵には「チツ」の音であるとしているところを見ると、この字は「ツ」で終わる入声の文字と誤解していたのではないかと考えられる。特に、広韵で「陟-立」の反切であると言いながら「チツ」音としている。どうも惟高はこの字は「ツ」で終わる入声の文字と誤解していたのではないかと疑われる。そうとすれば、所持する点本には正しく「チウ」とあったものを「チツ」と誤読したとみる方が可能性が高い。

（33）では、『毛詩』の「毛伝」と「鄭箋」による訓読の違いについて詳しく説明している。「毛伝」によるよみは「イ点」で当該字の右側に記し、「鄭箋」によるよみは「ケ点」で当該字の左側に記すとする。確かに『玉塵抄』の「戎」字の右側に「ヲ、イニシテ」とあり、左側に「ナンヂノ」とある。清原家本では、「戎」字の右側に「オホキニシ（イ）」とあり、左側に「ナムチノ（ケ）」とある。

（36）でも、イ点ケ点に言及されており、『玉塵抄』では「毗」字の右側に「アツク」、左側に「タスク」と付訓されている。清原家本でも同様で、右側に「アツク（イ）」、左側に「タスク（ケ）」と付訓されている。

（37）も『玉塵抄』で「永」字の右側に「ナカウス」、左側に「ヒサ」と付訓されており、「永《ナカイ》ハ毛ガ心ソ　永《ヒサ》ーハ鄭カ心ソ　ケ点ナリ」とする。しかし、清原家本では、示してあるとおり、「永」字には右側に「ヒサシウ」と付訓されているだけで、「ナガウス」という訓は見られない。『玉塵抄』でも用例にあるように最初の引用部分では「永」字に「ヒサシウス」の訓が付されているだけである。惟高が見た一本に「永」字の右側に「ナカウス」、左側に「ヒサ」と付訓してあったのであろう。そうだとすれば、その本はこれまでの引用例で惟高が参照した清原家系の点本ではなく、清原家の訓法とは異なる訓読がなされていたことになる。惟高が所持し、参照した『毛詩』の点本は、複数であったのかも知れない。それにしても、『毛詩』の原文について「毛伝」を見れば、「永」を「ナガウス」とするような注はないことに気がついたはずで、惟高はそれほど細かく原典をみていない場合もあったということになる。なお、鄭箋には確かに「永久也」とある。

（35）は、抄者惟高が『韻府群玉』所引の『毛詩』の語句をどのように訓読、解釈したかを具体的に示している。「民之秉彝」が「生民」の篇にあるとする『韻府群玉』の記述に従って探したが、「生民」の篇には見出せず、「烝民」の篇の語句であることを発見して、訓読し、註釈している。この場合、「生民」は巻十七にあり、「烝民」は巻十八であって、隣接した篇ではない。惟高は「生民」と類似した篇名を考えて、「烝民」の篇にこの語句を探したのであろう。惟高の言うように、『韻府群玉』の本文には誤りもあり、「唐人ト云エトモシチガユルコト多」いのである。

右に述べてきたように、『韻府群玉』所引の『毛詩』語句の訓読、解釈に当たって、抄者惟高は『韻府群玉』に記載されている篇名、もしくはその語句から判明する篇名によって出典の篇を知り得た場合、所持する『毛詩』の点本によってその箇所を検し、訓読を付し、註釈を行っている。その参照されている点本は複数だったかと推測されるが、主として参照したものは清原家系の訓法による点本だったのである。惟高自身はかつて『毛詩』の訓読を学んだことがあり、それは必ずしも清原家の訓法と一致するものではなく、その記憶と照らし合わせて論じている場合がある。

一方、『韻府群玉』に篇名が記載されておらず、その語句からも篇名を知ることができない場合、惟高の原本においては惟高が自ら訓点を付す場合と、全く訓点を付さない場合がある。自分独自の訓点を付す場合、惟高の中国古典の解釈力によって、清原家の訓法と異なっても、おおよその語句の解釈に合致するものが多いが、(25)の例のように全く誤ったよみ方をしてしまう場合もある。

国会本に訓点がなく、惟高が敢えて訓点を付さなかったと考えられるものに、後出の写本である叡山本、東大本で訓点が付されている場合があり、その訓点は調べた範囲では清原家の訓点と一致すると言える。

『毛詩』の訓読は、平安時代以来博士家によって行われ、受け継がれてきたものであり、『玉塵抄』の『毛詩』の訓読が多くそれに一致することは当然である。室町時代の五山において、『毛詩』がどのように訓読されたかについての研究は現在までなされていないようであるが、『玉塵抄』の『毛詩』の訓読の検討からみて、清原家とやや異なるよみかたも行われていたものと考えられる。『玉塵抄』全巻について詳しく調査すれば、当時の五山における『毛詩』の訓読状況がある程度推測できるであろう。これは今後の課題である。

第五章　会話文の考察

一　はじめに

抄物の会話文を正面から取り上げて論じたのは、『漢書抄』を対象とした寿岳章子「抄物の会話文―漢書抄による―」（『国語学』二八集、後『室町時代語の表現』所収）であり、「一般的に、会話文は多少ともその頃の話ことばを反映し、ひいては非文語的であって、日常語的、乃至は普遍的言語相というものが最も自然に出ると思われる」という立場から、広い視野でさまざまな問題を考察している。本稿では、『玉塵抄』の文章の性格を明らかにするための一つの方法として、その会話文をめぐる問題を考えてみたい。

本章では、『玉塵抄』の会話文について、次の二つの視点から考察する。

第一は、原典を抄するにあたって会話文がどのように活用されているか、どのような形式で表現されているか、という視点である。

第二は、会話文の言語が、それ以外の抄文の言語とどのように違うか、または違わないか、という視点である。

資料としては、巻一、七の全会話文を対象とし、抄文と原典とを対照しながら考察する。

二　会話文の分類

寿岳の指摘する通り、抄物の会話文の認定には問題が多い。本章では原典と対照した上で[1]、会話文を次の二つに分類した。

A原漢文に該当する会話部（あるいはそれに準ずる部分）が存在するもの

次のような例である。

以下『玉塵抄』の引用は国会本により、原文にある訓読符、音読符等の記号は省略し、漢字の字体も改めた場合がある。「ｌ」で省略されているものは必要に応じて（　）内に補う。対象とする会話文は「　」で示す。また、原文に引用されていない原漢文は、【　】内に示す。

（1）父曰人而偶非類乎殺馬……父カ云コトハ「人ガ類セヌ畜生トメウトニナラウスコトハアルマイソ　タ、馬ヲコロセ」ト云テ（七14ウ）

B原漢文に該当する会話部（あるいはそれに準ずる部分）が存在しないもの

（2）荊公カ喜テ「ソレハヨイコトチヤ」ト云テヤガテ祠部ノ官人ニ云テ度牒ト云カキダシヲトラセタソ（一55オ）

【『排韻増広事類氏族大全』（以下『排韻』と略称する）の「兪清老」の条に「公欣然為置祠部……」とある。】

この例では、原漢文の「欣然」を「「ソレハヨイコトチヤ」ト云テ」と訳しているのであり、会話文の部分は抄者自身によるもので、原漢文に相当する字句はない。

AとBとは、ほとんどの場合明確に区別できるが、問題になるケースもある。

（3）符登謂《テ》二雷悪《アク》地《ニ》一曰雷ーー《ハ》（征東）其《レ》聖乎《カ》……雷カ登ニ異見シテ「蒖カケイリヤクセウズホトニフカウ思案セヨ」ト云タソ　ソコテ云タ語ソ　「雷征東ハソレ聖《セイ》カ」ト云タソ　聖ト云ハ孔子ナドノ聖テハナイソ　タ、智恵カアツテ敵ノコトヲスイシテ知タヲ云ソ　「雷カイスンバムダイニケガヲセウスヨ」ト云タソ（一8オ）

【『晋書』三十巻に「雷悪地馳登曰、姚萇多計略……願深宜詳思……曰雷征東其殆聖乎」とある。『韻府群玉』の本文とは小異があるが、抄文に「晋書ノ末ニアリ　三十巻ニアリ」とあり、抄者惟高は晋書を参照している。】

（4）淮《ワイ》南王安八公詣《イタル》レ門《ニ》王使《シテ》下二闇《コン》人《ヲ》一難《ハヾマシム》上レ之《ヲ》……難《ハヽマシム》レ之《ヲ》ハ難ジタ仙ソ「ナニタル人ソ　ドコカラワセタソ」ト云テフシンシテアヤシウタソ（一66オ）

（3）の場合、原漢文の「雷征東其征乎」を訳していると考えられるので、必ずしも原漢文の字句通りではないが、Aに分類する。

（4）の場合は、「難之」の内容を会話文の形式で表現しているのであるが、原漢文の語句と直接の関連は認められない。この場合はBに分類する。

なお、原典に会話の部分があり、抄文でも会話文の形をとっていても、次のように原漢文そのままを用いている場合は会話文に数えない。

（5）馬ーガソコデ云タコトソ　「吾道《カタウ》東矣《シヌ》」ト云タソ（一2ウ）

【『韻府群玉』の「道東」の条に「漢鄭玄事馬融辞帰融曰吾ーー（道東）矣」とある。】

巻一、七の会話文を、ABに分類すると、次のようになる（一発話を一と数える）。

A　一四七

B　五七

原典に該当部分を有する会話文がそうでないものの二・五倍強になる。

三　A原典に基づく会話文について

原典との関係で問題になる点について述べる。

まず、原漢文が会話文の形式をとっていない場合がある。

（6）越滅《ホロホシテ》レ呉使《ヲシテ》二呉王《ヲ》一居《ラ》中甬東《ニ》上ハ……左伝ヲミレバ哀ガ二十二年ノ傳ニアルソ　越王ノ「呉王ヲ甬東ニヲカウ」ト云タレハ呉王ノ辞退シテ孤老《ヲイニタリ》矣焉《イツクンソ》能叓《クツカヘンヤト云テ》レ君《ニ》乃縊《チクヒレヌ》　トアリ……「御意ハカタジケナケレトモ吾ハハヤ年ヨリハテタ身ナリ足手モ自由ニナイホドニ御用ニ立テハシリマウコトモアルマイ」ト云テクビヲク、リテ死タソ（一7ウ）

【『春秋左氏伝』哀公二十二年の条に「越滅呉請使呉王居甬東辞曰孤老矣焉能事君乃縊」とある。『韻府群玉』の本文は「請」字を落としている。】

「呉王ヲ甬東ニヲカウ」について、これは『韻府群玉』の本文が「請」字を落としている点も問題だが、惟高は原典を参照しているのであり、「請」字の存する本文によっているとみるべきであろう。それにしても訓読すれば「呉王をして甬東に居らしめんと請ふ」であり、直接の会話文ではない。しかし、その後に呉王の返答として「辞曰」とあり、「御意ハ……アルマイ」は原典に会話文がある。「請使呉王居甬東」を会話文に訳すのも理由がある。

このようなものは他に四例みられる。[2]

次に、原典が詩の場合に会話文の形式で訳されている場合がある。

（7）宋真宗訪得隠者楊朴上問有《リ》二作《ヤテ》レ詩送《モ》レ君《ヲ》否《ヤ》曰臣《カ》妻《ノ》詩《ニ》云《ク》……更休《ヨ》三落魄《タク》貪《ルコトヲ》二 杯酒《ヲ》一亦莫《シ》三猖狂愛《コト》レ詠《コトヲ》レ 詩《ヲ》―メカ作タ詩ニ夫ニケウクンノ詩ナリ 落ーハトシヤウネヌケト云心ソ タマシイモヲチヌケテ人《ト》コンジヤウモナイ者ト云心ソ 「トコヲモネリ酒ヲアナガチニコノウテロサウテノミアルクナ」ト云ソ（七12ウ）

この場合、詩の「更休《ヨ》三落魄《タク》貪《ルコトヲ》二 杯酒《ヲ》一」について「落魄」の部分以外を会話文の形で訳していると考えられる。

このように、詩を会話文の形式で訳す場合は、他に一一例ある（童謡・歌各一を含む）。[3]

次のように会話文中に原漢文や説明のことばをはさんだものがある。

（8）翁帰文武兼備惟《タ、》所《ロノマ、ナラン》二施設《スル》一―ハ「某は文ノ方モ武ノ方モトチモ存シタホドニ惟所ーハ西ニナリトモ東ニナリトモアリタイ方ニアラウスナリ 私ガ心ノマ、デアラウ」ト云タソ（二17ウ）

【『韻府群玉』「有文者東」の条に「尹独曰翁帰文武兼備惟所施設」とある。】

右の例で会話文内の「惟所ーハ」は、以下の抄文は原漢文のこの部分の注釈だということを示しているところで、会話文としては「惟所ーハ」をとばして理解すべきものである。

（9）袁淑謂二謝荘《ニ》一曰《ク》江東无《ニンニハ》レ我卿《レケイノ》 当《サニ》《シ》二 独歩《ス》一―晋ノ袁ーガ謝荘ニムイテ云タソ 「江東ハ晋ノミヤコナリミヤコニ某カナクハ［卿ト云ハ謝ーヲ云ソ 卿《ナンチ》トモヨムソ コ、ラニ貴方ト云イソナタナト、云ツレソ チツトシヤウクワンシタ語ナリ］ソレカシガ晋ノミヤコニナクハ貴方ハ上《ウ》ナシニハシリマワラレウズ」ト云心ソ（一5ウ）

［ ］内は、抄者による語句の説明であり、「江東无《ニンニハ》レ我卿《レケイ》当《サニ〔シ〕》二 独歩《ス》」を訳した会話文としてはこの部分を抜か

してとらえなくてはならない。

原典によった会話文でも、原典にない文が付け加えられている場合もある。これは原漢文を口語体抄物の文体で訳するのであるから、当然のことであり、そこに興味深い事象も見出せるのである。右に挙げた（6）の例でも、「御意ハカタジケナケレトモ」は原文にないが、この部分が付け加えられることによって日本語として自然な会話文になっているのである。このような当然の付加以外に、付け加えられるものもある。次のような場合である。

(10) 千羊ノ之ー（皮）不レ如二一狐之腋　詳レ腋　周舎カコトナリ　戦国ノ時ニ趙簡子ニツカエタソ　簡子ハ趙ノ君ナリ　筆墨簡牘《トク》ハ紙ノ心ソ　筆紙ヲ以テ簡子ガアトサキニツイテ簡ガアヤマリノアルコトヲカキツケテ諫タソ　周ーカ死テノチ臣下ドモ出仕シテ政ヲ云ヲキイテ簡子カウレイテ喜フ色ナイソ　大夫ガ「吾ラガワルイトガゞアルホトニ御キゲンワルイゲナソ　イカヤウニモ御ザイクワアレ」トモ（「云」の誤り）タソ　ソコテ簡子ガ云タソ　千里（「羊」の誤り）ーー（之皮）「羊千ヒキノ皮ハ狐一疋ノワキ毛ノ皮ニハアタラヌソ　ヲウゼイナラビイタレトモ周舎一人ニハシカヌ」ト云タソ（七11オ）

【『韻府群玉』「腋」の「狐腋」の条に「周舎好諫舎死簡子听朝不悦大夫請罪簡子曰千羊之皮不如一ー（狐）之ー（腋）諸大夫朝徒聞唯唯不聞周舎之鄂鄂是以憂也[史]」とある（『史記』の文章とは小異がある）。なお、「戦国ノ～諫タソ」の抄文は『排韻』「周舎」の条の「周舎事趙簡子曰子何以教我舎曰頭?為諤々之臣執筆墨操簡牘随君後伺君之過而書」による。】

右の「羊千ヒキノ～アタラヌソ」は原漢文の「千羊之皮不如一ー（狐）之ー（腋）」に対応する。しかし、「ヲウゼイ…」以下は、原漢文にはなく、抄者が補って説明した部分である。このような場合は一つの発話の中の一部分を区別することは困難なので、一つの発話として原典に依拠した会話文とみる。なお、最初の「吾ラガ～アレ」は対応する原漢文が「大夫請罪」のみであるので、Bに分類する。

原典の一発話を、二つに分けて抄したり、同じ内容を要約したりして繰り返して会話文で抄している場合もある。

(11) 又成藻《セイサウ》ト云名ノ高イ官人アリ　此ガ馮ガ所エキテ酒ヲノウテ雑談シテ一月モ二月モ久ウトウリウシテ馮ガサウタンヲキイテ奇特《ドク》ガリテホメテ云タソ　吾《レ》遠《ク》求《ム》二騏驥《ヲ》一不レ知《ラ》近《ク》在《リ》二東隣《ニ》一―ハ「松（「私」の誤り）ハヨイキ、ト云名馬ガホシイト存シテハル〳〵トヲイ北国ヲタツネテアリ　不レ知―マツコ、ノ東トナリニ名馬ノヤウナ人ノアルヲ知ラナンダコトヨ」ト云テ「ヲソウ知タコトコソフカクナレ」ト云テムコニトツタソ（一25オ）

【『排韻』「馮素弗」の条に「南宮令成藻高名造焉談飲連月藻奇之曰吾遠求騏驥不知近在東隣何識子之晩也遂妻以女」とある。】

(12) 武カ云コトハ「大臣ノ位ニシテ本ノメヲノケテヲモイモノ、小メラウアイスルコトガアラウカ　此ノイワレニコロイタ」ト云タソ　「ジヤレデハナイ」ト云タソ（七22オ）

【『排韻』「厳武」の条に「武曰安有大臣厚妾而薄妻者児故殺之非戯殺」とある。】

原典に基づく会話文には、会話文の終わりが引用の助詞「ト」に接続し、会話文の終わりが明示的に示される形式（「I」とする）と、会話文の終わりが明示されていない形式（「II」とする）とがある。

I　会話文の終わりが明示されている形式

大別すると、①（13）のような「云ハ～ト云タソ」という形式（及びそれに類する形式、以下同様）、②（14）のような「云タソ　～ト云タソ」という形式、③（15）のような「～ト云タソ」という形式がある。

(13) ヲウヂノ宋卿ヲミテ云ハ「此ノ年ヨリハ九代ノ祖チヤ」ト云タソ（七26オ）

(14) 蔡謨嘲《アサケル》二王導《ヲ》一々怒《テ》曰《ク》吾《レ》往《サキニ》遊《ヒテ》二洛中《ニ》一何《ソ》曽《テ》聞《ン》レ有《コトヲ》二ーー《カ》（蔡克）ー（児）一也―……王導ヲアザケリソシツタホ

トニ王ガイカツテ云タソ　「吾マエニ洛中ニイタカ蔡克カ子モツタト云コトハキ、モセナツタソ　人ノヤウナ者テハアルマイソ　名デマリキカヌホトニ」ト云タソ（七23オ）

(15) 指《シテ》二庭中《ノ》青桐一双《ヲ》一曰《ク》此応《レベシ》レ酬《ムクウ》レ直《アタヒヲ》―ハ此ノ宅主《イヱ》ニ庭ニ青桐ノ木二本アツタヲサイテ「此ノ二本ノ桐カワウズ」ト云テ（一48オ）

これまでに掲げた例を分類すると、(1)(12)が①、(9)(10〈二番目の会話文〉)が②、(2)(3)(4)(6)(7)(8)(9)(10〈最初の会話文〉)(11)が③の形式である。

II　会話文の終わりが明示されない形式

①(16)(17)(18)のように会話文の終わりの部分が命令形・終助詞など文が終止することが明らかな語句である場合、②(19)のように助詞「ゾ」(「ナリ」一例)で終わっている場合がある。

(16) 王相国夢人領《ニトス》二一緑衣童子《ヲ》一曰《ク》―……夢ニミルコトハ人ガ一人ノアヲイキルモノキタワラウベヲツレテキテ曰《イフ》タソ　汝有《チリト》二憂《ウル》レ民之心《ヲ》一賜《ロタテノ》二此玉童《ヲ》一為《セン》二宰相子《ノト》一―汝有―「貴方ハ相国ノ位ニイテ天下万民ヲアワレミワルイコトヲウレイカナシム心カアルソ　殊勝ナホドニ此ノ玉ノヤウナミメヨイ子ヲトラスルソ　ソチノ子トセヨ」ソ（一67オ）

(17) 弟子曰吾《イ》師《カ》帰《リナラン》《リヌ》矣　枝ノ東ニサイタヲミテ弟子ドモガ云ウソ　「吾ヵ坊主ハカエラレウスヨ　枝ガ東エサイタホドニ」ソ　果《シテ》然《シカリ》……（一22ウ）

(18) 秦ノ穆公ノ馬ヲ求メテ伯楽ニイワレタ　「ソチハ年長シタソ　久ハイキマイソ　タソ士人タル中《ウ》ニ名馬ヲミシツテ求テクル者アラウカ」伯楽カ返㕝ニ……（七39ウ）

【『列子』巻八、設符に「秦穆公謂伯楽曰子之年長矣子姓有可使求馬乎伯楽対曰……」とある。】

（19）強笑遣之曰数年笑《イ》二得《リ》三ーー《コトヲ》二（面似）ーー《ニ》一（靴皮）………サウシテ云タソ「此ノ年月数年カウシテシイテ笑イ語テツラノ皮ノハクフル靴ノ皮ニ似タコトヲナイタソ（七14オ）

①の場合は会話文の終わりが明確であるが、②の場合は問題である。（19）の会話文は「ナイタ」で終わるのか、それとも「ナイタソ」で終わるか、にわかには決め難い。意味・語法の上からは、どちらも可能である。この問題については後述する。

数の上では、Iに属するものが一二三、IIに属するものが二八である。IIの中では、①が一〇例、②が一六例である。

四　B原典に基づかない会話文について

Bの原典に依拠しない会話文は、すべて助詞「ト」で受けられているものであり、Aの場合のI③に相当する形式のみである。

内容からみると、原漢文の字句を解釈するために会話文を利用していると言える場合が大部分である。

（20）吏ト云ハコ、ラデナラバ所ノ定《ヂヤウ》ツカイモヨヲシ報ー《頭》ウナト、云者ノツレソ　年貢《ク》ナドノフレサイソク「ナニコトヲセイ」ナト、云コトヲ地下《ゲ》エフル、ヤウナ役《ヤク》ソ（一17オ）

【『排韻』「尹翁帰」の条に「尹翁帰字子兄田延年故吏也」とある。】

（21）ーー《ノ》（五尺）ー（童）子羞《モハツ》レ称《スルコトヲ》二五伯《ハト》一ー……心アル者ハ犬打ツワラウヘノヤウナ者モ「ヒケウナコト」ト云テハチタソ（一65ウ）

(20)では、原漢文の「吏」という語をわかりやすく解釈するために会話文を利用している。(21)は、「差ヂタ」を様子を会話文を用いて説明しているのである。

(22)祢ー（衡）ハ字正平ナリ……後漢ノ建安ノ初ゴロ許ト云所ニイタソ　タソシカルヘイ人ニトリ入テ扶助ヲウケウト思テ刺ト云モノコシラエテ以タソ　刺《シ》ト云ハコ、ラノ折紙ノヤウナコトソ　紙ヲ折テ吾カ名ヲカイテ人ノ所エイテ「カウマウス者御目ニカ、リタイ」云ソ　祢ーガ刺ヲソデニ入テ方々ヲタ、キマワレドモ人ガヨビコウデゲンザウスル者ナイホドニ刺カフルビボヾクレタヾレタソ（七24ウ）

【『排韻』の「祢衡」の条に「祢衡字正平気尚剛傲矯時慢物漢建安初遊許下陰懐一刺既而无所適至於刺字漫滅」とある。】

(22)は、原漢文の「刺」という語を説明した上で、この語が「コ、ラ」(4)すなわち当代の日本語では「折紙」に当たるとして、会話文を利用して説明しているのである。(21)の例でも、「吏」が「コ、ラ」の「定ツカイ」「モヨヲシ報頭」というものに当たるとしていて、それを会話文を利用して説明している。

少数ながら、原漢文の字句の解釈と関連のない会話文がある。

(23)宰相ホトノ位ニナツタ者カ後ニトガヲシテコロサレタ者多ソ　皆欲ノカタデ身ヲワルウハタスソ　叡《エイ》山ノ安然禾《クワ》上ハ大孝匠ナリ……天然ノ貧僧ナリ　勝定相公御キ、アリテ「一日七口ヨリ京ヘ入ル物ヲマラセウ」トアツテ日ヲ定ラレタレバ（一42オ）

【『韻府群玉』「鄧通銅」の条に「ーー（鄧通）相当貧餓死文帝曰富通者在我賜蜀ー（銅）山得自鋳銭後有罪寄死人家」とある。】

右は、「鄧通銅」の項にあり、鄧通が宰相になり銅山を賜って富裕になったが、結局は罪死したことを述べたことに関連して、清貧を通した安然の例を引いたもので、そこに会話文が現れるのである。

五　A類の会話文とB類の会話文の違いについて

A原典に基づく会話文と、B原典に基づかない会話文とを比較すると、まず、Aに属する会話文の方が長い文が多いことが言える。便宜、会話文を、一文から成るものと二文以上から成るものとに分け、それぞれの数を示すと、［表1］の通りである。

［表1］

	A	B
一文から成る会話文	九三	五三
二文以上から成る会話文	五三	三
合計	一四六	五六

明らかにB、即ち原典に基づかない会話文では、二文以上から成るものが非常に少ないということが出来る。Aの（特にIに分類したもの）会話文は、原典を解釈するものであるから、原典の会話の量によって長い会話文が多くなるのも当然である。それに対して、Bの場合は多く解釈のために抄者が会話文を作っているのであって、当然短いものがほとんどを占めるということになる。

次に、会話の最後の文―以下「終結部」と称する―の文末について比較してみる。

A類の中、終結部の文末が確定できるものは、前述の分類のI及びIIの①に属するものであり、合計一二六である。B類は前述のようにすべて終結部を確定できる。

終結部の文末の形を、〈活用語の命令形〉〈動詞〉〈形容詞〉〈形容動詞〉〈名詞〉〈助動詞〉〈終助詞〉〈その他〉に分けて示すと、[表2] の通りである。(5)

[表2]

	命令形	動詞	形容詞	形容動詞	名詞	助動詞	終助詞	合計
A	二〇	四	七	二	四	五八	三一	一二六
B	八	九	九	一	四	二三	二	五六

もっとも大きい違いは、Bの会話文では終助詞の使用が著しく少ないことである。比較して [表3] に示す。

[表3]

	ヨ	断定ゾ	疑問ゾ	カ	ホドニ	カナ	禁止ナ	モノ	コト	ハ
A	九	五	四	四	三	一	一	一	一	二
B	○	○	一	○	○	○	○	○	一	○

もっとも著しい違いは、Aで「ヨ」が九例も用いられているのに対し、Bでは皆無であることである。「ヨ」は文の構成には関係せず、表現効果のみをねらう助詞である。注釈や説明のための会話文に必要なものではない。原典に基づく会話文には様々な場合があり、それに応じて様々な終助詞が用いられるのに対して、Bは抄者が説明のために作成した会話文であり、画一化されている傾向がある。たとえば、次はどちらも賞賛する場面であるが、A

類の（24）の例は「ヨ」が付され、B類の（25）の場合は付されていない。

（24）父ノ挺之ガキイテ「マコトニ吾挺之カ子ヂヤヨ」ト云タソ（七22オ）

【『排韻』の「厳武」の条に「父奇之曰真厳挺之子」とある。】

（25）鄭渾カコトハ排韵ノ鄭ノトコロニアリ　魏ノ時ノ者ナリ　良守ナリ　所ノ守護ニナツテヨウヲサメテ「ヨイ守護ヂヤ」トホメラレタソ　沛ト云郡ニイテ……（七34ウ）

【『排韻』の「鄭渾」の条に「鄭渾魏良守也在沛郡……」とある。】

形容詞の場合、明らかにBに多用されている。次に示すような「メデタイ」が四例、「〜ガヨイ」が三例を数える。

（26）慶《ース》レ之《レヲ》—「メテタイ」ト云テイワイ喜タソ（一67ウ）

（27）正月ハ寅ノ月ナリ　建《ケン》《サス》レ寅《イン》《トラ》ノ月ト云ソ　建《サス》レ寅《ニ》トモヨムソ　景徐ハ「トラサスガヨイ」トアリ（一9オ）

命令形はAの場合もBの場合も大体同様に用いられている。目立つ違いとしては、A類の「スル」の命令形が「思案セヨ」「御ランゼヨ」「セヨ」であるのに対し、B類では二例とも「セイ」の形であることが注意される。また、「タマエ」「タマワレ」という文語形はAのみに現れる。

助動詞も、使用数自体の割合は余り違わないが、どのような助動詞が多用されるかという点に関しては違いが認められる。［表4］に示す。

Bでは「ヂヤ」が助動詞全体の半数近く用いられている。Aでは助動詞全体の五％程度であるから、著しい違いである。これは、次のような「〜ヂヤ〜ヂヤ」の例が六例を占めるのもその一因である。A類にはこのような「ヂヤ」はない。

【表4】

	ウ	タ	ウズ	マイ	ヌ	ヂヤ	タイ	ベイ	ベシ	ナリ	合計
A	一八	一一	八	五	四	三	一	三	一	二	五六
B	五	三	○	一	○	一一	三	○	○	○	二三

（28）有《リ》レ類《スルコト》三　異世誇《ホコルニ》二――《ニ》（嫱施）一……美人ノナイ世ニサホドニモナイヲ「嫱チヤ」「施チヤ」トホコリヒケラカスニ似タト云心ソ（七59オ）

また、Aには右に引いた（24）の例のように「ヂヤ」に終助詞が付いて終止する例が三例ある。Bには終助詞がほとんど用いられないから、当然このような例はない。これもAに比べてBに「ヂヤ」終止が多い一因となる。「ウズ」がBには現れないのも注意される。山田潔は、「ウ」に比して「ウズ」が〈鄭重な表現性〉を有することを指摘しているが、(6) B類の会話文では、会話そのものを表現することが主眼ではないため、そのような表現性は必要とされなかったと考えられる。

「ナリ」「ベシ」という文語形は、この範囲ではBには現れない。

以上のようなAとBの会話文の違いは、それぞれの会話文の性格の違いによるものと考えられる。原漢文の会話部分に基づくA類の会話文は、当然原典に忠実に訳するということが根底にあり、長くなりやすく、それぞれの会話の性格を反映しようとする。一方、原漢文に密着することから、文語的な表現も散見するのである。

これに対して、B類の会話文は、抄者が註釈、説明に利用するために作成したものであり、ほとんどすべて一文から成り、、表現性は少なく、画一的である。一方、原漢文に拘束されないことから、「〜ヂヤ〜ヂヤ」に見られるように基本的には口語的であり、文語的な語句は見られない。

六　会話文の終結部以外の文末の形について

『玉塵抄』の会話文においては、終結部の文末の形と終結部以外（以下「非終結部」とする）の文末の形とは非常に異なっている。次に例を示す。

(29) 楊揖《カ》曰《ク》尺寸《ノ》土皆先人《ノ》ーー《ナリ》（旧貰）安《ンゾ》可《シ》三以《テ》奉《ス》二権臣《ニ》一乎………ソコテ揖カ云タソ「一尺一寸ホドノ地モヲヤヲウヂ先祖カウモチツタエタソ　先祖ノフルイカタミノ宝ナリ　ナニガイカニ時ノ権門ノ臣下宰相ナリトモマラセアケウズコトハアルマイ」ト云テツイニアタエヌソ（七48オ）

(30) 謂《テ》レ妻《ニ》曰《ク》吾《カ》弟《タヽ》惟一子《ナリ》　理不レ可レ絶《ツ》当《ニ》レ弃《ツ》二我《カ》児《ヲ》一………ツレタ妻《メ》ニ云コトハ「吾カ弟ハ早ゥ死タソ　アトニタ、子一人マデソ　モノ、道理ガアトヲタヤサウスコトハアルマイソ　我カ子ヲハステ、ヲイテヲウテニケウ」ト云タソ（七28オ）

一見して、非終結部の文末は、「ゾ」「ナリ」が多いことがわかる。B類の会話文は前述のようにはほとんどすべて一文から成っているので、A類の会話文について非終結部の文の文末の形を調べると次の通りである。

動詞………終止形六例（〈アル〉一例　〈クウ〉一例　〈サウラウ〉四例）

文語終止形四例（〈アリ〉四例）

命令形三例

形容詞……終止形一例
助動詞……二四例　（〈ナリ〉二〇例　〈ウ〉二例　〈タ〉二例）
終助詞……七五例　（〈断定の「ゾ」〉六九例　〈疑問詞～ゾ〉三例　〈カ〉三例）

非終結部の文末一一三例のうち「ゾ」（以下便宜「断定のゾ」を「ゾ」とする）「ナリ」及び「アリ」で九六例、すなわち約八三%を占めている。

これを終結部の文末と比較すると、その違いは明らかである。

A類の終結部では、一二七例中「ゾ」終止五例、「ナリ」終止三例を数えるに過ぎない。また、動詞四例があるが（[表2]参照）、「アリ」はなく、「アル」「思」「スル」「ナル」各一例である。

七　会話文の終結部と非終結部の文末の特徴

このように、A類の二文以上から成る会話文は、終結部の文末の形と非終結部の文末の形とは非常に異なっている。これを、『玉塵抄』の会話文以外の文章（以下これを「地の文」と称する）と比較して、それぞれの特徴を考える。[表2][表3][表4]に見られるA類とB類の会話文の終結部の文末は、地の文の文末とは、当然のことながら著しく異なっている。

巻一、七の最初の十丁について、地の文の文末の形を調べると、次のとおりである。

巻一　〈ゾ〉　三四四例（八二%）
　　　〈ナリ〉　三五例（　八%）

〈アリ〉　三四例（　八％）
〈その他〉　八例（〈カ〉七例　〈ヤラ〉一例）（二％）

巻七

〈ゾ〉　三二二例（七八％）
〈ナリ〉　四三例（一〇％）
〈アリ〉　三二例（　八％）
〈その他〉一九例（〈カ〉一四例　〈ヤラ〉一例　〈タ〉一例
〈ナシ〉一例　〈ナイ〉一例　〈疑問詞～ゾ〉一例）（四％）

「ゾ」「ナリ」「アリ」で巻一で全体の九八％、巻七で九六％を占めている。細かく言えば、「ゾ」が全体の文末の八割前後を占め、残りのほとんどを「ナリ」「アリ」が二分し、少数の助詞終止（「カ」等）があるというのが地の文の文末の状態と言える。

これに対して会話文終結部文末では、ＡＢ合わせて一五二の文末中「ゾ」終止は五例、「ナリ」終止は二例に過ぎない。

会話文終結部文末に見られる「ゾ」のうち次の三例は、地の文の注釈の「ゾ」と異なり、〈もちかけ〉の意を含むものと考えられる。[7] 次のような例である。[8]

（31）冨《トマサン》レ通《ヲ》者《ノハ》在《リト云テ》レ我賜《ニタマウ》二蜀《ノ》銅山《ヲ》一……冨レ通―ハ「通ヲタノシウナサウ者ハ我デアルソ」トヲセラレテ蜀ニアル銅山を下《クダサ》レタソ（一42オ）

（32）連ガ坊主ノ師アリ　徐郤《ゲキ》ト云タソ　連ヲホメテ「吾ニ弟子《デ》アリ　ワカウ小子ナレドモ千里ノ駒ナソ」ト云タソ（七19オ）

【『排韻』の「魯仲連」の条には「其師徐郘曰吾弟子雖小千里駒也」とある。】

（33）晋ノ庾亮ガ周顗《ギ》ニアウテ云タソ「世間ノ者ガソチヲハ楽広チヤト云ソ」（七58ウ）

【『韻府群玉』「刻画」の条に「庾亮謂周顗曰咸以君方楽広」とある。】

会話文終結部の文末の「ナリ」は次の例のように地の文と同様な用法であるが、全会話文中わずか三例に過ぎない。

（34）穆公ノブケウシテ伯ーヲヨウテイワレタソ「ソチガ馬タツネニヤツタ者一カウソ（「ノ」の誤り）ステ者ナリ毛ノ色馬ノメヲトコヲモシラヌ者ナリ」伯ーが此ノコトヲキイテ……（七40オ）

【『列子』巻八、「説符」に「穆公不説召伯楽而謂之曰敗矣子所使求馬者色物北牡直弗能知」とある。】

地の文にかなり用いられている文語終止形「アリ」は会話文終結部文末には全くみられない。また、会話文終結部文末にみられる活用語の命令形、動詞口語終止形、形容動詞口語終止形、助動詞口語終止形、名詞終止は地の文では皆無である。地の文の活用語口語終止形としては「ナイ」一例がみられるのみである。

このように、［表2］［表3］［表4］に示した会話文終結部の文末は、地の文の文末と非常に異なった様相を呈していると言える。これは、会話文終結部の文末が談話語らしさを表現しているものと考えられる。

これに対し、会話文非終結部の文末は、「ゾ」「ナリ」「アリ」終止が多い点で、地の文と共通しているのである。すなわち、前節に示したように、非終結部文末八八例中「ゾ」終止四九例、「ナリ」終止一六例、「アリ」終止三例で、非終結部全体の文末の八割近くを占めているのである。

会話文の非終結部の文末には、先に示したように、「ゾ」のつかない活用語の終止形・命令形があり、「疑問詞～ゾ」の形もあるので、その点は地の文と異なるが、「ゾ」「ナリ」「アリ」（助詞〈カ〉も両者に共通）が大多数を占める（割合は異なるが）というのは全く同じ傾向である。会話文の非終結部の文末は、地の文と類似した文体で書かれているると言うことができる。

このように類似した文体であるが、「ゾ」と「アリ」に関しては、相違点を指摘することができる。

「ゾ」の上接語について、会話文の非終結部と地の文の状態を比較して示すと［表5］のとおりである。（地の文について、巻一と巻七とを区別する必要を認めないので、以下両者を合計した数値で示す。）

［表5］

	動詞	形容詞	形容動詞	名詞	助動詞	助詞	合計
会話文非終結部文末	一五	四	二	九	三八	一	六九
地の文文末	一九五	四一	五	一三三	二八一	一二	六六七

余りに両者の数値の差が大きく、細かい比較は無理だが、明確な相違点は指摘できる。

まず、名詞の場合で、会話文非終結部では六九例中わずか九例（約一三％）であるのに対し、地の文では六六七例中一三三例（約二〇％）である。地の文では名詞に下接する「ゾ」が二割に達するのに対し、会話文の非終結部で多用される「ゾ」の場合は名詞に下接する例が少ないということである。地の文中で「ゾ」に上接する名詞を調べてみると、一三三例中「心」六二例、「コト」三四例が突出しているが、会話文非終結部では「〜コトゾ」は三例あるが、「〜心ゾ」は皆無である。「〜心ゾ」「〜コトゾ」は『玉塵抄』地の文に特徴的な形と言える。会話文非終結部は、文体としては地の文に類似しているが、「ゾ」が名詞に下接スル場合が地の文に比べて少なく、特に「〜コトゾ」「〜心ゾ」がほとんど現れないという点では異なっているということになる。

文末の「アリ」は、地の文の場合、もっとも多いのは、「尚書ノ尭典ニモ柴《シバヤク》二山川一ニトアリ」(七4オ)「高柔ト排韻ノ高ノ所ニアリ」(七48ウ)のように「〜トアリ」「〜ニアリ」の形で原典の引用に関して用いられるもので、過半数を占める(巻一、七全巻で文末「アリ」四六七例中二五三例)であり、次いで「主語＋アリ」の形で存在を表す用法がある(同じく一六七例)。会話文非終結部の「アリ」は前掲のように四例あるが、三例が存在を表すものであり、一例が「テアリ」の形である(この形も地の文に四例見える)。原典の引用に関する「アリ」は(当然ではあるが)会話文非終結部に全く見られない。文末の「アリ」の形が会話文非終結部に少ないのも理由があるのである。

　このように類似した文体と言える会話文非終結部と地の文の文末の間のこのような相違は、地の文が原漢文のことば・出典の説明・注釈であるのに対し、会話文は原漢文の訳であるという性格の違いによるものと考えられる。逆に言えば、「〜心ゾ」「〜コトゾ」「(原典名)ニアリ・トアリ」の形は、会話文を除く抄物の文章の一特色ということができる。

　このように、会話文の終結部と非終結部の文末は、異なった様相を示すのであるが、それは特に活用語終止に関しては、「ゾ」の有無で対応していると言える。この場合、終結部の文末は非終結部の文末から「ゾ」を取り除いた形と言うことができる。逆に言えば、非終結部の文末は終結部の文末に「ゾ」を添加した形ということになる。次に見やすい例を示す。

(35)「羊千ヒキノ皮ハ狐一疋ノワキ毛ノ皮ニハアタラヌソ　ヲウゼイナラビイタレトモ周舎一人ニハシカヌ」ト云タソ(七11オ)

(36)「西王母ガ桃ヲウエタカ三千年シテ実カナツタソ　ソレヲ此ノ小ワラウガ三度ヌスンテ食タ」ト云ソ(七23オ)

ところが、このような関係が認められない活用語がある。それは、助動詞「ウズ」「ヂヤ」、丁寧語「サウラウ」

の場合である。

「ウズ」は、終結部では八例用いられているが、非終結部では「ウズ（ル）ゾ」の形は全く見られない。これは断定の助動詞以外の助動詞の状態とは全く異なる。終結部に用いられている「ウ」「タイ」「マイ」「ヌ」「ベイ」は、いずれも非終結部では「ゾ」が下接した形で用いられているのである。巻一・七全巻を通じて、地の文でもただ一例「ヱビカキヲ以テアケウスソ」（七18ウ）があるのみである。

先に述べたように、「ウズ」の終止用法は「ウ」に比して相手を意識した〈鄭重な表現性〉を持っているのであり[9]、「ウズ（ル）ゾ」の形は、少なくとも『玉塵抄』においては、会話文、地の文ともに用いられ難いものであったと考えられる。代わりに用いられたのは「ウゾ」の形である。〈鄭重な表現性〉を持たない終止用法以外の「ウズ」は、会話文にも地の文にも用いられている[10]。

「ヂヤ」の場合も、「ウズ」と類似している。［表3］に示したように、A類B類合わせて会話文終結部に「ヂヤ」は一四例用いられているが[11]、非終結部でそれに「ゾ」の下接した「ヂヤゾ」の形は皆無である。地の文でも「ヂヤゾ」の形は非常に少なく、巻一・七全体で「カヲチヤソ」（一21オ）「マツサウヂヤソ」（七28オ）の二例のみである。ただし、全く用いられないのではなく、巻九では会話文非終結部に二例、地の文に二例見られる[12]。『玉塵抄』では、会話文、地の文ともに「ヂヤゾ」の形は用いられることが少ないものであったと考えられる。

「ヂヤゾ」の形は、なぜ避けられたのであろうか。「ウズ」の場合には「ウズ（ル）ゾ」の代わりに「ウゾ」が用いられているとみられるが、「ヂヤゾ」の代わりには何が用いられているのであろうか。

一つには、「ヂヤ」も「ゾ」も断定の意を表すのであり、重ねて使われ難いということが考えられる。「〜ヂヤゾ」の代わりに「〜ゾ」が用いられることも考えられるが、会話文非終結部では名詞に下接する「ゾ」は少ないのであって、それは実際の状態に合わない。会話文非終結部では、「ヂヤゾ」の代わりに「ナリ」が用いられると言えるようである。これは、地の文についても言えることと思われる。一方、会話文の終結部ではこれまで触れたように、「ヂヤ」は普通に用いられ、談話語らしさを表現していると考えられる。

丁寧語「サウラウ」は、会話文非終結部でも「ゾ」の付かない形で用いられている。これは、「ウズ」「ヂヤ」と異なる。

(37) 後ニ王ーニアウテ云コトハ「僧ニナラウト思タガヨウ〳〵ヲモエバ僧モ大支ナ行《キヤウ》ガ多ソ　ナリヤスウモナイホドニヤメテサウラウ　クダサレタ祠部ノ牒ヲハ酒屋《カヤ》エヤツテサウラウ　連々酒ヲヲキノツテ酒テヲ過分ニヲウタ方ニツカワシタ」ト云タソ（一55オ）

【『排韻』の「兪長老」の条に「見公曰吾思僧亦不易為公贈祠部已送酒家償旧債矣」とある。】

『玉塵抄』では、全巻を通じて「サウラウゾ」の形は見られないようである。「候」は抄物の地の文に用いられ得る語であるが[13]、『玉塵抄』には地の文には見られない。「サウラウ」については、次節で述べる。

八　文末以外における会話文の特徴

調査した限りの会話文に特徴的な言語事象として、人称詞、活用語による敬譲表現、三つの副詞を取り上げる。

(一) 人称詞について

人称詞が会話文に多用されることは自明のことであるが、巻一、七の会話文には次のような人称詞が用いられている。

①自称詞（連体修飾の「ワガ」は除く）

〈吾〉……三二例　〈我〉……二例　〈ワレ〉……三例　〈吾ラ・吾等〉……二例

〈私〉……九例　〈ワタクシ〉……二例

〈某〉……二例　〈ソレガシ〉……一例

〈ヲレ〉……一例

これらは、巻一、七の範囲では通常の用法としては地の文に全く現れない、会話文に特徴的な語である。「ワレ」がもっとも一般的な自称詞である。「ワタクシ」は謙譲の意を含んで用いられている。

(38) 尹カヒトリデ、云コトハ「ワタクシハ文ノ方モ武藝ノ方モトチモカネテ不足モナイ者デサウラウ」ト云タソ（一17ウ）

丁寧語「サウラウ」とともに用いられている点、「ワタクシ」の性格を示している。なお、巻九の次の例は、抄者がみずから「ワタクシ」の語性を説明している。

(39) 家臣称ㇾ私《ト》　コ、ラニモ吾ヲ卑下シテ私ト云ソ（二31オ）

「ソレガシ」も、「私」同様謙遜の意味を持つことは、(38)の例の直後に見える次の例で明らかである。「私」及び会話文特有の謙譲語「存ズル」と共に用いられている。

(40) 「某ハ文ノ方モ武ノ方モトチモ存シタホトニ……西ニナリトモ東ニナリトモアリタイ方ニアラウスナリ　私カ心ノマ、デアラウ」ト云タソ（一17ウ）

巻一、七には見えないが、他の巻には、抄者惟高は自らを「某」で表した例が見える。

(41) 某カヲウヂ師維馨人品才斈ソナワツタソ　応仁乱前社中衆ナリ（二八13ウ）

（42）某伯耆ニ三十年居住シタソ（五四11ウ）

ついでに言うと、抄者惟高は、また自称詞に「予」も用いている。調べた限りでは会話文中に「予」は見えない。

（43）宜竹テ景徐ノ盂蘭盆経ヲ談シサシマシテ皆ヲトヾメテ酒ガアツタソ　当座ニ徐ノ題ヲ出シテ詩ガアツタソ
荷浄《ハシ》納涼《ノ》時カ題ナリ……予カ詩ハ忘タソ（一57ウ）

「ヲレ」は巻一、七では一例だけ漢の高祖のことばに見える。

（44）漢王曰《ノ》吾亦《モ》欲《タス》レ東《セント》ハ祖ノ「ヲレモハヤ江東ノカタエイカウト思フゾ　東ノカタエ陣ヲカエツ（「ウ」の誤り）」ト云フ心ソ　尓《ナンチモ》亦安《タイツクンゾ》能鬱々《クウツ》居《トシテヲランコヽニヤ》レ此乎ーハ祖ノ「吾モコヽニハイマイソ　東ノ方エ陣ガエヲセウゾ」（一11ウ）

この例でみる限り、「吾」と同じように用いられている。

②対称詞

〈貴方〉……二例　〈キハウ〉……一例

〈ソナタ〉……一例

〈ソチ〉……九例

これらも、次に引く説明の場合を除いて、巻一、七においては地の文で全く用いられていない会話文特有の語である。これは用例（9）として既に示した例であるが、便宜再び掲げる。

（45）袁淑謂ニ謝荘《ニ》曰《ク》ニ江東无《ニンニハ》レ我《レ》卿《ケイ》当《サニ》ニ独《シ》歩《ス》ニー晋ノ袁ーガ謝荘ニムイテ云タソ　「江東ハ晋ノミヤコナリミヤコニ某カナクハ［卿ト云ハ謝ーヲ云ソ　卿《ナンチ》トモヨムソ　コヽラニ貴方ト云イソナタナト、云ツレソ　チツトシヤウクワンシタ語ナリ］ソレカシガ晋ノミヤコニナクハ貴方ハ上《ウ》ナシニハシリマワラレウズ」ト云心ソ（一5

ウ）

〔 〕内は形式的には会話文の中だが、実は注釈の文章が入り込んでいるものであり、前述のように会話文としてはこの部分を除いて考える。これによれば、「卿《ケイ》」は訓読しては「ナンヂ」ともよむが、「コ、ラ」すなわち当時の日本の標準的な言い方では「貴方」「ソナタ」に相当するもので、少し「賞翫」した語、即ち少し大事な人として待遇した語であるとしている。これは、袁淑が謝荘に言うことばであるが、自称詞に「ソレガシ」を用い、対称詞に「貴方」を用いているのであり、確かに整合性がある。「卿」が「貴方」に当たるという記述は他にも見える。

(46) 晋《ノ》胡質《シツカ》子威守《イタリ》二徐州《ニ》一帝《ノ》曰卿《ガ》清何如《イカン》レ父《ニ》……晋ノ武帝ノ威ニトエタソ 卿《ガ》清―天子ノ臣下ニタイシテ卿トイエルハコ、ラニミウチ又ハ貴方ト云心ソ 臣下ナレトモシヤウクワンノ字ソ ソチノ潔白ニ清廉ナコトハヲヤニイツレゾ（八15オ）

臣下であるが日本の「貴方」「ミウチ」に当たる丁寧な待遇の「卿」を用いているとする。しかし、日本語に訳す場合には丁寧な待遇の意はない「ソチ」を用いている。

(47) 嗟《アヽ》我《レ》去《テ》レ公《ヲ》久《シ》江湖生《ス》二ー《ヲ》一（白髭）二欧一陽カ詩ナリ 嗟ーハナゲイタソ 「サテモソナタトワカレテハヤ久コトナリ 江湖ノ方エタ、ヨウスミハテ、ハヤヒゲモ鬢モマツシロニナツタソ」（七51ウ）

これは本章の最初に述べた通り、会話文として扱っている詩の訳である。「公」の訳に「ソナタ」が用いられている。右に述べたとおり、「ソナタ」は「貴方」と同様な対称詞である。

「ソチ」はもっとも多く用いられている一般的な対称詞である。実際の用例ではやはりもっとも一般的な自称詞である「吾」と対応している。

(48) ソコテ斉侯ノイワレタソ 唯《タヽ》據《キヨ》与《ト》レ我《レ》和《クワセル》矣《カナ》 トイワレタソ 「ソチト吾トハ和シテ心ヲ同ヤウニモツタソ」

ソコテ名人ノ晏子ガ云タソ（一36オ）

（二）活用語による敬譲表現――「存ズル」「サウラウ」

会話文中に現れる活用語の敬譲表現は、次の通りである。

尊敬語……〈ヲリアル〉〈御～アル〉〈～アル〉〈メサルル〉〈メス〉〈ワスル〉〈タマワル〉〈タマウ〉〈御目ニカカル〉〈ヲセラルル〉〈ルル・ラルル〉〈シム・サシム〉

謙譲語……〈マウス〉〈マイル〉〈マラスル〉〈存ズル〉

丁寧語……〈サウラウ〉

これらのうち、地の文に見られないのは〈存ズル〉〈サウラウ〉〈御目ニカヽル〉のみである。「存ズル」は巻一、七の範囲では次の例である。

（49）漢ノ尹翁帰カコトソ　尹ーハ田延年ガ下《シタ》デノモト吏ト云官デアツタソ……田ーーカソノ所吏ノ官ノ定使ノヤウナ役人《ヤクニン》ヲ召《メシ》ダイテ云イ付ルコトハ「文《ブン》アツテ文字李問ナドノ方ヲ能ニ面ニセウズ者ハ東ノ村ニイ武士ノ方ヲ面ニセウス者ハ西ノ方ノ村ニイベシ」ト云付タソ……尹カヒトリデ、云コトハ「ワタクシハ文ノ方モ武藝ノ方モトチモカネテ不足モナイ者デサウラウ」ト云タソ　翁帰文武兼備惟所《タヽロノマヽナラン》二施設《スル》一ーーハ「某ハ文ノ方モ武ノ方モトチモ存シタホトニ惟所《ノマヽナラン》ハ西ニナリトモ東ニナリトモアリタイ方ニアラウスナリ　私カ心ノマヽデアラウ」ト云タソ（一17ウ）

（50）又成藻《セイサウ》ト云名ノ高イ官人アリ　此ガ馮ガ所エキテ酒ヲノウテ雑談シテ一月モ二月モ久ウトウリウシテ馮ガサウタンヲキイテ奇特《ドク》ガリテホメテ云タソ　吾《レ》遠《ク》求《ム》二騏驥《ヲ》一不レ知《ラ》近《ク》在《リ》二東隣《ニ》一ーーハ「松（「私」の誤り）ハヨイキキ

ト云名馬ガホシイト存シテハル〳〵トヲイ北国ヲタツネテアリ……」ト云テ（一25オ、既出（11）例）

「知る」「思う」の謙譲語として用いられているが、菊地康人のいわゆる「謙譲語B」に相当し、「主語を低める」のみの機能を持ち、丁寧語に通じる性格のものである。右の二例とも謙譲の意を含む自称詞「ワタクシ」「ソレガシ」とともに用いられている。会話文のみに現れるのは当然と言えよう。

「サウラウ」は、巻一、七で七例見られる。丁寧語であるから、会話文のみに見られるのも、『玉塵抄』では当然と言える。右の（49）の例では、「サウラウ」が自称詞「ワタクシ」とともに用いられている。

（51）摩頂ト云ハ愛シテホムル心ソ　仏ノ菩薩ニ仏法ヲ相伝付嘱ノ時ニツブリヲ三度ナデサスラレタソ　コ、ラニモ人ノヒサウノ弟子ヲハ「摩頂デサウラウ」ト云ソ（一22ウ）

この会話文はB類、すなわち原典に基づかないものであり、「摩頂」という語を説明するのに「コ、ラ」の実例を示している。「コ、ラ」は前述したように当代の日常語を示すものであり、「サウラウ」は禅林でのこのような会話には用いられていたものと考えられる。しかし、一般社会で『玉塵抄』抄出当時「サウラウ」が一般的な日常語だったとは考え難い[14]。極めて古い語感を持つ語であったろう。そのような「サウラウ」が使われるのは、『玉塵抄』の会話文の一つの文体としての特徴と言えるであろう。

「サウラウ」は、『玉塵抄』の会話文では終止用法だけでなく、他の活用形も見られる。

（52）朔カマウスハ「此ハ西王母カタ、今マイリサウラウワウ」ソ　ヤカテ王母カキタソ（二一27ウ、叡山本「サウラウソ」〈30ウ〉）

（53）後ニイエタソ「……ナニトシテ大小品《シナ》ノ多イ車ヲハワケテ知リサウラウワウソ」ト問タソ（五一12ウ、叡山本も同じ〈13オ〉）

(54) 光武ニ昆ニ問シムタソ　「……ナニタル徳行政道アッテサウアッタソ」ト問ワシムタソ　「偶然トシテカウサウラウタ」トマウシタソ　「自然ニカウアリ　ナニタルコトモサウラウヌトマウシタソ」（三〇34オ、叡山本も同じ〈48ウ〉）

(55) ソコノ縣ノ令アリ　小官ノ者ソ　沈瓚之ト云タソ　此カ性カソサウソマツテ守護ドノ、亮カ名ヲヲカイテ王亮ドノトチヤウト名ヲ云タソ　サルホトニ王ーカニクミキラウテシリソケウソ　アル時キ座シキニキテ云タソ　「下位ノ小官ノ者ハ主ノイミナヲカイテマウセハ官ヲトリアゲテ官ヲ代《カエ》ラル、トマウスソ　某ハマダ存知仕リサウラワヌソ……」……亮カ「近頃恐入テソウ」ト云タソ（三一24オ、叡山本も同じ〈33ウ〉）

(56) 崔カ答テマウシタソ　「モシ前ニ見シツタリ聞テヨウ知タ者デナウテハ実ナ者ヲハ得サウラマイソ　ウツカトミズ知ラズノ者ヲヨヒアゲテハマコトニ心ニカナウヨイ者ハアルマイ」トマウシタソ（三四11オ、叡山本も同じ〈13オ〉）

(57) 始皇ノ方カラ斉ノ王ノ后ノ方エ玉ノツ、イタ環ヲヤツテ斉ニ「智恵ノ多イ者ノアル国ナラハ此ノ環ヲトイテミヨ」ト云テヤラレタソ　后ノ椎ヲトリヨセテ一打々テ「ウチクタカレタ秦カラトケトヲセラル、ホトニカシコマツテトイテコソマセサウラエ」トイワレタソ（三五23オ、叡山本も同じ〈24ウ〉）

「サウラウワウ」という形が国会本では二例見え、「ヌ」に続く形に「サウラワヌ」「サウラウヌ」という二つの形が見え、「マイ」に続く「サウラマイ」という形が見えることから、語形が動揺していたことがうかがわれる。（54）には「サウラウタ」という珍しい形も見える。「サウラウ」の変化した形である「サウ」「ソウ」「スウ」も『玉塵抄』中にある。[15] なお、「サウ」は右の（51）の例に見える。

「御目ニカカル」は、前掲（22）の例に見えるのみである。これは、謙譲語であり、地の文にも現れ得るものである。

（三）副詞——「マツカウ・マツサウ」「ナニガ」

「マツカウ」「マツサウ」は、例外はあるが、専ら会話文に用いられていると言える。巻一、七には次の例がある。

(58) 此ヲ心得テ敬則ガ云タソ　「東今―東ノ国ヲハ今誰カノ者カアツテ太平ニナサウソ　我モマツカウ思フソ」（一8ウ）

(59) 殷浩被《ル》レ黜《シリゾケヲイ》　甥韓伯至《ル》二徙《ル》所《ニ》一浩詠《シテ》二曹顔遠詩《カヲ》一云《ク》——……冨貴《ナレハ》　它人合《アウ》―《ス》　貧賤《ナレハ》ーーー《ル》（親戚離）因泣《テナンダル》下ハ人間ハ古ヨリフウキ栄華ナレハトヲ（ママ）イ者モチカツキ心ヲ合《セ》テ骨肉ニナルヲ貧ニナニモフヘンニアレハチカイ親類モトイヲトツレモセヌソ　ミタウモナガルソ　マツカウアル」ト云テナイタソ（七33ウ）

(60) 仏モ「マツサウチヤ」トイエタソ（一41オ）

(61) 鄧―乱ニアウテカチハダシテフタメイテニゲ走タソ……吾ガ子ト吾カヲト、ノ子ノ度《ト》ト云ト二人ヲニナフテニゲタソ　物ハ二ナラベテソダツコトナイト昔カラ云ツタエタソ　今モマツサウヂヤソ（七28オ）

先に述べたように、「ヂヤゾ」という形は『玉塵抄』の地の文には非常に少ない。(61)は、「今モマツサウヂヤ」という部分が会話文に準じる表現と考えられる。

他の巻の「マツカウ」「マツサウ」も、見出せた例は、次に示すように主に会話文に用いられている。

(62) ソコデ皎ガ「ソチノ帰ラレタアトニマツカウ中《ウ》ガヨカラウト思テミチノ中ニカイテヲイタ　コレニサシメ」ト云テ（二11オ）

(63) 楚王ノキイテ信士―マコトノアルマタイ者チヤ　マツカウヂヤ」ト云テ（四6ウ）

(64) 悲絲ハ黄ニモナリスミニクロウモナルソ　シナシヤウソ　僧ガマツカウソ　一心ハ潔白ナソ（一〇4ウ）

(65) セガガ、ウテ槖駝ノヤウナホトニ人カタクダト呼タソ　主カ此ヲ「マツサウダ　ヨイ名チヤ」ト云テ氏姓ノ字ヲハイワイテタ、タクダトハカリ云タソ（四八33オ）
(66) ソコテ上ニマウシタソ　「羊ハカリテハナイ　民ヲ治ルコトモマツカウデサウラウ」トマウシタソ（五五42オ）
(67) 弘《コウ》忍《ノ》曰《ク》莫《ナシヤ》三是《レ》和尚化後二ーー《スルコト》（横出）ーー《ノ》（一枝）仏法《ヲ》一否《イナヤノ》　師曰善……四祖ノ「ヨウ心エタ　サウチヤ」トイエタソ　善ト一字カクハ「マツサウヂヤ　ヨイ」ト云心ニカクソ（六13オ）
(68) 禹拝二昌言一曰兪ハ大禹謨ノ篇ニアルソ　「マツサウデサウラウ」ト云タコトナリ（一五66オ）

「マツサウ」は『日葡辞書』に「massǒ」とあり、「マツ」は「マッ」と発音されたものである。「マツカウ」も「マッカウ」と発音されたと考えられる。

次の例の「マツココ」も副詞ではないが、「マッココ」と発音されたもので、一例だけだが会話文に見られる。

(69) 吾《レ》遠《ク》求《ム》二騏驥《ヲ》一不レ知《ラ》近《ク》在《リ》二東隣《ニ》一ーハ「松（「私」の誤り）ハヨイキキト云名馬ガホシイト存シテハル〳〵トヲイ北国ヲタツネテアリ　不レ知ーマツコ、ノ東トナリニ名馬ノヤウナ人ノアルヲ知ラナンダコトヨ」ト云テ（一25オ、既出（11・50）例）

次の「マツコノ」「マツソノ」も「マッコノ」「マッソノ」と発音されたと見られるものである。この場合は地の文中の用例である。

(70) 民如ー无心《ニシテ》在《テ》レ上《ニ》為《ル》レ君者《モ》亦然《シカリ》ー上ニイテ无心ニシテ一《チ》人《ジン》ノ君トイワル、モノモマツコノ如ニ同ソ（六7ウ）
(71) 毘曇ハ梵語ナリ　論トモ云イ又ワ対法トホンタソ　ソノコト〳〵ニ對《タイ》シテマツソノ如クチガワズコトワリヲノベアカイタソ（九20オ）

この二例を除けば、管見の範囲では「マツカウ」「マツサウ」など「マッ」の上接する語は談話語的性格の強い

語と考えられる。(16)

「ナニガ」の用法について、湯沢幸吉郎『室町時代言語の研究』では、「反語に用いる」として用例が示されているが、『玉塵抄』では通常の反語の用法とやや異なるものがある。それは、下に打ち消しを伴うもので、打ち消しを強める意味を持つと考えられる（『時代別国語大辞典　室町時代編』もこの意味を掲出している）。

見出した九例のうち一例を除いて会話文に集中していることが注目される。恐らく反語の用法から変化した話しことば特有の用法であろう。九例すべてを示す。

(72)「……ナニカ庶民ナトカ同ヤウニアタラウス風テハナイ」トツイセウニカ、ツテ云タソ（三22オ）

(73)「ナニガ一向ニ及バヌコト」トコタエタソ（五7ウ）

(74)「先祖ノフルイカタミノ宝ナリ　ナニガイカニ時ノ権門ノ臣下宰相ナリトモマラセアケウズコトハアルマイ」ト云テツイニアタエヌソ（七48オ）

(75)「ナニガウチニフセツテメ子サイシノツラマフツテメラウノコシヒサノマワリテ死ウスコトデハナイ」ト云タソ（九32ウ）

(76)「ナニガ庭デ拝シマラセイテハ」ト云テヲカマレタソ（一二45ウ）

(77)子《コ》ノ楂ハ「ナニカ梨ニ比セウスコトデハサウラワヌ」トマウシタソ（一八14ウ）

(78)宋カ「ナニカ貧交ヲワスレカエウスコトハアルマイソ……」ト云タソ（一八25オ）

(79)ナニカ孔子ノセラレタ倫吾易ニ似ウスルコトテナイソ（三〇11ウ）

(80)「難儀ニアウテ仙ヲ得タホトニナニカ仙道ヲスツルコトハアルマイ」ト云心ソ（三七51ウ）

(79)以外はすべて会話文の例である。

これに対して、次のような通常の反語の用法は、見出した一九例中（81）のような会話文中の用例が一〇例、（82）のような地の文中の用例が一〇例で、特に偏りは見られない[17]。

（81）「……心ニマコトソラコトガ天子ニアツテハナニガヨカラウソ」トイワレタソ（一48ウ）

（82）人ノ書ヲ借テカエイタガナニガ痴テハアラウソ（九14オ）

九　おわりに

『玉塵抄』の会話文は、二種類に分かれる。

一つは原文の会話相当部を口語体で抄したもので、長い会話文が多く、その会話文としての語法的特徴は、専ら会話文終結部の文末に表れる。そこでは終助詞が多用されるなど、場面に結びつく会話文としての表現性をある程度見て取れる。しかし、終結部以外の文末は、会話文以外の抄文の文末と共通点が多く、原文の注釈に主眼がある。

もう一つは、抄者惟高が語句等の説明のために、自ら会話文を作って表現したと考えられるもので、短い会話文が多く、原文の注釈に縛られないという点では現実の談話語と離れた原漢文の影響による表現はないが、一方説明のために作られたという性格上、場面に結びつく表現性に乏しい。それは終助詞がほとんど用いられない点に表れる。

文末以外の会話文の特徴として、ここでは人称詞、敬譲表現、副詞を取り上げたが、このような点では、限られた例ではあるが、文末以外に会話文の特徴を見出すことが出来た。語法的な特徴は、右に述べたように会話文終結部の文末に限られるが、語彙に関しては、ある程度当代の談話語にもとづくものが用いられていると言える。もちろん『玉塵抄』抄出当時、抄者惟高は八十才を超える老齢の僧であり、「サウラウ」について述べたように、古い、位相的にもやや限定された語彙が用いられていることは当然考えられる。また、中国古典の注釈という『玉塵抄』の性格からも語彙は限定されていたであろう。

注

（1）原典と対照できなかった会話文は次の四例である。
「面白句チヤ」（一19ウ）
「酢ヲ……セウ」（七6オ）
「子孫……ワタサレヨ」（七20ウ）
「当代……如ナ」（七66ウ）
原典の特定には問題がある。たとえば、太宗と玄奘との会話文（一23オ〜ウ）は、「編年通論ニアリ」とあるが、『編年通論』という書物は見出せず、この会話に相当する文章は『仏祖歴代通載』にあるので、それを原典と認めた。また、「此モ北史ノ語ソ　北史ナイホトニカンカヘヌソ」（一16ウ）と言いながら、そのすぐ後にその北史によったとみられる会話文を記している場合もある。これに類することは他にもある。

（2）「請〜」を抄した「サラハ〜封セフ」（一48ウ）、「軍勢ヲ〜ヒイテタマエ」（七57ウ）、「令〜」を抄した「文アツテ〜イベシ」（一17ウ）、「賀〜」を抄した「サリトテハ〜メテタイコトカナ」（一60オ）である。

（3）次の各例である。
「コレヨリ〜アルヨ」（一20ウ）、「七服ノメハ〜イキツベイ」（一39オ）、「イクラ〜鋳タセ」（一44ウ）、「水中〜ヲソロシイ」（一64オ）、「ウソハカリ〜ヤメヨ」「ケウタレモ〜タバシメ」（七12ウ）、「此ノ〜ナイタソ」（七14オ）「人間ハ〜マツカウアル」（七33ウ）、「吾ヲ〜ミラル、ヨ」「アノ〜アルカル、ソ」（七34オ）、「サテモ〜ナツタソ」（七51オ）

（4）「コヽラ」については、柳田征司『詩学大成抄の国語学的研究　研究篇』（清文堂）に次のように説かれている。

「ココラ」という表現は、地域的には作者のいる社会を狭くも広くも指すが、それと同時にそれは時代的に当代的なものを指すものと考えられる。本来の中国語であったり、その訓読であったりするのではなく、当代の日常語であることを表わしている。（二七〇ペ）

（5）「サウラウ」は動詞に入れる。

（6）『玉塵抄の語法』（清文堂出版）第三章第一節「「うず」の表現性」に「うず」に関する山田の研究がすべてまとめられている。

（7）文の終止に用いられる「ゾ」については、小林千草の一連の論考で詳しく論じられている。『中世のことばと資料』（一九九四、武蔵野書院）第四章～八章参照。

（8）他の二例は次の通りで、特に〈もちかけ〉の意はないようである。

「小ワラ（「ウ」脱）トモカネンナウテキヲシクツイタソ」トナント云タソ（七26オ）

吾ヵ心ヲシラヌ者ハ「アノ大夫ハナニノ用ニイラル、ソ　ミヤコノフルイアトナニソタツネラル、モアツテタチヤスラワル、カトヲモウソ　ミチヲモチウ〳〵トハトヲライデシツカニアルカル、ソ」ト云ソ（七34オ）

（9）次の例からは、「ウ」と「ウズ」の表現性の違いを読みとることができる。

鄧通相《スルニ》当《サニ》二貧餓死《ス》一―ハ通カ相好《サウガウ》ガ又生《セイ》貧ナソ「後ウエシナウズ」ト相人《サウニン》ガサウジテ云タソ　排韵ニハ相者《カサウ》相《スウ》レ通《ヲシ》トアリ　ヨウキコエタソ　サウジテ相人ガ「ウエ死セウズ」ト云タソ……相人ガ「一期《ゴ》貧デカツエシナウ」ト云タヲキカシマシテ「フヒンナ」トアツテタノシウナサレタソ　冨《トマサン》レ通者《ヲノハ》在《リト云テ》レ我賜《ニタマフ》二蜀銅山《ノヲ》一―「貧テカツエ死ウ」ト云ホトニフヒンナソ（一41オ）

同一の原漢文に「ウズ」「ウ」各二例が対応しているが、「ウズ」二例は相人のことばそのもので、改まった鄭重な言い方と考えられるのに対し、「ウ」二例は相人のことばを文帝が伝聞した場合に用いられているのであって、

「ウズ」の表現性は不必要だったと考えられる。

(10) なお、会話文非終結部中に「ウズナリ」の形が一例ある。

「某ハ文ノ方モ武ノ方モトチモ存シタホトニ惟所《ノマ、ナラン》ハ西ニナリトモ東ニナリトモアリタイ方ニアラウスナリ私カ心ノマ、デアラウ」ト云タソ（一17ウ）

(11) ほかに、疑問詞に呼応する「ゾ」を下接する例が一例ある。

穆公ノ「ナニタル馬チヤソ」ト問レタレハ（七39ウ）

(12) 次の例である。

鶴ガ云タソ「有《リ》レ鳥々《リ》レ々丁令威ト云タ者ヂヤソ　今ツルトナツテコ、エキタハ昔ノ丁ーーヂヤソ　吾ガ家ヲデ、ヨソエイテ千歳ニナツテ今コ、エ帰ソ……フル里エキテミマウタソ」（九62オ）

天下ノ賢人ミナ帝ノ臣ヂヤソ（九58オ）

ソノ恩ニ「疫病ソノ外ビンボウサスルワザワイナス鬼ヲ平テマラセウ」ト云タソ　一切鬼神ノ王チヤソ（九65オ）

(13)「候」及び「候ゾ」については、小林千草『日本書紀抄の国語学的研究』第七章五参照。

(14)『日葡辞書』及び『ロドリゲス日本大文典』では「サウラウ」を文書語とする。

(15)『玉塵抄』の「サウ」「ソウ」「スウ」については、文献1第六章（二四七ぺ）に述べた。

(16)「マッ」は通常接頭語とされるが、実際の用例においては副詞「マヅ（先ヅ）」との関連が問題になる場合がある。次のように「マヅ」の「ヅ」に濁点を付されているものは問題がない。

羽虫ハ鳥ヲ云ソ　ハネカアルホドニソ　虫ニモイナゴセミトンバウナトハネアルソ　ソレラモ羽虫ソ　マヅ鳥ヲ本ニ云ソ（二26オ）

ー二ー《ス》（探支）六月《ノ》涼風《ヲ》一……六月ニハ必リウンニ涼風ハナイソ　七月カラ新涼ソ　涼風ヲ六月ニマヅカリコシテツカウ心ソ（六2ウ）

此ハ斈者ガキテ物ヲトワウトスルソ　マヅハタトコチカラ一喝セラル丶ソ（六3オ）

毘命《ス》二于《ニ》ーー（元亀）二[禹謨]　天子モ物ヲウラナワセテ吉凶ヲシラル丶ソ　ウラヲスル官ヲヲカレタソ　マヅ吾カ心ヲナニトセウズト云心ヲ定テソノ後ニ亀ニ命シテウラヲサセラル丶ソ（九49オ）

漢ノ高祖ノタイリヲ立テ丶宮ヲツクレタ初ニマヅ東北ノ二方ニ宮ヲ作レタソ（一〇57オ）

これらの「マヅ」は、明確に重要度や時間的関係における〈順番〉を表している。

「先」表記の次の例も〈順番〉を表しており、「マヅ」である。

司空図《コウト》居《ス》二中條山《ニ》一亭名《ヲク》二休々《ト》一曰《クハカル》量レ才《ヲツク》一宜《シ》レ休揣《スハカルニ》レ分《ヲツク》二宜《シ》レ休耄而聵《スボウシテクワイス》《ッ》ー《ミ、シウ》（三）ー《ク》（宜）レ休《ス》—……三ノ休ハ一ノ休ハ先ツ吾カ才藝ヲハカツテミルニ不足デ久ウ衆中ニアラウコトテハナイソ　二ノ休ハ吾カブンザイ小分ニシテ門地モナニモタラワヌホトニ早ウヒツコウデヨカラスコトソ　三ノ休ハ年ヨリテヲイホレテ耳モシイテキコエズ足コシモカツケヲヤウテタ丶スソ（七5オ）

「マツ」表記の例も、次のように明らかに〈順番〉を表す場合は、「マヅ」と考えられる。

一鼓作《シ》レー《ヲ》（気）再《ヒシテ》而ー《ヘ》（衰）三而竭《シテツク》[左]　此ハイクサノコトソ　合戦ハジマラウトテハマツ大鼓ヲ打ソ　一度ハシメニ打ヲ云ソ（九55ウ）

次の「マツ」はいずれも原漢文の「且」に対応し、「先ヅ」で〈とりあえず〉のような意味を表すと考えられる。

師曰有客且去―「イマ客人ノアルソ　マツソチエイケ」トイワレタソ（三46オ、東大本「師曰有《ノ》レ客《リ》且去《カツレ》―「イマ客人ノアルソ　マヅソチエイケ」トイワレタソ」〈三39オ〉）

昭略曰知二此支一且《ラクラヘ》食二ーー《ヲ》（蛤蜊）一……昭カ「此コトハエシルマイソ　マツ蛤ヲクワシメ」ト云心ソ（九43ウ）

このように「マヅ」と強調の接頭語「マツ」は本来意味が異なるが、実際には表記上混同したと見られる例がある。

周ノ成ー王ノ殷ニヤツテミヤコヲ洛ト云所ニタテウドテ先ッサキエ召公奭《セキ》ヲヤツテ（二一5オ）

荘公ノ魯ノ南ノ門カラカクレテテ、先サキニ宋ヲウタレタソ（八64オ）

これらの「先サキ」は「マッサキ」とみるのが穏当であろう。「マッサキ」は通常（『時代別国語大辞典 室町時代編』も）「真先」が当てられるが、『玉塵抄』では「先サキ」である。この場合、「サキ」に「マッ」が付いて強調したものとも、「先ヅサキ」が「マッサキ」に変化したものとも考えられる。

「マヅ」と「マツ」については、木田章義も論じている（『毛詩抄』解説）（『毛詩抄』〈岩波書店〉）。

(17) 会話文の例は以下の通りである。

「ナニガヨカラウソ」（一48ウ）、「ナニガ飯デハアラウ」（六31ウ）、「ナニガ知ラヌデアラウソ」（八11オ）、「ナニカミキコエウス」（一〇8ウ）、「ナニカソレヲセツカンシトカニ行ハセウソ」（一三61オ）、「ナニガナラウソ」（二二6オ）、「ナニガ鴻ヤツルノツレノ大ナ鳥ノ心ヲハシラウソ」（二五6ウ）、「ナニカ料足五百カルニナイコトガアラウカ」（二六13オ）、「ナニカ此ノ羊ニハツガワウソ」（二六32オ）、「ナニカ舎利カアラウソ」（四二30オ）

地の文の例は以下の通りである。

「ナニガ同テハアラウソ」（一36ウ）、「ナニカチハアラウソ」（二3ウ）、「ナニカキラレウソ」（五38ウ）、「ナニガ撩―タルコトソ」（五82ウ）、「ナニカ酪ノ奴デハアラウソ」（五85ウ）、「ナニガヨカラウソ」（八54ウ）、「ナニガ児―ノメラウノヨハウナマケタナリヲバナサウソ」（九4ウ）、「ナニガ痴テハアラウソ」（九14ウ）、「ナニガ茶ヲ酪ノシモベニハセウソ」（一七22オ）、「ナニガ暁ウスル時マテアツテ天ニ横ルコトカアラウソ」（三一59ウ）

第二部

キリシタン用語についての研究

第二部（第六章—第九章）における主要な使用資料・索引は、次の通りである。ここに一括して掲げ、これらについては各章で一々くわしく掲げることはしない。

『ぎや・ど・ぺかどる』（影印、福島邦道編）一九八一　勉誠社
『サントスの御作業』（影印、H・チースリク・福島邦道・三橋健解題）一九七六　勉誠社
『キリシタン版ヒイデスの導師』（影印、鈴木博編）一九八五　清文堂出版
『キリシタン研究』第七輯（バレト写本の解説・影印・翻字・索引）一九六二　吉川弘文館
『文禄二年耶蘇会版　伊曽保物語　本文・翻字・解題・索引』一九六三　京都大学国文学会
『きりしたん版集　一』（天理善本叢書・『こんてむつすむん地』影印）一九七六　八木書店
『コンテムツスムンヂ』（影印、松岡洸司・三橋健解題）一九七九　勉誠社
『日葡辞書』（影印、亀井孝解題）一九七三　勉誠社
『羅葡日対訳辞書』（影印、福島邦道・三橋健解題）一九七九　勉誠社
新村出・柊源一校註『吉利支丹文学集　上、下』（日本古典全書）一九五七、一九六〇　朝日新聞社
海老沢有道『スピリツアル修行』（『キリシタン研究』第三一輯）一九九四　教文館
金沢大学法文学部国文研究室編『ラホ日辞典の日本語　本文・索引篇』一九七三
小島幸枝『どちりなきりしたん総索引』一九七一　風間書房
　『耶蘇会版落葉集総索引』一九七八　笠間書院
　『キリシタン版『スピリツアル修行』の研究』一九八七　笠間書院

『キリシタン版『スピリツアル修行』の研究 資料篇〔上〕〔下〕』 一九八九 笠間書院
近藤政美 『こんてむつすむん地総索引』 一九七七 笠間書院
『ローマ字本コンテムツスムンヂ総索引』 一九八〇 勉誠社
豊島正之 『ぎやどぺかどる 本文・索引』 一九八七 清文堂出版
『サントスの御作業』KWIC
『スピリツアル修行』KWIC
『ヒイデスの導師』KWIC
『バレト写本』KWIC
林重雄 『ばうちずもの授けやう・おらしよの翻訳 本文・総索引』 一九八一 笠間書院
林田明 『スピリツアル修行の研究 影印・翻字篇』 一九七五 風間書房
福島邦道 『サントスの御作業 翻字・研究篇』 一九八九 勉誠社
『続々キリシタン資料と国語研究』 一九九五 笠間書院
三橋健 『ロザリオ記録 本文篇』 一九七八 桜楓社
三橋健・宮本義男翻字 『ロザリヨ記録』 一九八六 平河出版社

第六章　「免許」について

一　はじめに

『天草版伊曽保物語』の巻頭の刊記には次のようにある。

ゼズスのコンパニヤのコレジョ　天草においてスペリヨレスのご免許としてこれを板《はん》に刻むものなり。

この「スペリヨレスの御免許としてこれを板《はん》に刻むものなり」という表現は、「免許」という語の普通の用法とは異なるものである。井上章は、この部分について、次のように述べる（『天草版伊曽保物語の研究』、一九六八、風間書房）。

これらの出版物は長老衆の許可を得て刊行した。「御免許」だけでは舌足らずで、「御免許物」の意と思われるが、日本語としては洗練不足である。

たしかに、「御免許物」とした方が現在の我々には意味が通りやすいが、国内資料においてもまたキリシタン資料においても、「免許」を〈免許物〉と解すべき用例は見出すことができず、そう考えるのは無理である。

『天草版平家物語』の巻頭の刊記にも右と全く同様の文がある。

以下、キリシタン資料における「免許」が、カトリック教会の制度及び教義と密接に結びついた特殊な意味に用いられていたと考えられることを述べたい。

二　国内資料における「免許」

これまでに見出した国内資料の「免許」の例は以下のごとくである。

(1) 自今以後不蒙免許昇進之輩為寺社供僧者可停廃彼職……（御成敗式目、鎌倉中僧徒恣諍官位事、『中世法制史料集』第一巻、二四ぺ）

(2) 免許ト云ハ、将軍ヨリ御免アリ、許ル、事也（池辺本御成敗式目注、『中世法制史料集』別巻、二五一ぺ）

(3) 自ー免許ハ関東ノ免許ソ、若輩ニハ高官ヲ不可許也（清原業忠貞永式目聞書、同右書、四〇四ぺ）

(4) 自今以後、関東ノ免許ヲ不レ蒙シテ昇進スル者カ、寺社ノ供僧タラハ、其供僧職ヲ停廃セラルヘシ、不レ蒙二免許一ト云句ヲ上ヘ付テ、自由ノ昇進ヲ免許セラレソト見ハ誤也（清原宣賢式目抄、同右書、五四〇ぺ）

(5) 不レ蒙二御免許一、企二遁世一後、猶知二行所領一事、……而未レ及二老年一、無二指病悩一、不レ蒙二御免一、無二左右一令二出家一、猶知二行所領一事、甚自由之所行也（鎌倉幕府追加法、『中世法制史料集』第一巻一三一ぺ）

(6) 凡人倫売買事、禁制殊重、然而飢饉之年計者、被二免許一歟、（鎌倉幕府追加法、同右書、一一一ぺ）

(7) 又後鳥羽院御宇建久年中ニ、栄西・能忍等禅宗ヲ洛中ニ弘メシ時、南都北嶺共起テ及二嗷訴一。而ニ建仁寺建立ニ至テ、遮那・止観ノ両宗ヲ被レ置上ヘ、開山以二別儀一可レ為二末寺一由、依レ被二申請一被二免許一候キ。（太

平記、巻二十四、依山門嗷訴公卿僉議事、日本古典文学大系『太平記 二』四一九ぺ）

（8）依二綱位一乱二臈次一之故、猥求二自由之昇進一、雖レ為二宿老有智之高僧一、被レ超二越少年無才之後輩一、貞永式目内取要載レ之、所詮、当山衆徒官位事、請二一山之評議一、以二連署状一、蒙二武家御免許一、可レ被二転任一事（大内氏掟書、『中世法制史料集』第三巻、四八ぺ）

（9）一、官途間事、

右、祇候之輩、至二自由之昇進一者、度々御制符更難二違犯一、雖レ然随レ時依レ躰令レ任之条、非レ無二傍例一歟、而未レ蒙二免許一之以前、自由拝任之輩、前々有レ之歟、縦雖レ帯二聞書一、不レ可二叙用一、蒙二免許一而可レ令レ任……（宇都宮家式条、同右書、一三ぺ）

（10）於二彼分一者、不レ謂二僧衆之多少一、先可レ免二許掛搭一（円覚寺規式条々、新命長老参随僧衆付、行者下部等事、『中世法制史料集』第二巻、一五九ぺ）

（11）諸五山喝食楞厳頭、以レ功度僧雖レ然依二其年少長大一、或有二免許不免許一之由、以二春阿一披二露之一、……（蔭涼軒日録、長禄三年七月六日、同右書、二二九ぺ）

（12）諸商買船公事免許事、雖レ有二望申族一、自今以後不レ可レ申二次之一、若於下有二御免一輩上者、為二上意一可レ被二仰出一候也（大内氏掟書、『中世法制史料集』第三巻、七五ぺ）

（13）百姓出レ夫之処、於二陣中一被レ殺族者、彼主其砌三十箇日可レ令二免許一、然而如二前々一可レ出レ夫……（甲州法度之次第、同右書、二〇三ぺ）

（14）給役免許之者、分明判形在レ之外、如何様理申候共、其用捨不レ仕、堅可二申付一事（長宗我部氏掟書、同右書、二八八ぺ）

（15）方々江使并奉行人遣時、公役免許事、他国江ハ五人前、幡多、安喜江ハ三人前、於二中五郡一二人也（長宗我部氏掟書、同右書、二八八ペ）

（16）於御修理用途者、依為関東非法、就訴申之、当国御内御領之者、被免許畢、当庄同以為其随一被免之処、被成当庄于請所之時、被入徳分之注文内、雖被渡之、依為非法之、訴申之者也、……早任根本御例、蒙御免御成敗之、被止非分強責之矣、（建武元年、若狭太良荘百姓等申状、『中世政治社会思想 下』、二六六ペ）

（17）先々被免許之所々者、今更不能駈催、近年御寄附之地者、任旧規可勤仕（建武新政の法、大番状々、同右書、九一ペ）

（1）から（7）までは〈幕府の許可〉の意であり、「(御)免許を蒙る」「免許せらる」という形で使われている。（8）（9）は〈大名の許可〉の意と考えられ、やはり「(御)免許を蒙る」の形である。（10）（11）は〈寺院の長の許可〉の意味である。この場合は「免許す」「(不)免許あり」という形である。（12）以下の例は〈課税・課役の免除〉の意で、「免許の事、者」「免許せしむ」「免許せらる」の形で見える。また「公事免許」「公役免許」「給役免許」のような熟語として用いられている。要するに、中世において、「免許」は大別して〈上長の許可〉の意味と〈免除〉の意味に用いられていたと考えられる。

用例に明らかな通り、「御免」は「免許」と並んで〈許可〉の意にも〈免除〉の意にも用いられている。また、「許す」は「免許す」と同様に用いられている。次に示すように、「御許」も「免許」と同様な〈許可〉の意の用法がある。

（18）為二当方御家人一之輩、以二非御家人子一、号二養子一之条、太不レ可レ然也、但、有二事子細一、而於レ被二御許一者、非二制限一之旨、被レ定置之一畢、（大内氏掟書、『中世法制史料集』第三巻、三七ペ）

（19）……号二諸役免除一、於二有名無実之儀一者、不レ可レ有二御許容一之事、（室町幕府追加法、『中世法制史料集』第二巻、一〇一ぺ）

『天草版伊曽保物語』（『天草版平家物語』も）の刊記の「スペリヨレス（長老達）のご免許」は、用例（3）（4）の「関東ノ免許」、（8）の「武家御免許」と同様の形であり、一応従来の解釈通り〈スペリヨレスの御許可〉の意と取れるが、国内資料では「免許として」という形で使われた例は見出せず、この刊記の「免許」は、通常の用法とは異なると言える。

三　キリシタン資料の「免許」――（一）

先ず、キリシタン版の刊記の「免許」について考える。改めてキリシタン版の刊記を概観すると、次の通りである(1)。

Jesus の Companhia の Collegio 天草において Sueriores の御免許としてこれを板《はん》に刻むものなり。

［『ヒイデスの導師』（一五九二）、『天草版平家物語』（一五九三）、『天草版伊曽保物語』（一五九三）］

Superiores の御《おん》許しを蒙り

［『サントスの御作業』上巻（一五九一）、『ドチリナ・キリシタン』（一五九二）］

Superiores の御《おん》許しとして

［『サントスの御作業』下巻（一五九一）］

Superiores の御下知《ごげぢ》をもって

〔『コンテムツス・ムンヂ』（一五九六）〕

Superiores と Ordinario の許しを蒙り

〔『スピリツアル修行』（一六〇七）〕

cum facultate Superiorum

〔『拉丁文典』（一五九四）、『羅葡日対訳辞書』（一五九五）、『心霊修業』（一五九六）、『落葉集』（一五九八）、『サルバトル・ムンヂ』（一五九八）〕

cum facultate Ordinarij, & (et) Superiorum

〔『精神修養の提要』（一五九八）、『ぎや・ど・ぺかどる』（一五九九）、『ドチリナ・キリシタン』（一六〇〇）、『どちりな・きりしたん』（一六〇〇）、『倭漢朗詠集巻之上』（一六〇〇）、『おらしよの翻訳』（一六〇〇）、『金言集』（一六〇三）、『聖教精華』（一六一〇）、『こんてむつす・むん地』（一六一〇）〕

cum facultate Superiorum, et Ordinarij

〔『ひですの経』（一六一一）〕

cum approbatione, et facultate

〔『サカラメンタ提要』（一六〇五）〕

com licença do Ordinario, & (e) Superiores

〔『日葡辞書』（一六〇三〜一六〇四）、『日本文典』（一六〇四〜一六〇八）〕

com a sobredita licença, & approuação

〔『日葡辞書　補遺』（一六〇四）〕

Aprovaçam. Vi este Liuro do Taifeiquii ; não tem cousa por que se não deua imprimir. Manoel Barreto.
Vista esta informaçao dou licença per a se poder imprimir. O Bishop de Iappam.
〔『太平記抜書』〕
cum facultate Inquisitorũ &, Superiorum
〔『原マルチノ演説』（一五八八）、ゴア〕
cum facultate Superiorum
〔『キリスト教子弟の教育』（一五八八）、マカオ〕
cum facultate Ordinarij, & Superiorum
〔『遣欧使節対話録』（一五九〇）、マカオ〕
com licença Ordinario, & Superiores
〔『日本小文典』（一六二〇）、マカオ〕
Ordinario の許しを蒙り
〔『ロザリヨ記録』（一六二三）、マニラ〕

『スピリツアル修行』『ロザリヨ記録』を除けば、日本語の刊記を持つものは初期の版に集中している。「免許」は、『天草版伊曽保物語』のほか『天草版平家物語』『ヒイデスの導師』の刊記にも見え、先述のようにいずれも全く同じ文であり、「免許として」の形である。『サントスの御作業 下巻』の「御許しとして」も、この場合「許し」は「免許」と同意と考えられるから（これについては後述）、「御免許として」「御許しとして」は等価の表現と見てよく、この「スペリヨレスの御許しとしてこれを板《はん》と為すものなり」という表現も、やはり日本語の文として不自然である。日本語の文として自然な「(御)許しを蒙り」という刊記を持つものもあるのに、なぜ「御許しとして」という不自然な表現を用いたのであろうか。「免許」の場合も、なぜ「御免許を蒙り」という自然な表現を選ばなかったのであろうか。

欧文の刊記を見ると、『落葉集』を例外として、日本語の辞書・文典はポルトガル語の刊記を持ち、それ以外はラテン語の刊記を持っている。これは、ゴア・マカオ版でも同様である。「御免許として」「御許しとして」という表現を考えるにあたっては、ラテン語の刊記と対照すべきであろう。

ラテン語の刊記の全てに見られるFacultateという語は、名詞Facultasの奪格である。『羅和辞典』(研究社)によればFacultasには1可能性、2許可、3能力、4充実、などの意味があり、ここでは一応〈許可〉の意であると見られる。Cumは、〈~とともに〉〈~をもって〉などの意であるから、Cum facultateは、〈~の許可のもとに〉ということになる。しかし、ここで留意しなければならないのはFacultasがカトリック用語として特別な意味を持っていたことである。『カトリック大辞典』によれば、ファクルタス(訳語はないようである)は、「一層高級の長上に属している一定の裁治権、又は祝別行為の行使を教会長上より下級者に特別権能として認めることをいふ」のであり、「教皇庁は既に十三世紀以来、殊に異教地の宣教師に特別権能を与へてきた」とされる。

この語は、英語ではFacultyであり、『New Catholic Encyclopedia』(Mcgrau-Hill Book Company)のFacultiesの項には次のように説明されている。

A faculty is a power given by a competent ecclesiastical superior to a subordinate, enabling the latter to do something that he is otherwise incapable of doing validly or to do something that he is otherwise prohibited by law from doing licitly.

イエズス会の正式の出版物の刊記に用いられているのであるから、このFacultasはカトリック用語と解すべきであろう。とすれば、キリシタン版のこれらラテン語の刊記は、〈スペリオレス（とオルヂナリヨ）の特別権能のもとに〉の意味であるととるのが正しいのではなかろうか。これは、カトリック史の問題であり、筆者の調査はそこまで及んでいないが、常識的に考えれば、教会の出版の許可権は教皇に属していて、異国に派遣された宣教師はFacultasを与えられることによって、独自の判断による出版が可能だったのだろうと推測される。そのFacultasが「免許」あるいは「許し」と訳されたのではないかと思われる。とにかくFacultasは上長から許可されたものであるから、その面を重視すれば、そう訳される理由がある。

Facultasの『羅葡日対訳辞書』（以下『羅葡日辞書』とする）における記述は次の通りである。

　Facultas, atis. Lus, Facilidade de fazer algũa cousa. Iap. Monouo itasu tameno jiyǔ, chicara. ¶ Item.
　　Poder, ou commodidade. Iap. Xiauaxe, chicara, yuruxi. ¶ ……

「免許」「許し」が対応する意味としては、二番目のPoderを取るべきであろう。「為合はせ」は、commodidade（都合のよいこと）の訳と考えられるから、「力」「許し」をPoder（権力、勢力）の訳と見るべきである。訳語として「免許」が挙げられていないが、『羅葡日辞書』のImperiumの項に、Poder, ou jurisdição（権限、管轄）の訳語として「免許」「許し」が並べられていることからも、また、Potestasの項でもTer poder ou licença sobre algũa cousa. の訳語に「ものの許し、免許あり」と「免許」「許し」が並べられていることからも、Facultasすなわち Poderの意味で「免許」が用いられたと見ることに問題はないと思われる。このことは、「免許」が、ある点でFacultasと類似しているラテン語Privilegium（ポルトガル語Privilegio）の訳語として盛んに使われていたことからも補強できる。すなわち、『日葡辞書』の「免許」の項には、次のようにある。

Menqio. *Licença particular ou priuilegio.*（補遺）【特別な許可、または、特権。】（『邦訳日葡辞書』による訳。以下同様。）

この「特権」と訳されている意味が問題である。カトリック用語にPrivilegium（日本語訳「特権」）があり、『カトリック大辞典』によれば、「普通法より離れた恩典的例外或は特別法規で、当該長上より人（個人又は法人）或は物（聖堂、祭壇、職位）或はそれらの多数のため与へられるもの」であり、その中の「外法特権」は「ファクルタスは之と同一視される」のである。すなわち、「ファクルタス」も「特権」も、上長から特別に与えられる権能であるという点で共通していると考えられるのである。「免許」がFacultasの訳語として用いられたであろうということは、この点からも言えるのである。『羅葡日辞書』の訳語に見える「免許」のうち、次に示すPriuilegium及びDispensatio（「特免」と訳されるカトリック教会法用語）の訳語としての「免許」は、このような意味でのカトリック教会法用語の意味も含むと考えられる。

Priuilegium, ij. Lus, Priuilegio. Iap. Menqio.

Dispensatio, onis.…… ¶ Apud juris consultos, Dispensação. Iap. Bexxiteno yuruxi, menqio.

また、イエズス会の出版物ではないが、『ロザリヨ記録』の次の例の「免許」は、明らかに「パッパ」すなわち教皇からコフラヂア（信心会）に与えられた特権の意味であり、やはり教会法の用語であるインドルゼンシア（免償）とともに用いられている。（翻字は、三橋健・宮本義男『ロザリヨ記録』による。）

(20) 尊きロザリヨのオラショのつとめ様と、コフラヂアの興行を代代のパッパ サント御領掌有るのみならず、其の趣を御感悦なされ、コフラヂアの至宝として数数のインドルゼンシア、御免許等を授け下さるるなり。（八二―一）

(21) 代代のパッパ サント此のコフラヂアに授け給ふ御免許の事。
コフラヂアに代々のパッパ サント授け給ふ悉くの御免許、インドルゼンシアをパッパ ピオ キント御許容有るのみならず、又新らしく授け下されたる物なり。(八四―八、一二)

このように見てくると、「スペリヨレスの御免許として」「スペリヨレスの御許しとして」という語句は、〈教皇から許されたスペリヨレスの教会法上の特別の権利として〉の意味に解すべきだと考えられる。それにしても、日本語の「免許」の用法として不自然であることは否めず、適切な訳語とは思われない。これは、「力」(前掲『羅葡日辞書』Facultas の項の訳語に見える)以外、当時の日本語に〈権能〉を表す語がなかったことにもよるであろう。「スペリヨレスの(御)許しを蒙り」も恐らく同じ意味を表現しようとしたものであろうが、日本語としては単に〈スペリヨレスの御許可をいただき〉の意味に解されるであろうから、やはり適切な表現とは認められなかったのではなかろうか。さらに憶測すれば、一五九四年以後、キリシタン版の刊記にほとんどすべてラテン語が用いられているのは、Cum facultate の正確な訳語が見出せなかったためではなかろうか。また、『羅葡日辞書』では、意図的に Facultas の訳語に「免許」を挙げるのを避けたのではなかろうか。

四　キリシタン資料における「免許」――(二)

このように、キリシタン版の刊記にあらわれる「免許」は、教会法上の〈特権〉の意味と認められるが、この意味の「免許」は、(20)(21)の『ロザリヨ記録』の例を除いてキリシタン版の刊記のみに見えるのであり、キリシタン資料に見える他の「免許」は教会法上の〈特権〉の意味に使われているとは考えられない。以下、その用法を検討したい。

先ず、『スピリツアル修行』の「免許」の用例四例（いずれも「ロザイロの観念」にある）について、小島幸枝の『キリシタン版『スピリツアル修行』の研究　資料篇上下』（以下『資料篇上』『資料篇下』と略称する）によって、原典とされる「ロザイロの観念」ポルトガル語本と対照させて考える。(2) 翻字もほぼ同書による（句読点は変更した）。

(22) 第二のポントには、ビルゼン　サンタマリアご産の時、見苦しき事少しもましまさず、外には御姿尋常にして清浄潔白にましまし、内にはご信心いや増しにして御マニアはデウスにのみ貪じ給ふ事を観ずべし。又尋常の女の如く御痛みを覚え給ふこともなく、却って言語に及ばぬご歓喜を覚え給ふもの也。かくの如くサンタマリア　デウスに貪じ給ふご観念の内に、御主奇特、不思議の道を以て御母のビルジンダアデを少しも損ざし給はず、ご誕生ありつるもの也。いかにビルゼンにてましましながら御母となり給ひ世に例しなきご免許の上より、ご作者、御親にてましますデウスを御子に持ち給ふ御身へ言上し奉る。（「ロザイロの観念」一五ウ、資料篇上一七ぺ）

［ポルトガル語本］

O Virgem & mãy, mãy & virgem : priuilegio nunca ja mais cõcedido a outra algũa criatura ? O excellencia & dignidade, que so a vos pertẽçe, que sois mãy de Deos, mãy do mesmo pay, & Criador vosso.（資料篇下一九六ぺ）

《ビルゼンにして母となり、母でありながらビルゼンなる人よ、他のいかなる被造物がこのような特権を受けたであろうか。御身のみが卓越した位を受け、デウスの母にして、かつ父であり御身の創造主なる御者の母である御身よ、》（現代語訳、資料篇上九七ぺ）

（23）又御主の御諫めは深く子を思ふ親の教訓するが如しと思へ。その証拠はみ弟子たちのヒイデス弱かりし事を諫め給ひてより、軈て世界をめぐりて、み法を弘めらるべき時の事を教へ給ひ、その為に又種々のご免許を与へ給ふ也。汝もし内よりの御諫め、外よりのご折檻に遭ふ事あらば、心を乱し頼母敷きを失ふ事なく、ただご大切の御親の御計らひ也と思へ。スキリツウラに見ゆる如く、御主は御子と思し召さるる人々を諫め給ひご折檻し給ふもの也。（「ロザイロの観念」六三オ、資料篇上五五ぺ）

［ポルトガル語本］

Notareis tambem como suas reprehensoẽs sam de pay que muy tẽramẽte nos ama, & deseja nosso proueito como vedes aqui : q̃ despois de reprender a incredulidade dos Dicipolos, logo lhes mostra & ensina o que indo per todo o mũdo deuiam de fazer, com os mais fauores & dões, que lhes cõmunicou. ……（資料篇下二三三ぺ）

《彼の戒めは、我らを非常にやさしく愛し、ここに現われているように、我らの利益を望んでいる父親の戒めでもあることに注意せよ。弟子たちの不信仰を戒めたのち、つづいて彼らに、世界の至る所へ行ってなすべきことを示し教えて、そのために彼らに大そう多くの好意と恵みを相伝えたのである。……》（現代語訳、資料篇上一三九ぺ）

（24）右ポロヘエタの言葉を以て御母の御位、嬋娟端正たる御ところ、その外のご善徳、ご免許等の事は現はれ給ふもの也。その故はパチリアルカスのヒイデス、アポストロスのカリダアデ、マルチレスのホルタレザ、ドウトレス、コンヘソレスのプルデンシヤ、ビルゼンスのカスチダアデ、アンジョスの清浄、ケルビンスの広智、セラヒンスの燃え立ち給ふ大切、畢竟諸の善人たちのそれぞれの功力に従って蒙り給ふガラサ、ご免許等を一つに集めて、この御母ご一人に達して持ち給ふもの也。真にそのご善徳は諸のアンジョスにも、善人にも勝れ給へば、その御台も又はるかに高くまします也。サンジョアンの見給ひたる身には日輪を着し、頭べには十二の星の冠を戴きたる女人とはこの貴きビルゼンにてまします也。これらの験を以てそのご善徳のほどをデウス現はし給ふ也。（「ロザイロの観念」、八一オ、資料篇上七〇ぺ）

［ポルトガル語本］

……nas quaes palauras daua a entender a alteza, dignidade, & fermosura desta Senhora, & a diuersidade de doens, virtudes, priuilegios, riquezas, & excellencias, que lhe foram cõcedidas, Porque nam lhe faltaua a fee dos Patriarchas, nem a charidade dos Apostolos, nem a fortaleza dos Martyres, nẽ a prudencia dos Doutores, & Cõfessores, nẽ a castidade das Virgẽs, nem a pureza dos Anjos, nem a sabedoria dos Cherubins, nẽ o amor ardentissimo dos Seraphins. Finalmente as virtudes, & graças, q̃ por todos os outros foram repartidas, & cõ limitaçã: todas jũtamẽte, & ẽ summo grao de perfeiçam foram concedidas a esta Senhora.…… （資料篇下二五〇ぺ）

《このような言葉は、このセニョーラの偉大さと光栄と美しさを意味し、又、（彼女に与えられた）さまざまの恵みと徳と特権、卓越したものを意味するのである。即ち、太祖の信仰も使徒の愛も殉教者の剛毅も、博士や証聖者たちの叡知も、ビルゼンたちの貞潔も、天使たちの清冽も、ケルビンの上智も、セラヒンの最も燃える愛も、（彼女には欠けていなかった。）結局、他の人たちは部分的に、制限して与えられた徳と恩寵が、このセニョーラには全部まとめて、最も完全な程度に於て与えられたのである。……》（現代語訳、資料篇上一五八ぺ、（ ）内はキリシタン版で省略された記述）

（22）の例は、原典の priuilegio にあたり、小島の現代語訳では「特権」となっているが、前節で検討したキリシタン版の刊記の場合と異なり、教会法上の用語ではない。〈聖母が受けた特別な恩典〉ということであって、その内容は「ご作者、御親にてましますデウスを御子に持ち給ふ」こと、すなわち〈天地の創造主であり自らの親であるデウスを子に持つこと〉である。

（23）の例は、原典の fauores & dões にあたり、現代語訳では「好意と恵み」とされているが、〈イエスが弟子達に与えた特別な恵み〉の意味であり、具体的には〈困難に耐える精神的な支え・助け〉を指すと考えられる。

（24）の二例のうち、最初の例は、原典の priuilegios にあたり、現代語訳では「特権」とされているが、やはり教会法用語ではなく、（22）の場合と同じ意味と考えられる。その内容は「ご善徳」と区別がなく、「ヒイデス、カリダアデ、プルデンシヤ、カスチダアデ、清浄、広智、燃え立ち給ふ大切」を指している。二番目の例は、原典の virtudes にあたると考えられ、現代語訳では「徳」とされている。実質的な意味では最初の例と同じだが、具体的には〈聖母以外の人の受けた恩典〉を意味している。（24）の最初の例の「ご善徳、ご免許等の事」の「ご善徳」は原文では virtudes であり、virtudes はこのキリシタン版の一節において「ご善徳」と「ご免許」の二語に対応している。一方、最初の「ご免許」は priuilegios に対応しているのであるから、「ご免許」は priuilegios と virtudes に対応し、「ご善徳」が virtudes に対応しているのであって、少なくともこの一節においては「ご免許」と「ご善徳」は実質的な意味では差がないと考えられる。

『ヒイデスの導師』には、次に示す四例の「免許」がある。（私に翻字した。）

（25）天が下のご作のものに越えてデウスをあがめ給ふ御方は天上の諸アンジョなり。さりながらこれらもマルチレスのデウスをあがめ給ふやうにあがめ給はず。その故は、諸のアンジョの持ち給ふほどの善徳はご辛苦なくしてデウスより受け奉らるるものなり。このアンジョは作られ給ふ時、デウスのみ前にへりくだり、一弾指の間骨肉の妨げなくして、たしかにデウスをご作者とあがめ尊み申されしによって、御感にあづかり、ガラサに決定せられ、種々のご恩と、ご免許を蒙らるるなり。(巻二、二三三)

(26) さればデウスはベナベンツランサのために人を作り給ふ上は、その位のために、肝要なる善徳を与へ給ふべき事専らなり。それによって先づ一つには、ガラサと、諸善の種を与へ給ふなり。これを以て人間のアニマは荘厳せられ、デウスの御内証に叶ひ奉るなり。二つには、ジュスチシャオリヂナルといふご恩を与へ給ふなり。この善を以て天が下のご作のものの司と定め給ふものなり。鳥、獣、虫、《ママ》けらに至るまで、悉皆人間に従ふものなり。諸の病、死の苦しみをも進退する位なり。三つには、わが身の望みまでをも進退するやうに計らひ給ふなり。この善を持ちたる間は手足のオンタアデに従ふごとく、色身の望みも従ひしなり。その時、御主デウス元祖アダンに宣ふは、デウスに対し奉りて逆心なきにおいては、子々孫々までもこのご免許を与へ給ふべしとの御約束なり。(巻三、三九〇)

(27) 又スピリツサントを遣はし給ふによって、様々の功徳、善根をみ弟子達受け奉らるるなり。人の科の代りに御血を流し給ふ上は、その科のご赦免をなし給はんために、み弟子にこのご免許を与へ給ふなり。(巻三、四一四)

(28) されば我らが災難をさへ御身に受け給ふ上は、好事をばいかでか惜しみ給ふべききや《ママ》。サンジョアン第一の玉章の三箇条に、我らに対し給ひてのデウスのご大切を知らんと欲せば、デウスの御子と呼ばれ奉ることは言ふに及ばず、真実の御子になり奉るご免許を与へ給ふことを思案せよ。子と呼ばるることと、真実の子となることは、格別なり。ゼズキリシトのご恩を以て御子になる位にあがめられ奉ることを指してのことなり。

又このご恩を施し給ふによって、ご好事を我らに与へ給ふなり。（巻三、四九六）

（25）の例で、「ご免許」は〈諸のアンジョがデウスから受けた善徳〉を指している。この場合、「ご恩」と並んで用いられており、キリシタン資料の例では唯一「ご免許を蒙る」の形である。

（26）の例は、〈デウスが人間に与えると約束した善徳〉を指し、その内容は、「ガラサと諸善の種」「ジュスチシャオリヂナル（根本の正義）」「わが望みまでをも進退すること」である。

（27）の例は、〈イエスが弟子達に与えた様々の功徳善根〉を指している。

（28）の例は、単なる〈御許し〉とも解せるが、これまでの用法から見ると、〈デウスの真実の子となるという恩典〉の意味にとるべきであろう。

『ぎやどぺかどる』には、次の三例がある。（「デウス」「キリシト」は原文記号。私に句読点を付す。）

（29）第二の篇には、おなじく善の勤めの御返報としてデウス現在より与へ給ふ好事の中にも、十二の免許の徳儀を一々に顕し、貴き経文のかず〳〵のうちより抜て以て茲に撰び集むる事、是多くの人未来の徳を遠しとして善の道に至ざれば、現在にをひてもまのあたりにデウスより与へ給ふ善の御褒美の徳深き事を知て、いさみ悦ぶべき為に尤肝要なる儀なれば也。（上一オ）

（30）此一部の中上巻には、善に勧まずして叶はざる条々を沙汰せしなり。是御主デウスの御善徳并に四ツの極めとなる、死すると、じゆいぞ、いんへるの、ぱらいぞ等の理りをもて徹する也。次には、デウスより善の御返報として与へ給ふ十二の免許の徳儀を顕はせり。是又善を勧む為の尤深き好便なれば也。（下一ウ）

（31）誠に諸の善人達の御生涯のみならず、分て善人の上の善人と欽め奉る御主キリシトの御行跡如此在ます時は、何たる御免許を持てか汝は歓喜歓楽の道より天の国に至らんとは思ふぞ。如何に兄弟天の快楽の御友となるべきと思はゞ、御辛労の御友となる事を歎け。ともに御国を保ち奉らんと思はゞ、ともに痛み奉るべし。是皆汝に強き心を勧むる道也。（下七八オ）

(29)(30)の「十二の免許の徳儀」は、いずれも〈デウスが善の御返報の恩典としてお与え下さった十二の徳儀〉を指しており、その内容は上巻第二篇に述べられている次の十二の「徳儀なる事」を指す。

第一　善人を御守りなさるゝデウスの御恵みと、又悪人を罰し給ふ御計ひは善に因む一番の徳儀なる事。
第二　御主デウス善人に与へ給ふがらさは、善に因む二番目の徳儀なる事。
第三　デウス善人に与へ給ふ智恵の光明は、善に因む第三の徳儀なる事。
第四　善を励す人にすぴりつさんと与へ給ふ内心の悦び楽みは、善に因む四番目の徳儀なる事。
第五　悪人の心に覚ゆる悪き心の喰ひつく苦しみに引かへ、善人達の楽み給ふよき行跡の悦びは、善に因む五番目の徳儀なる事。
第六　デウスの御慈悲御哀隣に対して、善人達の持給ふ頼母敷と、悪人のもつ益なき頼母敷の隔は、善に因む六番の徳儀なる事。
第七　善人といふは、悪人の弁へざる浅間敷奴の進退を遁れて、真実の自由を楽み給ふ事、是善に因む七番目の徳儀なる事。
第八　悪人の妄りなる心の騒がしき事と、善人達の楽み給ふ無事安楽は、善に因む八番目の徳儀なる事。
第九　デウス悪人のおらしよをば聞し召さずして善人のおらしよを御納受し給ふ事、是善に因む九番目の徳儀なる事。
第十　悪人は難儀の時堪忍なくして苦しみをうけ、善の心懸ある人はデウスの御合力を以て輙く堪へ給ふ事、是善に因む十番目の徳儀なる事。

第十一　善を勤むる人に、御主現在にをひて事のかけざる様に計ひ給ふ事は、善に因む十一番の徳儀なる事。

第十二　悪人の最期は苦しく哀なる進退にて、善人の臨終は無事安泰に悦びを含み給ふ事、是善に因む十二番の徳儀なる事。

上巻第二篇冒頭に「今此篇には、善に勧むべき為に、現在にてよき行跡ある人には、あにま、色身の上にでうす御約束なさるゝ十二の徳儀を顕はす者也」とあることで明らかなように、右の十二の「徳儀なる事」とは、いずれも〈デウスが善き行為のお返しとしてお与え下さった恩典〉ということである。具体的には、「善人を御守りなさるゝデウスの御恵み」「デウス善人に与へ給ふがらさ（恩寵）」「デウス善人に与へ給ふ智恵の光明」等々を指している。

（31）の例は、〈どのような免許を持って天の国へ至ろうと思うか〉という問いに対して、〈御辛労の御友となること〉〈ともに痛み奉ること〉が出来る「強き心」という徳を持つべきであると答えているものと考えられ、この「御免許」は〈デウスから与えられる（「強き心」という）善徳〉を意味していると見るべきである。

豊島正之氏の御教示によれば、一五七三年サラマンカ版（スペイン語）『ぎやどぺかどる』では、（29）（30）の「免許」には対応する語がなく、（31）の例には privilegio が対応している。

『ロザリヨ記録』には、先に挙げた教会法上の「特権」を意味する（20）（21）の二例の他に、次の例がある。

（32）此の門派無き所に於てロザリヨのコフラヂアの興行有るべき時は、其の為パアデレゼネラルの御免許を受けられたる門派の出家を一人呼び受け、興行すべし。然るに於てはゼネラルも御領掌有るべし。（七六）

この場合は、単なる〈許可〉の意味である。

『羅葡日辞書』の「免許」については、前節で教会法上の「特権」と解される二語（Priuilegium, Dispensatio）の項を引用したが、その他の訳語「免許」を有する語の項を示すと、以下の通りである。

Beneficium, ij.……¶ Item, Priuilegio. Iap. Menqio.

Ciuitas, atis. Lus. Cidade. Iap. Daijǒri. ¶ Item, Toda a prouincia que se gouerna polas mesmas leys. Iap. Vonaji fǔzocu, fattoni xitagǒ cuni. ¶ Aliqñ, Pliuilegio de cidadão. Iap. Miguino fitonno menqio.

Emaneo, es. Lus. Estarẽ os soldados muito tempo fora do arrayal sem licẽça do capitão. Iap. Taixǒno Menqio naxini buxi fisaxiqu ginuo fazzuxite yru.

Immunitas, atis. Lus. Isençao, Iap. Menqio.

Imperium, ij.……¶ Aliqñ. Poder, ou jurisdicão. Iap. Menqio, yuruxi.

Potestas, atis.……Lus. Dar poder, ou licença a alguem pera algũa cousa. Iap. Menqio, menjouo atayuru. …… Lus. Ter poder, ou licença sobre algua cousa. Iap. Monono yuruxi, menqio ari.

Vacatio, onis.……¶ Item, Izençao. Iap. Menqio.……¶ Dare vacationem alicui. Lus. Dar ferias a alguem, ou fazeilo izento. Iap. Xinrǒuo yamete cutçurogasuru, l, mẽqiouo atayuru.

Venia, æ.……¶ Qñq; Priuilegio, permisão. Iap. Menqio, l, yuruxi.

まず、Beneficium の場合、ポルトガル語訳 Priuilegio に対し日本語の「免許」があてられている。Beneficium は〈善行、好意の表示、寵愛〉の意味であり、この「免許」は教会法上の用語ではなく、これまで述べてきたキリシタン宗教書の意味と同様、〈神から与えられた特別の恩典〉の意と認められる。Venia は〈恩恵、許可〉の意味であるが、「免許」はポルトガル語 Priuilegio の訳と考えられ、やはり〈神から与えられた特別の恩典〉の意味と解される（「許し」はpermisãoの訳で〈許可〉の意味と見られる）。

Emaneoの項の例は、「大将の免許無しに武士久しく陣を外してゐる」という用法であり、〈許可〉の意と考えられる。

Imperiumは〈命令、権力、支配〉の意味であり、ポルトガル語poder（権力、支配）、またはjurisdicão（裁判権、権限）があてられている。この「免許」は〈権力〉の意味で、前節で検討した「特権」に近いようである。この場合は「許し」も同義ということになる。

Potestasも、〈権力、支配〉の意味であるが、ポルトガル語poderとlicençaに対応している。licençaは、〈許可、鑑札〉の意味であり、poderとは異なる。例文「免許、免除を与ゆる」及び「ものの許し、免許あり」によって考えると、支配者があることに関して権利や許可を与えることを意味していると考えられる。

Immunitasは〈職務から解放されていること、義務から解放されていること〉が基本の意味であり、Vacatioは〈自由であること、解放〉の意味であるが、ともにポルトガル語Isençao（Izençao）で訳され、日本語「免許」があてられている。Isençaoは〈免除〉の意味であり、この場合の「免許」はVacatioの項の例文「辛労をやめてくつろがする、免許を与ゆる」から見て、苦しいことを免除されることを意味していると考えられる。

Civitasは〈市民権、市民、都市、国家〉の意味であり、ポルトガル語Pliuilegio de cidadãoは〈市民としての特権〉の意味である。例文「右の人の免許」の「右の人」は「大城裡」の人、「同じ風俗、法度に従う国」の人の意味であり、この「免許」は〈（市民としての）権利〉という意味である。

結局、前節及び本節で検討したキリシタン資料において、「免許」は専ら〈教会法上の特権〉及び〈デウスあるいはイエスから与えられる特別の恩典・恵み〉の意味に用いられていると言うことが出来る。「免許」が国内資料と同様の〈許可〉の意味に用いられているのは、(32)の『ロザリヨ記録』の例、及び『羅葡日辞書』のEmaneoの項の例のみである。

なお、意味ばかりではなく、他の語との結合(これももちろん意味と関連するが)の点でも、キリシタン資料と国内資料とでは異なる。キリシタン資料では、国内資料には見られない「免許を与ふ」という表現が多く見える。「免許として」「免許の上より」「免許を集む」「免許を持つ」という表現も国内資料には見出せていない。

五 「許し」について

先に掲げた通り、一例だけではあるが刊記(『ぎやどぺかどる』下巻)に「スペリヨレスの御許しとして」という語句があり、『羅葡日辞書』の訳語に「許し」が「免許」と同義の語として並んで用いられた例(Imperium の項)があることから、「許し」が「免許」と同じ意味で用いられた場合があることは明らかである。『ヒイデスの導師』の「言葉の和げ」でも、「免許」に対して「許し」と注している。『日葡辞書』の「許し」の項には次のようにある。

Yuruxi. *Perado.* ¶ *Item, Licença.*

【赦免。¶また、許可。】

「免許」とはlicençaすなわち〈許可〉の意味において共通している。

以下、「免許」の用例がある『スピリツアル修行』『ヒイデスの導師』『ぎやどぺかどる』について、「許し」の用法を検討する。

『スピリツアル修行』には多数の「許し」がある。次に例示する。なお、翻字は『ぎやどぺかどる』にならって

「赦し」とするが、論述の部分では引用及びその関連部分を除いて「許し」を用いる。

(33) 又正直なる鳩の如くこの岩の洞に巣を食ふべし。それといふは、この御疵の内に汝が栖家を調へよと也。その為に御赦しを下され、剰へかく仕れと、汝を勧め給ふもの也。(「ロザイロの観念」五二ウ、資料篇上四七ペ)

[ポルトガル本]

Fazey vosso ninho como sin gella pomba nos buracos desta pedra, quero dizer em suas sacratissimas chagas, ja que elle vos dá licẽça pera isso, & ainda vos esta conuidando que o façais. (二二五ペ)

《汝の巣を、あの無邪気な鳩のように、この石の穴、彼の尊い傷の中に作れ、(と私は言いたい) もはや彼がこれのために汝に許しを与え、これをするように汝を招いているのであるから。》(現代語訳、資料篇上一二九ペ)

(34) さればピラトス早や御主をクルスにかけ奉る赦しを出せば (「ロザイロの観念」四四オ、資料篇上四〇ペ)

(35) 我等が科の負物いささかの未進もなく達して返弁し給ひ、その科の御赦しのためには我等が代として負ひ物よりもなほ分量を増して調へ納め給ふなり。(二〇五オ)

(36) ゼズ キリシトの価高き御血は一切の人間のため、又はそれを流したる相手のためまでも御慈悲と科の御赦しを乞ひ給ひて呼ばはり給ふなり。(二〇八オ)

(37) その故はデウスの御前に罷り出づるためにはいかにも清潔ならん事肝要なれば、これを清むる道といふは、へりくだる心を以て思ひ出したる我が誤りを申し上げ、御赦しを乞ひ奉り、その外忘れたる誤りの御赦しをも乞ひ奉るなり。(二一四オ、類例—一八五オ、三六〇オ、三六一ウ、三六五オ、三六九オ)

(38) よくかへりみて懈怠の御赦しを乞ひ奉り、自今以後改めんと固く思ひ定むべし。(三六三オ)

(39) デウスより科の御赦しを受け奉るべしといふ族も (二二九ウ)

(40) 御主の御死骸をクルスより下し奉るべき赦しをピラトスへ乞ひ受け（一五〇ウ）

(41) 又御主この病人その身の臥具を取って家に帰れと宣ふこと別にあらず、唯悪人科の赦しを受けて後、その送りのペニテンシヤをすべしとの心なりと観ぜよ。（三一九ウ）

(42) レリヂヤンの赦しを以て使ふ道具以下については何とありや？ 又わが望みを達せんために慈悲に事寄せ、或は土圭、又は書物の類レリカリヨス、その外珍しき事を調へ我がものの如く随身せんために、親類、知音より禄を取るか、或は乞ひたる事ありやを糺すべし。たとひ又スペリヨルの赦しありとても、それにて達すと思はざれ。故は汝頻りに訴訟するによってスペリヨル為ん方なくて赦し給へば、かくの如きの事は度々オベヂエンシヤの本意に外るるのみなり。（三八四オ）

「ロザイロの観念」には「赦し」が二例あるが、原典に対応する語があるのは（33）の例のみであり、ポルトガル語の licêça に対応している。具体的には、〈この御疵の内に栖家を調えることに対する許可〉の意味である。（34）は、〈御主をクルスにかけることに対する許可〉の意であり、（40）は〈御主の死骸をクルスから下ろすことに対する許可〉の意である。（42）の最初の例は〈使う道具についての許可〉の意、二番目の例は〈親類、知音から禄をとること・禄を乞うことに対するスペリヨレスの許可〉の意である。同じ「スペリヨレスの許し」の形であるが、刊記の場合とは意味が異なる。他の例はすべて〈科、誤り、懈怠に対するデウスの許し〉の意味である。

『スピリツアル修行』中の「許し」は、先に述べた本書中の四例の「免許」（用例（22）～（24））とは全く意味が異なる。

『ヒイデスの導師』では、次のように二例とも「科の御赦し」の形である。

(43) ただ科の御赦しと、その償ひと、人の善人になる時分来りぬと広むべし。（四一四）

（44）ご一言を以て科の御赦しを与へ給ひ（五三一）
いずれも〈科に対する赦し〉の意味である。
『ぎやどぺかどる』の例は、次の通りである。
（45）然れば汝の上にをひて科の御赦し少しと心得（上二七ウ）
（46）是を弁へんと欲せば、昔デウスの御赦しにてじよぶといふ善人の上に顕れたる事を見よ。（上四八ウ）
（47）最後に慥なる御赦しを蒙りたく望まば、兼てけなげなる時ぺにてんしやを勤めて罪を啼べしと宣ふ也。（下九オ）
（48）世界国土の治りを見るに、政道正しき例を引といへども、時に依ては法の外なる赦しをなす事もあり。（下一二ウ）
（49）如何程の罪科ありといふとも、心の底より飜し御主に帰り奉るにをひては御赦しを蒙るべき事疑ひなしといへ共（下一四ウ）
（50）争か汝科の御赦しをうけ奉るべき為に少の辛労をすまじきとはおもふや（下五三オ）
（51）凡ぜじゆんの年齢は廿一歳に達してより以後なりといへども、こんひさんを聞き給ふぱあてれの御赦しに任せて又其遅速あるべき也。（下五八ウ）
（52）病者か或は老人か、気力なき人、働き辛労する人、懐妊の女、子を巣立る女人以下、其外一飯をも達して用る事叶はざる程の貧人は、其赦しあるべき者也。加之他事に付て障りあるべき人も又准之其赦しを乞べき者也。（下五八ウ）
（45）（47）（49）（50）は〈科、罪に対するデウスの赦し〉の意味である。（46）は〈じよぶに試練を与えることに対するデウスの許可〉の意味である。（51）は〈ぜじゅん（断食）の年齢制限に関してのパアテレの許可〉の意、（52）は（51）に続くものであり、いずれも〈断食をしないでよいという許可、すなわち断食の免除〉の意と考えられ、この「赦し」は〈免除〉の意味に解してよいであろう。これは「免許」と重なる意味である。

このように「許し」には『日葡辞書』の言うように〈許可〉の意と〈神の赦し〉の意があり、「免許」とは〈許可〉の意味と共通するが、実際にはこれまで述べてきたように、キリシタン資料の用例には〈許可〉の意の「免許」がほとんど見られない。一方、『サントスの御作業』上下巻の刊記における「許し」は、「免許」と同じく〈特権〉を意味すると考えられるが、これに類する「許し」はキリシタン資料において他に例がなく、極めて例外的な用法である。

結局「許し」は、キリシタン資料の文章中においては、〈ある事に対しての許可〉〈ある事に対しての（デウス・イエス等の）赦し〉という意味に用いられているものがほとんどであり、〈教皇から許された特権〉〈デウス・イエスから与えられる特別の恵み〉の意味を表す「免許」とは、実際の用法においては異なっていると言えるのである。

六　キリシタン用語としての「免許」の成立

以上に述べてきたように、国内資料における「免許」の用法とキリシタン資料における「免許」の用法とは明らかに異なる。これは、日本語をキリシタンの教会用語、宗教用語として使った場合当然起こり得ることである。ここでは、キリシタン用語としての「免許」という語がどのように成立したのかについて考えてみたい。

既述のように、キリシタン用語としての「免許」には、〈（教会法上の教皇から与えられた）特権〉の意と、〈（デウス・

イエスから与えられた）特別の恵み〉の意があるわけだが、まず〈特権〉（ラテン語 priuilegium, ポルトガル語 priuillegio）の訳語として「免許」が選定されたのではないかと考える。

国内資料の例で明らかなように、日本語の「免許」は専ら法制用語として用いられたのであり、教会法の上でもちいられた〈特権〉の訳語に「免許」があてられることは、両者が〈法的に上長から下級者へ許されること〉という共通した意味を持っていることから、十分考えられることである。大きな違いは、教会法上の〈特権〉は、〈許された〉ものではあるが、許された側から〈権能・権利〉としてとらえている語であるのに対し、中世における日本語の「免許」には用例から見る限りそのような含意がないことである。日本語においても、「免許」を受けた者にとってそれは実質的には〈特典〉〈権利〉になるわけだが、当時はことばとしてはそのようなとらえ方がされていなかったと見られる。

このようなとらえ方の差は、次に示す『日葡辞書』の「寄宿免許」の説明にも見られる。

Qixucu. *Vt*, Qixucu menqio. *Priuilegio pera não pousar alguem nalgũa casa. Vt*, Cono iyeua qixucu menqiode gozaru. *Nesta casa ba priuilegio pera não se agasalbar ninguem nella.*

【例、Qixucu menqio.（寄宿免許）ある家に何人も宿泊せしめない〔でもよろしい〕という特別免許。例、Cono iyeua qixucu menqiode gozaru.（この家は寄宿免許でござる）この家には、何人もここに宿泊しないという特別免許がある。】

邦訳「ある家に何人も宿泊せしめない〔でもよろしい〕という特別免許」であるが、「特別免許」にあたる語は原文では priuilegio である。これはむしろ〈特権〉と訳すべきであろう。ただし、日本語としては、「寄宿免許」は、国内資料で触れた「公役免許」等と同じく〈寄宿免除〉の意と見るべきであり、あくまで〈上長により免除される〉というとらえ方である。ここにも、「免許」を、それを得る立場から主体的に〈特権〉ととらえるキリシタン用語の特色が見てとれる。

以上述べてきたように、キリシタン用語の「免許」は、〈特権〉を意味するカトリック教会法用語の priuilegium (priuilegio) の訳語として用いられ、さらに priuilegio の他の意味にも用いられるようになったと見られる。

他の意味としては、まず数としては少ないが、先に言及した『羅葡日辞書』の Ciuitas の項の〈(市民としての)権利〉、右に引いた『日葡辞書』の〈(寄宿をさせない)権利〉のような、教会法には関係のない〈権利〉の意の例がある。これは前にも述べたように、当時の日本語に〈権利〉を表す適切な語がなかったため、教会法上の〈特権〉にあてられた「免許」を使ったのであろう。これらの場合は意味の上からも〈特権〉と通じるものがある。

キリシタン資料の用例の大多数を占める〈デウス・イエスから与えられる特別の恵み〉の意味の場合も、原典との参照では五例中三例が priuilegio と対応しており、やはり priuilegio の訳語である「免許」を利用したものと考えられる。この意味の場合は、先に引いた用例から明らかなように、その内容から見れば〈善徳〉〈恩〉等と通じるものである。この場合は国内資料の「免許」と著しく意味が乖離している。

キリシタン資料の「免許」は、日本語の「免許」と重なる意味に用いられている例もあるが、これまで示したようにそれはごく僅かで、大部分はキリシタン独自の意味に用いられていると言える。キリシタン用語としての「免許」の意味は、日本社会一般に広まることなく、キリシタン禁制とともに消滅したのである。

注

（1）天理図書館『キリシタン版の研究』の「きりしたん版の書誌解説」により、複製本を参照した。ただし『ロザリヨ記録』は複製本（三橋健編、桜楓社）によった。

（2）『資料篇上』の「索引」には「ご免許」四例が挙げられているが、「対訳語彙表」の「日本語→ポルトガル語」の表では、「ご免許」に対して priuilegio 1、virtudes 1が挙げられているだけである。「ポルトガル語→日本語」の表でも、priuilegio に対して「ご免許」1だけが対応している。

第七章　「実」について

一　はじめに

キリシタン文献には、「実」――以下、特に「実《じつ》」と対照させる場合は「実《み》」とするが、それ以外は「実」表記で「み」を表す――、「木の実《こ》」、「菓《このみ》」、「果実」という fruit を表す語が頻出する。そのほとんどは、単なる fruit、現代語の〈くだもの〉の意味ではなく、何らかの象徴的意味を持って用いられている。

それは、

いかにわがアニマ　汝が疵を療治せんと思はば、この命の木の下に立ち寄りて、その梢に生り給ふ息災の実を見奉れ、知恵の眼くらみたるジュデヨらは賤しめ、見捨て奉ると雖も、これは甘露を含む勝れたる木の実にてましますも也。これは量りなきご威光を隠して御慈悲をのみ現はし給ふデウスにてまします也。（スピリツアル修行、後掲（2）例）

のように、「実」が単独で象徴的意味を表現している場合と、

故はデウスの御前にて汝は樹木のごとくなればなり、よき木はよき実を生ずるなり。（スピリツアル修行、後掲（10）例）

のように、比喩的表現と呼んだ方が適切な場合があるが、本章では結果として「実」が象徴的意味を有することを中心に考えるので、これらの用法を一括して〈象徴的用法〉と称する。(1)

キリシタン版の各文献及びバレト写本における「実」の用例数は次のごとくであるが、このうち過半数が象徴的用法である。（〈むなしい〉〈宗教的真実がない〉の意で多用される「実もなし」は除く。次章参照。）

調査にあたっては、第二部冒頭に掲げた諸索引・ＫＷＩＣを利用した。

『スピリツアル修行』　実　二二例　木の実　九例　（果実　一例）
『ぎやどぺかどる』　実　一二例　木の実　四例
『ヒイデスの導師』　実　八例　木の実　九例　草の実　四例
『バレト写本』　実　六例　木の実　二例
『コンテムツスムンヂ』　実　二例　木の実　一例
『どちりなきりしたん』　実　三例　木の実　一例（各版により異同あり）
『サントスの御作業』　実　二例　木の実　二例
『サカラメンタ提要付録』　実　一例

問題は、キリシタン文献においてこのように多くみられる「実」の象徴的用法が、日本の国内資料では、後で述べる特別な場合以外見出されないことである。以下、この問題について考察してゆきたい。

二　『スピリツアル修行』における「実」の象徴的用法

最初に、もっとも用例数の多い『スピリツアル修行』を取上げる。

まず、小島幸枝により原典と推定された一五八七年刊ポルトガル語訳本との対照研究が発表されている『スピリツアル修行』の「ロザイロの観念」の部分について、「実」の比喩的用法を検討する。以下、本文の翻字は小島『キリシタン版『スピリツアル修行』の研究　資料篇〔上〕』（以下『資料篇上』と略称する）により（句読点は変更した）掲げる。次にポルトガル語本の該当部分を同上書『資料篇〔下〕』（以下『資料篇下』と略称する）によって掲げ、次にその現代語訳を《　》内に『資料篇下』によって掲げる。

（1）又御跡を慕ひ、泣き嘆き申されし善女人たちに御主宣ひしみ言葉を思案せよ、そのみ言葉は善事の実を結ばん為の御勧め也。汝もし実らぬ雑木たるに於ては、いかほどのご罰にか与からんやと思案せよ。（四七ウ、資料篇上四三ぺ）

& decejoso de dar algũ bom fruito,（資料篇下二二一ぺ）

《この言葉は汝に何か良い実を結ぶように促し、望ませる筈である。》（資料篇上一二五ぺ）

（2）いかにわがアニマ　汝が疵を療治せんと思はば、この命の木の下に立ち寄りて、その梢に生り給ふ息災の実を見奉れ、知恵の眼くらみたるジュデヨらは賤しめ、見捨て奉ると雖も、これは甘露を含む勝れたる木の実にてまします也。これは量りなきご威光を隠して御慈悲をのみ現はし給ふデウスにてまします也。かかる尊き木の実を取りて懐にし、持ち奉れ、しかるに於ては、その徳を覚ゆべき事疑ひなし。（五二オ、資料篇上四六

ぺ）

……olhay pera o fruito salutifero que della está dependurado, o qual posto que o vejais enjeitado, desprezado, & blasfemado daquella gente cega, com tudo he dulcissimo & preciosissimo, & de infinita majestade, Deos encuberto, que assi quis esconder & encobrir seu poder, pera mais manifestar sua misericordia. Recolhey este precioso fruito,……（資料篇下二二五ぺ）

《ああ、わが魂よ、汝の傷を癒したいと望むならば、この命の木の蔭でしばらく休め、そしてここに掛っている健康に良い実を見よ、彼はたといあの盲目な人々から見棄てられ、侮辱され、苦しめられても、甘美で貴重な無限の御稜威、隠された神である。彼が自分の全能をこのように隠し、又覆ったのは、彼の憐みをもっとよく示すためであった。この貴重な実を取れ、そうすれば疑いなくその不思議な力を経験するであろう。》（資料篇上一二九ぺ）

（1）の「実」は、ポルトガル語原典のfruitoの訳であり、キリスト教の〈善事〉の象徴として用いられている。

（2）の最初の「実」は、〈生命の樹〉の実を指しており、ポルトガル語原典のfruitoにあたる。次の「木の実」は、majestadeの訳で、神の〈御稜威〉を象徴している。次の「木の実」も、同じ〈生命の樹〉の実であり、fruitoの訳である。〈生命の樹〉とは、言うまでもなく、『旧約聖書』「創世記」2・9に「主なる神は、見て美しく、食べるに良いすべての木を土からはえさせ、更に園の中央に命の木と善悪を知る木とをはえさせられた」（口語訳聖書による）とある、その〈生命の樹〉である。『聖書象徴辞典』[2]によれば、その〈実〉は、「豊饒と生命の象徴」であり、「比喩的意味では、キリストとの結びつきにおいてはじめて可能な行いであり業である」のである。

以下、右記以外の『スピリツアル修行』における「実」「木の実」の用法を大きく四つに分けて検討する。

第一に、（2）のように〈生命の樹〉の〈実〉を表している例を挙げる（以下の翻字に際しては、林田明『スピリツアル修行の研究』、海老沢有道『スピリツアル修行』を参考にした）。

（3）ダニエル　ポロヘエタの経典に見ゆるは、ナブコドノゾルの夢に世界の真中に植ゑたる一本の木あり。高きこと雲を払ひ、美しき葉繁り、潤沢〔なる〕実を結べりとあり。この木といふは、〔世〕界の真中にてクルスにかかり給ふゼズキリシトのヒグラなり。御パッションの観念を以てこの木蔭に休まんともがらはまことに甘露を含む木の実を潤沢に求むべきなり。（八四ウ—19、23）

この部分の前半は、「ダニエル書」4・11に、次のようにあるのによったもので、「実」はラテン語聖書の fructus に対応する。以下、ラテン語聖書の引用に際しては、*Biblia Sacre Latina SixtiV. et clementis* Ⅷにより、《 》内に口語訳聖書の該当部分を掲げる。

Clamavit fortier, et sic ait: Succidite arborem, et praecidite ramos ejus : excutite folia ejus, et dispergite fructum ejus:………

《その木は成長して強くなり、天に達するほどの高さになって、地の果までも見えわたり、その葉は美しく、その実は豊かで、………》

後半の部分は、〈生命の樹〉をキリストの象徴とみているのであり、その「木の実」は当然キリストの与える〈善きもの〉を表すと考えられる。

（4）このみ言葉の心は尊きみ言葉の枝葉を栄へ給ひ、諸善徳の実を生じ給ふ青緑たつ木にてましますキリシトさへ我らが科を受け掛かり給ふ道理によって、かほど厳しく罰せられ給ふに、カリダアデ、堪忍を始めとして何たる善徳の実をも生ぜず、我がため、人のための徳になる言葉の枝葉をさへ出ださず、せめて行儀をなほさんと思ふ一念の実をだに結ばざる枯木となる汝の上は何とあるべきぞ？　益なく実もなき木さへもかくあるべきにおいては、ましてアニマに毒味を生じ、仇となる木はいかがあらんや。（九五オ）

この場合も、「青緑たつ木」すなわち〈生命の樹〉はキリストであり、初めの二例の「実」は、「善徳」を表し、次の「実」は善いことをしようとする「一念」を表している。最後の「実もなき」は、単純に〈実がならない〉意とも解せなくはないが、この「実」は、「善徳の実」であり、〈むなしくて宗教的価値がない〉という意の形容詞「実もなし」と考えるべきである（次章参照）。

（5）今我等がスピリツの病を遁るべきため眼の光を与へ給ひて、クルスに掛かり給ふ御有様を見奉り、いつもその木蔭に立寄り休み、命の木の実の甘味を深く味はひ奉り、クルスの上にて教へ給ふごとく、敵をも大切に思ふガラサを与へ給へ。（二四七オ）

この「木の実」も、（4）と同様に考えられる。

（6）始めのペレアンブロ、サンタ　クルスの梢にエケレジヤ　チリウンハンテを見たて、右の枝にはエケレジヤ　ミリタンテ、左の枝にはプルガトウリヨの体を見たつべし。これクルスの木より生じたる三つの木の実のごとし。その故はクルスの御功徳によって現在のエケレジヤは合戦に勝利を得、天上のエケレジヤは終りなき御代を保ち、プルガトウリヨのアニマは苦患を遁るるものなり。（三四二ウ）

これは、〈生命の樹〉を十字架に見立てているが、「中世キリスト教美術では、生命の樹の救済史的解釈にもとづいて、十字架が緑の（＝生きている）棗椰子《なつめ》の樹のかたちで種々さまざまに描かれている」(3)のである。右の文では、その梢と右および左の枝が、それぞれ〈勝利の集会〉〈（聖）軍の集会〉〈煉獄〉を表しており、それらはクルスの木から生じた「三つの木の実」のようなものであって、現世、天上、煉獄において、恩寵を与えるものであると言っている。「木の実」は、このような恩寵の象徴なのである。

第二に、〈生命の樹〉と直接関係せず、象徴的意味をもって用いられている「実」の例を検討する。先掲の（1）もこの例である。

（7）又キリシト宣ふは、我を信ぜざるに於ては、我が所作を見よ。樹木の善し悪しは枝葉を以ては見ず、ただ木の実を以て見るごとく、汝も善き所作を以て善きレリヂョソなりと人々見知り、デウスを尊み奉るやうにすべし。（二二八ウ—17）

（8）またよき木はよき実を生ずるといへる理なり。（三〇二オ）

（9）木の好悪は、木の実を以て見知るがごとく、人も人よりサントと呼ばるるともサントにはあるべからず、ただ所作を以て知るるものなり。（三〇二ウ—8）

（10）よき実を生ぜざる木は切って火にくぶべしと御主の宣ふことを観ぜよ。しかれば汝が生ずる実をよく見よ、故はデウスの御前にて汝は樹木のごとくなればなり、よき木はよき実を生ずるなり。（三〇二ウ）

これらは、いずれも『新約聖書』「マタイによる福音書」7・16—20、12・33によっている。

A fructibus eorum cognoscetis eos. Numquid colligunt de spinis uvas, aut de tribulis ficus? Sic omnis arbor bona fructus bonos facit: mala autem arbor malos fructus facit. Non potest arbor bona malos fructus facere: neque arbor mala bonos fructus facere: Omnis arbor, quae non facit fructum bonum, excidetur, et in ignem mittetur. Igitur ex fructibus eorum cognoscetis eos. （7・16—20）

《あなたがたは、その実によって彼らを見わけるであろう。茨《いばら》からぶどうを、あざみからいちじくを集める者があろうか。そのように、すべて良い木は良い実を結び、悪い木は悪い実を結ぶ。良い木が悪い実をならせることはないし、悪い木が良い実をならせることはできない。良い実を結ばない木はことごとく切られて、火の中に投げ込まれる。このように、あなたがたはその実によって彼らを見わけるのである。》

Aut facite arborem bonam, et fructum ejus bonum: aut facit arborem malam, et fructum ejus malum: siquidem ex fructa arbor agnoscitur.（12・33）

《木が良ければ、その実も良いとし、木が悪ければ、その実も悪いとせよ。木はその実でわかるからである。》

聖書では、一般的に木とその実との関係を説き、木と実の関係を人間とその行為の関係の比喩として表現しているのであるが、『スピリツアル修行』では（7）―（10）の例にみられるとおり、特に「よき実」が「よき所作」の象徴とされているのである。

次は、ガラサとアニマの関係において「実」が用いられているものである。

(11) アニマのためにガラサはたとへば樹木の花の心なりと観ぜよ。花は木を美しく飾るといへども、散りて後はいかにも見苦しくなるものなり。そのごとくガラサなきアニマはデウスの御前に見苦しく思し召すなり。……………二つには樹木の実を生ずるなり。そのごとくガラサも我等がアニマに善の実を生ぜさせ給ふものなり。（二三五オ）

(12) 御主ゼズ　キリシトよき所作の実を生ずるガラサのよき種を汝がアニマに蒔き給ふことを観ぜよ、（二六一オ）

(11) では、ガラサ（恩寵）は、アニマ（霊魂）にとって、一つには木を美しく飾る花のようなものであり、二つには木に「善の実」を生じさせるものであると言っている。(12) も同様で、ガラサはアニマに「よき所作の実」を生じさせる種をまくものであると言う。

次の例は、「果実」という語が、〈木〉と表現の上では無関係に「善徳」の象徴として用いられている。

(13) たとへばデウス天地御製作の時、様々の花咲き、実を結ぶ千草万木を生じさせ給はんために先づ大地の上の水を押しのけ給ひ、渇きたる土となし給ふごとく、今も又退屈難儀等に届く堪忍を以て数々の潤沢なる善徳の果実を生ぜさせ給はんために、人によってはオラシヨの内に潤ひなくいかにも渇き果て、心も冷え、味はひ、主人なきやうに計らひ給ふことこれあるものなり。…………(一二〇オ)

右の最初の「実」は、象徴的意味を持たずに用いられているが、これは言うまでもなく『旧約聖書』「創世記」1・11—12によっている。

Ex ait: Germinet terra herbam virentem et facientem semen, et lignum pomiferum faciens fructum juxta genus suum, cujus semen in semet ipso sit super terram. Et factum est ita.……

《神はまた言われた、「地は青草と、種をもつ草と、種類にしたがって種のある実を結ぶ果樹とを地の上にはえさせよ」。そのようになった。………》

第三は、果樹になる実ではなく、穀物の実を意味する場合である。

次は、『新約聖書』「ルカによる福音書」によったものであることが明記されている(ただし章番号は異なる)。

(14) 天の国にたとゆるエケレジヤは農夫の耕作をなすに似たり。先づ種を蒔くに、種によっては道のほとりに落ち、或いは石の上に落ち、或いは荊棘林中に落ち、また種によっては熟地に落ちたるもあるなり。さりながら熟田に落ちたる種ばかり実を生じたるものなりと、サン・ルウカス4に見えたり。(二六四ウ)

Et aliud cecidit in terram bonam, et ortum fecit fructum centuplum.………(ルカによる福音書8・8)

《ところが、ほかの種は良い地に落ちたので、はえ育って百倍もの実を結んだ。》

次の例もこれによっている。

（15）土は細かに砕くほど、なほ熟地となって実を生ずるなり。そのごとく我等が色身も好き好むところを節しつむるほど、なほなほ実を生ずると思へ。（四〇三ウ）

これらの「実」も〈人生における良い結果〉とでもいうべき象徴的意味をもって用いられている。

次は「ヨハネによる福音書」12・24によったものである。

（16）麦の種土中にて腐らずんば、そのままに残り実を生ずることなし。腐るにおいては、多くの実を生ずべしとなり。…………御主ゼズ　キリシトを小麦の粒にたとへ奉ること別にあらず、死し給ふことなきに於ては、ただ御一人御上天なさるべしといへども、死し給ふによって、その種よりあまたの穂を生じたるものなり。サン　フランシスコの門派は一つの穂の心なり。（三五五オ）

Amen, amen, dico vobis, nisi granum frumenti, cadens in terram, mortuum fuerit. Ipsum solum manet: si autem mortuum fuerit, <u>multum fructum</u> affert.

《よくよくあなたがたに言っておく。一粒の麦が地に落ちて死ななければ、それはただ一粒のままである。しかし、もし死んだならば、豊かに実を結ぶようになる。》

この場合、聖書の「実」も象徴的意味を持っているが、（16）においては明らかにキリストを「小麦の粒」にたとえ、それより生じた「多くの実」（＝「あまたの穂」）を〈キリストの教えの広がり〉を象徴するものとしている。

（17）また種は苗に秀でんためには、先づ土中にて腐ること肝要なるごとく、汝も悪に死せずんばあるべからず。少し蒔く者は少し実を取るぞ。たとひよき望みありとも、根を深うし、ほぞを固うせずんばあるべからず。（二六五ウ―24）

これも（16）に準じて考えられる。

（18）ジヨブ21に見ゆるごとく、サントスたちは善の苗を辛労の涙を以てそそき給ふによって、莫太の実を取り給ふものなり。（二八三オ）

これは、「ヨブ記」にはなく、「詩篇」126・5に類似するが、そこには「実」という語は見えない。

Qui seminant in lacrymis, in exultatione metent.

《涙をもって種まく者は、喜びの声をもって刈り取る。》

「実」が〈人生における良い結果〉という象徴的意味を持つ点では前掲諸例と同じである。

第四は、アダムとイブの食した〈禁断の木の実〉の場合である。

（19）アダンは木の本によりて、手をのべて実を取り、世界を滅亡に及ぼさるれば、ゼズ　キリシトはクルスの梢に御手をのべて、世界を救ひ給ふなり。…………アダンは味はひにふけり、キリシトは苦しみをいだき給ふなり。アダンは木の実を手に取り、キリシトはあらき鉄釘を御手に打ち通され給ふなり。（三四三オ）

Vidit igitur mulier quod bonum esset lignum ad vescendum,et pulchrum oculis,aspectuque delectabile: et tulit de fructu illius, et comedit deditque viro suo,qui comedit.（創世記3・6）

《女がその木を見ると、それは食べるに良く、目には美しく、賢くなるには好ましいと思われたから、その実を取って食べ、また共にいた夫にも与えたので、彼も食べた。》

この場合の「実」「木の実」は、「世界を滅亡に及ぼさ」せるものであり、これまでとは違って、〈悪しきこと〉の象徴である。

次は、「皮」と「実」とを対照させている珍しい例であるが、やはり「創世記」の〈禁断の木の実〉の影響によるものであろう。

(20) 惣じて科といふものは外の皮は甘しといへども、内の実はいかにも苦きものなり。これ科の楽しみはわづか、ただ一短時のことなり。(二五七オ―23)

以上、『スピリツアル修行』の「実」「木の実」「果実」の用法を検討したが、これらの語が全く象徴的意味を持たずに用いられているのは、(13)の「実」一例のみであり、他はすべて何らかの象徴的意味を含んで用いられている。この「実」は、(14)―(18)のように〈穀物の実〉を表す場合もあるが、大部分は〈果実〉の「実」である。その象徴的意味は、(19)(20)を除いて、すべてキリスト教的な意味での〈善きもの〉を表すものであると言える。さらに、これまでの検討で明らかなように、これらの象徴的用法は、聖書における「実」の用法に基づいていると考えられるのである。

三　『ぎやどぺかどる』における「実」の用法

『ぎやどぺかどる』においても、「実」は象徴的意味をもって多用されている。その用例を『スピリツアル修行』の場合と対応させて挙げる。(句読点は私に付した。)

第一の〈生命の樹〉と直接関連する用法は見えない。

第二の〈生命の樹〉と直接関連せず、象徴的意味をもって用いられているものは、次のとおりである。以下、[ ]内に、一五七三年 Salamanca 版スペイン語本(豊島正之氏所持本のコピー)の対応語を示す。同本との対照は、豊島編『キリシタン版ぎやどぺかどる　本文・索引』第1冊所収の対照表によるが、豊島氏よりご教示を得た。

(21) 則すぴりつさんと彼あにまにうへ置き給ふ徳本の善の実を味はひ試み給ふ者也。(上七六オ)

[fructos（一三三R）]

(22) 悪より生ずる子に勝りて善の実の味ひある事をば時節を経ずして試み知るべし。（上七六オ）

[fructos（一三三V）]

(23) 一ツにあまたを貫きて最上の高き善の徳よりあまたの善の実を生ずる事、根を深ふして栄へ行者也。すぴりつさんとのなし給ふ十一の善の実の中に、貴き無事の菓といふも皆此徳の本より出る者也。（上九二ウ）

[fructos,fructos,fructos（一六八V）]

(24) さんしぴりあんの宣はく、おらしよの実をなさゞる時は、訴訟の叶はざる験也と。（上九七オ）

[無し（一七五R）]

(25) 是則あぽかりぴせ廿二に見えたるごとく、河の邊りの樹木は年月の数に應じて十二の実をなすとあるに異ならず。此良樹を何と思ふや。デウスひいりよハ善の一命と貴き善作の実をなし給ふ良樹にて在ます事明なれば、其御上をば今茲に申奉るに及ばず、右に顕したる十二の徳本の実に勝りて價高き事なし。（上一〇六オ）

[fructos,fructos,fructos（二〇一V）]

(26) よき実のならざる樹はきりて火にくべらるべしと宣へり。（下五二ウ）

[fructo（三二〇R）]

(27) 今はがらさ御慈悲の時節なれば、行力善根の実を生じ現在の辛苦を以て未来の苦患を遁れんと歎け。（下五三ウ—17）

[fructos（三二一V）]

以上は、いずれもキリシタンの立場から見た〈善きもの〉の象徴として用いられている。

第三の、穀物の実の意味の例は、次のものだけである。

(28) さらもん帝王の持給ふ事に勝りて別に求むる事何かあらんや。悉く世界の実をかり束ねて掌に握給ひし御身さへ皆実もなき事なりと宣ふ時は、争か汝落穂を拾ひて其楽みを極めんとはするぞ。(下二九オ)

[fructo (二八四R)]

この「実」は、『スピリツアル修行』の場合と異なり、〈智恵や豊かさ〉を指している。「実もなき」は、(4)と同様に考える。

第四の〈禁断の実〉を表す例はない。

第五に、次の例は〈罪の償いの苦しみと罪〉を「実」で表したものである。『スピリツアル修行』にはない用法である。

(29) いんへるのは罪の償ひの苦しみと罪より外になきごとく、世界も又此二ツを充満する者也。現世にて商所の利潤をなす実といふは是也。(下二七オ)

[fructa (二六九V)]

『スピリツアル修行』では一例のみであった象徴的意味を伴わずに用いられた例が、『ぎやどぺかどる』では以下に示す四例あるが、いずれも「菓」と表記されている点が注意される。同書「字集」に「菓《このみ》」とあり〈このみ〉とよむべきものである。「菓」表記は五例あるが、(23)に示した一例だけが象徴的用法であり、残る次の四例が象徴的意味を持たないものである。

(30) 家猪をかふ人木の上にあがりて菓を落してあたふる時、頭をあげて見る事なく其与へ手を知らざるが如し。(上一四ウ)

［vellota（一九V）］

（31）喩へば菓を賣る人、初には試みさせんが為に代りなしに食さするといへ共、憲法の價を定て後は其代りを取がごとし。（上七一ウ）

［無し、「菓を賣る人」がmercaderに対応する。（一二六R）］

（32）喩ば人の樹の上に上り菓を落し与ふる時、家猪は樹の下に集りたがひに諍ひ喰ふがごとし。（上九〇オ）

［bellota（一六二V）］

（33）都て行儀を改めかぬる謂れといふは、罪を以てあにまは善の勤めに弱りゆく故也。喩ば酒に酢を交へ菓に虫の付たるを以てそれ〳〵の仇となるごとく、あにまの第一の敵といふは罪を以て善作に弱りゆく也。（下四オ）

［fruta（二〇七R）］

これらはいずれも比喩表現において用いられているが、「菓」自体には象徴的意味は認められず、聖書の表現との関連も考え難い。原典との対応においても、対応語のある三例中二例はvellota、bellota（どんぐり）に対応しており、もっぱらfructoに対応する「実」とは異なる。『ぎやどぺかどる』の訳者は、「実」「木の実」と「菓」を象徴的意味の有無で使い分けているとみられる。

以上、『ぎやどぺかどる』においても、「実」が『スピリツアル修行』と同様、聖書の表現にもとづく象徴的意味に用いられていることは明らかである。

『スピリツアル修行』『ぎやどぺかどる』における「実」の用法を改めて整理すると、次の通りである。

（a）生命の樹の実を表す場合

（b）キリスト教的な善事・善徳を表す場合

（c）穀物の種を意味し、人生における良き結果を表す場合
（d）禁断の木の実を意味し、悪事の象徴である場合（一例）
（e）罪の償いの苦しみの罪の象徴である場合（一例）

このような「実」の象徴的用法は最初に述べたようにキリシタン文献一般にもみられるのであるが、次節で述べるようにそのあらわれ方は一様ではない。

四　その他のキリシタン資料における「実」の用法

『ヒイデスの導師』

「実」「木の実」「草の実」が次のように用いられている（私に翻字して引用する）。

（34）植ゑ木もその品多し、実るもあり、また実らざるもあり。さりながら実を生ぜざるとて、益無しといふにはあらず（四二）
（35）まづ草、木を生長させ、緑なる葉を生じ、花咲き、実を結ぶことまでも、日輪のしわざなり。（五〇）
（36）ある時は潤ひなき地、または実を結ばざる雑木《ざうぼく》などにたとへ給ふなり。（一九七）
（37）また宣はく、実を生ぜざる荒地にセデロ、エスピニヤ等の樹木を生ぜさすべしと宣ふなり。これらの喩へをのべ給ふを以てゼンチヨの改めの心をあらはし給ふなり。（一九七）
（38）松柏の種一粒《いちりふ》は地に落ちて腐らずんば、いつも一粒ばかりあるべし、腐るに於ては、過分の実を生ずべしとなり。（二一四）

(39) さてもあまたの実を生じ給ふ一粒かな!（二一五）
(40) マルチレスは暫時の苦しみをもっていつまでもの快楽《けらく》を求め、濁れる世を天に変へ、はかなきことを終りなき好事に変へ給ふなり。今生に涙を以て種を播き給ふが故に、後生にて常住不断その実を刈り取り給ふべきものなり。（二三六）
(41) たとへば、葡萄の根に苦き薬を置く時んば、葡萄皆苦き実を結ぶといへり、その如く、一切人間のナツウラの根元はアダンなり、この根元に苦き科をつけたるによつて、一切人間のナツウラ苦く生ずるものなり。（三九五）

「実」は右に示した八例であるが、そのうち(37)—(40)の四例は、いずれも象徴的用法と考えられる。(37)は「喩へをのべ給ふ」とあることからみて、「実」は象徴的用法の(b)に相当すると考えられる。(38)—(40)は、(c)の用法である。(41)は、単に〈結果〉を表すもので、象徴的用法ではあるが、これまでのものとは異なる。この用法を(f)とする。

(42) 鳥類、畜類のためにも毎年新しく生ずる如くに、食となる木の実、草の実をつくり給ふなり。（二九）
(43) 海底にある数限りなき魚類、空をかける翼の類ひ、野、山をはしる獣、園の木の実の数々はいかばかりのことぞ? このうちより木の実によっては早く熟し、または遅く熟する木の実もあるなり。夏のためばかりにあらず、冬まで届く木の実までも作り給ふなり。（五四）
(44) 口の味はひのために作り給ふ木の実、鳥、獣の品々はいかほどぞ?（五八）
(45) これらの人の食は木の実、草の実なり。（二〇二）
(46) 木《こ》のもと、ちがやが軒端を住みかとし、木の実草の実を食し、難行をしのがるべきことを御観念し給ふべき

なり。（二四四）

（47）麻の衣を身にまとひ、木の実、草の実を食して年、月を送り迎へ給へども、（三五五）

（42）―（47）は「木の実」「草の実」であるが、「木の実」九例、「草の実」四例、いずれも象徴的用法ではない。

『バレト写本』

「実」「草の実」の用例は次の通りである。（『キリシタン研究』第七輯、福島邦道『続々キリシタン資料と国語研究』所載の部分はその翻字により〈句読点は変更した場合がある〉、それ以外の部分は豊島のＫＷＩＣ本文により私に翻字した。後掲例についても同様。）

（48）喩へば柿の樹と諸木に実なるを以て夏近くなるを知るごとく、（四ｖ）

（49）棘《いばら》の中にうちける種は生へ出づると雖も棘に障へられて生へ立つこと叶はず……棘に落つるといふはみ言葉を聴聞すると雖も　あるいは心を他に散らし　あるいは財宝　あるいは色身の歓びをもて抑へ留むれば実なることなし。良き地に落つるといふは良き善心をもてみ言葉を聴聞し保ちとどめければ勘忍をもって実なると宣ふなり。（一六ｖ）

（50）小麦《せうばく》の種地《ぢ》に落つると云ふとも腐らずんば何時までも一粒《いちりふ》残り、腐るに於いては数多の実となるものなり。（九〇ｖ）

（51）良き木には良き実を生じ、悪しき木には悪しき実を生ずるなり。その故は、良き木に悪しき実生《な》らず、悪しき木には良き実生ること叶はざるなり。良き実生らざる木は伐りて焚くべし。かるが故に生《な》りける実を以てその人を見知らるべし。（三三ｖ、三四）

（52）ゼズス　御《み》弟子さてはジュデウの万民に御喩へを述べ給ひけるは、そもそも家来の主人葡萄の枝を植ゑて垣をし廻はし、酒槽《さかぶね》を調へ櫓《やぐら》を組み上げ、百姓らに預けおいてその身は遠境に赴かるるなり。さる程に漸くその実を取るべき時節なれば、かの主人百姓のもとに検使を遣はしければ　百姓ら検使を搦め捕って或いは疵をしつくるもあり、或いは害し、或いは石を投げ打つもありけり。………されば領主来たるべき時はかの百姓らに何と致さるべきと問ひ給へばジュデウら申しけるは　悪党を滅ぼしてその領地を餘の百姓に預け定まれる時節かの葡萄酒を捧ぐる様に致すべしと評議しけり。………然る間汝らに示すなり　デウスの御国汝達より召し上げられ実を出だすべき者に与へ給ふべし………と宣ふなり。（五三v〜五四v）

(53)　眼目を見上げて田畠《でんばく》見よ　刈るべき為に白くなりけることを　刈りけるものはその賃を受け取るべし　その上に量《(マヽ)》りき寿命に実を集むるなり。（五六v）

(54)　このクルスと申すは　始まりのアダン夫婦マサンの木《き》の実を服《ぶく》せられたるに依って　子孫に至るまで　その科の返報として死すべきに定め給へども（八一v）

(55)　いかに兄弟衆今は葡萄の実を取りて酒《さき》ねなす時刻なり。その故は葡萄の房を刀を以て切り足を以て踏みしぼるものなりといへども　その酒は帝王の御祝儀の座に出ずる《(マヽ)》ものなり。血を流さずして　国を切り取るためしなし。御身たちはわが体内より出で　栄え給ふ葡萄の実なり。御主へ対し奉りて　踏みつぶされんとの御覚悟肝要なり。（二六〇v）

(56)　一つには元祖アダン御戒めの木の実を食するによつてデウスのご法度をやぶり、死するにきはまるごとく、………四つには元祖アダン　デウスの戒めの木の実のあまきことを味はれたるごとく、その科落つるために御助け手は苦きことを味はひ給ふべきこと専らなり。（一七五v）

「実」一六例のうち、(49)の二例、(52)第二例、(55)第二例は象徴的用法の(b)と考えられる。(50)、(53)

は穀物の種で象徴的用法の（c）である。(56)の二例は同じく（d）で、この場合は悪事の象徴である。
(51)の五例は、象徴的用法で、（f）の〈結果〉を表す用法である。「良き実」は良い結果であり、「悪しき実」は悪い結果を表す。
(48)、(52)第一例、(55)第一例は、象徴的意味を有しないものである。
「木の実」は(56)の二例のみであるが、いずれも象徴的用法ではない。

『コンテムツスムンヂ』

「実」二例、「木の実」一例が次のように見える（私に翻字した）。
(57)ただ我死すまじきため、または徒に実を取らずして居まじきために、御智恵の源にてましまます御身我がデウス我に語り給へ。（二四七）
(58)御身のガラサを上より下し給ひ、我が心を強め、すぐれて良き実を生ずべきために地上をうるほし、信心を起こし給へ。（二二四）
(59)勝ちたるものには寿命の木の実を与へ服させ給はんとなり。（一二二）
「実」も「木の実」も、象徴的用法の（b）である。

右は、いずれも国字本にはない条である。

『どちりなきりしたん』

国字本には、次のように「実」「木の実」が用いられている。

一五九一年刊国字本の例は、亀井孝・H・チースリク・小島幸枝『日本イエズス会版　キリシタン要理』（一九八三、岩波書店）の翻刻によって示す。一六〇〇年刊国字本は小島幸枝『どちりなきりしたん総索引』所収の影印により、一五九二年刊ローマ字本は橋本進吉『キリシタン教義の研究』による。一六〇〇年刊ローマ字本は『どちりなきりしたん総索引』所収の影印により、海老沢有道・井出勝美・岸野久『キリシタン教理書』（『キリシタン研究』第三〇輯、一九九三、教文館）の翻刻を参照した。諸本に異同がある場合は［　］内にそれを示す。

（60）又御たひなひの御実にて御座ますぜすゝはべねぢいとにて御座ます（一五九一年刊国字本二〇オ、一五九二年刊ローマ字本二三）
［又御たいないの御みにてましますぜずゝ（記号）はたつとくまします（一六〇〇年刊国字本一二ウ、同年刊ローマ字本一三ウ）］

（61）又此るらうの後は御たいないの貴き実にて御座ますぜずゝを我等に見せ給へ（一五九一年刊国字本二三オ、一五九二年刊ローマ字本二七）
［又此るらうののちは御たいないのたつときみにてましますぜずゝをわれらに見せ給へ（一六〇〇年刊国字本一六オ、同年刊ローマ字本一七オ）］

（62）天狗は善悪のちゑの木の実をもて我等がせんぞをたばかりすまし又ひとりの科を以て一さい人間を我がしんだいになしたるごとく（一五九一年刊国字本三四ウ、一五九二年刊ローマ字本四二）
［てんぐはぜんあくをわきまへさする木のみをぶくさするをもてわれらがせんぞをたばかりすまし又あだんひとりのとがをもて一さいにんげんをわがしんだいになしたるごとく（一六〇〇年刊国字本二三オ、同年刊ローマ字本二四ウ）］

（63）ちにおちたる五こくのたねはくさるといへどももとのみをしやうずる者也（一六〇〇年刊国字本二六オ、同年刊ローマ字本二八）

〔一五九一年刊国字本、一五九二年刊ローマ字本はこの部分を欠く。〕

これらの「実」「木の実」は、いずれも象徴的意味を持って用いられている。(64)は(b)の用法、(63)は禁断の木の実で(d)の用法である。

(60)(61)の「胎内の実」二例は、『キリシタン要理』所収のジョルジュ著のポルトガル本『ドチリナ・キリシタン』に対応する文がある。

(60)の場合は原文 E bento he o fruito do teu ventre, IESV（四〇ペ）とあり、同書の日本語訳は「ご胎内の御子イエズス」となっている。(61)の場合は原文 AIESV bento fruyto de teu ventre（四六ペ）とあるが、どういうわけか日本語訳は「尊き御子イエズス」である。(60)とほぼ同じポルトガル語が対応しているのであり、「ご胎内の御子イエズス」と訳すべきであろう。この「実」はキリストを表しているのであり、これを(g)の用法とする。

(60)(61)の「実」を、一六〇〇年刊国字本を底本とする『どちりなきりしたん総索引』では「身」とする。一六〇〇年刊国字本のこの箇所は、右に示したように仮名表記である。しかし、一五九一年刊国字本では「実」とあり、後述するようにキリストを「胎内の実」と表現することは『新約聖書』の「ルカによる福音書」の記述によるものであって、「実」であることは明らかである。日本思想大系『キリシタン書　排耶書』所収の「どちりいな-きりしたん」（一五九一年刊国字本を底本とする）の「参考」において、(60)の「御胎内の御実」が一六〇〇年刊国字本では「御胎内の御身」となっているとするが、右に示したように、一六〇〇年刊国字本は「御み」であり、この記述は誤りである。

これに関連して述べると、先掲『キリシタン書　排耶書』所収の『天地始之事』「羅尊国帝王死去之事」の条にある「御胎内の御身《めい》にてましますじすうすは」についての補注（土井忠生執筆）に次のようにある。

一五九一年刊国字本「どちりいな」第四 あべーまりあの事（三一ぺ）に、ここの本文の源泉に当るオラシヨが見られ、それには「胎内の御実」とある。同年版で一枚刷のオラシヨでも同様である。この「御実」というのはラテン原文のFructusから出た語である。然るに、一六〇〇年版「どちりなーきりしたん」では「御身」となっているのは、第二人称代名詞の尊敬語としての「御身」と混同するに至ったものと推察される。「天地」では、マリヤを指す代名詞の「御身」に対して、御主ゼズスーキリシトを申しあげる「御実」と区別するために強調して「オンミイ」と発音したようであって、「天地」の一本に「御見い」と書いてあるのがその一証である。「ミイ」が「メイ」と変ることは、ロドリーゲスの「日本大文典」に豊後の発音を説いた条にも指摘しているところである。故に、「天地」の底本に「御めい」とあり、他の異本に「御命《めい》」とあるのは、「御実」を特に強調した発音を写したものと認められる。本書においても後段で「御身様」などと書かれていて、「御実」とあるべき原義はすでに忘れられていたようである。

『どちりなきりしたん』における「実」と「身」の混同という指摘が誤りであることは先に述べた通りである。ただ、「御実」が「御身」と誤られていくということは、その通りであろうと考える。

『サントスの御作業』

「実」二例、「木の実」二例が見える。福島邦道『サントスの御作業 翻字篇』によって示す。

(64) いかに兄弟衆今は葡萄の実を取りて、酒になす時刻なり。その故は、葡萄の房は刀を以て切り、足を以て踏みしぼるものなりといへども、その酒は帝王の御祝儀の御座に出づるものなり。血を流さずして、国を切り取るためしなし。御身たちはわが体内より出で、栄え給ふ葡萄の実なり。御主へ対し奉りて、踏みつぶされんとの御覚悟肝要なり。（巻二―一三六～一三七）

(65)一つには、アダン御いましめの木の実を食するによつてデウスの御法度を破り、死するにきはまるごとく、……四つには、元祖アダン　デウスの御戒めの木の実の甘きことを味はれたるごとく、その科を送るために、御助け手はにがきことを味はひ給ふべきこと専らなり。(巻一—五三)

(64)の「葡萄の実を取りて」以外は、すべて象徴的用法である。(64)の二例目は(b)、(65)は禁断の木の実であり(d)である。

『サカラメンタ提要付録』

「実」一例がある。『キリシタン書　排耶書』によって示す。

(66)先づ果報いみじくましします天の門と呼ばれ給ふ尊き御母ビルゼン-サンタ-マリヤなり。然ればこれに今言上せよ。「……またこの流浪の後は御胎内の実にてましますゼズスを我に見せ給へ」と。(二一七ぺ)

(60)(61)と同じく(g)の用法である。

以上、キリシタン資料における「実」の象徴的用法をまとめると、次の通りである。

(a)生命の樹の実を表す場合
(b)キリスト教的な善事・善徳を表す場合
(c)穀物の種を意味し、人生における良き結果を表す場合
(d)禁断の木の実を意味し、悪事の象徴である場合
(e)罪の償いの苦しみの罪の象徴である場合
(f)結果を表す場合
(g)胎内のキリストを表す場合

四　国内資料における「実《み》」の用法

日本語の「実」は上代以来用いられてきた語であるが、少なくとも文学作品及びそれに類する文献の用例は多くない。日本古典文学大系（岩波書店）所収の上代から中世までの文献について、国文学研究資料館が配布している電子テキストによって検索した結果を述べる。

本文で「み」と読まれている「実」表記の例（振り仮名の無いものも明らかなものは取り上げる）、および本文で「み」表記で「実」とみなされている例は、合計で一四三例である。検索もれもあるであろうが、大勢に影響はないと考える。「実《じつ》」との関連については後述する。

一四三例のうち、象徴的用法と認められるのは二二例であり、一〇の文献に見られる。（以下引用に際しては、日本古典文学大系本のページ数、または歌番号を記す。）

まず第一に挙げるべきものは、歌論における象徴的用法である。

(67) 及下彼時変二澆漓一人貴中奢淫上。浮詞雲興。艶流泉涌。其実皆落。其華独栄。…………華山僧正。尤得二哥躰一。然其詞華而少レ実。如三図画好女徒動二人情一。（古今和歌集真名序、『古今和歌集』三三七～三三九ぺ）

(68) 或人花実の事を哥にたて申して侍るにとりて、古の哥はみな実を存して花を忘れ、近代の哥は花をのみ心にかけて、実には目もかけぬからと申しためり。尤さとおぼえ侍るうへ、古今序にもその心侍るやらん。さるにつきてなをこのしたの了見、愚推をわづかにめぐらし見侍れば、可二心得一事侍るにや。いはゆる実と申す〔は心、花と申す〕は詞也。必ず古の哥の詞つよくきこゆるを実と申すとは定めがたかるべし。古人の詠作にも、心のなからむ哥をば無実歌とぞ申すべき。今の人のよめらんにもうるはしくたゞしからんをば有実〔哥〕とぞ申し侍るべく候。（毎月抄、『歌論集　能楽論集』一三〇ぺ）

日本古典文学大系には収載されていないが、次の例も同類である。

(69) 倩《ヲ》見《ルニ》二歌《ノ》体《ヲ》一、雖下誠《ニ》見《テ》レ古《ヲ》知《リ》レ今《ヲ》而以《テ》レ今《ヲ》比《スト》上レ古《ニ》、新‐作花」也、旧製実《ハ》」也、以レ花《ヲ》比《ス》レ実《ニ》、今《ノ》人情《ハ》」彩剪《テ》レ錦《ヲ》多《ク》述《フ》二可《ノ》レ憐《ム》之句《ヲ》一、古《ノ》」人心《ハ》」緒織《テ》レ素《ヲ》少《キ》綴《ル》二不《ルノ》レ憖《タシナマ》之艶《ヲ》一（新撰万葉集序、寛永刊本、『新撰万葉集』〈京都大学国語国文資料叢書〉による）

これらの歌論における「実」は、和歌用語としての「花実」をもとにしており、常に「花」と対立して用いられている点に特色がある。和歌用語の「花実」は、「表現理念としては、「花」は華美艶麗、「実」は素朴質実を比喩し、表現要素からみれば、「花」は詞（表現）すなわち外面的装飾を、「実」は心（内容）すなわち内面的心情を指す」とされ、「中国六朝の文芸論に起源を発するが、わが国では『新撰万葉集』序、『古今和歌集』真名序以来、歌論の中心的命題として用いられた」とされる（『日本古典文学大辞典』）。

「花実」という熟語は当然音読されたのであるが、「実」単独の場合はその読み方が問題である。(69)の『新撰万葉集』序の「実」は、寛永七年刊本では右に示したように訓合符があり、「み」とよまれたと考えられる。(67)の『古今集』真名序の「実」は、最古の真名序注とされる陽明文庫蔵『古今序注』で二例とも「ミ」と振り仮名が付されており（新日本古典文学大系『古今和歌集』所収本文による）、現在の普通の訓読でも「み」とよまれている。

仮名序では(67)の真名序の「実」に対応する部分が、次のように「まめ」「まこと」で表現されている点に注意すべきである。

(70) いまの世中、色につき、人のこゝろ、花になりにけるより、あだなるうた、はかなきことのみ、いでくれば、いろごのみのいへに、むもれぎの、人しれぬこととなりて、まめなる所には、花すゝき、ほにいだすべき事にもあらずなりにたり。…………すなはち僧正遍昭は、哥のさまはえたれども、まことすくなし。たとへばゑにかけるをうなをみて、いたづらに心をうごかすがごとし。（古今集仮名序、前掲書九七ぺ、一〇〇ぺ）

『毎月抄』は特に後の歌論書に大きな影響を与えた点で重要であるが、信頼されている写本である右引の日本古典文学大系『歌論集　能楽論集』底本の伝道増法親王筆本、『日本歌学大系』底本の静嘉堂文庫本、日本古典文学全集『歌論集』底本の島原松平文庫本でいずれも「実」表記である。『毎月抄』を引いた『細川幽斎聞書』では「有実歌」が「有実の歌」の歌となっており、(4)この「実」は「じつ」である。

この花実の論は、連歌論にも受け継がれた。

(71) 問ひて云はく、連歌は花を先とすべきか、実を先とすべき歟。

答へて云はく、詩も歌も花実揃ひたるをよしと申す也。花あれども実なきはわろし。実あれども花なきはわろし。されば鳥の翅のごとし。風情ありてしかもかゝり幽玄なるべし。心につられて詞が損じ、詞につられて心が損ずる也。能々料簡あるべし。花がよきと心得て、うかくとしてさゞめかす由にてあるもをかし。心が本と意得て、強く下種しくするも又比興也。（十問最秘抄、『連歌論集　俳論集』一一四ぺ）

(72) 此の道は、「花と実とを並べて学ぶべきこと」と見え侍り。古今集にも、「その実はみな落ち、その花ひとり栄えたり」といふ。又、「人の心の花になり行く」といへり。又、「大むね艶をもととす。歌を知らざるなるべし」といへり。いづれも、まことなきかたになり行くをそしる言葉なり。其の比だにかく申し侍れば、いまの世には実はひとつも残らざるらむ。（さゝめごと、同右書一三三ぺ）

いずれも歌論におけると同様、〈詞、外面の表現〉である花に対して「実」は、〈心、内面的心情〉を表すものとして用いられている。この用法の「実」は九例である。

第二に、仏典の語句の影響によると考えられる象徴的用法の「実」がある。これはほとんど〈草木が花咲き実を結ぶ〉という形で、仏・観音の恵みを表現しているものである。

(73) 万の仏の願よりも、千手の誓ひぞ頼もしき、枯れたる草木も忽ちに、花咲き実生ると説い給ふ（梁塵秘抄三九、『和漢朗詠集　梁塵秘抄』三四九ぺ）

小西甚一『梁塵秘抄考』は、「無レ信、是人不レ能レ入二我法海中一、如二枯樹不一レ生二華実一」（大智度論巻一）などを踏んでゐるのであらう。」とする。

この今様は、『平家物語』（卒都婆流、上二〇二ぺ）及び『古今著聞集』（二二〇ぺ）に引かれている。

(74)　無量義経　一首

無量義経の莟花《つぼんばな》、靈鷲の峯にぞ開けたる、三十二相は木の実にて、四十二にこそ熟《な》りにけれ（梁塵秘抄五五、同右書三五三ぺ）

無量義経は『梁塵秘抄考』によれば、「実相の一法から無量の義が生ずることを説いてゐるが、それが法華経序品の開説となってゐるので、古来から法華経の開経分であるとされてゐる」ものである。また、同書は「莟む花」の注釈で「法華玄義に「昔権蘊レ実、如二華含一レ蓮、開レ権顕レ実、如二華開蓮現一、離二此華一已無二別更蓮一」（巻五下）に近い言ひ方である」と述べ、また「三十二相は木の実にて」の注釈で「前に花といった縁語で三十二相具足の仏身を木の実としたのである」とする。

(75)　薬草喩品

釈迦の御法は唯一つ、一味の雨にぞ似たりける、三草二木は品々に、花咲き実なるぞあはれなる（梁塵秘抄七

九、同右書三五七ぺ）

薬草喩品経に「仏平等説　如二一味雨一　随二衆生性一　所レ受不レ同　如二彼草木　所レ稟各異一……仏所レ説法譬如下大雲　以二一味雨一　潤二於人華一　各得中成実上」とある（日本古典文学大系本補注による）。

(76) 忉利の都の鶯は、塒《とぐら》定めでさぞ遊ぶ、浄土の植木となりぬれば、花咲き実生《な》るぞあはれなる（梁塵秘抄二〇六、同右書三八一ぺ）

極楽浄土の宝樹の荘厳については、無量寿経上に「或有二金樹一。銀葉華果。」「華々相順。実々相当。栄色光耀」とあり、観無量寿経に「此諸宝樹……於二衆葉間一。生二諸妙華一。華上自然有二七宝果一。……有二衆妙華一。作二閻浮檀金色一。如レ旋二火輪一。婉転葉間。涌二生諸果一。如二帝釈缾一。」とある（日本古典文学大系本補注）。

(77) 因果必然の道理、善悪の果《くわ》は必ず善悪の因より生ずる者也。此善悪の二つは、共に輪廻の業として、昇沈の果報を受べし。又世善を修して、世間の福報を感じ、仏法に行じて、仏果菩提に到るべし。小因大果と云て、纔《わづか》に善悪の業因に依て、多くの善悪の果を感ずべし。喩ば草木等の一粒の種を植て、百千の実《み》を結《むすぶ》が如し。

（妻鏡、『仮名法語集』一七四ぺ）

善悪の因により善悪の果が生ずることを述べたものであるが、「実を結ぶ」は良い結果を生むという意に用いられている。

このような仏典の表現による「実」の象徴的用法の例は、七例である。

次の二例は、仏典ではないが、中国文献の表現によって「実」が用いられているものである。

(78) 豈若恩光凝頂上　化為赤実照霜鬚

「豈《あに》若かめや　恩みの光の頂の上に凝りて　化して赤き実《み》となりて霜なす鬚を照さむには」（菅家文草「九日侍レ

宴、観㆔群臣挿㆓茱萸㆒、応㆑製」、『菅家文草　菅家後集』四五二ぺ）

この「赤き実」は、〈かわはじかみ〉を意味する「茱萸」の実のことで、芸文類聚所引風土記に「九月九日、（中略）尚此月、折㆓茱萸房㆒挿㆑頭。言辟㆓除悪気㆒而禦㆓初寒㆒」とあることが日本古典文学大系本補注に指摘されている。「赤き実」は天子の恵みの象徴である。

（79）（重盛）「………富貴といひ栄花といひ、朝恩といひ重職といひ、旁きはめさせ給ひぬれば、御運のつきむこともかたかるべきにあらず。富貴の家には禄位重畳せり、ふたゝび実《み》なる木は其根必いたむとみえて候。………」（平家物語・烽火の沙汰、『平家物語上』一七五ぺ）

これは後漢書明徳馬皇后紀に「常観㆓富貴之家㆒禄位重畳、猶㆓再実之木其根必傷㆒」によったものである（右掲書頭注）。比喩表現であるが、「実なる木」が栄花を表現している。

第三に、これまで述べてきたような中国語文献の影響によるものではないと見られる象徴的用法が次の四例みられる。

（80）吾妹子が屋前《やど》の秋萩花よりは実《み》になりてこそ［実成而許曽］恋ひまさりけれ（万葉集一三六五、『万葉集二』二五七ぺ）

「実になりて」は〈逢って後〉の意味で、「実」は実質的な恋の成就を意味している。

（81）我妹子が形見の合歓木は花のみに咲きてけだしく実《み》にならじかも［実尓不成鴨］（万葉集一四六三、『万葉集二』二九五ぺ）

これは歌とともに合歓の木を贈った紀女郎に対する大伴家持の返歌で、「実」はやはり恋の成就を意味している。

（82）車のしりのかたに、花もみじなどやさしたりけん、家の子とおぼしき人、「ちかう、花さき、実なるまでになりにける日ごろよ」といふなれば、しりなる人もとかくいらへなどするほどに、（蜻蛉日記上、『土左日記　かげろふ日記　和泉式部日記　更級日記』一六九ぺ）

「花咲き実なる」は、兼家の妻としての道綱の母の栄花を寿ぐことばとされる（新日本古典文学大系『土左日記　蜻蛉日記　和泉式部日記　更級日記』九三ぺ脚注）。

（83）花に咲き実になりかゝる世をすててうきばの露と我ぞけぬべき（蜻蛉日記中、右掲書一七七ぺ）

これは道綱母の歌で、「花に咲き実になりかゝる」は夫兼家の栄花を表現したものである（新日本古典文学大系本九九ぺ脚注）。

結局、日本古典文学大系収録文献における「実」の象徴的用法は、第一の歌論におけるものが九例、第二の経典・中国文献によるものが九例、その他のものが四例ということになる。

第一の歌論における場合、「実」は「花」と対比して用いられ、〈実質的内容、心〉を意味している。第二の仏典における場合、「実」は「花咲く」と対比して「実なる」という形で用いられ、概括すれば〈仏教的な意味での良い結果〉を意味している。仏典以外の場合は「花」と対比されておらず、意味も〈天子の恵み〉〈現世の栄花〉である。

第三の場合、「花咲き」と対比して「実（に）なる」の形で用いられ、〈恋の成就〉や〈現世での栄花〉を表現している。

第一、第二の場合は、明らかに中国の文芸思想、漢訳仏典、中国文献の影響によって「実」が象徴的意味を表現しているのである。数で言えば、全二二例中一八例がこの類である。

第三の場合は、中国の文献や漢訳仏典の影響とは考えられないもので、恐らく日本固有の表現であろう。表す意味も現世での恋の成就や栄花であり、第一、第二の多くの場合とは非常に異なる。

先述のように、上代から中世までの日本古典文学大系所収文献における「実」の用例は一四三例であり、そのうち象徴的用法と考えられるものは右に述べた二二例である。残る一二一例はあくまで「実」そのものを指したものである。(5)

「実」の用法に関して、日本古典文学大系所収文献を国内資料として、キリシタン資料と比較すると、次のことが言える。

まず第一に、国内資料においては「実」の象徴的用法が絶対的に非常に少ないことである。キリシタン版および『バレト写本』というキリシタン資料において六四例見られるのに対して、上代から中世までの主要な文学作品およびそれに類する文献においてわずか二二例しか見出されないことである。国内文献においては、「実」の象徴的用法は極めて例外的な表現であると言うことが出来る。

また、キリシタン資料の場合、先述のごとく、「実」の全用例数八八例のうち六四例、約七三％が象徴的用法である。これに対して、右の国内資料の場合は、一四四例中象徴的用法は二二例で、約一八％に過ぎない。国内資料においては、「実」という語の使用される数も文献の量を考えれば非常に少ないと言えるが、その中での象徴的用法の割合もキリシタン資料とは比較にならない位小さいと言える。

なお、「実」「木の実」「草の実」に分けると、キリシタン資料では「実」は六〇例中五六例が象徴的用法であり、「木の実」は二九例中一三例が象徴的用法、「草の実」は四例すべて象徴的用法ではない。国内資料では、「実」は一〇五例中二一例が象徴的用法、「木の実」は三五例中一例だけが象徴的用法、「草の実」は象徴的用法の例はない。「実」単独の場合に象徴的用法が多く、「木の実」の場合は少なく、「草の実」は象徴的用法がないという点は共通である。

第二に、国内資料では、二二例中一九例が「花」とともに用いられているのに対し、キリシタン資料では、「実」単独の象徴的用法では五六例中(11)の二例のみである。これは「実」に関するキリシタン文献と国内資料との著しい違いである。さらに、国内資料中五例が「花咲き実なる」という表現であることに注意したい。

第三に、象徴的表現の内容に関しての違いである。キリシタン資料の「実」の象徴する内容については先述の(a)―(g)であるが、要約すればキリスト教としての〈貴ぶべきもの・善〉の象徴が中心である。これに対して国内資料の場合は、歌論では〈心、内部的心情〉を象徴し、仏教思想に関する表現では要するに〈仏の恵み・教え〉を象徴している。それ以外の日本固有の表現においては〈現世の幸せ・栄花〉を表している。

『新編国歌大観』CD-ROMによって上代〜中世の和歌を検索した結果(日本古典文学大系所収作品を除く)、新たに六例の象徴的用法の「実」の例を得た。

(84)　果

あだにさく花とはたれも思ふなよつひにこのみを結ぶとをしれ(拾玉集、二七三三)

「十如」すなわち「十如是」を詠んだ十首のうちの一首で、「果」(結果の意)を詠んだものである。「実を結ぶ」は結縁という良い結果を得るということである。

(85)みな人の心のたねのおひたちてほとけのみをばむすぶなりけり(拾玉集、四九六)

「仏の実をば結ぶ」は、仏の教えにより悟りを得る意である。

(86)花なくて実ありと見ゆることのはをふきなみだりそいその松風　以左為勝(千五百番歌合、千四百三十三番判詞)

左歌「のちの世の身をしるあめのかきくもりこけのたもとにふらぬ日ぞなき」(讃岐)と右歌「たまもしきそでし

くいその松がねにあはれかくるもおきつしらなみ」（雅経）に対する慈円の判詞である。この「花なくて実あり」は、歌論における「花」と「実」で、「実」は内面性、心を指すと考えられる。

（87）　心経

はなのいろに心をそめぬこのはるやまことののりのみはむすぶべき（西行聞書集、三三）

「法華経廿八品」の連作中の一首。桜の花にも心を動かされず悟りのまことを得ることを「まことの法の実は結ぶべき」と表現したものである。(6)

（88）　三界唯一心、心外无別法、心仏及衆生、是三无差別

ひとつねに心のたねのおひいでて花さきみをばむすぶなりけり（西行聞書集、四〇）

「三界唯一心、心外无別法」は『八十華厳』十地品の句、「心仏及衆生、是三无差別」は『華厳経』の句である。「実を結ぶ」はやはり悟りを得る意である。

（89）陀羅尼品の心を、受持法華名者福不可量、何況擁護具足受持といふわたりを誦して、持経者の結縁頼もしくや侍りけん、よみ侍りける　　前大僧正快修

うれしくぞ名をたもつだにあだならぬみのりの花にみをむすびける（千載集、一二一四）

僧により経典に関連してよまれたもので、「御法の花に実を結ぶ」は仏の教えにより悟りを得る意であると考えられる。新日本古典文学大系『千載和歌集』の本文は「身をむすびける」であり、結縁の意と取っているが、右に示した諸例から見て、「実を結ぶ」とみるべきと考える。意味はもちろん結縁で通る。

六例のうち（85）を除く五例が「花」とともに用いられている。また、（86）以外の五首はすべて仏典に関連して詠まれたもので、「実を結ぶ」という形であることも注意される。（84）～（86）が慈円作、（87）（88）が西行作、

(89)が大僧正快修作で、作者はすべて仏門に入った人である。

なお、日本人によって日本語で書かれたキリシタン資料である『妙貞問答』の次の例も、仏教語である。

(90)修因感果トハ、爰ニテ菩薩ノ種ヲ植レハ、当来ニ其実ヲ結ヒテ成仏スルソト心得侍ル也。(上、「ビブリア」五七、三五ぺ)

(91)蓮ハ淤泥ノ中ニ有テモ濁ニシマス、又、花ノ中ニ葉モ実モ備ル物ニテアリ。一心モ、万ノ念ノ、其カ其ニモナラサルハ、蓮ノ濁ニシマヌカコトシ。又、此一心ノ、地獄ト起ル因ノ一念ニ、ヤカテ、又、仏果モアレハ、蓮ニ花ノ因・実ノ果、一ツニ備タルヲ、因果不二ナル此一心ニタトヘタルヲ、譬喩ノ蓮花トハ申也。(上、同右書五〇ぺ)

国内資料における「実」の象徴的用法の用例の大多数は、中国文献、漢訳仏典の影響によるものであることは明らかである。日本語固有の表現としては「実」の象徴的用法は極めて少ないということが出来るのである。日本語においては、「実」と「身」は上代においてともにミの乙類であり、『時代別国語大辞典 上代編』では、「蓋」に対する「み」を「実」の項に入れるが、語源的に「身」とつながるとする。この二語は本来同語源だった可能性は高いであろう。なお、本章では植物の「実」を意味するものだけを対象としているので、

住吉の浜に寄るとふうつせ貝実なき言もち(実無言以)われ恋ひめやも(万葉集、二七九七)

のような例は取り上げなかった。(7)

五 「実《じつ》」について

和語「実《み》」に対する漢語「実《じつ》」について考える。

この「み」と「じつ」に関して、面白い資料がある。それは、仮名草子の一つである『国字本伊曽保物語』である。その最古と推定される版によって問題にする部分を掲げる。
(92) つら〳〵人間のありさまをあんするに、色にめて香にそめける事をもととして、よき道をしることなし。されは、このまき物を一本のうへ木には、必花実あり。花は色香をあらはす物なり。実はその誠をあらはせり。
(中、いそほ物のたとへを引きける事、古活字十一行本、無刊記第一種、勉誠社文庫本による)

この「実」は、日本古典文学大系本(森田武校注)では「み」とよんでいるが、古活字十二行本(無刊記第五種)、寛永十六年版(刊記第一種)では「じつ」となっている。また、万治二年刊本では「花《はな》は色香《いろか》をあらはす物也。実《じつ》は其誠《まこと》をあらはせり。」となっている。「花」は万治刊本のように「はな」とよまれたことは確実である。和語「はな」に対するものは当然和語「み」であるべきであり、先に掲げた国内資料の諸例に見られるように、文章としては「み」であるのが自然である。

この場合の「実」は「誠」を象徴しているのであるが、前節で述べたように「実《み》」は日本語においては象徴的用法が極めて稀なものであり、「誠」のような一般的概念を象徴する表現として用いることに抵抗があり、「実」を文脈上は不合理である「じつ」としたと考えられるのである。

名詞の「実《じつ》」(あるいは「実《じち》」)は、日本古典文学大系について調査したところでは、仏教語として用いられている例が多く見出される。

(93) おほよそ聖教には、真実権仮ともにあひまじはりさふらふなり。権《ごん》をすて〻実《じち》をとり、仮《け》をさしをいて真《しん》をもちいるこそ、聖人の御本意にてさふらへ。（歎異抄、『親鸞集 日蓮集』二一三ぺ）

「実」は〈方便〉を意味する「権」「仮」に対して〈真実〉を意味する。

(94) 妙楽大師弘決四云、「若有弟子見師過者《にやくうでしけんしくわしや》、若実若不実《にやくじつにやくふじつ》、其心自壊失法勝利《ごしんじゑしつぽふしようり》」云云。文の心は、若し弟子あて師の過を見ば、若は実にもあれ、若は虚言にもあれ、已に其心有は身自法の勝利を壊り失ふ者也云云。（身延山御書、同右書四七七ぺ）

「実」は「虚言」を意味する「不実」に対するもので、〈真実〉の意味である。

(95) 無明と云は、我心即仏と不ル㆑知ヲ心なり。此の迷の一念より法性の宮を出で〻、妄想の貧里に廻る。流転の間は実《じつ》と思ども、今仏教に値て生死は夢と聞て信ずれば、妄想の夢忽に覚て本覚の床に到る也。（仏法夢物語、『仮名法語集』二一七ぺ）

これは〈実在すること〉の意である。

(96) 信ト云ハ心モ言《ことば》モ実《じつ》アリテ、偽ナク、口ノ虎身ヲ害シ、舌ノ剣命ヲ〔タツ事ヲ〕ヲソレテ、ミダリニ言ヲ出サズ、三〔タ〕ビ思テ後ニ云フ。不妄語戒ニアタル。（『沙石集』一五九ぺ）

「実」は、〈真実〉を意味している。

この意味で「実体」という語が用いられる場合もある。

(97) 又云、「生死といふは妄念なり。妄執煩悩は実体なし、………」（一遍上人語録、『仮名法語集』一三〇ぺ）

これらの「実《じつ》」「実体」は、〈真実〉〈実在〉の意である。文献中の用例としては専ら仏教語として用いられていると言える。

次に、『玉塵抄』における「実《じつ》」の用例を「実《み》」と対照させて示す（引用は国会本による）。

(98) 最忌《モイム》二麝香《ヲ》一遇《ハ》レ之《ニ》花実尽《ク》落《ツ》—麝香ガテキヤクナリ　麝ガソハヲトヲリフルレハ花モ実《ミ》モヲツルソ（六14ウ）

(99) 又貨殖ノ傳ト云ハ史漢書ニ貨ーーアルソ……殖《ショク》ハウユルトヨムソ　五谷米又樹木ノ実《ミ》ノナル者トモノコトヲシルイタソ（六19ウ）

(100) 茘支《レイシ》ト云草ノ実《ミ》アリ（九17オ）

(101) 崔融有《リ》二ーー《ノ》（瓦松）賦一又陸亀蒙《カノ》苔賦高《キニ》有《リ》二ーー（瓦松）一卑《ヒキヽニ》有《リ》二澤葵一—瓦ー（松）ハ苔ナリ……澤葵ハ莓苔ナリトアリ　陸カハ苔ノ賦ニカイタホトニ苔ノコトナリ　名ハカワレトモ実ハコケナリ（五29ウ）

(102) 唐詔《ノニ》中書門下共食《ニ》二実戸三百《ヲ》一—唐ノ詔ノサタメニ中書ノシタイ衆カトモニ共《グウ》シテナン百戸トソラ名ハ多ケレトモ実ニハ三百戸ソ（五45オ）

(103) 五代《ノ》任圜《エンカ》曰《ク》崔協《ケウ》不レ識《ラ》二文字《ヲ》一虚《シク》有《リ》二表《タル》尓《コト》一号《ス》二ーーー《ト》（没字碑）一　唐ノ次宋ノアイタニ五代アリ　此ノ時ニ任ート云者カ崔ト云者ヲ云タソ　崔ーハ一文《モン》フツウノ者ナリ　アレトモソノ時に実モナウテムナシクイタツラニ人ノヲモテスル名カアツタソ　サルホドニ人カ没ーート云ソ（六53ウ）

「実《み》」は振り仮名が付されており、「実《じつ》」の場合は右傍線の音読符によって「ジツ」であることを明示している。これは『玉塵抄』全巻にわたってかなり徹底されている。「実《み》」が具体的な木や草の実を指すのに対して、「実《じつ》」は実体、実際の事物の内容を意味している。これらの「実《じつ》」は仏教用語ではない。

(98)(102) は共に原漢文に「実」字があるが、木の実の意味の場合は「実《み》」で訳し、実体を意味する場合は

「実《じつ》」で訳している点が注意される。

要するに、日本語においては、一般に和語「実《み》」は単純な具体的意味に、漢語「実《じつ》」が抽象的意味に使い分けられていたと考えられるのである。

キリシタン資料において、「実《じつ》」は多用される語ではない。

辞書を除くキリシタン版において、「実《じつ》」は『こんてむつすむん地』に一例、『コンテムツスムンヂ』に三例（一例は国字本と同例）見られるのみである。ローマ字本ではいずれも「jit」表記である。

(104) にんげんのせうこはちがふ事おほし。しらざる事はおほく、わきまふるものはすくなしといへども、わがただす所はじつにして、いつもただしき也。（こんてむつすむん地、六五ウ、コンテムツスムンヂ「しれざる事」「わきまゆるもの」、二八六）

(105) ただし敵よりたやすくあざむかるる事は、強勢にあらざるしるしなり。敵は人をあざむく題目、あるいは実《じつ》なるか、虚なるか、あるいはさしあたる執着か、未来の恐れをもってほろぼすかといふことにもかかはらず。（コンテムツスムンヂ、二四一）

(106) 世を厭ひ、肉身を節して御身を学び奉るともがらは、まことの知識なり。その故は、虚より実《じつ》にいたり、骨肉より善心にいたればなり。（同右書、二五四）

いずれも〈真実〉の意で、「虚」と対立して用いられている。(104)(105)は形容動詞とも見られる。

なお、キリシタン版では「実体」という語は全く用いられていない。

イエズス会のキリシタン版以外のキリシタン資料における「実《じつ》」の例は次の通りである。(8)

『バレト写本』には「実」(jit) 九例が見える。うち六例は「実に」の形であるが、それ以外の名詞の例を示す。

(107) 汝等は知らざることを礼《らい》しけれども 我等は礼することを知れり ジュデウより助くることあるべし。又実《じつ》に礼《らい》するものデウス・パアデレとスピリト実《じつ》を以て拝み奉らん時刻到来すべし（五五v）

(108) デウス スピリトにてましませば 拝み奉る者はスピリト実《じつ》を以て礼し申すこと肝要なりと宣へば（五六）

(109) その後シナゴガに入り給ひ、力の及ぶほどジュデウにゼズキリシトは実《じつ》のデウスにてましますことをすすめ給ふなり。（二二三v）

いずれも〈真実〉という意味ではあるが、宗教的な意味の文脈で用いられている。

『懺悔録』には次のようにある。

(110) 惣別人に語ることは実（jit）か不実か見分けずに、聞き及ばるる人数に真に受けさする為、節々誓文を立てまらする。（懺悔録、二四、大塚光信『さんげろく私注』の翻字による。）

これは一般的な〈真実〉の意で「不実」と対立して用いられている。

次に辞書の例を検討する。

『日葡辞書』には、

Iit. Macoto. *Verdade.* ¶ Iitni. *De verdade.* ¶ Iitna coto. *Cousa verdadeira.*

【Macoto.（実）真実。¶ Iitni.（実に）ほんとうに。¶ Iitna coto.（実な事）真実の事。】（『邦訳日葡辞書』）

とある。（104）―（110）の例は、概括すればこの意味に適合する。

『羅葡日対訳辞書』では、次のように「じつなる」二例、「じちなる」一例がある。「じちなる」は「じつなる」と同様に用いられている。

Præuerto,is.………¶ Præuerrere serio quod dictum est per iocum. Lus.Tomar de siso o quo foi dito em

zombaria. Iap. Iarecotoni yuitaru cotouo jitnarito vomô.
Seria,orum. Lus. Cousas graues, e de tomo. Iap. Qetacaqi coto, jichinaru coto.
Serius,a,um. Lus. Cousa graue, e desiso. Iap. Iitnaru coto.

意味は〈真面目な〉ということである。

エヴォラ屛風文書の『日本のカテキズモ』には、「実」「実体」の例が見える（欠落した部分を多く含む例は除く）。

(111) 光ナケレハ昧闇ニテ、行〔ク〕所ヲシラサルカ如ク、縁天——ニ此道理ノ光ナキ者ハ、実ノ道トモ虚ノ道トモ、行ク所ヲ知ラス〔カ如キナリ〕。ナス所ノ善悪ヲモ弁ズシテ、只昧闇ニ迷テ行クモノナリ。喩ハ眼ハ色ナキ者ヲ見ル叓叶〔ハ〕サル寸ンハ、眼ニ対スルハ色ナリ。其上ニ光ナクテハ何ヲ見ル叓モ叶ハサレハ、光亦肝要也。其如ク分別ニ対スル境界ハ実体也。分別ノ此実ヲ見……如此紀シテ道理ヨリ実ト善トスル事ヲ択ヒ、虚ト悪トスル事ヲ退〔ク〕ヘシ。（『日本のカテキズモ』、海老沢有道・松田毅一『ポルトガルエヴォラ新出　屛風文書の研究』一二八ぺ）

(112) 其故ハ権ナル寸ンハ実ニ非ス。是ヲ立ル徒、常心ノ内意ヲ聞クニ、吾ト其身ヲ破滅シ、只アマ妙心ヲタフラカサントテ云〔フ〕ノミナレハ、自ラ勝レタル叓ヲ取扱フニ及ハズ。……只十童部己下ヲスカス為ノカリ叓ナレハ、誠ニ一道ノ笑具タルモノナリ。如レ此、実体ナキ事ヲ作リ出ス叓、世界ニ数多キ謂レハ、左ニ顕スヘケレハ暫ク是ヲ閣クナリ。（同右書一三〇ぺ）

不干ハビアンの『妙貞問答』にも「実」「実体」が用いられている。

(113) 既ニ開権顕実トイヘハ、権ノ外ニ実モナク、実ノ外ニ権モナキニ、（上、「ビブリア」五七、、五二ぺ）

(114) 喩へバ、アノ天、地ニ落テ、人皆ヲシニウタレテ死スベシトノ風聞世ニ出来ルトモ、智恵アラン程ノ者ハ実《じつ》

トハ思イサフラフベカラズ（下、『キリシタン書 排耶書』一七六ペ、振り仮名校注者）

(115) デウス（記号）ノ尊体ハ此宗ノ経文ノ辞ニハスピリツアルース、タンシヤト申テ、色形チヲ離レ玉ヘル実体ニテ在マス也。（下、同右書一五二ペ、類例一五三ペに二例あり。なお『破提宇子』にも同様の例が見える。）

これらの「実」は、原文は「実」表記だが、明らかに「み」ではなく「じつ」と見るべきものである。意味は、これまで挙げた例と同様〈真実〉ということである。

「実体」は宗教的な意味のみに用いられ、〈霊的実体〉を意味している。

「実《じつ》」にはこれまで述べてきたように仏教語以外の用法もあるのだが、仏教語を避ける意味で、キリシタン版では避けられたのであろう。「実体」は完全に仏教語であり、前述したようにキリシタン版では辞書類も含めて全く用いられていない[9]。

五　おわりに

以上検討してきたように、キリシタン文献に頻出する象徴的意味を持つ「実」の用法は、国内資料においては極めて少ないものであり、明らかに翻訳的用法であると考えられる。それは、基本的には聖書によるものであり、さらに言えば、初期キリスト教の育まれたメソポタミア地方の風土の反映である。先引の『聖書象徴辞典』によれば、〈生命の樹〉は古代アッシリア美術で好んで扱われたモチーフの一つであり、そこでは翼をつけた守護神たちが手に松かさを一つ持ち生命の樹の花を撫でているが、これはメソポタミア地方では生きるために欠くことの出来ない〈なつめ椰子〉の実を人為的に実らせようという象徴的行為を示すものである。聖書の生まれた地方では、〈果実〉

は日本とは比較にならないほど重要なものだったのである。

これに対して農業国である日本では、「実」は象徴的意味を担えるほど重要なものではなかったのである。[10] 言うならば、広い意味での文化の違いが語の用法に影響していると考えられるのである。

先に述べたように、日本の国内文献における「実」の象徴的用法は、例そのものが非常に少ないことに加えて、その大多数が中国文献、漢訳仏典の影響によったものであり、日本固有の表現は非常に限られたものである。これは、現代語について考えても首肯できることである。現代において日常的に用いられる「実」の象徴的用法は、「花も実もある」「実を結ぶ」位であろう。「実のある（ない）話」というのは「実」字をあてるが、意味は果実の「実」の象徴的用法とは考えられず、〈充実した内容〉という意味である。

キリシタン文献における「実」の象徴的用法は、キリシタン弾圧により日本語に影響を与えることはなかったが、近代以後、聖書の翻訳による「実」の象徴的用法が日本語の表現にどのように影響を与えたか（または与えなかったか）は、これからの問題である。一つ指摘しておきたいのは、自然な日本語としては、「実」の象徴的用法は受入れ難い面を依然として持っているのではないかということである。

先にも触れたが、『新約聖書』「ルカによる福音書」1・42にキリストを〈胎内の実〉と表現している部分がある。これを文語訳聖書・口語訳聖書では「胎の実」とするが、最新訳の新共同訳聖書では「胎内のお子さま」としている。また、同じく「使徒行伝」2・30ではダビデの子孫のキリストを指して「その腰から出た実の一つ」と言っているが、これを文語訳では「己の身より出づる者」とし、口語訳では「その子孫の一人」とし、新共同訳では「彼から生まれる子孫の一人」としている。[11] いずれもキリストを象徴する「実」という語の使用を避けているのである。

注

(1) 比喩表現については、『国語学大辞典』の「比喩表現」の項、および国立国語研究所『比喩表現の理論と分類』を参照した。

(2) マンフレート・ルルカー著、池田紘一訳、人文書院刊。以下は同辞典の「樹」「果実・実」の項による。

(3) 『聖書象徴辞典』の「樹」の項による。

(4) 『日本歌学大系』第六巻所収の延宝六年刊本を底本とする「細川幽斎全集」（八六ぺ）による。寛文五年刊本でも同様である。

(5) 各文献の用例数は次の通りである。「実」「木の実」「草の実」に分けて記す。

万葉集	実　二五例	木の実　一例
常陸風土記	実　一例	
播磨風土記	実　一例	
日本書紀歌謡	実　二例	
古事記歌謡	実二例	
祝詞	実　二例	
竹取物語	実　一例	
宇津保物語	実　一〇例	木の実一一例
蜻蛉日記	実　二例	
源氏物語	実　四例	
枕草子	実　二例	
和泉式部日記		木の実　一例
栄花物語	実　一例	

浜松中納言物語　木の実　一例
梁塵秘抄　実　二例
今昔物語集　実　三例
長秋詠藻　木の実　一例
歌合集　古代篇　実　一例
宇治拾遺物語　実　一例
宴曲集　実　一例
方丈記　木の実　二例
平家物語　実　二例
開目抄　木の実　一例
義経記　実　一例
曾我物語　実　二例　木の実　一例
田植草紙　実　一例
閑吟集　木の実　一例
御伽草子「ものくさ太郎」　木の実　一例
同「のせ猿草子」　木の実　一例
同「二十四孝」　実　二例
同「唐糸草紙」　実　二例
謡曲「通小町」　木の実　八例
同「花筐」　実　二例
同「養老」　実　一例

同「頼政」　実　一例
狂言「悪太郎」　実　二例
同「お茶の水」　木の実　一例
同「蝸牛」　草の実　一例
同「くさびら」　草の実　二例
同「禰宜山伏」　草の実　二例
同「毘沙門」　実　六例
同「富士松」　木の実　一例
狂言歌謡　木の実　一例

（6）　小林千草「キリシタン文学の心とことば――『こんてむつすむん地』巻一の第一（一）より」（成城短期大学「国文学ノート」第三一号　平成六年三月、後『中世文献の表現論的研究』所収）にこの例及び次の例を引く。

（7）　この例も注（6）所引論文に引かれている。

（8）　「実に」の五例を掲げる（二例は（107）例に含まれている）。

ゼズス　ヂシポロに宣はく、汝達ゼジュンを致さん時　名聞人の風情をなさじ。その故はゼジュンを致すと人に知れん為に必ず顔色を変ずるなり。実《じつ》に云ふその返報を受けけるなり。（四六）

ゼルザレンへ帰参して十一人のアポストロその外諸人群議をせしに御主実《じつ》に蘇り給ひ（五〇ｖ）

汝達に実《じつ》に示すなり　その返報を現世において蒙るなり。（五二ｖ）

その後　諸人件の女房に申しけるは　わ御前の言葉を実《じつ》に受くるに及ばず（五七）

実に言ふなり　仮令《たとひ》天地は破滅すとも有る程の事を達せん際までおん掟に現はるること一点も違ふべからず。（九八ｖ）

（9）　キリシタン版では「実体」の意味にもっぱら「ススタンシア」が用いられている。

(10) 国内資料において「実」がどのような木・草の実について用いられているかが明確に示されているものについて簡単に触れておく。
用例の多い『万葉集』では、「橘」五例、「梅」「菅」各二例、「秋萩」「榎」「橿」「栗」「合歓」「穂蓼」「山吹」各一例である。同じく用例の多い『宇津保物語』では「橘」三例、「あふち」「栗」「桃」「松」「桃」各一例である。他の作品を通覧して多いのは「蓮」五例、「橘」三例である。

稲を「田の実」としたものは『源氏物語』及び謡曲「花筺」に各一例見られ、「稲《いな》の実」が祝詞に見えるが、散文の用例は多くない。和歌では周知のように「頼み」とかけて用いられる。

日本語でも〈穀物の実〉は象徴的表現を担い得るはずであるが、実際には米や麦の粒を「実」と表現した例そのものが右に述べた和歌の「田の実」以外極めて少なく、またその「田の実」も象徴的表現ではない。
(11) これらの部分を口語訳・新共同訳で「実」と訳していない点については、『聖書象徴辞典』の「果実」の項の訳者注に指摘されている。

第八章　「実もなし」について

一　問題の所在

『天草版伊曽保物語』には、「実もなし（実もない）」という語が次の二例見える（翻字は原則として大塚光信『キリシタン版エソポのハブラス私注』による）。以下、「実もなし」「実もない」と表記した場合は「みもなし」「みもない」を表すこととする。また「実」と表記した場合は「み」を表す。

（1）惣じて人は実《み》もなき戯れ言には耳を傾け、真実の教化をば聞くに退屈するによって、耳近きことを集め、この物語を板に刻むこと、たとへば樹木を愛するに異ならず、（読誦の人へ対して書す）

（2）ある時櫻櫚竹に向うて言うたは、「いかに竹、よう聞け、われほど世に弱うて実《み》もない者はあるまじい。わづかの風にも恐れ戦いて、なびくばかりぢや、我は少しも志をたをめず、不断けなげにして居る」と言へば、大竹はこのことを聞けども（真なれば）とかく論ずるに及ばいで、閉口してかしこまったが、やがてその日、大きな旋風《つじかぜ》が吹いて、鳴動して来たが、竹は元から恐れをないて、頭べを地に下げ、へりくだつたれば、つつがなう起き上った、しかるに、樱櫚は兼日の利口のごとく志を下さず、肘を張って居たを、何かはこらへう、散々に吹き折って、根ごれになって果てた。（下、樱櫚と竹の事、四七一）

この「実もない」は、『日葡辞書』の語釈では次のようになっている（【　】内に『邦訳日葡辞書』の訳文を記す。以下同様）。

Mimonai. *Cousa sem sustancia, ou vaã, & de pouco momento.*

Mimonasa.　Mimonǒ.

【実体のない（こと）、または、空しくて重要性の無い（こと）。】

（1）は、冒頭の序文にあたる「読誦の人へ対して書す」という文語体の部分であるが、『日葡辞書』の言う第二の意味である。（2）は竹について言ったものであるが、『日葡辞書』の訳、及び（1）の意味が抽象的・概念的であるのに対し、具体的に〈弱くて取るに足らない〉〈問題にもならない〉という意味であり、この意味に用いられた「実もない」は資料の上では極めて少ない。これについては、後でもう一度検討する。

この語は、キリシタン資料のローマ字表記では、ごく少数の例外を除き、「mimonai, mimonaqi, mimonaqu」のように続けて綴られており、一語として意識されていたと考えられる。(1)

『日本国語大辞典』では、「実もない」の項に、「価値がない。ねうちがない。むなしい。」意として前掲『天草版伊曽保物語』の（2）の例と『こんてむつすむん地』の例のみをあげるが、確かに国内資料に「実もない」という語を見出すのは、後述するように非常に困難である。

もちろん「実もない」は日本語の単語の連続としてはきわめて自然であり、「この木にはもう一つの実もない」というような形では現在でも自然に用いられ得るし、キリシタン時代においてもこのような文は成立し得たと思われる。しかしキリシタン資料におけるように「実もない」が一語として上述のように用いられることは、キリシタンに無関係な日本人の間では無かったと考えられるのである。以下、この語の用法を検討し、なぜキリシタン資料においてこの語が用いられたのかを考えてみたい。

二　キリシタン資料における「実もなし」の用法

キリシタン版、『バレト写本』、及び『ロザリヨ記録』において、この語は非常に盛んに用いられている。特に多いのは『コンテムツスムンヂ』の六六例、『こんてむつすむん地』の四五例（いずれも目録を除く）であり、以下、『ぎやどぺかどる』二〇例、『スピリツアル修行』一三例、『サントスの御作業』五例、『ヒイデスの導師』一例、『バレト写本』二例『ロザリヨ記録』五例である。

その大多数は「実もなき」の形であり、意味は、ほとんどの場合、現世の喜び・栄華・驕慢などすべてのことについて、〈真の価値が無い〉〈空しいものだ〉と言っている。次にこの意味の用例を適宜掲げる。以下、用例については、章節の題名の部分を除いて考える。

『こんてむつすむん地』（句読点は私に付した。）

（3）みもなき事をばみもなき者にまかせ、なんぢはデウスさづけ給ふ事にせいをいれべし。（一八オ）

（4）たとひよき心あてをもて善事をなすといふとも、あしきさまにおもはれ、とき〴〵人よりてきたはるゝもよき事也。これをもてみもなきじまんをしりぞけ、へりくだりのたよりとなる也。（九オ）

（5）せかいのしうぢやくはつたなくしてみもなし。（三五ウ、コンテムツスムンヂ〈一二三〉同文）

『ぎやどぺかどる』

（6）人は辞の道理よりも誠に試み知りたる事を猶明かに信ずるごとく、さらもん帝王御身に試み給ひて世界の栄花は悉く空しく実もなき事也と宣ふ御辞をもて諸人の證拠となし給ふ者也。（下二九オ）

（7）然ば悪人の頼母敷は其身の栄花とともにあひ果て、実もなき色身の栄花は現在の好事をたのみとするといへども、難儀に窮まる時は忽ち虚しく果る者也。（上八〇オ）

（8）其故は善行よりをこる自慢を以て実もなく満足する心は其徳を亡す者也。（下三七オ）

『スピリツアル修行』（翻字は海老沢有道『スピリツアル修行』を参考にした。）

（9）エロウデス色々の事を尋ね奉るといへども、皆無益の実もなき事なれば、つひに御応へもし給はず、（一三四ウ）

（10）御身に遠ざからする世界の実もなき楽しみを退け給ひて、（一六〇ウ）

（11）汝幾たびか倒れ、道理の道に踏み迷ひたる事をかへりみるにおいては、わが身を頼む事あるべからず。又実もなくわが身を頼む事は他人を卑しむる端なりといふ事をわきまへよ。（三〇七オ）

『サントスの御作業』（翻字は福島邦道『サントスの御作業　翻字研究篇』による）

（12）この籠より異議なく出で給ひ、天然人愛よくましますによつて、人々愛し奉る故、実もなきことに二十五年の春秋を送り給ふものなり。（巻一、一七六）

（13）今更実もなき父母妻子の撫育にひかれて、はかりなき冠をぬぎすてんと思はるるや？（巻二、四七）

『ヒイデスの導師』（私に翻字した。）

（14）その故は、諸国の体を見れば、愚痴なるゼンチョらご作者なりと思ふイドロスを敬ふ道は様々なり。彼らが手向けには人を殺し、不犯の若き女をつたなき道に引き入るることをイドロスに対する敬ひなりと思へば、これ実もなく、はかなき手向けなり、（七七）

『バレト写本』（豊島正之のKWICの本文により私に翻字した。）

(15) 二つには、我らに実もなき頼もしきをのけさせられんがためなり。あるいは俗、あるいは出家、あるいはカザド、あるいはビルゼン、またはビスポ、または道心者なりとも、我ははや達したる善人なりと思はせられまじきためなり、（二一二ウ）

『ロザリヨ記録』（翻字は、三橋健・宮本義男翻字注『ロザリヨ記録』による。）

(16) アレマニアの国に有徳なる侍一人有りけるが、親に遅れてより、譲りの財宝を悉く博奕し、其の外の実も無き事に費し、徒らに世を過ぎけれども、（一二八）

「実もなき」の形がほとんどで、「実もなく」は右の(8)(11)ほか一例の三例、「実もなし」は(5)の一例のみであった。また、『こんてむつすむん地』の「みもなき者」のように人について言う場合も稀にはある。

先に述べた『天草版伊曽保物語』の(2)の例は、樱櫚が竹に対して、自分はいつもしっかり立っているのに竹がわずかの風にもなびくことを嘲って言っているのだが、このような、「弱くて取るに足らない」という意味に用いられた「実もない」は、キリシタン宗教書では次の例のみであった。

(17) ぜずきりしとよりほかのものにたのみをかけ、したるほどの事はむやくになしたるとわきまゆべし。かぜになびくみもなきたけにすがりたのむ事なかれ。其ゆへはもろ〱のこつにくはしばくさ也。其ゐいぐはみなのべのはなのごとくちるべきなり。（こんてむつすむん地、三五オ、コンテムツスムンヂ〈一〇九〉ほぼ同文）

この例もやはり〈風になびく弱い竹〉に対して「実もなき」を使っている。ただこの場合は、キリストの教えに比べれば全く価値のない現世のつまらないことを頼みにしてはいけないと言っているのであり、比喩的意味を伴って用いられているのである。それにしても、普通は言ってみれば〈この世の空しさ〉を表わすことばである「実もない」が、なぜ竹についてだけ〈弱さ〉を表わすことばとして用いられたのであろうか。

これらの「竹」は当然太い立派な竹ではなく、今で言えば「笹」にあたるような竹であろう。[2] シュタインヘーベル本及び天理図書館蔵一五四二年本イソップ物語では、上述の話の「竹」はそれぞれラテン語で harundo, arundo〈葦〉となっている。[3]

『スピリツアル修行』の「ロザイロの観念」には、ある意味で「竹」と関連がある「実もない」が一例ある。小島幸枝『キリシタン版『スピリツアル修行の研究』資料篇上下』(以下『資料篇上』『資料篇下』と略称する)により、ポルトガル語本と比較すると、次の通りである。

(18) その故は(引用者云、キリストは)汝が驕慢に対しては鋭どなる荊の冠を戴き給ひ、汝が衣装の華麗を望むに対しては、嘲りの衣裳を着し給ひ、汝が実もなき狂乱に対しては御手に竹を持ち給ひ、汝が乱行不法の代りには尊きご顔色に唾を吐きかけられ給ひ、汝が自由自在に振舞ふ報ひとしては御手、御首までも荒けなき縄にて搦められ給ふもの也。(三九ウ、資料篇上三六ぺ)

〔ポルトガル語本〕

por tuas doudices & vaidades tẽ a cana por ceptro: (資料篇下二二五ぺ)

〔汝の狂気と虚栄心のために、彼は王杖の代りに葦を持たされている。(現代語訳、資料篇上一一八ぺ)〕

小島の現代語訳に従うと、「実もなき狂乱」が「狂気と虚栄心」にあたり、「虚栄心」と訳されている vaidade が意味的には「実もなき」に対応すると言えようか。(小島「対訳語彙表」では、vaidade に「実もなき狂乱」をあて、

doudice に「狂乱」をあてている。）この場合も「竹」はポルトガル語 cana すなわち「葦」の訳語として用いられている。

これは、イエスが十字架につけられる直前の〈兵士から侮辱される〉場面に関するところで、『新約聖書』の「マタイによる福音書」（27・27-30）には次のようにある（口語訳による）。

それから総督の兵士たちは、イエスを官邸に連れて行って、全部隊をイエスのまわりに集めた。そしてその上着をぬがせて赤い外套を着せ、いばらで冠を編んでその頭にかぶらせ、右の手には葦の棒を持たせ、それからその前にひざまずき、「ユダヤ人の王、ばんざい」と言った。また、イエスにつばきをかけ、葦の棒を取り上げてその頭をたたいた。

ラテン語聖書（*Biblia Sacre Vulgatae Editonis, Sixti V. et Clementis* VIII）では、「葦の棒」にあたる語は harundo である。このイエスが持たせられた「葦」[4] すなわち「竹」は、右に引いた『スピリツアル修行』では、我々人間の「実もなき狂乱」の代償としての意味を持っているのであり、ある意味では人間の「実もなき狂乱」（ポルトガル語本によれば「狂気と虚栄心」）の象徴となっているとみられる。

このキリスト受難の「竹」についてやはり「実もなき」という語と関連させた例がもう一例ある。

(19) この竹と申すは　おん主ゼズ・キリシトを誇り嘲るしるしとしておん手に持たせ給ひつる道具なり。これただ世間の万事は実もなきことを見せしめ給はんとのことなり、（バレト写本、八二v、翻字は『キリシタン研究』第七輯による）

やはり「竹」が「世間の万事は実もなきこと」の象徴になっているのである。

このようにみてくると、『天草版伊曽保物語』や『こんてむつすむん地』で「竹」に関して「実もない」「実もなき」が用いられているのは、偶然ではないのではないかと思われる。イエスが持たせられた「実もなき」世界の象徴である「竹」については、キリシタン宗教書でしばしば触れられることであり、また、当然キリシタンの間でも話されたであろうから、イエスと直接関連がない「竹」も「実もなき」という語と次第に結びついて行ったことは十分考えられるところである。前掲（17）の『こんてむつすむん地』の例は、このような過程を推測させる。

「実もなき」が、字義どおり「果実のない」という意味に用いられたとみられる例が『ぎやどぺかどる』に一例ある。

（20）或学者是を呼て、世界は辛労の器、虚き学校、謀り多き市場、迷惑の難路、泥土の深沼、闇を籠めたる楼内、山賊の中途、苦海の逆浪なりと。尚以て云く、空しく荒たる畠地、荊棘の藪、毒蛇の草むら、実もなき花園、涙の池水、辛労の泉、熱気の狂乱に等き者也と。（下二七オ）

豊島正之氏の御教示によると、この「実もなき花園」にあたる箇所は、サラマンカ版『*Guia de peccadores*』には「jardin florido y sin fructo」とある由で、比喩的意味はないと見るのが妥当であろう。

『スピリツアル修行』の次の例も、表面的には〈果実のない〉意であるが、その〈果実〉は「善徳の実」であり（前章参照）、「実もなき」は宗教的な意味で〈空しく価値がない〉という含意のもとに用いられている。

（21）この御言葉の心は、貴き御言葉の枝葉を栄へ給ひ、諸善徳の実を生じ給ふ青緑立つ木にてましますキリシトさへ、我らが科を請け掛り給ふ道理によって、かほど厳しく罰せられ給ふに、カリダアデ、堪忍をはじめとして、何たる善徳の実をも生ぜず、我がため、人のための徳になる言葉の枝葉をさへ出ださず、せめて行儀をなほさんと思ふ一念の実をだに結ばざる枯木となる汝の上は何とあるべきぞ？　益なく実もなき木さへもかくあるべきに於ては、ましてアニマに毒味を生じ、仇となる木はいかがあらんや？（九五オ）

三　類義語との関係

『羅葡日辞書』では、訳語として「実もなき」はかなり使われているが、特にある一語の訳というわけではなさそうである。以下に「実もなき」が訳語となっている項目をすべて示す。

Cadûcus, a, um. Lus. Cousa fragil, vaã, mortal, e facil de cair. Iap. Facanaqi coto, moroqu adanaru coto, mimo naqi, l, cuchi fatçuru coto.

Friuolus,a,um. Lus. Cousa vãa,& leue. Iap. Nandemo naqimono, mimo naqi mono, caroqi coto.

Futilis,e. ………¶ Ite. Cousa vaã, e sem proueito. Iap. yeqi naqi coto, mimo naqi coto, musocu naru coto.

Inania,æ. ………¶ Item. Vaidade. Iap. Mimo naqu adanaru cotouo yǔ.

Inaniloquus. Lus. O que fala cousas vãns. Iap. Mimo naqi cotouo cataru fito, tauacotouo yǔ fito.

Inaniter, Adu. Lus. Vaãmente. Iap. Facanaqu, mimonaqu, adani.………

Logos. ………¶ Item. Palauras vãas, & ridiculas. Iap. mimonanaqu《ママ》 vocaxiqi cotoba.

Nugæ,arum. Lus. Zonbarias, ou palauras de pouco momento. Iap. Iarecoto, tauamuregoto, l, mimonaqi cotoba.

Nugor,aris. Lus. Falar cousas vaãs, ou fazer cousas de zonbaria. Iap.Tauacotouo faqu, mimonaqi cocouo《ママ》 itasu, l, ajaru.

Nullus,a,um. ………¶ Itẽ, Leue, e de pouco momento. Iap. Mimonaqi mono, yeqinaqi mono, l, monono cazunaranu mono.

Popularia,ium. ………¶ Itẽ, Meninices, cousas de pouco momento. Iap. Varaberaxiqi coto, mimonaqi coto.

Vanitas,atis. Lus. Vaidade. Iap. Mimonaqi cotouo yŭ.………

Vanus,a,um. ………¶ Vana, loco aduerbij. Lus. Vaanmente. Iap. Facanaqu, mimonaqu.

対応しているポルトガル語としては、vaidade, de pouco momento, vaã, leue があげられる（『日葡辞書』の語釈参照）。訳語として「実もなき」と類義語とされていると見られるものには、「益なき」「物の数ならぬ」「はかなき」「もろくあだなる」「朽ち果つる」「何でもなき」「かろき」「無足なる」などがあげられる。連用形「実もなく」は vaãmente の訳語として、「はかなく」「あだに」と並んで掲げられている。

これらの類義語がある中で、「実もなし」がどのような特徴をもって用いられたかということを考えてみる。まず、これらの類義語のうちキリシタン宗教書で用例の多い「はかない」「あだな」「益ない」及び（右には見えないが）「空しい」について『日葡辞書』の記述を掲げる。

Facanai. *Cousa transitoria, perecedeira, ou miserauel.*

【一時的で久しくない（こと）、死滅すべき（こと）、または、みじめな（こと）。】

Yeqimonai coto. *Cousa sem proueito.*（Yeqi の項）

【利益のない事。】

Adana, l, Adano. *Cousa breue vaã, & de pouco dura.*

【ちょっとした、空しい、永続きしない（こと）。】

Munaxii. *Cousa vaã. Vt,* Munaxii xinrŏ. *Trabalho em vão ou baldado.*

【空虚な、無駄な（こと）。例……（空しい辛労）無益な、あるいは、甲斐のない骨折り。】
Mimonai. *Cousa sem sustancia, ou vaã, & de pouco momento.*
【実体のない（こと）、または、空しくて重要性の無い（こと）。】

これからみると、「実もなし」の意味的特徴は、〈むなしい〉〈はかない〉という意味のほかに〈実体がない〉〈重要性がない〉という意味が加わっていることであろう。

「実もない」は、先述のようにほとんどすべて「実もなき」の形で連体修飾語として用いられているが、その修飾する語に関して、同じく連体修飾語として用いられた類義語の「あだなる」「はかなき」「むなしき」とどのような違いがあるかを考えてみる。

以下、『こんてむつすむん地』『ぎやどぺかどる』『スピリツアル修行』『サントスの御作業』について、修飾する語がどうなっているかを示す（数を示さないものは一例）。

『こんてむつすむん地』

「実もなき」……こと24、勇みと高慢、学問、方、悲しみ、言葉、自慢、世界、世間、竹、念、望み3、人、ほかの慰み、誉、者2、悦び

「あだなる」……こと2、者

「はかなき」……こと9、命3、現世、世界2、慰み、もの

『ぎやどぺかどる』

「実もなき」……こと7、好事、かす、色身の栄花、世界、頼母敷3、花園、誉、悦び

「あだなる」……こと4、栄花2、世界2、宝、露の命、悦び

「はかなき」……こと6、一命2、命4、浮世、栄花、此身の命、栄へ衰へ、辛労、世界3、
頼母敷2、流、人間、人の身、身、名利、夢
「むなしき」……好事、影、風、学校、煙、誓文2、世界の好事、頼み、頼母敷、誓ひ、涙、汝が頼み、名利
『スピリツアル修行』
「実もなき」……こと5、木（益なく実もなき木）、狂乱、仁義、楽しみ、誉、妄執、妄念
「あだなる」……こと
「はかなき」……こと2
「むなしき」……望み
『サントスの御作業』
「実もなき」……こと3、たのもしき、父母妻子の撫育
「あだなる」……こと2、栄花、楽しみ
「はかなき」……こと2、一命2、命、浮世、露の命、夫婦の御縁
「むなしき」……家、御死骸、死骸

「こと」「世界」「たのもしき」のようにいくつもの語に修飾されるものもあり、これだけの例で明確なことは言い難いが、ある程度は違いが指摘できる。全体として、「あだなる」「はかなき」が『日葡辞書』が言うように、（現実のものについて）〈一時的で、永続きしない—すぐに失われる〉という含意があるのに対して、「実もなき」はそのような意味を持たない。前二者が「浮世」「命」を修飾するのに対し、「実もなき」はそれらを修飾しないのである。

沢井芳江は、『ぎやどぺかどる』下巻第一篇第五章の「はかなし」を原文（サラマンカ版）と比較し、breve（短い）、corta（短い）、miserable（悲惨な）等と対応することを指摘している。(5) 一方、豊島氏の御教示によると、『ぎやどぺかどる』で対応原文のある「実もなき」一二例のうち、先に触れた「実もなき花園」を除いた一一例の対応語は、スペイン語vano四例、vanidad四例、vanagloria一例、perecedero一例、ラテン語vanitas一例である。少なくとも『ぎやどぺかどる』においては、「実もなし」と「はかなし」は明確に訳し分けられていると考えられる。

「むなしき」と「実もなき」について言えば、「むなしき」が「影」「学校」「風」「煙」「誓文」「涙」「家」「死骸」のような具体的な事物を多く修飾するのに対して、「実もなき」が修飾するのは、「勇みと高慢」「学問」「悲しみ」「自慢」「望み」「誉」「悦び」「仁義」「楽しみ」「妄執」「妄念」のように抽象的な概念を表わす語が多い。「実もなき」が修飾しているもののうちはっきり具体的な事物と言えるのは、先に述べた「竹」「木」、及び「人」ぐらいである。「むなしき」が四資料を通じて一例も抽象的な名詞「こと」を修飾しないのに対し、「実もなき」は「こと」を修飾する例が非常に多いのは、右に示した通りである。「実もなき」が抽象的な概念を表わす語に多くかかるということは、「あだなる」「はかなき」と比較しても言えることである。

「実もなき」の用例が非常に多い『こんてむつすむん地』について、二四例ある「実もなきこと」の用法を分析してみる。

もっとも多いのは、「実もなき事なり」という形で述語になる用法であり、約半数の一一例を占める。

(22) にんげん又は御さくの物にたのみをかくるはみもなき事なり。（六オ）

(23) デウス（記号、以下同様）を御大切におもひ御一たいにつかへ奉るよりほかは、みなみもなき事也。（二五ウ）

『こんてむつすむん地』には、「はかなき」一八例、うち「はかなきこと」が九例あるが、「はかなき事なり」の形で述語になっているのは次の一例のみである。

(24) そのほかなつうらのさだまりたる事にしたがひゐる事は、しんじんなるきりしたんのためには、ならびなくこゝろぐるしくはかなき事也。（二〇オ）

その代わり、「はかなきものなり」及びそれに準ずる形で述語になっているものが二例ある。

(25) デウスへおもむき奉らぬにをひては、いづかたへゆきても、いづかたへむかひても、はかなきものなり。（二〇オ）

さてもにんげんはよはくはかなきものかな（二一オ）

初めの例は主語が明示されていないが、文脈からみて「人間」が意味上の主語であろう。

「あだなる」は用例四例であるが、そのうち「あだなるものなり」で述語になっているものが一例ある。

(26) 其ゆへはにんげんのそくさいはあだなる者也。（六三オ）

「実もなきもの」が述語になっている例は、次の一例のみである。

(27) せかいはたばかりおほくみもなき者也とそしる人おほしといへども（五四オ）

用例数を考えて言えば、「実もなき」が「こと（なり）」を伴って述語になるのに対し、「はかなき」「あだなる」は「もの（なり）」を伴って述語になる傾向があると言えよう。言い換えれば、「はかなき」「あだなる」が具体な事物に関して用いられるのに対し、「実もなき」はむしろ精神的な行為に関して用いられているのである。これは、先に述べた修飾する語に関する差異とも共通するのである。

述語になるもの以外については、「実もなきこと」と「はかなきこと」「あだなること」（『こんてむつすむん地』には「むなしき」はない）との違いとして、意味上の限定語の有無の問題が挙げられる。「はかなきこと」八例中七例は次のように何がはかないか、あるいはどの範囲の「はかなきこと」なのかが示されている。

(28) かなしきかなわが身のはかなき事を見しるものなき事。(二〇ウ)

まなこに見ゆるせかいのはかなき事よりひきなびけらるまじきために (二〇ウ)

これに対し、「実もなき」は、一三例中右のような限定語を持つものは次に示す二例のみで、他の一一例は(3)—(5)の例のように全く限定語なしに用いられている。

(29) デウスをおそれ奉らぬ人のがくもんの実《み》もなき事 (二オ)

(30) てんの御事につよくおもひつきたくのぞむといへども、げんぜのみもなき事と心のくせよりひきさぐる者也 (六七ウ)

「あだなる」も述語にならない二例のうち一例は、限定語を伴っている。

(31) デウスの御ことばをきくためにはみゝしひ、せかいのあだなる事をきくみゝははやし。(七五ウ)

このことも「実もなき」が具体的な事物の状態を表すのではなく、抽象的な概念を表すことを示しているとみることができる。

ただ、このような意味の差は、資料によってある程度異なるようである。次の『旧約聖書』の「伝道書」(新共同訳では「コレヘトの言葉」)による文は、『こんてむつすむん地』では「みもなき」が、『ぎやどぺかどる』では「あだなる」が用いられている。

(32) デウス御一体を大切におもひつかへ奉る事よりほかはみもなき事のみもなき事也 (一オ、『日本古典全書』頭注「空の空なるかな、空の空なるかな、万事空なり」〈旧約聖書・伝道書、一の二〉を指摘。)

(33) 然らばあだなる事のあだなる事は皆あだ也、(下二九オ、豊島『ぎやどぺかどる本文・索引』で出典を指摘)

ラテン語聖書では

Vanitas vanitatum, dixit Ecclesiastes: vanitas vanitatum, et omnia vanitas.

とある。

四　国内資料における「実もなし」

日本古典文学大系全巻について、国文学研究資料館が配布している電子テキストによって検索した結果、ここで取り上げている「実もなし」という形容詞を見出すことは出来なかった。

次の五例は、「みもなく」の形だが、この「み」は果実の意味とは考えられない。

(34) 女宮は、いと、らうたげに、幼きさまにて、御しつらひなどの、こと〴〵しく、よだけくうるはしきに、身づからは、何心もなく、ものはかなき御程にて、いと御衣《ぞ》がちに、身もなくあえかなり。(源氏物語、若菜上、三、二五五ぺ)

日本古典文学大系本の底本は青表紙本証本であるが、凡例によればこの部分は「身」表記である。大島本を底本とする新日本古典文学大系本も同様である。この部分の注釈も両本ほぼ同様で、日本古典文学大系本の頭注には「身体がないようにたおやかでなよ〳〵としている」とあり、新日本古典文学大系本では「なかに身もないかのようにきゃしゃである」とある。

(35) さくらなる御衣《ぞ》どもの上に、蘇芳のこくうすき重ねて、いとつやゝかなる御衾を押しやりて、雛をつくりふせたらんやうに、御衣《ぞ》のかぎり身もなくて見えたるに、(『夜の寝覚』、巻一、一一一ぺ)

底本の松平文庫所蔵本は「身」表記ということである。頭注には「お召物だけで身体はないように見えるが」とある。

(36) いと小さくおはする人の、腹いとたかく、こちたげにて、しろき御衣《ぞ》の、なよ〳〵とあるをひきかけて、胸のほどにぞおしあてたる。いと身《み》もなく、衣《きぬ》がちに、あはれげなる心ぐるしさに、(同右書、巻二、一一五ペ)

頭注に、「誠に、身体はなく、着物ばかりのようで、いたいたしいのが気の毒なうえに」とある。底本は「み」表記である。

(37) 人がら、さゝやかにそびえて、あえかに、身もなく衣《きぬ》がちに、あてにらうたげに、このごろのしだり柳の心地して、(同右書、巻三、二〇一ペ)

頭注に、「はかなげに、ほっそりした体に、衣裳ばかりが目立つ感じをいう」とある。底本は「身」表記である。

(38) さてもこの中にへしいれし白虫いかゞなりぬらんと、おぼつかなくて、けづりかけたる所をひきあけてみれば、白虫の、みもなくて、やせがれていまだあり。(『古今著聞集』、五二三ペ)

頭注には「み」を〈体の肉〉の意とする。

(34) ― (37) の四例は類似した用法であり、いずれも女性の体が非常にやせてきゃしゃである様子を〈衣裳ばかりで身体がないようである〉と表現したものである、(38) は虫について、体の肉がないような様子を表現したものであるが、やせていることを表現している点では前の四例と共通する。

人について用いられている四例の「みもなく」の「み」は、明らかに「実」ではなく女性の身体を指しているのであり、底本で三例が「身」表記であるのも当然と言えよう、(40) の場合は虫についてであり、頭注に従えば虫の身体の肉の意となるが、「実」ではなく、結局は〈身体〉の意味であることは明らかである。

検索もれもあると思われるが、以上の調査から、上代―中世の文学作品を中心とした文献において、「実もなし」という語は、存在しなかったとは言えないまでも、まず普通に使われることのない語であったと考えられる。

これらの「みもなく」は文献上では「身もなく」と表記されるが、「身」と「実」とはアクセントも同一であり、談話語として用いられた場合には当然ながら「実もなく」との音韻上の区別はない。もし「身もなく」が日常語において多用される表現であったならば、「実もなし」との関連も想定し得るが、文献における状態から類推すれば、そういう可能性は考え難い。

国内資料でもキリシタン宗教書には「実もなし」が見出される。

明治二九年に長崎県庁で発見された写本のうちの一つである『丸血留の道』（一七世紀前半成立とされる）には、「実もなき」が二例見える。

(39) 一ニハ、知行・財宝ニ目ヲ懸テ衰コト、寔ニ笑ニ堪ヘタル題目也。故如何ントナレバ、価モ無キガ（ラ）サ、数々ノアニマノ荘厳ト后生ノ為ニ求集シ功力等ヲ、実《み》モ無キ宝ニ対而捨コト、更ニ知恵ノ業トハ云難シ。是即価高キ金銀明珠ヲ、実《み》モ無キ花ナドニ替ル童部ニ異ズ。（日本思想大系『キリシタン書　排耶書』、三三七ペ、土井忠生・大塚光信校注、振り仮名は校注者による）

「実モ無キ宝」は、計り知れない無量の価値を持つ「ガラサ」や「アニマ」に対して全く空しいものであるこの世の宝ということである。先に述べたキリシタン版宗教書の例と同意であって、右の読みの通り「みもなき」であろう。「実モ無キ花」は、やはり右の読みの通り明らかに「みもなき花」であって、〈実もつけていない花〉と解釈できないことはないが、〈取るに足らない〉〈価値のない〉意と見る方が穏当であろう。この場合は、宗教的な意味で用いられているのではなく、『天草版伊曽保物語』の（2）の例と通じる用法である。

また、校注者の振り仮名はないが、次の例もキリシタン版宗教書と同様な用法であり、「みもなき」と見るべきであろう。

(40) ヒイデスの戦イ出来ル時、□(虫損)ニ引レ、亦ハ利欲ニフケリテ衰者ハ、即キリシト(記号)ノ貴苦留《クルス》子ノ御旗下ヲ遁去、天狗ニ心ヲ合スル者也。其上親類・知音・傍輩ニ実モ無キ大切ヲ以、同ジ謀反ヲ勧ル者ハ、夫レ即天狗ノ使イ・中ダチ・亦彼レガ下人成ルコト明白也。(同右書、三三六ぺ)

意味は、キリシタンの立場からみて〈空しくて重要性のない〉ということである。

五　「実(じつ・じち)もない」について

『日葡辞書』には、「実《じち》にもない者」の項があり、「実《じち》もない」と同じとされている。

Iichinimo nai mono. i, Iichimo nai. *O cõtrario* de Iichina.

【Iichimo nai (実もない) に同じ。Iichina (実な) の反対。】

ところが、「じちもない」という語は『日葡辞書』には全くみられない。「じち」「じちな」という項もないが、「じちな者」「じちな人」はあり、「じつ」という項はあるので、引いておく。

Iichina mono. l, Iichina fito. *Homen graue, simples, & de verdade.*

【重厚で素直で誠実な人。】

Iit. Macoto. *Verdade.* ¶ Iitni. *De verdade.* ¶ Iitna coto. *Cousa verdadeira.*

【Macoto. (実) 真実。¶ Iitni. (実に) ほんとうに。¶ Iitna coto. (実な事) 真実の事。】

これからみると、「じちもない」は「じちな」の反対の意であるから、〈軽々しくて、素直でなく、信用できない〉という意味になろう。漢字表記では同じだが、「みもない」とはかなり意味が異なる。「じつな」は〈真実の〉という意味であり、「じちな」とやや用法が異なるようであるが、基本的な意味は同じであろう。

『羅葡日辞書』では、前章で述べたように、「じつなる」二例「じちなる」一例があるが、「じちなる」は「じつなる」と同様に用いられている。〈真面目な〉という意味である。

Præuerto,is.……¶ Præuerrere serio quod dictum est per iocum. Lus.Tomar de siso o que foi dito em zombaria. Iap. Iarecotoni yuitaru cotouo jitnarito vomô.

Seria,orum. Lus. Cousas graues, e de tomo. Iap. Qetacaqi coto, jichinaru coto.

Serius,a,um. Lus. Cousa graue, e desiso. Iap. Iitnaru coto.

キリシタン版では「実《じつ》」という語自体の用例が非常に少なく（前章参照）、打ち消しの語を伴って用いられた例は右に挙げた『日葡辞書』の「じち（に）もない」のみであった。

このように、「みもない」と「じつもない」「じちもない」とは、異なる意味用法を持っていたと考えられる。

日本古典文学大系電子テキストを検索した結果、「実《じつ》なし」として次の例を見出した。

(41) 悪人ナレドモ心ヲ改テ十念ヲモ唱へ、宿善〔開〕発シテ、実ノ往生モ〔アルベシ〕。宿善モナク、正念ニモ住セズ、実ナキモノ、コト〳〵シキ往生ハ、アヤシムベシ。（『沙石集』、巻十本、四二八ぺ）

この「実ナキ」は、〈求道の真実がない〉といった意味であり、次のような「実あり」に対するものである。仏教語としての用法である。

(42) 信心実アリテ、我三業、仏の三業に相応スル時ハ、行人即仏トナル。（『沙石集』、巻一、六五ぺ）

漢字仮名交じり文で「実（も）なし」と表記されていた場合、どう読むかが問題となる場合がある。

不干ハビアンの『妙貞問答』に次の例がある。

(43) 妙―。誠ニ左様ニ仰セサブラヘバ、是（引用者云、盤古王が天地の主だということ）ハ実《じつ》モナキ事ニテ侍。サテ其神代ノ事ハ、イカ様ナル義ニテサフラフヤ、（中巻、『キリシタン書　排耶書』一二八ぺ、海老沢有道校注）

この例は、〈真実でない〉〈事実でない〉という意味に解される。校注者は「実」を「じつ」と読んでいる。たしかに、これまで見てきたように、「みもなき」には、ある特定の事象について〈事実ではない〉〈真実でない〉という意味に用いられた例はないようであり、この「実もなき」を「みもなき」と読むのはためらわれる。一方、「実《じつ》なし」を〈真実でない〉意味に用いるのは後述のように記録類にも見られるのであり、この場合、「実《じつ》モナキ」とする校注者の読みに従うべきであろう。

『妙貞問答』の次の例は仏教語であり（前章参照）、「実《じつ》モナク」である。

(44) 既ニ開権顕実トイヘハ、権ノ外ニ実モナク、実ノ外ニ権モナキニ、（「ビブリア」五七、五二ぺ）

仏教語の「実《じつ》」は、〈仏に具現される究極不変の真実〉（『日本国語大辞典』）であり、「実体」とほぼ同意である。従って、それを否定する「実《じつ》なし」は、宗教的な真理・真実を否定するという点で、キリシタン宗教書における「実もなし」と共通した意味を持つ。次は「実体なし」の例だが、妄執煩悩が仏教の見地からは全く実体がないものだということを言っていて、キリシタンの「実もなし」の用法にきわめて近い。

(45) 又云、「生死といふは妄念なり。妄執煩悩は実体なし、………」（一遍上人語録、『仮名法語集』一三〇ぺ）

「実《じつ》なし」という語は、記録類にも見える。漢文体のものについては、【　】内に当該書による書き下し文を付す。

(46) 位職田無実、群臣朝恩可為何様哉事

【位職田実なし、群臣の朝恩何様たるべきかの事】（徳大寺実基政道奏状、日本思想大系『中世政治社会思想』下、一四二ぺ）

これは恩賞として「位職田」を与えると決めても、現実には与えられないから意味がないということを言っているのであり、「実なし」は〈事実として存在しない〉という意味と解される。これは、次の「実なり」の対義語である。

(47) 又かの御ようとうハ、らい九月中にいちはいをもて、わきまゑ申所ちゝなり、（うはたらう母質券、建武五年四月八日、同右書、三三八ぺ）

ただし、(46)の例は「無実なり」とも読める。

次は「無実」の例である。

(48) 右構無実掠領事式条所推難脱罪科（御成敗式目、『中世法制史料集』第一巻、二五ぺ）

【右無実《むしつ》をかまへかすめ領する事式目の推ところ罪科をのかれかたし（御成敗式目仮名抄）（同右書、五一ぺ）】

(49) 無実トハ、不知行ヲ当知行ト申ヲ云、所ㇾ推トハ、式目ノ法ヲ推量ト云心也、（清原宣賢式目抄、『中世法制史料集』別巻、五四六ぺ）

(50) 右ーソラ事ヲ云テ、他ノ所領ヲ掠メ領スル事、是推㆓式目㆒也、（清原業忠貞永式目聞書、同右書、四〇六ぺ）

(48)の「御成敗式目」の「無実」は右に明らかなように「むじつ」（または「むしつ」）であり、[6] 意味はさきに挙げた(46)の「位職田無実」の場合と同様、〈事実でないこと〉の意である。言い換えると、清原業忠の抄に言うように「ソラ事」ということになろう。[7]

以上を要するに、「実（じち・じつ）なし」という語は、一般用語として〈その事実がない〉という意味に用いられる場合と、仏教語として〈宗教的真実がない〉という意味に用いられる場合があるということになる。

六　キリシタン用語「実もなし」の成立

以上の考察をもとにして、「実もなし」というキリシタン用語がどのようにして成立したかを考えてみたい。これまで述べてきたことから明らかなように、この語は、国内で用いられていた表現を借りてキリシタン用語にしたものとは考えられないのである。

まず考えられるのは、この語が、英語でいえばfruitlessというような西欧語からの直訳語ではないかということである。しかし、先に掲げた『羅葡日辞書』の例、及び『スピリツアル修行』の原文との対応の検討からは、そうは言い難い。また、先に述べたように、『ぎやどぺかどる』で対応原文のある「実もなき」一二例のうち、原文が字義どおり〈果実がない〉となっているものは、「実もなき花園」だけであり、他の対応語は、スペイン語vano, vanidad, vanagloria, perecedero、ラテン語vanitasなのである。

注目したいのは、仏教語の「実《じつ》なし」とキリシタン用語の「実《み》もなし」が近似した意味に用いられていることであり、この仏教語の「実《じつ》なし」が、キリシタン資料である『妙貞問答』と『日本のカテキズモ』にも見えることである（前章参照）。ヴァリニアーノの著の抄訳本とされる『日本のカテキズモ』の書写年代は一五八一年から一五八二年とされるが[8]、キリシタン版刊行以前の日本イエズス会において、この書が重要なものであったことは当然推測できる。ところが、先に述べたように、キリシタン資料では、『バレト写本』を除くと、この「実《じつ》」という語自体が、ほとんど用いられていないのである。

このことから、筆者は、キリシタン宗団では、ある時期から仏教語である「実（じつ）」の使用を避けたのではないかと推測する。その結果、「実《じつ》なし」の代りに「実《み》もなし」という語を用いるようになったのではなかろうか。先に述べたように、「実《じつ》なし」と「実《み》もなし」という二語は、〈宗教的真実がない〉という基本的な意味で共通しているのである。

「実《み》」は前章で詳述したように、キリシタン用語では宗教的な意味で〈善いもの〉〈尊ぶべきもの〉〈精進の成果〉などの象徴として多用されている。二、三例を示す。

(51) 一ツにあまたを貫きて最上の高き善の徳よりあまたの善の実を生ずる事、根を深ふして栄へ行者也。すぴりつさんとのなし給ふ十一の善の実の中に、貴き無事の菓といふも皆此徳の本より出る者也、(ぎやどぺかどる、上九二ウ)

(52) いかにわがアニマ、汝が疵を療治せんと思はば、この命の木の下に立ち寄りて、その梢に生り給ふ息災の実を見奉れ、(スピリツアル修行、五二オ)

(53) 御身のガラサを上より下し給ひ、我が心を強め、すぐれて善き実を生ずべきために地上をうるほし、信心を起し給へ、(コンテムツスムンヂ、二二四)

このような「実《み》」の象徴的用法は国内資料ではあまり見出せないものであり、前章で論じたように、明らかに聖書以来のキリスト教文献に見られる用法の反映であって、翻訳語的用法と言えるものと考える。「実《み》」を仏教用語に由来する「実《じつ》」の代りに用いることは、キリシタン宗団内部においては、きわめて適切だったと思われるのである。

以上論じてきたように、「実もなし」は、必ずしも翻訳語とは言えないが、「実《み》」の翻訳語的用法に影響され、キリシタン宗団において作られ使用されたことばであったと考えられる。キリシタン文献においてこのように多用された「実もなし」は、日本語に受け入れられたとは言えず、キリシタン禁制とともに死滅したのである。

注

（1）『羅葡日辞書』では、Inaniloquos の項までは mimo naqi のように分かち書きされ、次にこの語が現れる Inaniter の項からは mimonaqi のように続けて綴られている。

（2）黒田日出男は、「御伽草子の絵画コード論」（黒田日出男・佐藤正英・古橋信孝編『御伽草子』所収）において、渋川版「御伽草子」の挿絵では、日本の樹木表現として「竹」が描かれている場合は、ほとんど「笹」のような表現であり、日本の竹のイメージは笹であるとしている。これに対して孟宗竹等の「竹林」は異国（唐）的なイメージを喚起したとする。また、沖浦和光『竹の民俗誌』（岩波新書）によれば、古代から中世にかけては、温暖な南九州を除いて、竹林はまだ全国的には広がっておらず、山野にみられたのは主に自生しているササ類であったのであり、全国各地に竹林が広がったのは近世に入ってからである（六―七ぺ）。

（3）『羅葡日辞書』では次のようにあり、ラテン語 Arundo (harundo)、ポルトガル語 cana の訳語として「竹」があてられたことが判る。

Arundo, nis. Lus. Cana. Iap. Taqe, dachicu,……

シュタインヘーベル本は、小堀桂一郎先生のご好意により東大図書館本を見ることが出来た。厚くお礼申し上げる。天理図書館蔵一五四二年本は、遠藤潤一『邦訳二種伊曽保物語の原典的研究 続編』によった。

（4）このような聖書にみられる「葦」は、『聖書の植物』（H&A・モルデンケ著、奥元裕昭訳、八坂書房）によれば、現在の植物名ではダンチク（葮竹）が当たる。同書によれば、ダンチク Arundo danax は巨大なイネ科の植物で、三～六メートルの高さになり、非常にしなやかで、強い風が吹くと地面につくくらいに屈曲し、風が弱まるとまたすぐ元通りになることがよく知られているということである。前掲『天草版伊曽保物語』の（2）の例の「実もなき竹」の話によくあてはまる。注3の『羅葡日辞書』の引用部に見えるdachikuは、『日葡辞書』にもあり、「竹の一種」とされているが、現在のダンチクのことであろうか。

（5）「『ぎやどぺかどる』にみるキリスト教の摂取」（講座比較文学第三巻『近代日本の思想と芸術Ⅰ』、一九七三）

（6）『日葡辞書』にMujit Muxit両形がある。

（7）「無実」と同じ意味で「不実」という語も記録類に見える。
於時沢名、当地頭御代官無跡形被構出不実、当名於闕所之地拝領之由、号本名主可充賜之由、被奸訴之条、堅固之不実也、（若狭太良荘百姓等申状、『中世政治社会思想 下』二七五ぺ）

（8）海老沢有道・松田毅一『ポルトガルエヴォラ新出 屏風文書の研究』参照。

第九章　「城裡」について

一

初めに、「城裡」という語の、キリシタン文献における具体的文脈を持つ使用例を掲げる。

用例の検索にあたっては、第二部冒頭に掲げた諸索引・ＫＷＩＣを利用した。

翻字は、大塚光信『キリシタン版エソポのハブラス私注』、福島邦道『サントスの御作業　翻字・研究篇』、小島幸枝『キリシタン版『スピリツアル修行』の研究　資料篇〔上〕』（以下『資料篇上』と略称する）により、句読点は変更した場合もある。その他の翻字は筆者が私に行ったものである。

①エウロパのうちヒリジヤといふ国のトロヤといふ城裡の近辺にアモニヤといふ村《さと》がおぢゃる。（天草版伊曽保物語、四〇九）

②又フランサの国レヨンといふ大城裡にてはマルチルになり給ふ人数一万九千人なりと伝記に見えたり。（サントスの御作業、巻二、三三一、福島翻字は「城里」とする）

③御主キリシト（原文記号）果報拙きざるざれんといふ城裡を御覧ありて御涙を流し給ひて宣ふ所の御こと葉を

（ぎやどぺかどる、上、五一ウ）

④さて又貴き御アニマ数万のアンジョを召し連れられ、天の城裡へ入り給ふ様体を観念せよ。アンジョの事は申すに及ばず、御主ゼズキリシトも直に御迎ひに出給ふべし。（スピリツアル修行、ロザイロの観念、七五ウ）

⑤この尊きマウリチヨは、テベオスといふ軍勢の大将なり。テベオスとは、アラビヤといふオリエンテのプロビンシャのテベオスといふ世に隠れなき在所の人なり。………その在所は広大なる城裡にて、百門ある所なり。

（バレト写本、三二七オ）

⑥さるほどに、このサンタクリスチーナ故郷はイタリヤのうちチロといふ所なり。御父は先祖より侍の筋目にて、しかもその所の糺し手なり。さればかのサンタの御父ゼンチョなりし故、その身の城裡に席置く殿堂を構へ、それにあまたの古仏を尽くして据ゑ置かるる。（バレト写本、三六四ウ）

右の六例のうち、③以外は原文はローマ字表記で、当該語はjǒriとなっている。これに漢字表記「城裡」をあてるのは、③の『ぎやどぺかどる』に「城裡」とあること、及びキリシタン版漢字字書である『落葉集』に「城《じやう》裡《り》」という語が収載されているからである。

この語は『日葡辞書』には次のようにある。【 】内に『邦訳日葡辞書』による訳も記す。

Iǒri. Xirono vchi. *Dentro da fortaleza.* ¶ *Item, Cidade principal, & grande, à semelhança da qualse fazem as foltalezas.*

【Iǒri. ジャウリ（城裡） Xirono vchi.（城の裡）城の内。¶また、首都や大きな町であって、その町の形に応じて城ができているもの〔首都の都城〕。】

この記述の意味するところについては、以下の考察で明らかにしてゆく。

二

まず、①から⑥までの用例を検討する。

①の

エウロパのうちヒリジヤといふ国のトロヤといふ城裡の近辺にアモニヤといふ村《さと》がおぢゃる。（天草版伊曽保物語、四〇九）

について。

井上章は『天草版伊曽保物語の研究』（一九六八、風間書房）において、この部分を

ヨーロッパの中のフリヂャと言う国のトロヤと言う城の近くに、アモニヤと言う里がございます。

と訳し、「城裡」という語に次のような註釈を付している。

新村博士は古く「城里」とされたが、古典全書本に至って「言葉の和らげ」によって「城裡」に改められた。「和らげ」では、これを説いて「城のうち」とする（日葡辞書も同じ）。それでも、単語の意味としては差し支えないが、この文の前後の意味にふさわしいものではない。しかし客観的に不合理でも作者（編者・訳者）の表現意図はやはり「城裡（城のうち）」のつもりだとすべきであろう。

これは、「城裡」の意味を正確にとらえた注釈とは考えられない。

『天草版平家物語・伊曽保物語』の「言葉の和らげ」には次のようにある。

Iŏri. Xirono vchi.

この「城のうち」という「和らげ」は、漢語「城裡」を単に和語にしたものではないかと考えられ、この「トロヤといふ城裡の近辺に」の「城裡」に直ちに適合するものではない。

この場合、「城裡」は明らかに『日葡辞書』の言う第二の意味、すなわち「首都や大きな町であって、その町の形に応じて城ができているもの」にあたり、言い換えれば〈城壁に囲まれた都市〉すなわち城郭都市の意味である。井上の誤解の原因は、「言葉の和らげ」や『日葡辞書』に言う「城の内」の「城」の意味を日本の〈建物としての城〉の意味に理解したことである。このことについては、後で詳述する。

②の

又フランサの国レヨンといふ大城裡にてはマルチルになり給ふ人数一万九千人なりと伝記に見えたり。（サントスの御作業、巻二、三三二）

について。

この「大城裡」も、明らかにレヨンという城壁に囲まれた大都市の意である。『サントスの御作業』の「言葉の和らげ」には次のように「城裡」がある。山本昌子『キリシタン版ローマ字本ことばの和らげ集』（一九七六、上智大学国文学会）により、訳を付する。

Iŏ-ri. Dĕtro da fortaleza. l. Castello（城些〔引用者云、「砦」の誤り〕の裡、または、城）

fortaleza、castello については後述する。

③の

御主キリシト（原文記号）果報拙きぜるざれんといふ城裡を御覧ありて御涙を流し給ひて宣ふ所の御こと葉を

（ぎやどぺかどる、上、五一ウ）

について。

この「城裡」もゼルザレンという城郭都市を指している。この部分は、一五七三年サラマンカ版スペイン語本[1]と対照させると、「果報拙きざるざれんといふ城裡」は la miserable ciudad de Hierusalem に相当し、「城裡」は ciudad（都市）の日本語訳と考えられる。

④の

さて又貴き御アニマ数万のアンジョを召し連れられ、天の城裡へ入り給ふ様体を観念せよ。アンジョの事は申すに及ばず、御主ゼズキリシトも直に御迎ひに出給ふべし。（スピリツアル修行、ロザイロの観念、七五ウ）

について。

この場合は「天の城裡」であり、くわしい検討が必要である。この部分は、聖母マリアの五つの「ゴロウリアのミステリヨ」を説いたところの四番目にあたり、表題に

四番のゴロウリアのミステリヨは御母サンタマリアのアスンプサンとてご死去なされ、御アニマばかり先づご上天なされし理也。

とあるとおり、マリアが死後昇天するさまを述べたものである。

小島『キリシタン版『スピリツアル修行』の研究 資料篇〔上〕〔下〕』（以下『資料篇上』『資料篇下』と略称する）によって、「さて又……観念せよ」までの部分のポルトガル語本の該当箇所を示すと次のとおりである。

Cõfideray hum pouco a maneira com que aquella bemauenturada alma foy leuada â corte celestial, acompanhada dos Coros dos Anjos:（資料篇下、二四五ペ）

この箇所の現代語訳は、次のとおりである。

もう少しこの祝福された霊魂が天の宮殿にあげられた方法を考えよ。彼女は天使の群れに伴われて行った。（資料篇上、一五二ぺ）

「城裡」にあたるポルトガル語はcorteであり、小島の現代語訳は「宮殿」であるが、〈宮廷〉あるいは〈王宮〉とした方が適切ではなかろうか。マリアは死後昇天して「天の城裡」すなわち〈天の宮廷〉に入り、天使や御子キリシトの出迎えを受けられたのである。この「城裡」は都市ではなく、『日葡辞書』の言う第一の意味、すなわち〈建物としての城の内〉が該当し、具体的には〈天主の住む城の内〉の意と考えられる。

『資料篇上』の対訳語彙表を見ると、「ロザイロの観念」にはもう一箇所corteがあり、キリシタン版では次のように「内裡」と訳されている。

そもそもデゼルトよりガラサを充ち満ち、スピリツの楽しみを充満して、大切に思し召さるる御方に扶けられ、上天し給ふ御方はいかなる御方にてましますぞ？　四方に光を放ち、天上の内裡に香ばしき匂ひをくゆらし給ふはいかなる御方ぞやと宣ふ也。（七九オ、資料篇上六八ぺ）

『資料篇下』のポルトガル語本（二四八ぺ）によると、「天上の内裡」に相当するポルトガル語は「天の城裡」の場合と全く同じcorte celestialであり、「天の城裡」と「天上の内裡」は同一の意味であることは明らかである。

この部分は、マリアの五つの「ゴロウリアのミステリヨ」を述べたうちの五番目のところであり、表題に次のようにある。

五番のゴロウリアのミステリヨは御母サンタマリアのコロワサンとて活り給ひて、御アニマご色身ともにご上天なされサンチシマ　チリンダアデよりゴロウリアの宝冠を受け給ふ理也。

この場合は、マリアが死後地上において復活して天使に囲まれ再び昇天し、「天上の内裡」を香ばしい香りで満たしていることを述べたものであり、この「天上の内裡」は〈天主の城の内〉〈天主の宮廷〉である。

キリシタン文献において、「天の城裡」という表現は他には見えないようであるが、「天の内裡」は、『ぎやどぺかどる』に二例見える。

爰に観ずべき事二ッあり。一ッにはぐらうりやと云至りたる快楽の受所なるいんぴいりよといふ天の事、二ッには天の内裡に在ます帝王御主デウス（原文記号）の御威光萬徳量り在まさぬ事、并に撰び出され奉る御人数の事是也。（上、三九オ）

じよぶの経に見えたるごとく、デウス（原文記号）顕し給ふ御罰の初といふは、諸のあんじよの司るしへるが上なり。仰ぎて見よ、天の内裡にをひて勝れたる宝の器として清き光を持御写となり奉りしあんじよさへ一念の慢気に依て雷の落るがごとくいんへるのゝ底に落し給ひ、あんじよの上のあんじよハ天狗の上の天狗となり、如意満足なる住所を離れ、不如意千萬なる苦しみの底に沈みたる者也。（下、一五オ）

いずれも天上におけるデウスの〈宮廷〉を指しているのであって、先の「天の城裡」「天上の内裡」と同じ意味である。

要するに、「天の城裡」の「城裡」は、都市ではなく、〈建物としての城の内〉である。

⑤の

この尊きマウリチヨは、テベオスといふ軍勢の大将なり。テベオスとは、アラビヤといふオリエンテのプロビンシヤのテベオスといふ世に隠れなき在所の人なり。………その在所は広大なる城裡にて、百門ある所なり。（バレト写本、三二七オ）

について。

これは、『バレト写本』の聖人伝中の「Vida de San Mauritio e de seus companheiros martyres」の中の文章である。この「城裡」は都市の意であり、「百門ある」という記述から城壁に囲まれた城郭都市であることは明らかである。

⑥の

　さるほどに、このサンタクリスチーナ故郷はイタリヤのうちチロといふ所なり。御父は先祖より侍の筋目にて、しかもその所の糺し手なり。さればかのサンタの御父ゼンチョなりし故、その身の城裡に席置く殿堂を構へ、それにあまたの古仏を尽くして据ゑ置かるる。（バレト写本、三六四ウ）

について。

これは、同じくバレト写本の聖人伝中の「Vida de Sancta Christina virgem e martyr gloriosa」の中の文章である。クリスチーナの父は「所の糺し手」であるが、「糺し手」は『羅葡日辞書』に

Satrapa, l, Satrapes, ae. Lus. Prefeito, ou gouernador da prouincia. Jap. Cunino tadaxite, xugo.

とあるとおり、司法権と行政権の未分化の中世にあっては「守護」と同意にも用いられた。しかもここは「その所の糺し手」とされているのであって、明らかに〈領主〉の意味に解するべきところである。従って、「その身の城裡」とは、「その所の糺し手」であるクリスチーナの父が治める城壁に囲まれた都市を意味していると考えられる。

なお、『ロザリオの経』（『ロザリヨ記録』）の「言葉の和らげ」には次のように「城裡」がある。山本昌子の前掲書によって訳を付する。

Iǒri. Xirono vchi. Dẽtro de la fortaleça, Itẽ, çiudad principal, y grande a semejança de la qual se haçen las fortaleças.（要塞の内、同上、それに似せて要塞をつくる主なる大きな都）

これは、『日葡辞書』の訳と同じである。ただ、『ロザリオの経』の本文には、「城裡」という語を見出せていない。

三

『羅葡日辞書』には、以下のように「城裡」が多数見える。日本語の部分は（　）内に翻字する。

Ciuis,is. Lus. Cidadão. Iap. Vôqinaru jǒrino giǔnin.（大きなる城裡の住人。）

Ciuitas,atis. Lus. Cidade. Iap. Daijǒri.（大城裡）………

Mœnia,nium. Lus. Muros. Iap. Iǒri,l,jǒquacuno camaye, tcuigi.（城裡、または、城郭の構へ、築地）………

Nudus,a,um. ………¶ Nuda vrbs præsidio. Lus. Cidade q̃ não tem defẽsa. Iap. Fuxeguite naqi joři.（防ぎ手無き城裡）………

Oppidânus,i. Lus. Cidadão, ou morador de villa, ou lugar murado. Iap. Iǒri,l,zaixono giǔnin, l,camaye aru zaixono giǔnin.（城裡、または、在所の住人、または、構へある在所の住人）

Oppidânus,a,um. Lus. Cousa que pertence a cidade, ou lugar murado. Iap. Iǒri,l, zaixoni ataru coto.（城裡、または、在所にあたること）

Oppidatim. adu. Lus. De cidade em cidade, de villa em villa cercada. Iap. Iǒri,l,camaye aru zaizaini.（城裡、または、構へある在々に）

Oppidum,i. Lus. Cidade, ou villa cercada. Iap. Iǒri, l,camaye aru zaixo. （城裡、または、構えある在所）

Optimas,atis. Lus. Homen dos principaes, ou nobres na cidade. Iap. Taijin, taimei,l, jǒrino xucuro, caxira. （大人、大名、または、城裡の宿老、頭。）

Polis,is. Lus. Cidade. Iap. Iǒri. （城裡）

Politia,æ. Lus. Republica,ou gouerno da cidade, &c. Iap. Tagaino dãcǒuo motte vosamuru jǒri, cuni, l, cunino vosameyǒ. （互いの談合を以て治むる城裡、国、または、国の治め様。）

Politicus,a,um. Lus. Cousa ciuil, ou que pertence a cidadão. Iap. Iǒri, l, sono giǔninni ataru coto. （城裡、または、その住人にあたること。）

Pomœrium,ij. Lus. Barbacaá, ou aspaço q̃ ha entre os muros, & casas, ou caua da cidade. Iap. Iǒrino tcuigito fori,l, tcuigito iyeno ai. （城裡の築地と堀、または、築地と家の間）

Popularia, ium. ………¶ Popularia sacra. Lus. Festas, ou sacrificios q̃ todos os cidadoẽs em comum celebram. Iap. Iǒrino giǔnin yori naxitaru tamuqe,l,iuai. （城裡の住人よりなしたる手向け、または、祝）

Pópulus,i. Lus. Pouo. Iap. Tami.¶ Item, Gentes, e naǒoes de diuersas cidades. Iap. Cuniguni, l,jǒri jǒrino xu,l,banmin. （国々、または、城裡城裡の衆、または、万民）………

Pórtula,l,Portessa,& Porticula,æ. Lus. Porta pequena de cidade, ou lugar cercado. Iap. Iǒri, l, camaye aru zaixono chijsaqi mon. （城裡、または、構へある在所の小さき門。）

Potestas,atis. ………¶ Item, Potestates. Lus. Homẽ que tem poder de justiçar mal foitores, ou que gouernão cidades, &c. Iap. Iǒriuo vosame, xeibai nadouo iytçucuru fito. （城裡を治め、成敗などを言ひ付くる

人。）………

Præfectus,i. ………¶ Præfectus vrbi. Lus. Gouernador da cidade. Iap. Iŏrino xugo, l, xoxidai.（城裡の守護、または、所司代）

Vrbs. Lus. Cidade, ou villa cercada de muro. Iap. Tcuigiuo tcuqi mauaxitaru jŏri, quaixo.（築地を築き廻したる城裡、会所。）………

Vrbânitas, atis. ………¶ Aliqñ. Cousas da cidade, ou vida, e costumes que passam na cidade. Iap. Iŏrini ataru coto, l, jŏrino fŭzocu.（城裡にあたること、または、城裡の風俗。）

Vrbânus,a,um. Lus. Cousa de cidade. Iap. Iŏrini ataru coto.（城裡にあたること。）………

Mœnia の項を除いて、すべてポルトガル語 cidade およびその派生形 cidadão（「城裡の住人」の場合）に対応しており、「城裡」は基本的には〈都市〉の意味に用いられていることは明らかである。

『日葡辞書』でも「城裡」の第二の意味の訳語として cidade が用いられているが、同時に第一の意味、第二の意味の訳語の中に fortaleza という語が用いられている。この fortaleza は『日葡辞書』では「城」（Xiro）「城郭」（Iŏquacu）の訳語として用いられており、〈建造物としての城〉である。第一の意味は、そのように考えられる。第二の意味の場合は、要するに周囲に城壁を廻らした都市そのものを fortaleza と言っているのであり、これは日本語の「城」の意味とは一致しない。

『羅葡日辞書』では、「城」（Xiro）は次のように見える。

Ago, is. ………¶ Agere testudinom. Lus. Aplicar hum certo instrumento de guerra aos muros. Iap. Xirouo xemuru dŏguuo cazzuqi yosuru.（城を攻むる道具をかづき寄する。）

Arx, cis. Lus. Fortaleza, ou castello. Iap. Xiro, jǒuquacu.（城、城郭）………

Castellani,orum. Lus. Os q̃ moram em lugares cercados como villas, &c. Iap. Camaye aru zaixo, l, xirono mono.（構えある在所、または、城のもの。）¶ Item, Os soldados que guardam os taes lugares. Iap. Camaye aru zaixo,l, xirono banuo suru buxi.（構へある在所、または、城の番をする武士。）

Castellum,i. Lus. Poubaçam, ou lagar cercado de muros. Iap. Camayeuo xitaru zaixono rui,l, xiro.（構へをしたる在所の類、または、城）………

Circumsido,is. Lus. Estar a roda, como ter de cerco algũa cidade. Iap. Xiro nadouo torimauaxite yru,l, toricacomite yru.（城などを取りまはしている、または、取り囲みている。）

Cunicularius,ij. Lus. Mineiro q̃ faz minas. Iap. Xiro ndouo votosu tameni anauo foru mono.（城などを落とすために穴を掘る者。）

Cuniculatim, adu. Lus. Amodo de mina. Iap. Xiro nadono xitauo foru anano gotoqu.（城などの下を掘る穴の如く。）

Cuniculus,i. ………¶ Item, Mina pera minar fortaleza. Iap. Xiro nadouo votosu tameni foru ana.（城などを落とすために掘る穴。）………

Falæ,arum. Lus. Torre de madeira pera cõbater. Iap. Xiro nadouo xemuru xeirô.（城などを攻むる井楼。）

Legatus,i. ………¶ Item, O q̃ he mandado do general por capitão dalgum presidio. Iap. Xirono caxeitoxite tçucauasaruru taixǒ.（城の加勢として遣わさるる大将。）………

Minæ, arum. Idem. ¶ Aliqñ. Ameas dos muros. Iap. Xirono camayeno vyeni ai aini ixiuo tcumi voqitaru tocoro.（城の構への上に間々に石を積み置きたる所。）

Murâlis,e. ……… ¶ Muralis corona. Lus. Corca que daua o capitam ao primeiro que fubia nos muros. Iap. Ichibanni xirono ixigurani noboritaru mononi atayeraretaru camuri.（一番に城の石垣に登りたる者に与へられたる冠。）………

Musculus, i. dim. ……… ¶ Itẽ, Hũa machina com que os da guerra se repairam da parte contraria pera liuremente entulhar cauas, &c, Iap. Xirono foriuo vmuru tameno tate.（城の堀を埋むる為の楯。）

Nudo, as. ……… ¶ Nudatus defensoribus murus. Lus. Muro sem defensores. Iap. Fuxeguite naqi xiro, camaye.（防ぎ手無き城、構へ。）

Obsidio, & Obsessio, onis. ……… ¶ Cingere vrbem obsidione, claudere muros obsidione, facere obsidionem. Lus. Pòr cerco. Iap. Xirouo torimaqu.（城を取り巻く。）………

Prodo,is.……… ¶ Interd. Fazer treiçao, ou entregar aos imigos algum lugar. Iap. Mufon suru, l,teqini xiro nadouo vatasu.（謀叛する、または、敵に城などを渡す。）………

Propugnaculum,i. Lus. Baluarte, ou forte. Iap. Xirono yagura, teqiuo fuxegutameni camayetaru tocoro.（城の櫓、敵を防ぐために構へたる所。）

Vinea,æ. ……… ¶ Item, Manta de guerra. Iap. Xiro nadoni xiyorino dǒgu.（城などに仕寄の道具。）

以上のうち直接「城」に対応しているのは Arx の項であり、対応するポルトガル語は fortaleza と castello である。この場合は、「城郭」と並べられており、明らかに構築物としての「城」である。Cuniculus の項でも、fortaleza が「城」に対応している。

Ago、Nudoでは、muroが「城」に対応している。muroは、『日葡辞書』では「磊《いしぐら》」の項の訳語に見える。『邦訳日葡辞書』（【　】内）と並べて示す。

Ixigura.i.Ixicaqi. *Muro, ou parede de pedra.*

【Ixigura. イシグラ（磊）　Ixicaqi（石垣）に同じ。石で造った垣、または、塀。】

muroに対応する「城」は、具体的には〈城の一部である石垣〉を指している。ただし、muroはむしろ「構え」（Castelum、Nudoの項）「城の構え」（Minaeの項）「城の石垣」（Muralisの項）と対応している場合が多い。また、muroは『羅葡日辞書』では先に引いたようにMoeniaのポルトガル語訳として見え、日本語訳では「城裡、または、城郭の構え、築地」となっている。この「構え」については後述する。

『羅葡日辞書』の訳語としての「城」のうち、「城裡」と同様にポルトガル語cidadeに対応するのはCircumsidoの項のみであり（他にCastellaniの項のVilla〈町〉が類似した用法である）、『羅葡日辞書』の訳語としては、「城裡」と「城」とは明らかに、〈都市〉と〈構築物としての城〉という異なる意味に用いられていると言える。『日葡辞書』および『天草版伊曽保物語』『ロザリオの経』の「言葉の和らげ」の「城裡」の項に「城の内」とあるのは、漢字の訓によるもので、意味を表現しているとは言えない。

『羅葡日辞書』には、「城裡」と類似した語に、「城都」（とりあえず索引に従ってこの字をあてるが、「上都」との関係については後述）がある。

Natalis,e. ………¶ Natalils vrbis. Lus. Dia da fundação da cidade. Iap. Iǒto conriǔ xifajimetaru fi.（城都建立し始めたる日）

Pseudo vrbana ædificia. Lus. Edificios do cãpo feitos ao modo dos da cidade. Iap. Iǒtono iyeno gotoqu dẽjani tcucuritaru iye.（城都の家の如く田舎に造りたる家。）

Regio, onis. ………¶ Itẽ, Hũa patre mayor da cidade. Iap. Iǒtono vchi vacaritaru vôqinaru bu.（城都の内分りたる大きなる分。）………

Spóndylus,siue Sphóndylus,i.………¶ Item, Spondylus. Lus. Hũ pelouinho de cobre com que os juizes de Athenas dauão seu voto. Iap. Athenas to yǔ jǒtono tadaxite sono mino zonbunuo arauaxite idaxitaru acaganeno tama.（アテナスという城都の糺し手その身の存分を顕して出したるあかがねの玉。）……

Spórutula,æ. dim. Idem. ¶ Item, Salario, ou ração que os grandes do pouo dauão cada dia aquelles que os acompanhauão, &c. Iap. Iǒtono xucurǒ sonomino tomouo xitaru mononi mainichi atayetaru fanmai, chin.（城都の宿老その身の伴をしたる者に毎日与へたる飯米、賃。）

Stipendiarij,orum. Lus. Moradores de cidade tributaria. Iap. Mainen mitcuqimonouo sasaguru jǒtono giǔ-nin.（毎年貢物を捧ぐる城都の住人。）

Succingo, is. ………¶ Vibs succincta portubus. Lus. Cidade cercada de muitos portos. Iap. Minatono vouoqi jǒto.（港の多き城都。）………

Suffes,etis. Lus. Hũ summo magistrado de Carthago. Iap. Carthagoto yǔ jǒtono vchini dai ichino tçucasa.（カルタゴという城都のうちに第一の司。）

Summates. Lus. Homens principaes da cidade. Iap. Taijin, taimei,l, jǒtono xucurǒ, caxira.（大人、大名、または、城都の宿老、頭）

Summœnium,ij. Lus. Hum lugar junto dos muros no qual estão molheres publicas. Iap. Iǒtono camayeno qiuani aru qeixeiya.（城都の構への際にある傾城屋）

Syndicus,i. ·········¶ Item, Doputados que defendem o direito, e causas de cidadãos. Iap. Iǒtono giŭninno cujisata nadono atcucaiuo suru fito.（城都の住人の公事沙汰などの扱ひをする人。）

Territorium,ij. Lus. Termo, ou territorio de algũa cidade. Iap. Iǒto, zaixo yori xindai suru denbacuno bun.（城都、在所より進退する田畠の分。）

Tesmothetæ.（Thesmothetæ.）Lus. Certos officiaes de justiça que auia em Athenas. Iap. Athenato yŭ jǒtono qendan.（アテナスといふ城都の検断。）

Vector,oris. ·········¶ Item, per transi. Vectores. Lus. Cidadãos. Iap. Iǒtono giŭnin.（城都の住人）

Veredarius,ij. ·········¶ Veredarias vrbis, apud Hierony. Lus. Gouernador da cidade. Iap. Iǒtono vosamete.（城都の治め手。）

Vrbanicus,a,um. Lus. Cousa pertencente a cidade. Iap. Iǒtoni ataru coto.（城都に当たること。）·········

Vrbs. Lus. Cidade, ou villa cercada de muro. Iap. Tçuigiuo tçuqi mauaxitaru jǒri, quaixo.（築地を築きまはしたる城裡、会所。）¶ Item,（propriè）Casas, ou edificios da cidade. Iap. Iǒtono iye, cauocu.（城都の家、家屋。）『羅葡日辞書』には、また「城都」と類似した訳語として「都城」という語が用いられている。

Dono,as.·········¶ Donate aliquẽ ciuitate. Lus. Fazer a alguem cidadão, e dalhe priuilegios de cidadão. Iap. Tojǒno giŭninno curaiuo yurusu.（都城の住人の位を許す。）

Imprôlus,l,Imprôlis. Lus.O que ainda não tẽ priuilegio de cidadão. Iap. Tojǒni voite Cidadãoto yŭ curaini ninjerarenu mono.（都城においてシダーダオといふ位に任ぜられぬ者。）

Vrbânus,a,um. Lus. Cousa de cidade. Iap. Iŏrini ataru coto.（城裡に当たること。）¶ Vrbana præola. Lus. Casas, ou edificios de cidade, lugar, ou de campo de que se paga algum foro, e aluguer. Iap. Tojŏ,l, fendo nite gixi,l, xucuchinuo toru iye, yaxiqi.（都城、辺土にて地子、宿賃を取る家、屋敷。）

Vsurpo,as. ……¶ Vsurpare ciuitatem. Lus. Terie por cidadão. Iap. Tojŏno qiŭninno（giŭninnoの誤り）gotoqu furumŏ.（都城の住人の如く振舞ふ。）……

「城都」「都城」はともにほとんどすべてポルトガル語 cidade に対応しており、基本的に「城裡」と同様な意味を表していると見られる。たとえば、Veredarius の項にポルトガル語「Gouernador da cidade」の日本語訳に「城都の治め手」とあるが、先掲 Praefectus の項に同じく「Gouernador da cidade」とあり、日本語訳では「城裡の守護、または、所司代」となっている。また、先掲 Optimas の項において、ポルトガル語「Homen dis principaes, ou nobres na cidade.」の訳が「大人、大名、または、城裡の宿老、頭」となっているのに対して、Sumates の項では同様な意味のポルトガル語「Homens principaes da cidade」の日本語訳が「大人、大名、城都の宿老、頭」となっていて、この場合も「城裡」と「城都」が同じ意味に用いられている。ほぼ同じ意味を表すと見られるこの三語の『羅葡日辞書』における使い分けについては、これだけの用例でははっきりしたことは言い難い。気づいた違いは次の二点である。

第一に、「城裡」「大城裡」は、単独で訳語として用いられた例が三例（Ciuitas, Oppidum, Polis の項）あるのに対し、「城都」「都城」には皆無である。また「……城裡。」のように連体修飾語を伴った訳語として用いられた例が三例（Nudas, Politia, Vrbs の項）あるのに対し、他の二語では一例（Succigo の項）のみである。「城都」「都城」は、「～の」の形で用いられることが多い。

第二に、「アテナスといふ城都」（Spôndylus の項）「カルタゴといふ城都」（Suffes の項）という固有名詞を伴った説明的な言い方（この場合原ポルトガル語文には「城都」に相当する語はない）は、「城裡」「都城」には見られない。（ただし前掲の②の『サントスの御作業』の例では「レヨンといふ大城裡」とある。）

他のキリシタン資料では、索引で調べたところ、「城都」の用例は見出せなかったが、『サントスの御作業』に「都城」が三例ある。

ローマの帝王は未だゼンチョにてましませども、キリシタンに対して、御ねんごろなり。………又エケレジヤへ参詣のキリシタンも幾千万といふことなく、袖を連ね、踵をつぎ、都城動いて声を伝へ、門前に市をなし、鞍馬途をふさぐ体なり。（巻二、一八〇）

上古の家風には、大将たる人の運を開き、ローマに入洛の折節は厳重の高装（福島翻字「高粧」とする）を以て入らるるが故に、都城動いて踵をつぎ、遠近競ひて声を伝へ、その有徳を称讃する声洋々として耳に満てるとなり。これさへかくのごとくある時んば、一人二人のみならず、一万人の大将大利運を開きて、天の都城に入り給はん時は、何とあるべきや。（巻二、三三〇、三三一）

『サントスの御作業』の「言葉の和らげ」には、次のようにある。

To-jŏ. (miyaco miyaco) Miaco, fortaleza.

「都城」の「都」を「ミヤコ」と訓み、「ミアコ」と訳し、「城」を「ミヤコ」と訓み、fortaleza と訳している。これは、『日葡辞書』の第二の意味と同様に〈城郭都市〉の意である。

右の三例のうち最初の二例は、同じような文脈で用いられている。「都城動く」という表現の前後に見える「(袖を連ね) 踵をつぎ」という語句は、中世語の資料に見受けられる。

夫青陽の春になれば。四季の節会の事始。不老門にて日月の。光を天子の叡覧にて。百官卿相に至るまで。袖を連ね踵《くびす》をついで。其数一億百餘人。（謡曲・鶴亀、『謡曲二百五十番集』三七ぺ）

急ぎ候ふ程に。これは早都に着きて候。………貴賤群集の色々に。袖を連ね踵《くびす》をついで。知るも知らぬもおしなべて、念仏三昧の道場に、出で入る人の有難さよ。（謡曲・誓願寺、同右書一九四ぺ）

いずれも大勢の人々が集う有様を表現したものであり、『サントスの御作業』の例の用法と共通する。しかし、どちらにも「都城動く」という表現は用いられていない。

最後の例は、「天の都城」であり、先に掲げた④の『スピリツアル修行』の「天の城裡」、また、同じく先に引いた「天上の内裡」「天の内裡」が思い合わされるが、前後の関係から見て、この場合は〈天の宮廷〉ではなく、〈天にある都市〉の意であろう。

要するに、キリシタン資料では、「城裡」「城都（上都）」「都城」は、ほぼ同様な意味に用いられ得る語であったと考えられるが、『羅葡日辞書』を除いては、「城裡」が主として〈都市〉の意味で用いられたと言うことが出来る。

四

問題は、この「城裡」という語が、国内資料では極めて見出し難い語であることである。

『日本国語大辞典』（第二版）では、「城裏・城裡」の項に、「城のうち。城下町のなか。城内。」という語釈を示し、用例としては前掲①の『天草版伊曽保物語』の例と『時代別国語大辞典 室町時代編』の挙げる『補庵京華前集』の他には、次に示す『田氏家集』の例と芥川龍之介の「きりしとほろ上人傳」の例（後述）を引くのみである。

鳳凰城裏声無レ二、鴻鵠雛中数欲レ三（田氏家集）

『時代別国語大辞典 室町時代編』には、「城裡」「城都」および「上都」の項がある。以下各項目の記述を示す。

「城裡」の項

城壁に囲まれた都市。「城裡」（落葉）「Iŏri（ジャウリ）。「城の裡」。城の中。また、城のつくられ方に似た、第一の、大きな都市。」（日葡）「洛陽城裏耆英会、酔眼認成双鬢華」（補庵京華前集）「林西帰幾戕、城裡出無レ驢」（城西聯句上）「エウロパノウチ、ヒリジヤトイウ国ノ、トロヤトイウジャウリノ近辺ニ、アモニヤトイウサトガヲヂャル」（イソポ）

「城都」の項

城壁をめぐらした大きな都の意で、わが国の首府である京の都をいう。「下ハ奥州津軽ノ果テ、蝦夷ガ千嶋マデ一片ノ城都平安城ダ」（巨海代抄上）「上総介殿…被レ成二御上京一、城都、奈良、堺御見物にて、公方光源院義照へ御礼被レ仰御在京候き」（信長公記巻首）

「上都」の項

国の第一の都市。みやこ。また、サ変動詞として用いて、都へ上ることをいう。「上都」（静嘉堂運歩）「上都」（落葉）「Iŏto（ジャウト）。国の首都、すなわち、第一の都市」（日葡）「同十四日ニ上都ナサレ、妙覚寺ニ御座シマシケルガ」（信長公記十）

まず、「城裡」の項について。『邦訳日葡辞書』の「城裡」の項は先に引いたが、右の訳文とは小異がある。国内資料の用例として『補庵京華前集』と『城西聯句』から挙げるが、いずれも漢文中に用いられたものである。「補庵京華前集」は横川景三の詩文・法語集であり、『城西聯句』は策彦周良の聯句集である。おそらく漢文中以外の用例はキリシタン資料以外見出せなかったのであろう。「城裡」はキリシタンの『落葉集』を除いて古辞書には全く収載されていないようであり、一般には用いられなかった漢語と思われる。

「城都」と「上都」の項について。『日葡辞書』には「Iǒto」の項があり、『邦訳日葡辞書』では「上都」を宛てる。次に『日葡辞書』と『邦訳日葡辞書』（【　】内）を示す。

Iǒto. *Cidade metropole, ou principal do reino.*

【Iǒto. ジャウト（上都）　国の首都、または、国の中心都市。】

これも、『時代別国語大辞典 室町時代編三』の「上都」の項の『日葡辞書』の訳とは小異がある。キリシタンの辞書『落葉集』には「上都」とあるのだから、『日葡辞書』のIǒtoに「上都」を宛てるのは当然であろう。先に『羅葡日辞書』のjǒtoを索引に従って「城都」と翻字したが、これは「上都」とすべきかも知れない。

国内資料では、右に挙げた『時代別国語大辞典 室町時代編』の引用例にもある通り、「城都」と「上都」という別表記の語が存在する。ただし、同辞典の語釈を見ると、両語とも結局「首都」を意味しているのであり、明確な差は認め難い。ただ、「上都」にはサ変動詞としての用法がある点は異なる。

『日本国語大辞典』（第二版）では次のようである。まず、「上都」であるが、語釈は「①みやこ。帝都。」「②地方から都へ行くこと。上京。」で、①の例として次のものを挙げる。②には中世以前の用例は挙げられていない。

令下上託二遊猟一相中葛野地上、更遷二上都一（日本後記、延暦十八年二月）

棹唱全聞二辺俗語一、漂歌半雑二上都音一（凌雲集）

前伊予守源義経、忽挿二奸心一、早出二上都一（吾妻鏡、文治四年一〇月二五日）

寔用西遷、作二我上都一（班固、西都賦）

「城都」は、「みやこ。都城。都会。城市。」の意とし、次の例を挙げる。

震旦の蜀郡の城都に禽堅と云ふ人有けり。（今昔物語、九・九）

就二今度城都安座、信長半之儀一、始二大坂一味方中不審不二相晴一之由（柳沢文書-四・元亀四年七月二四日・足利義昭御内書）

「都城」は、「①城郭をめぐらした都市。城市。本来中国の洛陽・長安などのように、城郭に囲まれた古代都市をさす。日本では城郭的色彩は稀薄であるが、古代中国の都制に従い、この名が用いられ、難波長柄豊碕宮・藤原京など、宮城を中心に坊条制に基づく中国的な都城の制が発達した。」「②特に、釈迦が太子であった頃の居城迦毘羅城。」「③薩摩国（鹿児島県）で、在郷の士族の集落をいう。」という三つの意味があるとし、①の意の例として中世以前では次のものを挙げる。

於レ是、経二始都城一、営二作宮殿一。（続日本紀、延暦三年六月己酉）

都城風土水石之勝在二東北一（詩序集）

都城九億の家に（私聚百因縁集、二・二）

『今昔物語集』には、右の「城都」のほかに「上都」の例もある。

同十二月ノ下旬ニ、天皇ノ使ヲ給リテ、上都、長安ノ城ニ至。（巻十一―九、日本古典文学大系『今昔物語集三』）

右書の頭注にあるとおり、〈首都〉の意である。

『大漢和辞典』によると、問題にしている語は次のようである。（複数の意味がある場合、問題にしている意味のみ取り上げる。）

城裏――「城壁のうち。城中。城内。〔李端、蕪城詩〕城裏月明時、精霊自来去。〔王建、長安春遊詩〕牡丹相次発、城裏又須レ忙。」

上都――「天子の都。京都。」

城都――「県名。漢、置く。」

都城――「天子又は諸侯のみやこ。又、周代、諸侯の子弟又は卿大夫の領地にある城。都会にあるしろ。みやこ。城のあるまち。まち。」

「城裏」の引用例のうち、王建の詩の「城裏」は明らかに長安を指している。「城都」は、一般名詞としての用法がないようであり、『日本国語大辞典』が引く用例は、日本漢語としてのものであろう。「都城」は、〈城郭都市〉の意としては中国ではもっとも一般的な語であったと見られる。『日本国語大辞典』の引く『続日本紀』の「都城」は、中国語の「都城」によったものと考えられる。

中国の古代都市は、ヨーロッパの古代・中世都市と同様、城壁に囲まれた〈城郭都市〉であった。「城」という語も、日本の「しろ」とは意味を異にしている。『大漢和辞典』によると、一般名詞としての意味は、「都市を囲繞するくるわ。内側のものを城、外側のものを郭とする。」という意味と、「都。国。国都。」の意味があり、他に日本独特の用法として「しろ。敵を防ぐために建てた高層建築物。」の意味を挙げる。この「城」字の中国における意味はもちろん古くから日本人にはよく理解されていたのであり、『類聚名義抄』を始め節用集諸本など古辞書には「城」に「ミヤコ」の訓があり、先に引いた「上都」の『今昔物語集』の例文中でも「城」を「ミヤコ」と訓んでいる。中世においても同様で、次のような興味深い記述が見える。

城ト云ヘハ、常ニハ用害ヲ構タヲ城ト云トコ、ロユルガ、本意ハサテハナイ也。城ハ、ミヤコナントノ心也。一国ニテハ、太守ノ居処ナント也。京ニテハ、王城、帝城ト云。家ノ多クアリテ、富貴ナル処ヲ云也。江城、山城、コレモ江辺ニアレハ江城、山辺ニアレハ山城也。金-城湯-池ナント、云時ニハ、用害ノ心アリ。（中華若木詩抄・寛永版、巻中・二五ウ）

これは、南江の詩「春-城ノ別-意」の題を説明したものである。「用害」は、〈構築物としての城〉の意である。この「城」を、深野浩史編『中華若木詩抄文節索引』では「ジヤウ」と訓んでいる。

節用集類でも、「城《シロ》 要害也」（伊京集）「城《ジヤウ》 要害」（正宗本節用集）のように「しろ」「じやう」両語があり、同じ意味に用いられている。『日葡辞書』の「城《じやう》」の項には次のようにある。『邦訳日葡辞書』（【 】内）とともに掲げる。

Iǒ. Xiro. Fortaleza. ¶ Iǒno vchiye fiqi xirizoqu. *Recolherse dentro a fortaleza.* ¶ Iǒuo votosu. i, Xemevotosu. *Combater, ou darrubar a fortaleza.*

【Iǒ.（城）Xiro.（城）。城。¶ Iǒno vchiye fiqi xirizoqu.（城の内へ引き退く）城中へ退却する。¶ Iǒuo votosu.（城を落す）すなわち、Xemevotosu.（攻め落とす）城を攻める、または、城を陥落させる。】

これら中世日本語の「しろ」「じやう」は、いずれも〈構築物としての城〉である。

五

以上論じてきたように、「城裡」という語の「城」は、日本で普通に用いられる〈構築物としての城〉の意味ではなく、西洋・中国における〈城郭都市〉の意味である。「城裡」は、明らかに中国語としての用法がキリシタンの翻訳語として利用されたと考えられる。古代以来、日本には多量の中国語が漢語としてもたらされたが、この「城裡」という語は、少なくとも文献上で見る限り、日本で一般に使われたものとは考えられない。

日本人の手になる国内資料に見える「城裡」は、先に示した通り非常に少ない。ただし、当然のことながら、この語は中国人による書物には見える。駒沢大学編『定本禅林句集索引』によると、二例見出せる。

まず、『碧岩録』六四則に次のようにある。

公-案円来シテ問二趙-州一　長-安城-裏任ス二閑-遊ニ一　草-鞋戴レ頭無二人会スル一　帰到テ二家-山一即-便休ス

「長安城裏（裡）」は、「長安」という都市（の中）を指している。この部分を、『無刊記碧岩鈔』（抄物小系による）には次のように解説している。

已前ニ畢ツル公案ヲ南泉亦全ク挙問二趙州一也　然ルヲ長安ートト云タハ趙州温々《ノド》ト答タ故ニ云レ任二閑遊一也　長安城ハ権化門ヲ指ス也　南泉趙州ハ権化門中之人也　或云已前ニ畢ツル公案ヲ亦挙テ問ハ州長安ーー是趙州ヲシテ長安城裡佛法商量浩浩地之処ニ任テレ閑遊シ自在ニ横行サセタ也（七―一七オ）

もう一例は、『虚堂録』巻五巻頭の次の例である。

毘-耶-城-裏問ニフ二維摩ヲ一

「毘耶城」は維摩居士の居住した都市である毘耶離城のことであり、「毘耶城裏」は、その毘耶離城という都市（の中）の意である。

このように、「城裡（裏）」という語は、禅宗の書籍にも見える語であり、もちろん、先に引いた『大漢和辞典』の引用例にあるとおり、唐代の李端や王建の詩に見えており、古くからある漢語である。日本中世における漢詩文の中心であった五山禅林においては、「城裡」は理解され、使用される漢語であったと考えられる。中世の国内資料で見出されている二例の「城裡」は、五山僧の漢詩に用いられているのである。

以上の点から考えると、キリシタン資料の「城裡」という語は、直接的には特に五山禅林で用いられていた語が採用されたものではないかと思われる。キリシタンの信者には、かの不干ハビアンのように禅僧だった者もいたのであり、そのような影響関係は十分想定できるところである。「城裡」は、古代都市形態が中世以前のヨーロッパと類似する中国のことばであり、城壁に囲まれた〈城郭都市〉が存在しなかった日本[2]では普通には用いられない語であった。なお、この語は現代中国でも cheng li〈城里〉として「城壁の内。都市部」（香坂順一編著『現代中国語辞典』光生館）の意で用いられている。

「城裡」という語は、キリシタン禁制以後用いられることはなかったと考えられるが、近代に至って『日本国語大辞典』が引くように、芥川龍之介のいわゆるキリシタン物の一つである「きりしとほろ上人傳」に現れた。

さるほどに、「れぷろぼす」は、難なく「あんちをきや」の城裡《じやうり》に参つたが、田舎の山里とはこと変り、この「あんちをきや」の都と申すは、この頃天が下に並びない繁華の土地柄ゆゑ、山男が巷《ちまた》へはいるや否や、見物の男女《なんによ》夥しうむらがつて、はては通行することも出来まじいと思はれた。

芥川は、明らかにキリシタン文献によってこの語を得て、意図的に用いているのである。

注

（1）豊島正之氏の御好意により、氏の所持本をコピーさせていただいた。

（2）日本中世の都市には、一種の防壁として「構え」があった。『羅葡日辞書』には、本文に示したように、「城裡」と並んで「構えある在所」という訳語が見える。今西明『京都・一五四七年』（一九八八、平凡社）によれば、応仁の乱以後、堀や土壁の防壁（構え）の類が各所に構築されたが、西洋の堅固な城壁には比べようもないものであった。

第三部

絵巻の画中詞についての研究

第十章　中世末期における東国方言の位相

――『鼠の草子絵巻』の画中詞をめぐって――

一　はじめに

絵巻の画中詞（絵巻の画面中に書込まれている詞。かつては「絵詞」という用語が用いられたが、現在は「画中詞」が一般的で、本章でもこの用語を用いる）は、中世語の資料として個別的にはしばしば取り上げられてきたものであるが、初めて正面からこの問題を取り上げたのは高橋宏幸「室町時代の口語資料小考――『鼠の草子』絵詞の口語――」（『垂水』二八、一九八〇、北海道教育大学釧路分校）である[1]。

高橋は、本絵巻の画中詞において、中世語彙として普通に見られる「はれがまし」「しんらう（辛労）」「がいぶん（涯分）」「れうけん（了見）[2]」「いつかう（一向）」が見えることを指摘し、注意される語形・語法として「てぬごひ（手拭）」、否定の「あつてこそ」、文末辞、敬語の「します・さします」を取り上げ、本物語が口語性を有する資料であることを論じている。筆者が特に注目するのは、「もりやこ」（子守り）のことばの「ねいろ〳〵ねゝつこ、ないてねうにとられるな」について、次のように述べられている点である。

「ねいろ」は「寝居る（上一段）」の命令形であろうか。ロドリゲスによれば「ろ」語尾は関東もしくは九州方言で用いられた形である。「ねねつこ」は「ねねこ」の促音挿入で、現代関東方言でも用いられている語で赤ん坊の意。「ねう」は鳴き声から猫。「とられるな」は「とらるるな」の下一段活用化したもので、関東方言に早く見られるものだが、この時代にはある程度文献に表われるもの。「もりやゃこ」に関東的言語要素を託す必然性は認められないので、これら諸事象の一般化に先立つ口頭語的事象の反映であろうと考える。

実は、本絵巻の画中詞には、「もりやこ」のことば以外に、東国方言と一致する特徴が見られるのである。本章では、これらがまさに東国方言であるとみるべきことを述べ、なぜ東国方言が本絵巻に見られるのかを考え、中世末期における東国方言の位相を論じようとするものである。

『鼠の草子』（鼠の権頭）は、御伽草子の異類物の一つで、現存する伝本は、すべて絵巻の形で伝えられている。伝本は、次のとおりであるが、[3] ABCはすべてほぼ同一本文・同一画面・同一画中詞を持っている。[4]

A　サントリー美術館蔵絵巻五巻
　日本古典文学全集『御伽草子集』に本文翻刻・画面影印翻刻、『御伽草子　鼠の草子』（集英社）に画面のみカラー影印（不完全）、太陽と古典シリーズ『お伽草子』（平凡社）に画面のみカラー影印（不完全）

B　東京国立博物館蔵室町末絵巻一巻
　奥平英雄編『御伽草子』に影印翻刻、『室町時代物語大成』第十に翻刻

C　ニューヨーク公立図書館スペンサーコレクション蔵絵巻三巻
　奈良絵本研究国際会議編『在外奈良絵本』に影印翻刻

D　天理図書館蔵室町時代絵巻一巻（有欠）

天理図書館善本叢書『古奈良絵本集一』に影印、古典文庫『室町時代物語』三・『室町時代物語大成』第十に翻刻

E　天理図書館蔵絵巻別本（断簡、画中詞のみ）

天理図書館善本叢書『古奈良絵本集一』に影印

F　桜井健太郎氏蔵（桜井慶二郎氏旧蔵）本（断簡、画中詞のみ）

国文学研究資料館蔵マイクロフィルムにより調査(5)

以下、本章では同一本文・画面・画中詞を持つＡＢＣを『鼠の草子絵巻』「本絵巻」と称し、Ｄを天理本、Ｅを天理別本、Ｆを桜井本と呼ぶことにする。また、Ａを「サントリー本」、Ｂを「東博本」、Ｃを「スペンサー本」と略称する。

二　『鼠の草子絵巻』に見られる東国方言

本絵巻画中詞には、私見では次の東国方言が見出される。以下、一つ一つ示して、検討を加える。本文は原則としてサントリー本により、用例の箇所は、便宜日本古典文学全集『御伽草子集』のページ数で示す（私に読点を付した場合がある）。なお、本章で取り上げる詞はほとんどすべて鼠の話す詞であるが、擬人化されているので、人の詞として扱う。

（一）助動詞「ない」

①「とりもほねかたくてならないそ　かやうにしんらう申も、引太刀の一つもたまはらんためなり」（「ほうてう

のやく」の「弥三さへもん」〈まないたの上に白鳥をのせて切ろうとしている〉の詞。五二〇ぺ）
②「いかにややこともかさきにていそけとも、はやこしかかゝみてならないそ」（「よね」〈頭上に水の桶を乗せて運んでいる〉の詞。五二一ぺ）
③「をれらか国にてかかるところはおちやらないそ」（「弥一郎」の詞。この詞はサントリー本にはなく(6)、東博本によった。スペンサー本にもあり、「ところ」が「所」となっている。これは清水寺の画面で、二人連れの巡礼の一人が「弥一郎」だが、もう一人が「かつさのしゆんれい　ひこ内」とされているので、「弥一郎」も上総の巡礼と考えられる。）

「ない」が中世においても東国方言の顕著な特徴であったことは、ロドリゲス『日本大文典』の記述にもあるように明らかである(7)。

まず、③について述べると、「をれらか国」と言っている点から見ても、この「弥一郎」は上総から来た巡礼と見て間違いなく、「おぢやらない」の「ない」は東国方言と見るのが順当であろう(8)。ただし、もう一人の巡礼「ひこ内」の詞は、「あらおもしろのおりしや」であり、「だ」でなく「ぢや」が使われている。

①は男の詞、②は女の詞であるが、ともに「〜てならない」の形である。意味は〈ひどく〜てどうしようもない〉ということであり、「ない」は明らかに打消の助動詞である。「〜てならない」に当たる関西語系の言い方は「〜てならぬ」であるが、中世の例は見出されていないようである。近世では、湯沢幸吉郎『徳川時代言語の研究』によれば上方では多く「〜てはならぬ」の形で〈そうするのが不可である〉意を表し、本絵巻のような意味に用いられた例は見当たらないようである。これに対して湯沢『江戸言葉の研究』によれば、江戸語では本絵巻のような用法は多く見出されるのである。「ない」という形が東国方言であることは当然であるが、このように意味用法の点からも、この「〜てならない」は東国方言であることが確実になるのである。

本絵巻には打消の助動詞の「ぬ」も二例見える。井戸の水を汲んでいる「ねね」の詞「水かにこりてくまれぬそ」（五二一ぺ）と、箕でふるっている女鼠（名前無し）の詞「このみはあたらしくてふかれ申さぬそ」（五二二ぺ）である。

（二）助動詞「べい」

④「をれらもいたの物の一たんもとるへいそ」（「うをほうてうのやく人」の「二郎ひやうへ」〈まないたの上に魚をのせて切ろうとしている〉の詞。五二〇ぺ）

⑤「いかにまつこ、かたいかすこしやはらかなるそ　はいとくをひ給へ　おひきかおりたらは、はふくへいそ　まつこ、うしろのこねすみともにねうのこゑをきかせてな　あまりにわろさしておたいにきつけるに」（「おこ」〈茶碗に飯をついでいる〉の詞。五二一ぺ）

④の「いたの物」は板を芯にして巻いた絹織物の意。⑤の「おひき」は〈引出物〉、「はぶく」は〈分け与える〉意である。この「べい」はよく引かれる『日本大文典』の次の記述のように、東国方言の特徴とされる。

未来の三つの形、Agueô（上げう）、Ageôzu（上げうず）、Ageôzuru（上げうずる）は話しことばにだけ使はれるものであるが、その外に助辞 Bei（べい）を取ったものもある。……話しことばでは稀だが〝関東〟（Quantô）では盛んに使はれる。例へば、Agubei（上ぐべい）、yomubei（読むべい）、narǒbei（習ふべい）。例、Saredomo yôxôtoua mǒxinagara suyeno daini yaximauo zonzubei monono vofizamotoni macari yruoba yumenimo gozôji nai.（されども幼少とは申しながら末の代に野心を存ずべい者の御膝元に罷居るをば夢にも御存じない。（土井忠生訳本五〇ぺ。同六一二ぺの「関東」「坂東」のことばの項にも「直接法の未来」に「べい」を盛んに使うことを説く。）

「べい」の形は、右に言うように、東国方言以外にも用いられた。ただし、それは湯沢幸吉郎『室町時代言語の研究』に説くように、当然・推量あるいは可能を表すのであって（右引の『日本大文典』の例も〈当然そうなるに違いない〉の意）、関西語系の資料では意志を表す例は見出し難い。例えば、次に挙げるものは、本絵巻と同様「べいぞ」の形であるが、ともに可能の意である。

織ハホソイトヨムソ　コマカナ草ヲカツテタハネタワラナリ　チイサウタハネタハモチツベイソ（『玉塵抄』国会本巻九5オ）

キ、ンノクイ物ノナイ年ニハ蠟《ラウ》半半《ママ》斤ヲクウテ十日ホドハヒタルサヲサ、エテヲギノウベイソ（同8ウ）

『日本大文典』では「べい」の意味を「未来」としているだけなので、「べい」が意志の意味では東国方言でのみ用いられたことは確言できないが、管見の範囲では関西語系の用語としては本絵巻のような用法は発見できず、また、近世の江戸語で「べい」が意志表現に多用されていることから考えれば(9)、意志を表す本絵巻の「べい」は東国方言と認めてよいと考えられる。

他に終止用法の「べし」が二例ある。一例は、飯を盛っている「まつこ」の「まことにわれらにもおひの一すしもたまはるへし」（五二一ぺ）で〈賜るのが当然であろう〉の意、もう一例は婚礼の座敷に料理を盛りつけた折をいつ出すかを、「おりしきろうのやく人」の「いや六」に聞こうとしている「さくさゑもん」の「おりのまいるへきをうけたまはるへし」（五二〇ぺ）という詞に見えるもので、これは意志を表していると考えられる。

「べい」に相当する関西語系の語としては「う」が二例見える。一つは、権頭に仕える女房の「弁の殿」が花嫁の姿を覗きながら同僚の女房の「こ大夫殿」に言う詞の「いかにこ大夫との　あれちつとのそきめされう　あのやうなる事か世にはあるものか　さて〳〵おみめのうつくしさよ」（五二〇ぺ）に用いられているもので、これは相手を誘う意である。もう一例は米を搗いている「よね」の「ぬきあけぬきをろし　とつち〳〵とつかふよ」（五二二

ぺ）で意志を表すものであるが、当時の歌謡の一節であろうとされる。(10)

（三）助動詞「だ」

⑥「いかにまつかえとの　いつも御きやうすいをとり申候へはとの〻てを御とらへ候て御なふりあるか　ゆふさりからやますらめ　いまたとてさやうにはすてられ申ましきそ　かくこかあるそ　まつかえとの」（「おゆふきやう」の「まつこ」〈たすきをして釜の湯をかきまわしている〉の詞。五二一ぺ）

お湯奉行の「まつこ」がすぐ脇で釜の火を燃している「まつかえ」に話しかけている詞である。「殿」すなわち主人の権頭が女使用人に手を出していることが話題で、「まつこ」が主人の結婚に当たって、〈いつも御行水の時殿は私の手を取っておからかいになるが、今晩からそれも止めになるのだろう〉と言って、「今だとてさやうには捨てられ申すまじきぞ。覚悟があるぞ」と怒っているのである。「今だとて」の「とて」は活用語の終止形に付く助詞であるから、「今だ」の「だ」は断定の助動詞「だ」としか考えられず、これも東国方言と見られる。意味は、〈「殿」が結婚された今だと言っても〉ということであり、このような意味に用いられた「だとて」「だとって」は『江戸言葉の研究』によれば近世の江戸語の資料に見られるものである。この「だ」が東国方言を特徴づける助動詞の「だ」であることは明らかであろう。なお「だ」に対する関西語系の「ぢや」は、先に挙げた「上総の巡礼」の詞に見える一例のみである。他に断定を表す「なり」が三例用いられている。

（四）ハ行四段活用動詞の促音便形

⑦「そのやうな事ゆつてくひきられまいな」（輿入れの長持をかついでいる「与七郎」の詞。五一八ぺ。同輩の「さくさう」の「あまりをもくてまなこかぬけるやうなそ」に答える詞。「ゆつて」はもちろん「言つて」である。）

⑧「かいふんれうり申候　まこゑもん殿　ちつとすつて御らんし候へ　しほをまつとさし申へきか……」（御しる

のやくにん　小六の詞。五二一ぺ）

本絵巻中には他に「て」「た」が後接するハ行四段活用動詞の連用形はなく、たった二例ではあるが一〇〇％促音便形ということになる。特に「ゆつて」については、『徳川時代言語の研究』によれば、「言《い》ふ」の通常の促音便形「言《い》つて」「言《い》つた」は近世の上方資料に散見するが、「言《ゆ》つて」「言《ゆ》つた」は「東国方言の最も著しいもの」と考えられていたようで、当時の作品中の東国人のことばにしばしば用いられているのである。右の二例の促音便形は、東国方言の形とみて差し支えないであろう。

（五）下二段活用動詞・下二段活用型助動詞の一段活用化

⑨「……まつこ　うしろのこねすみともにねうのこゑをきかせてな　あまりわろさしておたいにきつけるに」
（⑤と同じ「おこ」の詞。五二一ぺ）

⑩「ねいろ〳〵ねゝつこ　ないてねうにとられるな」（「もりやゝこ」の詞。五二三ぺ）

⑪「あまりをもくてまなこかぬけるやうなそ」（長持をかつぐ「さくさう」の詞。五一八ぺ）

⑫「いかにめくらなれはとてさけのませて一日ひかせるものか　つれなのいつみ殿や　一はいたまはれ　のとかかはき申候」（お茶の役の「もん一」が「御さかふきやう」の「いつみのかみ」に言う詞。五二〇ぺ）

本絵巻画中詞には、他に二段活用語の終止連体形あるいは已然形の例はなく、四例のみではあるが二段活用（型）の動詞・助動詞はすべて一段化しているのである。東国方言における一段化現象も『日本大文典』に述べられているところである。[11]

坂梨隆三は、近松作品の一段化現象について詳しく調査し、助動詞「るる・らるる」「する・さする」が一段化する割合は極めて少ないことを指摘しているが、[12]本絵巻画中詞では右のように少ない用例の中に「れる」「せる」

各一例が見えることが注意される。中世末期においては、関西語系の資料にも一段化形は見出せるので、これだけでは必ずしも東国方言形とはなし難いが、これまで述べてきた他の特徴と合わせ考えれば、二段形が皆無ということも含めて、これらの一段形は東国方言のあらわれと見るのが妥当と考える。

（六）形容詞連用形の原形

『日本大文典』の記述にあるように、関西語が形容詞の連用形にウ音便形を用いるのに対し東国方言は原形を用いる。本絵巻画中詞には形容詞連用形は四例あるが、すべて原形でウ音便形は皆無である。ただし、一般に御伽草子絵巻の画中詞ではむしろ原形を用いる例が多く、本絵巻画中詞の原形使用も東国方言の反映とは積極的には認め難い。

（七）推量の助動詞「ず」

前掲⑥の例の「いつも御きやうすいをとり申候へはとのゝてを御とらへ候て御なふりあるか　ゆふさりからやすらめ」は前述のように〈いつも御行水の時殿は私の手を取っておからかいになるが、今晩からそれも止めになるのだろう〉の意であり、この「す」はもちろん打消の「ず」ではなく、「うず」に相当する語であると考えられる。長音の「う」の脱落は中世後期の資料に見られるところであり[13]、この「ず」は単なる「う」の脱落とも考え得るが、後述するように桜井本にも「うず」に相当する「ず」が見られ、この「ず」は現在静岡県・長野県等方言に見られる意志・推量の「ず」（「うず」の変化した形とされる）と見るべきものと考える。

（八）動詞命令形の「ろ」語尾

先に引用したように、高橋宏幸は「もりやゝこ」の詞の「ねいろ」を「寝居る（上一段）の命令形であろうか」としたが、「寝居る」という語の用例は見出せない。

歌謡集『松の葉』（元禄十六年刊）第一巻に、次の歌がある。

十七八は砂山の躑躅《つゝじ》、ねいろとすれば揺《ゆ》り起《おこ》さるゝ。（裏組、三青柳、日本古典文学大系『中世近世歌謡集』三七四ぺ）

「ねいろとすれば」は「寝入ろとすれば」と「根入ろとすれば」をかけている。「寝入ろ」は「寝入らう」である。「根入ろとすれば揺り起さるゝ」は、〈根を土中にいれて張ろうとするが、砂で崩される〉ということである。『松の葉』第一巻の組歌は「室町末期より江戸初期にかけての流行小歌の集成で、その歌詞は閑吟集・隆達小歌・狂言小歌・女歌舞伎踊歌以下の歌舞伎小歌及び各地に発達した風流踊歌等の先行歌謡と密接な関係がある」とされる（日本古典文学大系本の浅野建二解説）。この歌の後半部分は類歌がいくつもあることが指摘されている。歌謡では中世末期において「寝入らう」を「寝入ろ」と言ったことが想定できるのである。

真鍋昌弘によれば、鎌倉時代末期の成立かとされる『聖徳太子伝』所載の子守歌に「ねいれ〳〵小法師」とあるとのことである。[14] 意味から考えてもここは「寝入る」であって、「寝居る」とは見られない。

天理別本（八七ぺ）の子鼠をおぶった女鼠の子守歌にも「ねいろやい　ねんねこやい〳〵」と「ねいろ」の形が見える。「ねいろ」は東国方言の形とは考えないでおく。

以上、従来から東国方言の特徴とされる事象のいくつかが明らかに本絵巻に見られることを示した。これらは③の例を除いて、ＡＢＣ三本が完全に一致している。

このような東国方言の特徴がＤＥＦ諸本ではどうかを見てみる。

天理本では、これらの東国方言の特徴は全く見られない。ハ行四段活用動詞は、四例すべてウ音便形をとっている。

天理別本は翻刻がなく、筆者の乏しい解読力で読んだところでは、やはり東国方言は認められない。二段活用動詞の一段化が二例（二段形は一例）見えるが、[15]これだけでは方言の問題にはならない。

桜井本も翻刻はなく、筆者の解読に問題はあるが、卑見では次のような東国方言が認められる（［　］内に筆者のとらえた意味によって漢字を宛てた文を示し、所在はマイクロフィルムのコマ番号で示す）。

⑬　おれはそこらかかたひ物たよ［おれはそこらが堅い者だよ〈身持ちが堅い意〉］（下女「つるくす」の詞。三一四）

⑭　さくるやうなそ　おのこゝたけだ［男子だけだ］これとりあけよ（産婦「はなこ」の詞。三一八）

⑮　やつといつて一いけはり　ゑつといつて一いけはり　いけはらしませ［やっと言って一いけ張り、ゑっと言って一いけ張り、いけ張らしませ］（助産婦「おかゝ」の詞。三一七）

⑯　なにとてこともにこめをくわせるそ　かならすさんやう《ママ》かちかはすものを［何とて子どもに米を食わせるぞ必ず算用が違はずものを］（「つきやのぶぎやう」の「たなもとさかしのふんこ」の詞。三一六）

⑰　わたくしはいまたおとこはいたさす候　あらおつかなや［私はいまだ男は致さず候　あらおっかなや］（「御ゆとのゝやく」の「ひめしゅ」の詞。三一四）

⑬⑭および⑯の「くわせる」は、先の（三）（四）（五）の項に相当する。⑯の「ちがはす」の「す」は明らかに打消の「ず」ではなく、推量の「ず」で、先の（七）に相当する。⑰の「おつかない」は、すでに論じられているとおり、[16]東国方言である。

三　『鼠の草子絵巻』の言語と成立時期の問題

本絵巻諸本の成立時期については、従来中世末期から近世初期の間とされているが、[17]年代を特定できる決め手はないようである。岡見正雄は、絵・画中詞に関して、「絵巻の絵は近世初期のものであることを示しているが、文章は古いものに依っている」とし、台所の場面に茶の宗匠「そうえき」（宗易、千利休）が登場すること、祝言の座に幸若大夫や女舞大夫の夕霧、大和四座猿楽がやって来ること、陰陽師として「有正《ありまさ》」の名が見えることを指摘している。(18) 要するに、絵自体は近世初期のものであるとしても、そこに描かれている世界・画中詞は中世末期のものと考えられるということであろう。

言語の面から見ると、どうであろうか。本文、画中詞のそれぞれについて、本文の影印が利用できる東博本、スペンサー本によって、当該時期の資料に関して常に問題にされるオ段長音の開合（以下「開合」という）の混同例、四つ仮名の混同例を調べると、次の通りである。特にことわる場合以外は、両本が一致している。

○本文

［開合の混同例］

いちかたにはみやうくわんはしとうはとちまはけんしやうは（東博本〈『御伽草子絵巻』一二〇ペ〉、スペンサー本〈『在外奈良絵本』二二五ペ〉）

これは日本古典全集本に「一方には妙観派、師堂派、戸島派、源照派」とするのが正しく、右に引用した本文の傍線部は明らかに開合を誤っている。

他に「おにくるみをもかみわらんとたしなみをきし左近のせうかまへは二つのかうみやうにて」（東博本〈前掲書一二三ペ〉、スペンサー本〈前掲書二一七ペ〉）を日本古典全集本は「鬼胡桃をも嚙み割らんとたしなみおきし、左近尉が前歯二つの功名にて」(19) としており、そうとすれば「かう」は開合の混同例となるが、中世語としては「高名」をあてるべきであり、混同例とは認められない。

[四つ仮名の混同例]

いちかたにはみやうくわんはしとうはとちまはけんしやうは（右の引用例）

右に述べたように「戸島派」で、「ぢ」は「じ」の誤りである。

口のますき折ふしは（東博本〈前掲書一二五ぺ〉、スペンサー本〈前掲書二一八ぺ〉は「まつき」とある。）

この語は従来近世の用例しか見出されていないようであり、どちらが正しい形か決定し難いが、いずれか一方が誤っている。(20)

○画中詞

[開合の混同例]

をれらもそふおもふよ（姫君の荷物をかつぐ「をはらのまこ七」の詞）

ほうてう〈包丁〉のやく（画中の呼び名）

うをほうてう（画中の呼び名）〈魚包丁〉のやく人（画中の呼び名）

かうはいとの〈紅梅殿〉水がにこりてくまれぬそ（井戸で水を汲む「ねゝ」の詞）

かうはい〈紅梅〉（画中の呼び名）

ひこそう〈彦三？　彦蔵？〉（画中の呼び名）

[四つ仮名の混同例]

あらおもしろのおりしや（「かつさのしゆんれいひこ内」の詞）

おひの一すし〈一筋〉もたまはるへし（飯を盛る「まつこ」の詞）

おひの一すし〈一筋〉もたまはるならは（かまどの火の番の女鼠の詞）

あまりわろさしておたいにきつ｜〈傷〉つけるに（「まつこ」の詞）

本文の開合の誤りは能の流派の名称、つまり固有名詞に限られている。四つ仮名の誤りも「固有名詞」の「とぢま」の他は、「まづい」一語である。本文においては、オ段長音の開合も四つ仮名も、原則として正しく書き分けられていると言えよう。

画中詞の場合、本文よりはるかに分量が少ないことを考えれば、開合も四つ仮名も混同例の割合は明らかに本文より多い。開合の誤りの場合、「ほうてう」が二例（用例全て）見えることが注意される。「かうはい」「ひこそう」は人名で、固有名詞の誤りという点で本文の誤りと共通する点がある。四つ仮名の混同例も、「一筋」が二例（用例全て）ある点が注意される。「包丁」「一筋」の場合は、一般的な混同というよりこの二語の語形が画中詞の筆者に「ほうてう」「ひとすじ」と把握されていたことを示すと見るべきであろう。[21] 画中詞においても、開合、四つ仮名は比較的正しく書き分けられていると言うべきである。

以上、開合と四つ仮名に関しては、本絵巻は中世末期の資料とみても格別支障はないと考えられる。しかも、これらの混同例が東博本、スペンサー本（画中詞部分についてはサントリー本も）がすべて一致している点から見て、本絵巻諸本は同一箇所（岡見正雄は絵草子屋で商品として制作されたとする）でしかも時を同じくして作られたものと考えられる。

天理本は本絵巻より成立が古いとされており、天理別本は逆に本絵巻より新しいものと考えられている。[22] 本絵巻と同様に東国方言が見える点で注目される桜井本の成立については従来特に論じられていないが、[23] 言語の面では、開合の混同は三例見られ、[24] 四つ仮名の混同は無く、概して本絵巻諸本の状態と同様である。

四　『鼠の草子絵巻』における東国方言の位相

本絵巻画中詞および桜井本に東国方言がみられるのはなぜであろうか。
清水寺の画面で上総からの巡礼の詞に見える東国方言は、お国ことばを示しているという意味で必然性がある。しかし、それ以外の東国方言（全部鼠の詞であるが）については、本絵巻が物語としては東国と全く無関係であるので、物語の内容上は東国方言を話す必然性はない。

東国方言が用いられている場面および話し手は、権頭の家来が姫君を迎えに行く行列の場面での荷物の男性担ぎ手二名、台所の場面での働き手の男性四名、女性四名である。ある人物に限られているわけではなく、合計一二名の人物が東国方言を話している。注意されるのは、これらの話し手は男性の場合は烏帽子をつけない階層の家来・使用人であり、女性で言えば髪を垂髪にせずにまげに結っている階層の使用人であることである。同じ権頭の家来でも、常に烏帽子を着けている直臣の「あなほりのさこんのせう」の詞、また垂髪にして姫君の側に仕える女房の「べんのとの」「ちや〻こ」の詞には東国方言は見られないのである。(25) このことから考えると、これらの東国方言は本絵巻において、男女とも運搬・料理など雑事に従事する下級の家来・使用人に特徴的なことばづかいだということが言える。もちろん、登場人物に圧倒的に下級の者が多いので問題は残るが、とにかく雑事に従事する使用人の詞に東国方言の要素が見られること自体は否定できない。

『徳川時代言語の研究』には、東国方言に特徴的な打消の「ない」が、近世の上方の作品では中間や奴の詞に用いられていることが指摘されている。思うに、中世末期から近世にかけての京阪地方においては、男女とも下級使用人に東国出身者が多く、(26)その人たちの方言がその階層の一つの言語的特徴をなしていたのであろう。本章で取り上げた東国方言の諸要素は、当時の京阪地方で用いられた言語の一部をなしているのであって、それは端的に言えば下層使用人階級の用語だったのではないかと考える。本絵巻においては、これまでの検討で明らかなように、上総からの巡礼の場合を除いて、完全な東国方言が特定の東国出身の登場人物によって話されているのではなく、関西語の中に東国方言の典型的な形――「ない」・「べい」・「だ」・ハ行四段活用動詞の促音便形など――が混在しているのである。つまり、東国方言を巧みに画中詞に取り入れることによって、ことばの上で下層使用人階級らしさを表現していると考えられるのである。あるいは、それを過剰に表現しておかしさを強めているのかも知れない。そうとすれば、それは鼠の世界を描いているからこそ可能であったとも言える。

本絵巻および桜井本と同じ筋立てを持つ天理本、天理別本の画中詞の下層使用人の鼠の詞に東国方言が見られないのは何故であろうか。筆者はそれは、それぞれの絵巻の画中詞のことばづかいと現実の言語との距離の問題によると考える。本章ではこれら諸本のことばを詳しく検討出来なかったが、一例として人称詞における違いについて簡単に述べる（次章参照）。

本絵巻では自称に男性は「おれら」、女性は「おれ」を使用し、桜井本では男女とも「おれ」を使用するが、天理本および天理別本では「おれ」「おれら」の使用例は皆無である。一方、天理本では「それがし」を多用するが（女性も一例使用）、本絵巻および天理別本では一例も見られない（各本とも「われら」など「われ」系の語を使用する点は共通）。本絵巻では対称の人称詞の使用例はないが、天理本では男性は「貴殿」「その方」、女性は「そもじ」を使用し、天理別本では男女とも「そもじ」を使用している。

本絵巻および桜井本で使用されている「おれ」「おれら」が下層使用人階級のことばとしてふさわしいと考えら

れるのに対し、「それがし」「貴殿」「その方」や女房詞の「そもじ」がそのような階層の現実のことばとは考えにくいのは確かであろう。[27] 本絵巻の画中詞の方がより現実の下層使用人階級のことばに近いと言えるのであり、現実のその階層のことばを反映している故に東国方言が現れると解釈出来るのである。

注

（1）高橋論文では、絵巻の画中詞を中世語の資料のして取り上げた先行研究について丁寧に言及されている。

（2）高橋論文では「了見」を宛てるが、「料簡」を宛てるべきであろう。

（3）『日本古典文学大辞典』および『国書総目録』では東京芸術大学蔵本を挙げるが、調査したところ同本は『室町時代物語大成』第十の言うように別の物語の『鼠草子』である。

（4）ただし、小異はある。スペンサー本は最後部の本文および画面（日本古典文学全集『御伽草子集』五〇九ぺ一七行以下に当たる）が脱落している。また、サントリー本には、姫君が入浴する場面（右掲書五二二ぺ）に画中詞があるが（注25参照）、ＢＣ本には無い。また、サントリー本には婚礼の引出物がある部屋に「ひやうふせう」（ＢＣ本「御ひきやくひやうせう」）と家来の鼠が居る場面に、意味がとり難い短い画中詞があるが（右掲書五二二ぺ）、これもＢＣ本には無い。

（5）フィルム番号サ1―1―9。原本は絵一軸、箱入、箱書に「鼠絵土左筆　言葉書後土御門院勾当内侍筆」とある。本絵巻については、市古貞次（『中世小説の研究』）、大島建彦（「『鼠の草子』とその周辺」〈『お伽草子と民間文芸』所収〉）、岡見正雄（『古奈良絵本集一』解説）が言及し、『鼠の草子絵巻』系統の絵巻としている。

（6）サントリー本では、この詞の書かれるべき部分が空白になっている。このことに何らかの意味があるかどうかは、現段階では何とも言えない。

（7）土井忠生訳本五五九、六一二ぺ。なお、坂梨隆三「江戸時代の打消表現について」（『岡山大学法文学部学術紀要』三三）では、「ない」について詳しく論じられている。

（8）大塚光信は『キリシタン版エソポ物語』（角川文庫、後『キリシタン版エソポのハブラス私注』（臨川書店））において、同物語で丁寧語「おぢゃる」の否定形は「おりない」であることを述べる。蜂谷清人は『狂言台本の国語学的研究』（笠間書院）において、やはりキリシタン資料では「おぢゃる」の打ち消しに「おりない」が用いられているとされ、虎明本でも同様に「おぢゃる」の打ち消しの形は「おりない」が普通で、「おぢゃらぬ」の形は極めて稀だとして「ひげやぐら」の「すっぱ」の詞を挙げ、また『狂言記』の例を指摘している。北原保雄・大倉浩『狂言記の研究』（勉誠社）によれば、『狂言記』には「おりない」の形はなく、「おぢゃる」の打ち消しの形はすべて「おぢゃらぬ」である。

（9）湯沢幸吉郎『増訂江戸言葉の研究』（明治書院）によれば、「べえ」には意志の意と推量の意の両方の例があるが、意志の例の方が圧倒的に多い。

（10）真鍋昌弘「『鼠の草子』に見える小歌」（『中世近世歌謡の研究』所収）参照。

（11）次の条である。

現在形でE（エ）で終るあらゆる動詞は、話ことばで稀にしか使はれない別の構造に従ふ。ただ、〝関東〟(Quantò)で用ゐられ、又〝都〟(Miaco)で一部の者に用ゐられてゐる。それは語根にRu（る）の綴字を添へて作る。例へばCuberu（焼《く》べる）、agueru（上げる）……（土井忠生訳本二九ぺ）

（12）「近世世話物における二段活用と一段活用」（『国語と国文学』一九七〇年一〇月）、および『江戸時代の国語 上方語』参照。坂梨によれば、近松世話物の会話文中「るる・らるる」は二段形一九七例に対して一段形二例、「する・さする」は二段形三六例に対して一段形四例である。

（13）例えば鈴木博『室町時代語の研究』（清文堂、一九八八）で先行研究に触れてこのことを論じている。

（14）注10所引論文参照。

（15）「にへこほれる」（『古奈良絵本集一』七五ぺ）「をか見へる」（同八一ぺ）の二例。なお、二段形は「おこりかぬるすみ

かな」（同七六ペ）

(16) 福島邦道「「おつかない」考」（『語史と方言』所収）参照。

(17) 『日本古典文学大辞典』『古奈良絵本集一』『お伽草子絵巻』『在外奈良絵本』の解説等参照。なお、落合博志は「『鼠の草子』の能役者」（『能楽タイムス』三八六）において、本絵巻に登場する能役者が実在の人物に比定できることを示し、「大つつみ九郎兵衛」が寛永五年に改名した「葛野九郎兵衛」であり、従って本絵巻諸本の成立年代も寛永五年以降とすべきだと説くが、確論とは言い難い。

(18) 『奈良絵本集一』および『在外奈良絵本』の解説参照。

(19) 『時代別国語大辞典　室町時代編』の「高名」の項等参照。中世語の「高名」は手柄の意味も有していた。

(20) この語は『物類称呼』に「あぢなし　食物の味はひうすき也　京江戸共に〇無味《あじなし》と云　但江戸にてうまくなひともいふ也　東国にて〇まづいと云……」（岩波文庫本一四三ペ、この項『日本国語大辞典』に引く）とあり、東国語である可能性もある。

(21) 「さう」「包丁」「筋」は、ともに『玉塵抄』の叡山文庫蔵本に混同例―「さう」三例、「包丁」三例、「筋」一例―が見える。本書第二章参照。個別的に変化が進んでいた語とも見られる。

(22) 『奈良絵本集一』の解題参照。その理由として、天理本に足利将軍の意の「東山」が見えること、天理別本に「煙草」という語が見えることが挙げられている。卑見では、天理本のみ女の髪が下女に至るまですべて垂髪に描かれているのも、時代的に古いことを示していると思う。

天理本は本文部分に四つ仮名の混同例が三例（「てんまんてんぢん」〈天満天神〉、「ぢやうど」〈浄土〉、「あじわい」〈味わい〉）あり、画中詞の部分に開合の混同例が二例（「おふへいつら」〈横柄面〉、「あつかう」〈悪口〉）ある。（「横柄」に関しては問題がある。『時代別国語大辞典　室町時代編』「おほへい」の項参照。）

天理別本は解読できた範囲だけでも開合・四つ仮名の混同例が多い―「ほうてう」〈包丁〉二例、「くろう」〈苦労〉二例、「はうてう」〈包丁〉、「しんろう」〈辛労〉、「うがいをしやう」「ちやうづ」〈手水〉、「にやうほうしゆ」〈女房衆〉、「ぢぶん」〈自分〉、「づいぶん」〈随分〉、「あがりじやが」、「ぢやうご」〈上戸〉、「おしつけづに」各一例

―。これは制作年代が新しいことを示している。

(23) 注5所引の諸論には、成立についての言及はない。桜井本と他本との比較について筆者には詳論する準備がないが、絵については、下女が垂髪でなくまげを結っているのは、天理本より新しいと言うことができる。また、入浴するのが姫君でなく権頭である点およびお産の場面が存在する点は、本絵巻と異なっており、天理本および天理別本と類似する。

(24) 「さんやう」〈算用〉、「こう」〈斯う〉、「にやう」〈ねう、猫の意、鳴き声からの語とみる〉の三例である。

(25) 「あなほりのさこんのせう」の詞は「はれかましきそ　見あわせてあゆめ」(姫君を迎える行列の場面、日本古典文学全集五一七ぺ)、「弁のとの」の詞は「いかにこ大夫との　あれちつとのそきめされう　あのやうな事か世にはあるものか　さて〳〵おみめのうつくしさよ」(婚礼の場面、同五二〇ぺ)、「ちやゝこ」の詞は「なかゆをめしたりなところをたのみ□やるな」(入浴の場面、サントリー本のみ、同五二二ぺ)

(26) これは中世末期において東西の人々の往来が自由になったことにより、後進地域の東国人が関西において下級労働に従事することが多くなったものと見ることが出来る。

(27) 『日本大文典』では「それがし」を「丁寧な形であって、尊敬し又謙遜して話すのに用ゐる」とする(土井訳本二六五ぺ)。また、「その方」を「丁寧で広く行はれる」とし、「貴殿」を「敬態で、書きことばか荘重な話しことばかに用ゐ」るとする(同二六六ぺ)。「おれ」は同文典に記載がなく、少なくとも中世末期の関西語においては、普通の階層の話しことばではなかったのであろう。

第十一章　『鼠の草子絵巻』諸本の画中詞における人称詞と敬語

――性差の観点を中心に――

一　諸本

本章で取り上げる『鼠の草子絵巻』は、次の三本である。これら諸本の成立時期等については、「中世末期における東国方言の位相――『鼠の草子絵巻』の絵詞をめぐって――」（「国語と国文学」平成七年一一月号、本書第十章に「中世末期における東国方言の位相――『鼠の草子絵巻』の画中詞をめぐって――」と改称して所収）で述べた。ただ、桜井本は断簡であり、他の二本との全体的な比較は難しい。（他に天理別本があるが、断簡である上、読解が難しく、かつ時期的に下ると考えられるので、必要に応じて触れるだけにとどめた。）

サントリー美術館蔵本（日本古典文学全集『御伽草子集』により、用例の所在はページ数で示す。サントリー本と略称）

なお、第十章で述べたように、サントリー本、東京国立博物館蔵本、スペンサーコレクション蔵本との間には、画中詞に関してほとんど異同はないが、異同のある場合、東京国立博物館蔵本（東博本と略称）は『御伽草子絵巻』（角川書店）のページ数を、スペンサーコレクション本（スペンサー本と略称）は『在外奈良絵本』（角川書店）のページ数を記す。

天理図書館蔵本（天理図書館善本叢書『奈良絵本集一』、『室町時代物語大成』の翻刻により、用例の所在は『奈良絵本集一』のページ数で示す。）

桜井健太郎氏蔵本（国文学資料館所蔵マイクロフィルムによる。桜井本と略称。用例の所在は、フィルムのコマ番号で示す。）(1)

画中詞の話し手はほとんど鼠であるが、擬人化されているので、人の詞として扱う。

引用にあたっては、適宜漢字をあて、濁点・句読点を付した。重点を仮名に変えた場合もある。

二　人称詞（一）——自称詞——

三本の自称詞の使用状況を簡単に表示すると、【第一表】のとおりである。

以下、性差の観点から注目される点について具体的に述べる。

（Ⅰ）サントリー本では、同輩に対して、女性は「おれ」「われら」、男性は「おれら」を使用するという違いがある。

まず「おれ」「おれら」の用例を挙げる。

①をれも恋しといふ文をどこで（東博本「ぞ」）やらにて落とした。（サントリー本・五二二ぺ、「をとめ」の詞。）

②をれら程の力者《りきしや》はあつてこそ。（サントリー本・五一八ぺ、「あく坊」の詞。）

③をれらもそふ思ふよ。（サントリー本・五一八ぺ、「をはらのまこ七」の詞。）

④をれらも板の物の一反も取るべいぞ。（サントリー本・五二〇ぺ、「魚包丁の役人一郎ひやうへ」の詞。）

［第一表］

	女性	男性
サントリー本	おれ われら（単数）	おれら（単数） 自分の名前
桜井本	おれ わたくし みづから	おれ
天理本	われら（単数） われわれ（単数） それがし	われら（単数） われわれ（複数） それがし 自分の名前

⑤をれらが国にてはかかる所はおぢやらないぞ（東博本・一一九ぺ、スペンサー本・二一二ぺ、「上総の巡礼弥一郎」の詞。）

「おれら」（②③④）が男性に集中して単数の自称に用いられている点が注意される。さらに東博本・スペンサー本では⑤「上総の巡礼」の詞に東国方言特有の打消の「ない」とともに「おれら」が見える。サントリー本・桜井本の使用人階層のことばに東国方言が見られることについては、第十章で論じたところである。『物類称呼』に「自《みづから》をさしていふ詞に……又おれ　と云　おら　といふは己《おのれ》の轉語にて　諸国の通稱か　東國にては。おいらとも云」（巻五・言語、岩波文庫本一四五ぺ）とあるが、「おいら」を通説のように「おれら」の変化した語と見れば、「おれら」も東国方言と考えることも可能である。

佐野裕子「室町時代末期の人称代名詞——その用法と資料性との関連——」（「国文」五二号）によれば、『虎明本狂言集』の「おれ」の使用例は四三例に達するとのことであるが、索引[2]によって調べてみると、「おれら」の例は皆無である。[3]初期抄物には「おれら」が相当数見えるが、いずれも単数自称の「おれ」に対して複数自称を表すものである。単数自称詞の「おれら」が東国方言専用語ではないにしても、打消の助動詞「ない」とともに東国からの巡礼の詞に見えることは重視すべきではないか。湯沢幸吉郎『江戸言葉の研究』にも「おいら」が「おれ」「おら」とともに取り上げられ、「男の用いるのが普通である」とされる（八七ぺ。なお、女性の用いた例も挙げられている）。少なくともサントリー本においては、「おれら」は東国方言（他の地方で用いられたことを否定するものではない）[4]として特に男性の使用人階層の言語的特徴の一つになっていると考えられる。[5]

「おれ」は女性が仲間に対して用いている（①）。「おれ」は、右に引いた『物類称呼』にも「諸国の通稱か」とある通り、周知のように中世の諸資料に広く見られる語である。桜井本では次のように男女とも「おれ」を用いるが、⑥は女性が仲間に対して言う詞、⑦は権頭が風呂の湯の世話をする女に対して言う詞である。「おれら」と違って「おれ」には方言的特徴は認められず、相手によっては権頭のような地位の人も用いたのである。

⑥おれはそこらが堅ひ物だよ。（桜井本・三二四、「つるくす」〈女〉の詞。）

⑦いかにひめしゆ、貝をばはや誰にも割らせたか。をれが割らふぞよ。（桜井本・三二五ぺ、権頭の詞。）

「おれ」は「ぞんざいな表現と呼応することが多く、対等以下に用いられる。……目下あるいは心理的に見下した相手に用いるだけでなく、夫婦・仲間同士で用いることが多い」（前掲佐野論文）とされる。右に挙げた「おれ」「おれら」も、「上総の巡礼」の詞を除けば、仲間同士あるいは目下に対して用いられたもので、丁寧語と共に用いられたものはない。「上総の巡礼」(鼠ではなく人として描かれる)の例は、特に話しかける相手はなく、名乗りのようなことばで、丁寧語「おぢゃる」が用いられている。関西語であれば、「おれ(ら)」を使うべき場面ではない。本来の東国方言「おれら」はある程度丁寧に話す場合にも用いられたと考えられる。「おれら」は関西語においては、男性下層使用人階級の一特徴となり、語の価値が低下したのである。

天理本に「おれ」「おれら」が見られない点については、第十章で述べたように、その言葉遣いが、東国方言が見られないこととも関連して、他の二本より現実の下層使用人階級のそれから離れていることによると考えられる。

女性の用いる「われら」は次の例である。

⑧まことにわれらにも帯の一筋も賜るべし。蠅追ひの辛労をばいかばかりとか思し召し候。(サントリー本・五二一、「まつこ」の詞。)

これは、飯盛の女「まつこ」が一緒に飯盛をしている「おこ」に対して言う詞である。「まつこ」は右のように「おこ」に対して謙譲語「賜る」、尊敬語「思し召す」、丁寧語「候」を用いて丁寧な話し方をしているのに対し、「おこ」は「まつこ」に対して「いかにまつこ、堅いか。少し柔らかなるぞ。蠅とく追ひ給へ。お引きがおりたらば、はぶくべいぞ。まつこ、うしろの子鼠どもにねうの声を聞かせてな。あまりに悪さしてお台に傷つけるに」と、「殿」を用いず名前だけで呼びかけ、命令形以外敬語を使っていない。画面では二人とも同じ小袖腰巻姿で仲間同士の会話と見られるものであるが、「まつこ」の方がへり下った丁寧な言葉遣いをしているのは明かで、この「われら」もそうした意味合いを含むと見られる。

(II) 天理本では、男女とも「われら」「われわれ」を用いるが、その用法が男性と女性では異なっている。用例は次のとおりである。

①しん六はわれらの男にて候。あのよ三郎とは、どれが振りましにて候や。（天理本・五一ペ、「こはぎ」の詞。）
②もつともわれらに御まかせあるべく候。（天理本・五三ペ、「もりじま勾当」の詞。）
③弟子なりとも、われらは出で可申候。（天理本・五三ペ、「きくちん」の詞。）
④いかに姫君、われらはある方へ振舞に参り候間、そのうちこの草子御覧候て、御なぐさみ候べく候。（天理本・五六ペ、権頭の詞。）
⑤こちよ殿、聞き給へ、われ〳〵をば殿様を初め、みな〳〵も振りよしと仰せられ候。顔も柳顔にて候とて、御ほめ候。うれしや〳〵。（天理本・五〇ペ、「はる」の詞。）
⑥しん六はそもじの目には業平源氏とも見給へども、われ〳〵がやもめの申て似あいたることにてなし、それがしはただよ三郎を男に頼み申べく候。（天理本・五二ペ、「あこちや」の詞。）
⑦われ〳〵は近迎いに参り候。いかに小六殿、お輿の受け取りやう、御作法忘れ給ふな。（天理本・四六ペ、「たわらくじりのまこひやうへ」の詞。）

天理本の女性の「われら」の例①は、井戸で水汲みをする「こはぎ」が、井戸の側に立つ「あこちや」に話しかけた詞で、これに答える「あこちや」の詞が⑥である。お互いに「候」を使っている点から、この「われら」には丁寧に言う感覚があると思われる。

天理本の男性の「われら」の例②③は、いずれも権頭の使用人ではなく、祝言に呼ばれた琵琶法師の詞である。②は「もりじま勾当」が「はなむら検校」に言う詞で、明らかに目上に対した物言いであり、「われら」にはへり下りの気持がある。③は琵琶を背負わされている「きくちん」が前を行く兄弟子風の「かめいち」に言う詞で、やはり目上に対したもので、同様に謙遜の意がある。④は、権頭が人間の妻である「姫君」に言う詞で、右の例文に見られるとおり、敬語をふんだんに使い、目上に対するような非常に丁寧な話し方をしており、この「われら」もへり下りの気持があると考えられる。

「われら」はこのように男女を通して用いられるが、ここで検討した限りでは、男性は明確な目上に対する言葉遣いの中で用いているのに対して、女性は仲間の間での丁寧な言い方に用いられていると言える（これは先に述べたサントリー本の場合と共通する）。

天理本の女性が用いる「われわれ」二例のうち⑤は、うちわで飯をあおぐ「はる」が飯をつぐ「こちよ」に言う詞、⑥は先に述べた。ともに仲間同士の会話であるが、「候」や敬語を用いた丁寧な言い方であり、女性の使う「われわれ」も「われら」と同じく丁寧な自称であると考えられる。一方、同じく天理本で男性が「われわれ」を用いている⑦は、姫君を迎えに行く一行の先頭に立つ「たわらくじりのまこひやうへ」が言う詞で、「われわれは近迎いに参り候」の部分は、一種の名乗りである。この場合は、女性の「われわれ」とは異なり複数の自称詞であり、相手に対する丁寧さを表すというよりは、正式な改まった言い方と考えられる。(6) 同じ「われわれ」でも、天理本では男女で用法が異なると見られる。

なお、サントリー本・天理本とも、物語本文の会話文には「われ」が使われているのに、画中詞には全く見えないことも注意される。(7)

(Ⅲ)天理本では男女とも「それがし」を使用するが、女性一例、男性九例で、男性専用に近い。

用例は、次のとおりである。

①しん六はそもじの目には業平源氏と見給へども、われわれがやもめの申て似あいたることにてなし、それがしはただよ三郎を男に頼み申べく候。（天理本・五二ペ、「あこちや」の詞。）

②心得申候、それほどのことをば、それがしに御まかせあるべく候。（天理本・四七ぺ、「くるみわりの小六」の詞。）
③それがしは箸かきの上手にて候。（天理本・四八ぺ、「はしかみの八郎ひやうへ」の詞。）
④それがしも小笠原様多くさやう存じ候が、その方の魚箸の達者、包丁の持ち様切り様、さりとては見事なり。（天理本・四八ぺ、「たなさがしのさひやうへ」の詞。）
⑤それがしは隠れれ《ママ》もなき包丁人にて候。貴殿のほめやう、一段恥づかしく候。（天理本・四九ぺ、「しやうじやぶりの五郎ひやうへ」の詞。）
⑥それがしは、料理の塩梅上手にて候。少し塩なく候。（天理本・四九ぺ、「わなはづしのはやと」の詞。）
⑦それがしは辛子すりの名人にて候。一段辛く候て、鼻へ入り、迷惑申候。（天理本・四九ぺ、「かわこやぶりのぢんへもん」の詞。）
⑧それがしは、魚あぶりの役にて候。一段あつく御いり候て、迷惑に候。（天理本・五〇ぺ、「いるりばたのとう三郎」の詞。）
⑨それがしも存分申、はや果たし可申候と存じ、御前なれども、かやうに申ことに候。（天理本・五〇ぺ、「とわきのしんびやうへ」の詞。）
⑩それがし、知る人御見舞に参り候間、飲ませ候べきと存じ、酒を請い候へば、役人振りを致し、大柄面《おふへいづら》をいたし、悪口申候間、とかくすこう、一刀切り割り申べきと存じ候。（天理本・五一ぺ、「しやうじやふりのせんゐもん」の詞。）
⑪いかにきくちん、それがしをばそこひと言ふて、目明きの如くなりと皆申ほどに、奥へは寄せまじきと存じ、腹が立つよ。（天理本・五三ぺ、「かめいち」の詞。）

「それがし」は普通男性専用語と見られているが、女性が全く使わないわけではない。(8) ①は女性が用いたものである。先に触れたように「われわれ」とともに仲間の「こはぎ」に対して使われている。

③⑤⑥⑦⑧は、いずれも「それがしは……にて候」という形の名乗りである。④も、名乗りに類するものである。②は権頭の身近な家来で花嫁を迎えに行く一行を先導する「くるみわりの小六」が、同役の「たわらくじりのまこひやうへ」に対して言う詞で、この二人はこの場面で人間の姿に描かれており、右の名乗りをする台所で料理する使用人とは、その地位も異なっている。

⑨⑩は、喧嘩している二人が「権頭の親類」の「へいごしのすけ」に自分の言い分を訴えている詞であり、目上に対して自分を「それがし」と言っている。⑪は琵琶法師の「かめいち」が弟子分の「きくちん」に対して言う詞で、これは明らかに目下に対して言っている。当然ながら丁寧語の「候」は用いていない。

以上のように、天理本で男性の用いる「それがし」は、名乗りあるいは目上に対して用いられたものが多く、改まった感じを伴う自称と考えられる。⑪の目下に用いた例は、改まった語を用いることにより、偉そうに見せる言葉遣いをしたものであろう。

これに対して①の女性が用いた例は、そのような改まった感じはなく、「われわれ」と同様の丁寧な言い方になっていると見られる。

(Ⅳ)　男性が自分の名前を自称詞に用いた例がサントリー本に一例、天理本に一例ある。

用例は次のとおりである。

①御茶の湯はたぎり申候。宗易伺候《しかう》申候。(9)（サントリー本・五二〇ペ、「御茶の湯奉行　宗易」の詞。）

②御祝言の御膳部のやう、大方筑後の守存じ候。さりながら、何事もその方次第に致すべく候。（天理本・四八ペ、

「筑後の守」の詞。）

①は特定の相手への詞ではなく、一種の名乗りである。②は、祝言の膳を取りしきる「筑後の守」が同じ役の「丹後の守」に言う詞で、対等の仲間同士の「候」を用いる丁寧な会話の自称に、自分の呼び名を用いている。このように自分の名を自称に用いるのは、男性のみに見られる。(10)

（Ⅴ）女性が「わたくし」「みづから」を使用する例が桜井本にのみ見える。

次の例である。

①わたくしはいまだ男は致さず候、あらおつかなや。（桜井本三一四、「ひめしゆ」の詞。）

②かまへてこう申身づからにあやからしめせ。五十までねうの声も聞かずして、命は百二十年、果報は恐れながら……（桜井本三一八、「ちよよ」の詞。）

①は「御湯殿の役」の「ひめしゆ」が主人の権頭に対して答えている詞で、「わたくし」は謙譲語「致す」、丁寧語「候」とともに用いられており、非常に畏まった丁寧な表現と考えられる。「致す」を女性が用いているのは、三本の中でこの例のみである。

②は、老女と思われる(11)「ちよよ」が、抱いている赤ん坊に話しかけているという特別な場面で、女性専用語である「みづから」が、年配の女性の自称詞として用いられている。

（Ⅵ）全体として、男性は「おれら」「それがし」「自分の名前」など男性専用あるいはそれに近い自称を用いるのに対し、女性は「みづから」以外女性専用語を用いないという違いが指摘できる。

また、「われら」「われわれ」に見られるように、女性が同輩に対する丁寧な言い方に用いる語を、男性は明らかな目上に対する会話、あるいは名乗りのような改まった言い方に用いる。同一の語を男性が用いると、女性が用いた場合より高い丁寧度を表すと考えられる。

三　人称詞（二）——対称詞——

各本における対称詞の使用状況は次のとおりである。

［第二表］

	女性	男性
サントリー本	相手の名前	
桜井本	われ	
天理本	そもじ	その方 貴殿

自称に比べて著しく使用語が少ない（「呼びかけ」は除いた）が、次の点が注意される。

（Ⅰ）天理本では、女性は「そもじ」、男性は「その方」「貴殿」を用いるという違いがある。

用例は次のとおりである。

①しん六はそもじの目には業平源氏とも見給へども、われ〳〵がやもめの申て似あいたる事にてなし、それがしはただよ三郎を男に頼み申べく候。（天理本・五二ぺ、「あこちや」の詞。）

②御祝言の御膳部の様、大方筑後の守存じ候。さりながら、何事もその方次第に致すべく候。（天理本・四八ぺ、

「ちくこのかみ」の詞。）

③それがしも小笠原様、多くさやう存じ候が、その方の魚箸の達者、包丁の持ち様、切り様、さりとては見事なり、奇特〳〵（天理本・四八ぺ、「たなさがしのさひやうへ」の詞。）

④その方は、一年東山より御成りの時、壁の間にて料理をも御覧ぜられべく候。（四九ペ、「たゝみくらいの三十郎」の詞。）

⑤それがしは隠れもなき包丁人にて候。貴殿のほめ様、一段恥づかしく候。（天理本・四九ぺ、「しやうじやふりの五郎ひやうへ」の詞。）

①は先に触れたが、「そもじ」は丁寧の意を含む「われわれ」とともに、同輩の女性に対して用いられている。「そもじ」は「そなた」の文字詞であり、女房詞とされるものである。ただし、女性専用語ではなく、天理別本では男性も使用している。[12]

②③④の「その方」は、大体対等の男性間に用いられている。ただし、「致す」「候」「存ずる」「御覧ずる」とともに用いられており、丁寧に話している場合である。

「貴殿」も右に見られるように、「その方」と言われた相手が「貴殿」と呼び、ともに「それがし」という自称詞を用いている点、用法は平行していると言えよう。

(II) サントリー本では、女性が相手の名前を用いている。

まつこ殿はようない事を言はしますぞ。（サントリー本・五二一ぺ、「まつかえ」の詞。）

かまどを燃す「まつかえ」が、かまどにかかる鍋をまぜる「まつこ」に対して言う詞である。二人は同輩同士で、「呼びかけ」の場合、お互いに「まつこ殿」「まつかえ殿」と呼んでいる。

女性が相手の名前を対称詞として用いている点については、『藤の衣物語絵巻』の「あそび」の詞に例があり、女性はこのような言い方をすることもあったと考えられる。(13)

(Ⅲ)桜井本では、女性が「われ」を用いている。(14)

下男の身にて、ようなき事な言ひそ。われはこちへ寄れ。（桜井本・三一三、「せんしゆ」の詞。）

井戸の側でひしゃくを持ち、魚へ水をかけている女鼠「せんしゆ」が、「魚あらいのしんひやうへ」へ言う詞。「しんひやうへ」は「下男なれども、いやしき身にてもなし」と言っているが、「寄れ」という敬語なしの命令形とともに用いられている点、相手を見下した尊大な言い方であることは明らかである。対称詞「われ」はもちろん男女ともに用いる詞である。

(Ⅳ)対称詞全体については、男性が「その方」「貴殿」という男性専用語を用いるのに対し、女性は専用の語を用いないという違いが自称詞と同様である点が興味深い。

四　敬語（一）――尊敬語――

動詞・補助動詞・助動詞について考える。発話中に見られる尊敬語は、話題の人物に対する敬語と、聞き手に対する敬語に分けることができる。以下それぞれの場合、諸本においてどのような語が使われているかを表に示す。

まず、話題の人物に対する尊敬語は［第三表］のとおりである。

次に、聞き手に対する尊敬語は、［第四表］のとおりである。

第三表と第四表および実際の使用状況から注意されるのは、次の点である。

(Ⅰ)使用する語の性差については、「御覧ずる」「御覧候」が男性の詞のみに見え（サントリー本二例、天理本二例）、女性は「見給ふ」を用いている（「しん六はそもじの目には業平、源氏とも見給へども」〈天理本・五二、「あこちゃ」の詞〉）ことが指摘できる。狂言の虎明本では、「御覧（ごらん・ごらう）」を用いる尊敬語二四例中女性が用いたのは一例のみで、「おごらうじやれ」（かなわか）という形である(15)。「御覧」はもちろん女性も用いる語だが、男性に比して使うことが少ない語だったのではなかろうか。これは、漢語が男性により多く用いられることに関係すると考えられる(16)。

(Ⅱ)「します・さします」および「しめす・さしめす(17)」は、もっぱら聞き手に対する敬意を表すのに用いられ、話

〔第三表〕

	女性	男性
サントリー本	賜る 2 思し召す 召さるる 御～ある 御～候	～召す
桜井本	～るる 御座候	仰せ候
天理本	仰せらるる 御～候 ～給ふ ～るる	思し召す

［第四表］

	女性	男性
サントリー本	～召す ～給ふ ～します・さします　2	御覧ずる 賜る ～召さる ～給ふ ～します・さします　3
桜井本	～給ふ 御～ある ～します・さします ～しめす　3	～します・さします
天理本	～給ふ　5 仰せらるる します・さします 御～候	御覧候　2 御覧ずる 御～候 聞し召す 御～ある　3 ～給ふ　3 ～るる

題の人物に対する尊敬語としては全く用いられていない。この語は、仲間同士の尊敬語として、天理本を除いては男女とももっとも一般的に用いられる語であり、性差は認められない。

天理本では、「します・さします」は女性のみが用いるが、権頭の使用人ではなく、物語の進行とは直接関連のない御産の場面で用いられているのみである。天理本では、権頭の使用人のことばとしては、男女を問わず「します・さします」は避けられている。

(Ⅲ) 用法に関しては、尊敬語による命令表現のあり方に性差が認められる。

男性が聞き手に用いた尊敬語は、三本合計二〇例であるが、そのうち二例を除くすべてが、命令表現に用いられている。命令表現は、命令形によるもの、禁止の終助詞「な」によるものの他に、「御～べく候」という婉曲話法によるものが天理本のみに四例ある。女性も、少数「～べく候」という形を用いるが、すべて推量の意味であり、婉曲な命令の意の「べく候」は本絵巻画中詞では、男性語の一特徴をなしていると言える。例を挙げておく。

そのうちこの草子御覧候て、御慰み候べく候。(天理本・五六ぺ、権頭→姫君)

一方、女性の場合も、三本合計一八例中五例を除く一八例が命令表現であり、命令形によるもの、終助詞「な—そ」によるもの、禁止の終助詞「な」によるものの他に、助動詞「う」による婉曲表現が一例ある。

いかに小大夫殿、あれちつとのぞき召されう。あのやうなる事が世にはあるものか。さて〳〵お見目の美しさよ。(サントリー本・五二〇ぺ、弁の殿→小大夫殿)

これは、髷を結う普通の使用人と異なる垂髪の女房の詞で、女性的な柔らかい表現と言えよう。

男女とも聞き手に対する尊敬語は、圧倒的に命令表現に用いられるわけだが、命令表現全般について見ると、サントリー本・天理本では女性の命令表現はすべて尊敬語を伴うが(小歌を除く)、男性の場合はサントリー本で二例、天理本で三例、動詞の命令形が敬語無しで用いられている。この二本では、女性は命令表現に必ず尊敬語を用いるが男性はそうとは限らないという点に性差が認められる。一方桜井本では、女性も尊敬語の命令表現四例に対し、三例非敬語動詞の命令形が用いているが、男性は尊敬語の命令表現一例に対し、六例非敬語動詞の命令形および「な—そ」を伴う命令表現を用いている（小歌を除く）。女性も尊敬語を伴わない命令形を用いるが、男性ははるかに多い割合で尊敬語を伴わない動詞の命令表現を用いている点、他の二本と基本的な傾向は同じと言うことができる。

（Ⅳ）第三表に見られるように、話題の人物に対する敬語が女性に多いのは、たまたま会話中に「殿」や「大学殿」の話題が出るためで、性差とは結びつかない。

五　敬語（二）——謙譲語——

動詞・補助動詞について、諸本に使用されている謙譲語は、話題の人物に対する敬意を表すもの（一般に「謙譲語A」と呼ばれるもの、話題の人物〈補語〉を高めるため主語を低めて表現する）、聞き手に対する敬意を表すもの（「謙譲語B」と呼ばれるもの、一人称およびそれに準ずる主語を低める）、および聞き手への丁寧さのみを表すいわゆる丁重語（主語が三人称の場合）に分けることが出来る。[18] 以下、「〜申す」の形が三様に用いられた例を示す。

[謙譲語A]

めづらしき上様へあげ申すべきために（サントリー本・五二二ぺ、薪取りの詞。）

[謙譲語B]

こけら取れかね、不手際にて迷惑申候。（天理本・五一ぺ、「魚洗いのしん六」の詞。）

[丁重語]

匂ひがすぐれ申さず候。（サントリー本・五二一ぺ、「まこゐもん」の詞。）

諸本の謙譲語について、ＡＢおよび丁重語（「丁」で示す）に分類して表に示せば、［第五表］のとおりである。

［第五表］

	女性	男性
サントリー本	～申す（Ａ２・丁１）	～申す（Ａ３・Ｂ７・丁５） 参る（Ｂ１・丁２） 承る（Ｂ１） まかる（Ａ１）
桜井本	～申す（Ａ１・Ｂ１） 致す（Ｂ１）	申す（Ｂ１） 御目にかくる（Ａ１） 参る（Ｂ１）
天理本	申す（Ｂ１） ～申す（Ａ１・Ｂ３）	申す（Ａ１・Ｂ５） ～申す（Ａ２・Ｂ11・丁２） 参る（Ａ４） 存ずる（Ｂ８） 致す（Ｂ３） 承る（Ａ１） 仕る（Ｂ１）

［第五表］からは、次の諸点が指摘できる。

（Ⅰ）サントリー本・天理本では、男性の方が女性よりも著しく謙譲語を多用している。

サントリー本では女性の謙譲語使用例三例であるのに対し、男性は二〇例を用い、天理本では女性は五例であるのに対し、男性は三八例を用いている。もちろん両本とも男女の発話量は異なり、男性の方が多い（サントリー本は男性が女性の約一・六倍、天理本は男性が女性の約三・二倍）[19]が、それを考慮しても天理本で男性が女性の約二・四倍、サントリー本で男性が女性の約四倍謙譲語を用いている。明確な性差が認められる。桜井本も男女の発話量を考慮すると[20]、男性の方が二・二倍使用数が多いことになる。

(II) サントリー本・天理本では、男性の方が女性よりも著しく多種類の謙譲語を用いている。

サントリー本では女性は「申す」のみを用いるのに対し、男性は「申す」の他に「参る」「承る」「まかる」を用いる。天理本でも、女性は「申す」のみを用いるのに対し、男性は「申す」に加えて「参る」「承る」「まかる」「存ずる」「致す」「仕る」を用いている。これは、言うまでもなく、これら二本の諸本の画中詞で「参る」「承る」「まかる」「存ずる」「致す」「仕る」が男性に専用されているということであって、これらが男性専用語であることを意味するわけではないが（現に、桜井本では女性が「致す」を用いている）、本絵巻の画中詞においては、謙譲語の使用における男女の違いは明らかである。

(III) 丁重語として用いられているものは、サントリー本の一例を除けば、すべて男性の発話に見える。男性の方が女性よりも丁重語を多く用いるということが言える。丁重語として用いられる語は、「参る」が一例あるだけで、他はすべて「申す」である。

サントリー本の男性の場合、謙譲語A四例、謙譲語B九例、丁重語七例である。天理本の男性の場合、謙譲語A八例、謙譲語B二七例、丁重語三例である。両本それぞれについて、各用法の割合を［第六表］に示す。

サントリー本の方が天理本より、丁重語の割合が目立って多い。つまり、サントリー本では三人称を主語にして「申す」などを用いる場合が多いことになる。これは、「申す」が丁寧語に近づいていることを示すものであり、丁

〔第六表〕

	謙譲語A	謙譲語B	丁重語
サントリー本　男性	二〇％	四五％	三五％
天理本　男性	二一％	七四％	五％

寧語の項で触れる。

(Ⅳ) 以上をまとめると、要するに男性は女性に比して多種の謙譲語を特に謙譲語Bおよび丁重語としての用法で多用するということが言えるのである。

このような本来の謙譲語（謙譲語A）からの転用用法は、平安時代から男性の発話文に偏っていることがすでに指摘されている。(21) 本章で扱う画中詞はほとんど人間で言えば使用人階級に当る階層のことばであるが、やはりこのような用法は男性に偏っているのである。男性の方が、社会的拘束を強く受けていて、被支配待遇表現を多く用いるということである。例えば、仲間同士の会話でも、女性の場合は

「はや腰がかがみてならないぞ」（サントリー本・五二一ぺ、「よね」の詞。）

「水がにごりて汲まれぬぞ」（サントリー本・五二一ぺ、「ねね」の詞。）

のように言うが、男性は

「いつの間にくたびれ申すべき」（サントリー本・五一八ぺ、「ひこさゑもん」の詞。）

「江川の上々、さてもすぐれ申したり」（サントリー本・五二〇ぺ、「きんさう」の詞。）

のように、謙譲語Bまたは丁重語を用いて表現するのである。

六　敬語（三）——丁寧語——

三本に用いられている丁寧語の動詞・補助動詞は、「候」および「御座候」「おぢゃる」である。諸本の使用状況を、［第七表］に示す。

［第七表］

	女性	男性
サントリー本	～候　3	～候10 おぢゃる　1
桜井本	～候　6	候　1 ～候　6
天理本	～候12	候　1 ～候71 御座候　1 ～御座候　3

この表から次の点が指摘できる。

（Ⅰ）全体的に、男性が女性より著しく丁寧語すなわち「候」「御座候」を多用していることは明らかである。[22]サントリー本では女性使用例三例に対して男性は一〇例、桜井本は女性六例に対し男性七例、天理本は女性一二例に対し男性七六例であるが、先に述べた男女の発話量の差を考慮に入れると、サントリー本では男性は女性の約二倍、桜井本では約二・五倍、天理本では約二倍である。

（II）サントリー本・桜井本では、「候」の使用者、用法に性差が見られる。

サントリー本の男性の場合、外部の人物を除いて、権頭の使用人で仲間同士の会話において「候」を使用するのは、烏帽子は着用しないが肩衣袴姿に描かれている者（台所で働く「きん内」「小六」「まこゑもん」）に限られている。その他のやや地位の下る袴を着用しない階層の使用人（行列中で輿や荷をかつぐ等）の仲間同士の会話には、「候」は全く用いられていない。仲間同士の会話の場合、同じ権頭の使用人でも、ある程度の地位の者の詞に「候」が使われているということであり、その意味で「候」は改まった言葉遣いの一特徴を示していると考えられる。

同じ肩衣袴姿の仲間でもある程度の上下関係はあるわけで、それが「候」の使用に表れている場合もあるが、「御汁の役人　小六」と「まこ右衛門」との会話のように、お互いに「候」を使い合っている場合があることは注意すべきである。

桜井本でも、男性で仲間同士の会話に「候」を用いるのは、やはり烏帽子・肩衣袴姿の「こんあみ」「湯殿奉行大学」であって、烏帽子・袴を着用しない階層は「候」を用いない。

天理本では、男女ともサントリー本に比べて使用数が著しく多いのであるが、男性の場合、サントリー本・桜井本に見られるような階層による使用差はなく、一様にすべて「候」を用いている。

以上は、あくまでも仲間同士の会話の場合であって、明らかに敬意を表すべき相手に対しては、サントリー本・桜井本においても、男性で袴を着用しない階層も「候」を用いる。

今日はお市に一向さかな参り申さで、やう〳〵こればかり尋ね出だし申候。（サントリー本・五二一ぺ、魚を担ぐ

「ひこそう」の詞。）

台所衆に御目にかけたく候。よきさかなども尋ねて参り候。鯛が大きく候まま、やう〳〵持ち候。（桜井本・三一三、担い棒に鯛と兎を吊るしている「しもおとこ　とう八」の詞。）

これはともに特定の話し相手に対する会話ではなく、一種の名乗りであり、物語絵巻の享受者に対する敬意が込められている。「ひこそう」も「とう八」も膝上の短い小袖姿に描かれていて、袴を着用しない階層に属する。

女性の場合、サントリー本で仲間同士「候」を用いているのは二人で、髷に腰巻姿の「まつこ」とやや地位が下がる髷に小袖姿の「御湯奉行　まつこ」である。用例が少ないが、男性の場合のような使用者の階層差は認められない。

「まつこ」は二（Ⅰ）⑧に引いた例であり、そこで述べたように画面では同様の姿であるが明らかに敬意を払うべき相手に「候」を用いている。「御湯奉行　まつこ」の場合は、画面で同様な姿に描かれ、かつ言葉遣いからも対等と思われる「まつかえ」に話す次の詞に二例使われている。

いかにまつかえ殿、いつも御行水をとり申候へば、殿の手を御とらえ候て御なぶりあるが、夕さりから止まずらめ。今だとて、さやうには捨てられ申まじきぞ。覚悟があるぞ。まつかえ殿。（サントリー本・五二一）

この例で「候」は、「殿」への敬意を表す謙譲語および尊敬語に下接して用いられていて、文末には全く用いられていない。サントリー本では、男性の詞では「候」はすべて文末に用いられているのと異なる。「殿」の自分に対する行為を話すときだけ丁寧語の「候」を用いているのであって、純粋に相手に丁寧に話すための用法ではない。

また、これに答える「まつかえ」も「候」を用いていない。

桜井本では、大学殿、権頭という主人筋に用いる場合および名乗りの場合に用いられていて、女性が仲間同士で

ている。

天理本では、女性も仲間同士の会話で一様にほとんどの人物が「候」を用いていて、お互いに「候」を使い合っている。

(Ⅲ)「べく候」という形は桜井本の男性および天理本の男女が用いるが、先に述べたように、命令の意の「べく候」は男性のみが用いる。また、「候べく候」という形を用いるのも男性のみである。

(Ⅳ)使用語については、「御座候」という丁寧度の高い語が、天理本で男性のみに四例用いられていることが指摘できる。

(Ⅴ)男性が丁寧語、具体的には「候」を女性より多用する意味について、示唆的なのは、サントリー本・桜井本における男性の「候」の使用状況である。すなわち、仲間同士で「候」を用いる人物が権頭使用人の中でも服装で下層使用人と区別されるある程度の地位の人物であること、および「名乗り」において用いられることで、これは「候」が丁寧な意と同時に改まった言葉遣いに用いられることを示していると考えられる。「候」が男女とも多用されている天理本は、言葉遣いが全体的に他の二本より改まったものであることが言える。

七 おわりに

第十章では、サントリー本・桜井本の使用人層のことばに東国方言が見られることを指摘し、それが中世末期における現実の下層使用人階層のことばらしさを表現したものと考えられることを論じたが、これはもちろんこれらの画中詞がその階層の実際のことばを写したものという意味ではない。「候」という語が使われていることからだけでも、実際の使用人階層のことばそのものではないことは明らかである。[24]

しかし、画中詞は、絵巻におけるそれぞれの人物の言語的特徴を相当程度示しているということは、前章における考察から明らかに言えることである。本章ではその立場から、サントリー本と天理本を中心に、人称詞と敬語について女性と男性とのことばの違いを考えてきた。

筆者にとってもっとも興味深いのは、女性に比べて、男性が多種の謙譲語および丁寧語「候」を著しく多用すること、および丁重語の使用が男性に多く見られることである。これは、おそらく本絵巻諸本の男性がその地位によって階層化され、それが言葉遣いに反映しているのに対し、女性は、その社会的地位が男性のように社会的に階層化されていないため、謙譲語・丁重語を多用する必要がないためであろう。このことは、先に述べたように、サントリー本における権頭の使用人の画面での服装の差と言語との対応にも表れている。[25]これに対して女性の場合は、同じサントリー本でも、垂髪の女房の詞を別にすれば、男性のような階層性は見出し難い。

注

（1）桜井本の全画中詞の翻刻（不完全）は、小稿「『鼠の草子絵巻』諸本の画中詞における人称詞と敬語」（『青山学院女子短期大学紀要』第五十輯、平成八年十二月）に載せた。

（2）北原保雄他編『大蔵虎明本狂言集総索引』1～8（武蔵野書院）による。

（3）『続抄物資料集成』の索引により調査。同集成の『百丈清規抄』『桂林徳昌講古文真宝抄』『山谷抄』に「おれら」が使用されているが、いずれも複数の自称詞と考えられる。『時代別国語大辞典　室町時代編』は単数の「おれら」を「謙譲の気持ちを表わす」ものとして、『蒙求抄』と『人天眼目抄』の例を挙げている。しかし、『蒙求抄』の例も複数と見ることが不可能ではないし、『人天眼目抄』は東国語系の資料である。中世末期には単数自称詞の「おれら」の用例を関西語関係の文献に見出すことは難しい。

（4）因みに、関西語を扱った湯沢『徳川時代言語の研究』には、「おれ」を「男女高下広く用いられた」（三七ぺ）とするが、「おれら」は取り上げられていない。

（5）伊東祐子『藤の衣物語絵巻（遊女物語絵巻）影印・翻刻・研究』（笠間書院）によれば、同絵巻の画中詞には「あそび」（遊女）および周辺の男児の詞にのみ自称の「おれ」「おれら」が用いられており、伊東はこれらが「鄙びた言葉であったのではないかと推測させられる」とする。伊東は同絵巻の成立は「室町時代まで下らない」とする。

（6）小松寿雄『江戸時代の国語　江戸語』には、

ワレワレは近世武士の自称であるが、室町時代の話し言葉ではほとんど用いられていない。……武家言葉のワレワレは、英語のIまたはweに当たり、このような自称としての用法は室町時代には稀だったのではないかと思う。……武家は、室町口頭語のある層を武家言葉として継承していったと思われるが、このワレワレのように新しく付け加えたものもあり、……

とある。ここで扱った用法は武家言葉に通ずるものであり、室町時代にも武家の家来の改まった言葉として相当程度用いられたと考えられることも可能である。なお、前掲佐野論文には、「われわれ」が室町時代の物語類に見られることが指摘されている。

（7）画中詞に見える次の「われ」は、酒の係「きんさう」が「御酒奉行」の「和泉の守」に〈自分だけ飲んで〉と文句を言っているものと考えられる。自称ではない。

江川の上々、さてもすぐれ申たり。かかるめでたき時は、何杯もくれさしませ。わればかり廿杯卅杯飲んで、面は酒呑童子のやうにて。（サントリー本・五二〇ぺ、「きんさう」の詞）

なお、サントリー本の物語本文において、「われ」は、権頭が姫君・侍従の局（姫君付きの女房）・左近尉（権頭の家来）に、姫君が侍従の局に、清水観音が権頭へ（お告げ）、猫の坊が権頭に用いている。天理本では、「われ」は、清水観音が姫君へ（お告げ）、姫君が権頭へ（口寄せに呼び出されて）用いている。また、「われら」は、サントリー本で左近尉が権頭へ、天理本では姫君が権頭へ用いており、「われわれ」はサントリー本で権頭が侍従の局へ用いている。「われら」「われわれ」は、画中詞と同様、丁寧な詞遣いにおいて用いられていると言える。

(8)『時代別国語大辞典 室町時代編』の「それがし」の項には、一人称の用法について、「男性が用いた」とあるが、前掲佐野論文では、虎明本で「それがし」総数の一％程度女性の使用例があることが指摘されている。

(9) オ段長音開合の混同例。東博本・スペンサー本は「しこう」。

(10) 天理本では、本文中の会話文においても、このような例がある。

「まづ〳〵姫君を御たづね候へ。小六めも、傍輩どもも、心の及び候はんところをば、湯の底、水の底、虎臥す野辺をも、によう殿さへおはしまさずは、たづね申べし」（「くるみわりの小六」が権頭に言う詞。五八ぺ）

これは「小六め」と「め」を付けることによって、卑下の気持を表している。

また、かつて小稿「『天草版平家物語』における女性のことば」（『青山学院女子短期大学紀要』四八、平成六年一二月）で述べたように、『天草版平家物語』では、維盛、通盛が妻との会話の中で自分の実名を自称詞として用いている。同書ではこの他にも清盛、重盛が自分の名を自称に用いている。

なお、自称における実名使用について、森野宗明は「古代の敬語II」（『講座国語史5 敬語史』）において、「おのれを謙抑して聞き手を立てる姿勢がうち出せる」とする。

(11) この画面には「ちよよ」に関する説明はないが、同様にお産の場面がある天理本では「ちよよ」に相当する老女（ただし見守るだけで赤ん坊は抱いていない）が「三吉のは、こ（母御）」となっている。「三吉」とは、赤ん坊の父に当たる人物ではなかろうか。同様に考えれば、この「ちよよ」は赤ん坊の祖母ということになる。

(12) 例えば、しゃもじを持つ男鼠が飯を盛る女鼠に向かって、「たきやうあしく候よし、ついふんねんを入申候か、そもしたちのもりやうかあし、〳〵」と言っている（七二ぺ）。『時代別国語大辞典 室町時代編』の「そもじ」の項では、秀吉の秀頼宛て書状の「そもじさま」の例が挙げられている。

(13) 注5所引伊東著書によると、「あそび」（遊女）の「千しゆ」が同じ「あそび」の「かうしゆ」に言う詞に該当例が見える。

「かうしゆ御前は、当時剣に恋をせさしまうか」（J絵4）

注10所引の森野論文では、男性の呼称について、実名呼び捨てが忌避されること、『枕草子』では「実名＋敬称」の例も稀なことが論じられている。

(14) 次の「われも人も」は「われ人も」と同様「皆」の意と考えられるので、人称詞としての用法とは見ない。

口で言ふことには誰にも劣るまじけれども、われも人もただ堪忍せよ。（桜井本・三一三—三一四）

(15) 注2所引の索引による調査。なお、「おごらうじやれ」という形は、『時代別国語大辞典 室町時代編』によれば『毛詩抄』『碧巌口義』『天理本狂言』に見えるもので男性語とは言えないが、虎明本に限ればこの女性使用の一例のみである。

(16) 本章では触れられなかったが、『鼠の草子』絵巻諸本を調査すると、男性が圧倒的に漢語を多く使用している。注10所引の小稿では、『天草版平家物語』の会話文でも、男性が女性より著しく漢語を多用していることを述べた。ただし、同書の会話文では女性が三例（祇王、通盛北の方乳母2）「御覧ずる」を使用している。

(17) 「しめす・さしめす」について、『時代別国語大辞典 室町時代編』では、「しめす」の項でロドリゲス『日本大文典』の九州方言の「せめす」「さしめす」についての記述を引くが用例は載せず、「さしめす」の項に天正狂言本「うちみ」の例を引くのみである。桜井本の用例は次の通りである。

平生の口ほどもおら□ないぞ。いけ張らしめせ。心ほど子をば産むぞ。やつと言つてひといけ張り、ゑつと言つてひといけ張り、いけ張らしめせ。（桜井本・三一八、産婆の「おかか」の詞。）

(18) これは大石初太郎の分類による。これらの分類については、菊地康人『敬語』（角川書店）を参照した。

(19) 行数で概算した。サントリー本は、女性の詞二二行、男性の詞三五行。天理本は、女性の詞一四行、男性の詞四五行。桜井本は、女性の詞二九行、男性の詞一三行。

(20) 女性の詞二九行、男性の詞一三行。女性は男性の約二・二倍である。

（21）注10所引森野論文参照。

（22）「おぢやる」はサントリー本の東国からの巡礼の詞に一例だけ見え、例外的である。

（23）外部の人物（男性のみ）で「候」を用いるのは、清水寺の場面に描かれる物語に関係しない「そんや」「千松」、萎烏帽子に小袖袴姿の御茶の湯奉行「宗易」、琵琶法師「もん一」である。「もん一」は目上の宗易に言う詞に、他の三人はいずれも名乗りに「候」を用いている。

（24）よく引かれるところであるが、ロドリゲス『日本大文典』に、「候」について、「話しことばでも亦一部の老人が尊敬する人と話したり、その人への伝言を言渡したりする時の荘重な言葉にこれを用ゐる。」（土井忠生訳本二一四ぺ）とあることやその他の資料における状態から、「候」は当時の普通の話し言葉であったとは考えられない。

（25）御伽草子の挿絵における人物の階層差については、黒田日出男「御伽草子の絵画コード論――挿絵の世界をも読むために――」（『御伽草子　物語　思想　絵画』〈ぺりかん社〉所収）において、渋川版御伽草子を資料にして論じられている。

第四部

通時的研究

第十二章　ハ・バ・パ行音を頭音とする擬態語・擬音語の変遷

一　はじめに

中世末以後の日本語の音韻変化の一つに、フを除くハ行子音の非唇音化がある。中世末から現代までのハ・バ・パ行を頭音とする擬態語・擬音語の変遷をたどり、そこに看取される変化の原因を、この非唇音化に求めようとするのが本章の主旨である。

時代を中世末以後に限定したのは、言うまでもなく、パ行音が表記されたのは特別な例外を除けば、(1)キリシタン資料のローマ字表記および半濁音符の使用によってだからである。近世以後、国内資料においても徐々に半濁音符は使用されて行くのであり、明和（一七六四―七二）以後一般の文に現われるようになったとされるが、(2)個々の資料によって問題が多い。(3)

二　中世末期—近世初期の状態

（Ⅰ）『日葡辞書』の場合

ハ・バ・パ行を頭音として対立する擬態語・擬音語を分類して掲げ、『邦訳日葡辞書』によって付されている意味を記す。（以下『日葡辞書』はすべて『邦訳日葡辞書』によって引用する。）

（Ａ）ハ行とバ行とが対立するもの

ハタハタト—バタバタ

Fatafatato. ハタハタト（はたはたと）　副詞。急いで。¶ fatafatatomo nai fito.（はたはたともない人）鈍くてのろい人。

Batabata. バタバタ（ばたばた）　副詞。鳥が羽ばたく時に、あるいは、物と物とがぶつかり合ったりふれあったりする時に出る音の形容。

ハチハチト—バチバチ

Fachi fachito. ハチハチト（はちはちと）　副詞。物を叩いて音を立てるさま、または、何か物が火に焼けて立てる音の形容で、たとえば、竹などが焼けて、節のところではじける時の音など。¶ Fachifachito vtçu.（はちはちと打つ）Mon.（物語）ある激しい、または、強い打ち方で叩く。

Bachibachi. バチバチ（ばちばち）　副詞。木の葉が焼ける時や、その他の物を叩く時などに出る音の形容。

ハラハラト—バラバラ

Farafarato. ハラハラト（はらはらと）　副詞。雨の降るさま、または、涙の流れ落ちるさま、または、敵勢を多く打ち倒して斬るさま。例、Tequio farafarato qirifuxete, &c.（敵をはらはらと斬り伏せて、云々）敵を斬り倒して。

Barabara. バラバラ（ばらばら）　雨やこれに似たものが地面に落ちる時、たとえば、栗の木からその実が落ちるとか、穀物がこぼれ落ちるとかする場合に立てるような響きを意味する副詞。¶ Fitoga barabarato tatçu.（人がばらばらと立つ）大勢の人が順序もなく音をたてて座を立つ。

ヒクヒクト―ビクビク

Ficuficuto. ヒクヒクト（ひくひくと）　副詞。身体のある部分、たとえば、腹、目、口などが、外側へ突き出たり、内側へ引っ込んだりしながら揺れたり、ぴくぴく動いたりするさま。

Bicubicu. ビクビク（びくびく）　副詞。身体のある部分がぴくぴく動くさま。

ヒタヒタト―ビタビタト

Fitafitato. ヒタヒタト（ひたひたと）　副詞。ある物に近づくさま、または、ぴったりとくっついているさま、または、ひっつかまえられているさま。

Bitabitato は Bitamecasu の項目中に見える。

Bitamebcaxi, su, aita.（びためかし、す、いた）　すなわち、Bitabitato suru.（びたびたとする）濡れた着物をぴちゃぴちゃさせて音を立てる、または、手で水などを叩いて音を立てる。

フラフラ―ブラブラ

Furafura. フラフラ（ふらふら）　副詞。例、Furafura nemuru.（ふらふら眠る）頭をあっちへ傾け、こっちへ傾けしながら居眠りをする。

Burabura は Burari burari の項目中に見える。

Burari burari ブラリブラリ（ぶらりぶらり） Burabura（ぶらぶら）に同じ。副詞。物が宙にぶら下がっているさま、あるいは、あちらこちらへ揺れ動くさま。¶ Burari burarito xite arucaruru.（ぶらりぶらりとして歩かるる）いかにもだらだらとして、大した事もしないで、あちらこちら歩き回る。

ヘッタト—ベッタト

Fettato. l, fetato. ヘッタト。または、ヘタト（へったと。または、へたと） 同上。〈引用者云、Fettarito と同じの意〉

Bettato. ベッタト（べったと） 同上。〈引用者云、Bettarito と同じの意〉

ヘッタリト—ベッタリト

Fettarito. ヘッタリト（へったりと） Fetato（へたと）に同じ。副詞。倒れるさま、または、何かで平らにぴしゃりと叩くさま、平手などで叩くさま。

Bettarito. ベッタリト（べったりと） 副詞。泥の中などにぬめり込んだり、転んだりするさま。¶また、泥が壁などにくっつくように物がくっつくさま。

ホチホチト—ボチボチ

Fochifochito. ホチホチト（ほちほちと） 副詞。細かな物が落ちるさま、または、物が砕かれて音を立てる形容。例、Fochifochito mameuo tçumu.（ほちほちと豆をつむ）歯の間で音を立てて大豆を食べる。¶また、のろのろと読むさま、一字一字たどって読むさま。例、Fochifochito yomu.l,foxifoxito yomu.（ほちほちと読む、ま

たは、ほしほしと読む）

Bochibochi ボチボチ（ぼちぼち）　副詞。水が高い所から雫となって落ちるさま、および、その音。または、鼠が何か物をかじる時に立てる音。

ホトホトト—ボトボト

Fotofototo.　ホトホトト（ほとほとと）　副詞。窓や戸・扉などが叩かれて音を立てるさま。例、Fotofototo touo vtçu.（ほとほとと戸を打つ）手で戸を叩く。

Botoboto.　ボトボト（ぼとぼと）　副詞。破れ太鼓、または、古太鼓の鳴る音の形容、または、鳥が飛び立つ時の音の形容。¶ Botoboto xita narigia.（ぼとぼとしたなりぢや）ぼろをまとった貧乏人などの身なり、格好である。

ホロホロト—ボロボロト

Forofototo.　ホロホロト（ほろほろと）　副詞。巻いた糸が解けたり、ほぐれたりするとか、髪がほつれるとか、あるいは、木蔦が木からほどけて離れるとかするさま。¶また、土壁などのような物が崩れたり、砕けたりするさま。¶ Namidaga forofototo vochita.（涙がほろほろと落ちた）あの人の涙がぽろぽろと続いて落ちた。¶ Cazzura forofototo toqi rirogareba.（蔦ほろほろと解き広がれば）木蔦が（絡まっていたのが）解けて離れ、広がるので。

Boroboroto.　ボロボロト（ぼろぼろと）　副詞。泥や土が崩れるとか、穀物や米が容器からあけられる時とかのように、物がこわれたり、崩れたりするさま。

Boroboroto.　ボロボロト（ぼろぼろと）　副詞。¶また、着物がひどく裂け破れているさま。〈補遺〉

（B）ハ行とパ行が対立するもの

ハッシト—パッシト

Faxxito. ハッシト（はっしと） 副詞。矢を射あてるさま、または、平手打ちをくわせるさま、など。

Paxxito. パッシト（ぱっしと） 副詞。矢で射あてるとか、槍で突きあてるとかするさま。例、Paxxito atatta.（ぱっしと中った）うまく的などに当たった、的中した。

ハッパト—パッパト

Fappato. ハッパト（はっぱと） 副詞。芳香など、物が散り広がるさま。

Pappato. パッパト（ぱっぱと） 副詞。塵ほこり、波、炎などが上がるさま。

ヒッシト—ピッシト

Fixxito. ヒッシト（ひっしと） 副詞。物事を効果的に、あるいは、激しくするさま。または、物が集まって、ぎっしり詰まっているさま。例、Fixxito vtçu, l, yamasuru.（ひっしと打つ、または、やまする）激しく殴りつける。

Pixxito. ピッシト（ぴっしと） 副詞。物が非常にきちっと合っているさま、締まっているさま、または、たくさん詰まっているさま。

（C）バ行とパ行が対立するもの

バット—パット

Batto. バット（ばっと） 副詞。物の散らばるさま。例、Batto chiru.（ばっと散る）物が方々へ散乱する。

Patto. パット（ぱっと） 副詞。たとえば、煙のような物が立ちのぼり散るさま。例、Chiqemuriga

patto tatta.（血煙がぱっと立った）Yax.（八嶋）血の煙、すなわち、血しぶきが立って散った。

（D）ハ行・バ行・パ行が対立するもの

ハラリト―バラリト―パラリト

Fararito. ハラリト（はらりと）副詞。すべて、あるいは、すっかり。

Pararito. l, fararito. パラリト、または、はらりと（ぱらりと、または、はらりと）副詞。穀物など、何か物が落ちる際に立てる音の形容。¶また、すべて、余すところなく。例、Pararito tatta.（ぱらりと立った）一人残らず皆立ち上がった。

Bararito. バラリト（ばらりと）副詞。すべて、すっかり。

これらの対立するペアは、概して類似した意味を持ち、現代語と同様微妙な語感によって使い分けられていると言える。右のうち、ハタハタト―バタバタ、ヒタヒタト―ビタビタトは清音形が擬態語、濁音形が擬音語であり、意味が異なるが、『玉塵抄』では清音形にも次のように擬音語としての用法があり、やはりこの二組も意味上の関連があったと考えられる（引用は国会本による。以下同様）。

春雪ノフツテハタ〳〵ト打タハ（二21ウ）

羽《ハネ》ヲヒロゲテハタ〳〵トフルウテナクソ（一八54ウ）

水拍―海ヲトヲウカラミレハ水ト天ト一テヒタ〳〵ト天ヲ（ウの誤り）ツヤウニミユルソ（三六23オ）

なお、『玉塵抄』にはバタバタト、ビタビタトの例はない。

（II）『玉塵抄』の場合

次に『玉塵抄』の対立語について考えるが、『玉塵抄』では当然半濁音符は使用されていないので、ハ行かパ行かの判別は困難であるが、『日葡辞書』を参照して考えると、次のような（A）類の対立が認められる。[4]『日葡辞書』と共通のものは＊を付す。

（A）ハ行とバ行が対立するもの

＊ハラハラト—バラバラト

韋カハラ〱トナイテ涙ヲコホイタソ（四三34ウ）

手テカツコヲ打タ声ハバラ〱ト夕立ダチニワカ雨ノフルヲトノヤウナト云タソ（五63オ）

＊ハラリト—バラリト

石ハカタウヲソロシイカ打ハハラリトクタケテチルソ（一〇50オ）

杜カ詩ヤ韓愈カ文集ヲヨメハムネノ中ニ愁ノツンデフサカツタカバラリトチリウスルソ（二五21ウ）

ソコテ琴ヲバラリトヒイタソ（一〇5ウ）

ハリハリト—バリバリト

氷ガクタケテバリ〱トナルソ（一一2ウ）

『日葡辞書』に次のようにハリハリトがある。

Farifarito. ハリハリト（はりはりと）副詞。乾いて粗いざらざらした物とか、数枚の紙とかなどが音を立てるさま。

フラリト—ブラリト

五色ノ唐イトヲナワニクンデ柳ヤ桜ノ枝ニカケテソノツナヲフンテアチエフラリコチエフラリトヒトリモブラメカシ人ガソバラ（ママ）ツイテフラメカスコトソ（三七49オ）

フスヘノ袋ノヤウブラリトサガルソ（二二78オ）

フラリフラリト―ブラリブラリト

酒ニヨウテノルホトニ舩ニノツテフラリ〳〵トユル如ナソ（六68ウ）

イタヅラニブラリ〳〵ト世界国土ヲアルキマワル者ノコトソ（一六72オ）

ホタホタト―ボタボタト

ウレシイコトヲモホタ〳〵トヨロコバズワルイコトヲモ色ニデ、ハウダ、ヌソ（六58ウ）

ソラウトブ鳶《トビ》モアツイ気ニムサレテボタ〳〵ト海ヤ江ノ水ノ中エヲツルソ（三九54ウ）

右のうち、ホタホタト―ボタボタトは意味上の関連が見られないが、後述する『片言』には「ほたほたは　大なる花《はな》のりんなどの落《おち》たる皃《かたち》歟」（雑詞部）とあり、『玉塵抄』の時代にもホタホタトにボタボタトと共通する用法があったことが想定される。

次のハット―バットは、前述のように『日葡辞書』にパット―バットがあり、このハットがパットである可能性がある。

ハット―バット

徳ノ餘薫カノコツテハツトニヲウ心カシタマテソ（二八5ウ）

ハツトシタ悟ヲ得ヌニヨツテノコトナリ（三三59ウ）

彗星ト云ハハウキ星ト云ソ　ハウキノナリニシテスエガバツトヒロガツテタイマツヲトボイタ如ナソ（二三28オ）

鳥モヲソレバツトトビチラヌソ（四四21ウ）

また、ハラリト―バラリトについては、先に掲げたように『日葡辞書』にはパラリトがあり、このハラリトがパラリトである可能性はあるが、ハラリトも存在したのであり、『玉塵抄』についてはハ行とバ行の対立と考えておく。

(Ⅲ)狂言の場合

周知のように、狂言のことばは中世語を基盤としているが、文字への定着は近世以後である。ここでは山本東(一八三六―一九〇二)書写本を底本とする日本古典文学大系『狂言集』上下によった(振仮名は省略した場合もある)。同書の解説によれば、本書の狂言演出は、先代山本東次郎を経て現在の大蔵流山本東次郎氏に伝承されているのであり、本書のことばは、ほぼ大蔵流の現行曲のことばであると言える。ここで扱っているハ・バ・パ行音を頭音とする擬態語・擬音語についても同様である。従って、パ行音も確認できるのである。

同『狂言集』中の対立語は、(A)に分類されるもの一組、(C)に分類されるもの一組である。『日葡辞書』『玉塵抄』と共通するものには＊を付す。

(A)ハ行とバ行が対立するもの

ホロリト―ボロリト

朝顔の花と申すものは、早朝に開き　日の出《い》ずるにしたがって次第次第にしぼみ、夕《ゆうべ》には　ほろりと落ちてしまいまする。(布施無経・下二七三ぺ、類例呂蓮・下二五〇ぺ)

涙がほろりとこぼるる。(宗論・下二二八ぺ)

ぼろりとしたる往来の、ぼろりとしたる往来の、茶代りの無きぞ悲しき。(通圓・下二一七ぺ)〈「ぼろりと」の頭注に「人の往来のまばらな、うらぶれた、の意か」とある。〉

『日葡辞書』にはホロリトがあり、ホロリホロリトと同意とするので、両項を掲げておく。

Fororifororito. ホロリホロリト（ほろりほろりと）副詞。何か物が崩れるとか、ぼろぼろ砕けるとかするさま。

¶また、眼から涙の落ちるさま。

Fororito. ホロリト（ほろりと）同上。¶ Fororito dŏxinga vocotta.（ほろりと道心が発った）心やさしく、信仰する気になる。

(C) バ行とパ行が対立するもの

＊バラリト—パラリト

下なる魚を挟んでさし上げ、みさごのひれをばらりとおろし、（鱸包丁・上三九四ペ）

「十重咲き出ずる」にぱらりと開きましては、何とでござろうぞ。（萩大名・上一八七ペ）

この組は、先に示したように『日葡辞書』ではハラリト—バラリト—パラリトの三項対立であり、『玉塵抄』ではハラリト—バラリトの対立があった。

これらの現行狂言の擬態語・擬音語の発音が中世末—近世初期の発音を伝えるものであるか、あるいはその後変化した発音を伝えるものであるかは、当然問題になる。結論から言うと、筆者はこれらの擬態語・擬音語は、語形についていうと、大体において中世末の形を伝えているものと考える。それは、これらの多くが右にも示した通り、中世末の語形・用法と一致するからである。本稿で扱う擬態語・擬音語の変遷にも関わるので、以下煩を厭わずハ・バ・パ行を頭音とするものをすべて挙げ、『日葡辞書』、『玉塵抄』と比較してみる（引用表記に際しては、『日葡辞書』は「葡」、『玉塵抄』は「玉」とする）。

ハッキト

気をはっきと持たせられい。（蚊相撲・上一六七ペ、右近左近2例・下五〇ペ、千切木・下六八ペ）

拂條ハ名ナリ　名ノ字ヲ以テ云タカラ至カヨワイハツキトナイ者カ　名ノ二字ニ付テ柳ノ枝ノホソタレテヨワイヤウニアツタカ（玉、四一24ウ）

ハッシハッシト

さてもさても粟田口と申すものは物をはっしはっしと申して、面白いものでござる。（粟田口・上一五七ペ）

『玉塵抄』には次に示すように「ハッシト」があり、『日葡辞書』には前掲のようにハッシト、パッシトがある。

風呂へ入テ坊主ノアカヲカイテセナカヲハッシト打テ（玉、六53ウ）

ハッタト

はったと忘れた。（栗焼・上二五七ペ、附子・上三一七ペ、他）

はつたと失念致いた。（布施無経・下二七七ペ、類例他にも）

はったと堪えがとうござる。（箕被・下三三ペ）

Fattato. ハッタト（はつたと）　副詞。突然。例、Fattato aqireta.（はつたと惘れた）不意にびっくりした。（葡）

堂々ト云ハハツタト山ナドノ屹立・カタイナリソ（玉、一一1ウ）

ハツタトニラムヤウニミタソ（玉、一五51ウ）

パッタリ

それならば（掛物ヲ）引き裂こう。サラリ　サラリ、パッタリ。（附子・上三二一ペ）

サラサラサラサラ　パッタリ〈戸を閉める音〉（節分・下一二六ペ、類例他にもあり）

『日葡辞書』、『玉塵抄』には見えない。

バット
　荒鶫ども、この川波に　ばっと放せば（三人片輪・下三九八ぺ）
　さすが女の悲しさは、こらえず　ばっとぞ逃げたりける、（髭櫓・下二一二ぺ）
前述のように、『日葡辞書』にはバット、パットがあり、『玉塵抄』にはハット、バットが見える。
バリリバリリト
　あとで、バリリバリリと音が致しましたによって、桶はさだめて　嚙み砕いたものでござろう。（清水・下一三四ぺ）
『日葡辞書』にも『玉塵抄』にもこの語は見えないが、『日葡辞書』には類似した意味を持つバリメカス、バリメクがある。
ピイピイ
　子供のもてあそび。ぴいぴい風車、おきゃがり小法師、振鼓、（磁石・下三七八ぺ）
『日葡辞書』にも『玉塵抄』にも見えない。
ヒイヨロ
　鳶ならば羽をのして鳴くものじゃが、おのれは鳴かぬか。………ヒイヨロヨロ　ヒイヨロ　ヒイヨロ　ヒイヨロ。………（柿山伏・下一六四〜一六五ぺ）
『日葡辞書』にも『玉塵抄』にも見えない。
ヒッカリ
　神鳴　両手の撥で羯鼓をたたき　ヒッカリ　ヒッカリ　グヮラリ　グヮラリ　グヮラリ　と言いながら登場

医師橋がかりで、神鳴に出会って　アア、桑原　桑原。………神鳴　ヒッカリ　ヒッカリ、グヮラリ　グヮラリ、グヮラ　グヮラ　グヮラ　ドー。（神鳴・下一五三ぺ）

『玉塵抄』に見える。やはり雷に関して用いられている。

閃電ト云ハイナヅマノヒツカリトシタコトソ（玉、一一2オ）

イナツマノカルウヒツカリトシタハ紅ノ手ノコイヲヒラメカイタ如ナソ（玉、四一47オ）

ビックリト

びっくりと致いた。（釣狐・下四五四ぺ、類例他にもあり）

Biccurito. ビックリト（びっくりと）副詞。突然大砲などを発射するのを聞いた時などに、ふるえあがるさま。（葡）

ビツクリトヲトロクソ（玉、一九37オ）

ヒッシリト

軒と軒とを仲よさそうに、ひっしりと建て並べたほどにの。（察化・上三三一ぺ、金津・下三〇五ぺ）

『日葡辞書』にも『玉塵抄』にも見えないが、『日葡辞書』には前述のように類似した意味を持つヒッシト、ピッシトがある。

ヒッタリト

ひったりと抱《いだ》きついたれば（花子・下四五一ぺ）

『日葡辞書』にも『玉塵抄』にも見えないが、『玉塵抄』には次のように類似した意味を持つヒッタトがあり、『日葡辞書』にも同様なヒタトがある。

人ニヒツタトヨリツイテ（玉、五〇15オ）

Fitato. ヒタト（ひたと）副詞。Fitafitato（ひたひたと）に同じ。ぴったりとくっついているさま、または、いつも一緒にいるさま、または、ひっつかまえられているさまなど。（葡）

ヒョロリヒョロリト

すなわち　この牛が生まれまして、竈《かまど》の前をひょろりひょろりと致いておりましたによって（横座・下四一六ぺ）

『日葡辞書』にも『玉塵抄』にも見えない。

ピラピラ

薄いぴらぴらした物（悪太郎4例・下三三〇、三三三ぺ）

『日葡辞書』にも『玉塵抄』にも見えないが、両書とも次のようにヒラヒラはある。

Firafira. ヒラヒラ（ひらひら）物が風に揺れ動くさま。例、Fataga firafirato suru.（旗がひらひらとする）旗が風に揺れて動く。（葡）

雰々ハ雪ノヒラ〳〵トフツタナリソ（玉、二七26ウ）

ヒラリ、ヒラリヒラリト

磁石が上を、あちらへは　ひらり、こちらへは　ひらり、ひらりひらりとひらめかし（磁石・下三八六ぺ）

Firarito. ヒラリト（ひらりと）副詞。物事を素早く、軽やかにするさま。（葡）

Firarifirarito. ヒラリヒラリト（ひらりひらりと）副詞。投げた扇などのように、物が急速に見え隠れするさま。（葡）

馬ニヒラリトノツテ（玉、二三68オ）

夏モ雪カヒラリ〳〵トンデフルソ（玉、二三19ウ）

ピンピン

ハハア、書くは　書くは、墨黒々に　ぴんぴんとはねて書くは。（文山立・下四〇三ペ）

Pinpin. ピンピン（ぴんぴん）　副詞。家畜が蹴り跳ねるさま。¶ Vmaga pinpinto fanuru.（馬がぴんぴんと跳ぬる）馬がはねる。（葡）

フッツト

向後は　ふっつと酒を飲ましますな。（悪太郎・下三二五ペ）

ふとももをふっつと抓《つ》めったれば（枕物狂・下二〇一ペ）

Futtcuto. フッツト（ふっつと）　副詞。全面的に。例、Futtcuto ijqitta.（ふっつと言ひ切った）きっぱりと否と言った。¶ Futtcuto chinuo torazuua vatasumaito mǒsu.（ふっつと賃を取らずは渡すまいと申す）賃銀をやらなければ、決して〔川などを〕渡しはしないぞと言う。（葡）

フッツリト

外《そと》へというては、ふっつりとなりませぬぞ。（花子・下四四四ペ）

『日葡辞書』にも『玉塵抄』にも見えない。

フッフット

（うさぎの耳は）頭《かしら》にふたつ、ふっふっとして、細うて長うて、うしろへ、りんとはねたを（木六駄・上三八八ペ）

『日葡辞書』にも『玉塵抄』にも見えない。

フト

ふと　思い立ってござる。（腹立てず・下二三四ぺ）

Futo. フト（不図）Futto（ふっと）に同じ。副詞。俄かに、あるいは、思いがけなく。（葡）

ホウド

ほうど迷惑致しまする。（重喜・下二八七ぺ）

Fôdo. I, tôdo. ホゥド。または、トゥド（ほうど。または、とうど）　副詞。全面的に、あるいは、すっかり。¶

Fôdo cutabireta.（ほうど草臥れた）すっかり、あるいは、非常に疲れている。（葡）

ホクリホクリ

祖父《おおじ》の坂を登るように、ほくりほくりと　一字一字に教えて下されい。（いろは・下四二一ぺ）

『日葡辞書』にも『玉塵抄』にも見えない。

ボジャボジャト

寝乱れ髪をぼじゃぼじゃとゆり下げて（花子・下四五一ぺ）

『日葡辞書』にも『玉塵抄』にも見えないが、後述の『片言』には次のようにある。

ぼじや〱も。なよ〱も右に同じ心歟。（前条「ぼつとり　やはらかにいとおしきかたち歟」、雑詞部）

ホッキト

この刀、目貫《めぬき》もとより　ほっきと折れ、波打際にさっと入《い》る。（文蔵・上二〇〇ぺ）

『日葡辞書』にも『玉塵抄』にも見えない。

ポッチリト

目をぼっちりと明けて（子盗人・下三六六ぺ）
目をぼっちりと開いて見れば（宗論・下二三〇ぺ）
『日葡辞書』にも『玉塵抄』にも見えないが、『片言』には次のように「ほっちり」がある。
ほつちり　ほつちは、寝入たる目を覚して開く皃歟。（雑詞部）
ポッテト
ぽってと酔うた。（素袍落2例・上三五六・三五九ぺ、悪太郎2例・下三二八・三二九ぺ、花子・下四五一ぺ）
ぽってともてないて帰そうと存ずる。（鱸庖丁・上三九三ぺ）
『日葡辞書』にも『玉塵抄』にも見えない。
ホトホトト
妻戸をほとほとと叩いたれば（花子・下四五〇ぺ）
前掲のように『日葡辞書』に見える。
ボロンボロ
柿主に向かって数珠をすりながら　ボロンボロ　ボロンボロ　ボロンボロ………（柿山伏・下一六六ぺ、類例多数）
『日葡辞書』にも『玉塵抄』にも見えない。
以上のように、二八語中『日葡辞書』『玉塵抄』の双方あるいは一方に同語または類語が見えるものが一五語あり、別に後述する『片言』に同語が見えるものが二語あるのである。
(Ⅳ)『片言』
次に、安原貞室（一六一〇—一六七三）の『片言』（一六五〇年刊）に見える擬態語・擬音語を取り上げる。本文は初版本影印「かた言」(『近代語研究』第三集)により、『国語学大系』第九巻の翻刻、白木進編著『かたこと』(笠間書院)を参照した。本書は半濁音が表記されていることで知られるが、完全に表記されているわけではない(白木著書参照)。本書にはパ行音を頭音とする擬態語・擬音語はないが、これは取り上げられていないのか、それとも半濁音が表記されていないのか厳密に言えば問題がある。他の資料との関連で明確に(A)に属すると見られるものは、次の三例である。なお、以下の引用に際しては、各項の頭の「一」および原文に見える句点等は省略し、私に句読点を施した。振仮名も省略した場合がある。これらはすべて雑詞部に見えるものである。『日葡辞書』、『玉塵抄』と共通するものには＊印を付す。

(A) ハ行とバ行が対立するもの

ヒチョヒチョ―ビチョビチョ

ひちよ〳〵は小鳥の飛啼《とびなき》の声歟。

びちよ〳〵は小水に魚などの動く音をいふ也。

ヒッシャリ―ビッシャリ

ひつしやりは神鳴《かみなり》なとの落たるやうの音をいふ歟。

びつしやりは物のつぶれたるかた歟。

ヒッタリ―ビッタリ

ひつたりといふは、うすくひくき物の水などにひたりて、物につきたるをいふにや。

びつたりは、ぬれたるかた歟。強うぬれたるやうのかたち成べし。(白木編著書の本文では「びつたり」であるが、索引では「ぴつたり」となっている。)

前述のように狂言にヒッタリトがある。

ヒラヒラ―ビラビラ

ひら〳〵とは、縦へばうすき物のちりて、光るかたちにや。びら〳〵とは、これも薄《はく》などのちれるさまにや。

ひらり〳〵といふもおなじかるべし。(これも白木編著の本文では「びらびら」、索引では「ぴらぴら」となっている。)

前述のように『日葡辞書』にヒラヒラがある。

＊ヘッタリ―ベッタリ

へつたりは、ひら〳〵座《ざ》する皃、何にてもひらめなる物をすへたるをいふ歟。

べつたりは、前に同じ心にて、少もたれたる心にいふにや。

次の諸例はハ行かパ行か確証がない。

ヘラヘラ―ベラベラ

べら〳〵、へら〳〵、めら〳〵は、皆等しかるべし。火などの付て焼侍る音なるべし。

ホッコリ―ボッコリ

ほつこりは、あたゝまるかた歟。是もほは火成べし。

ぼつこりは、やはらかなる皃歟。

ホッタリ―ボッタリ

ほつたりは、さのみおもからぬ物の落たるかたにや。

ぼつたりは、おもくやはらかなる物の落たる音歟。

これらは、いずれも意味上の対応があるものである。

(V)以上を総合して、中世末から近世初期にかけての対応をまとめると、次のようになる。

(A)ハ行とバ行が対立するもの　一七組

ハタハタト―バタバタ　ハチハチト―バチバチ　ハラハラト―バラバラ

ハリハリト―バリバリト　ヒクヒクト―ビクビク　ヒタヒタト―ビタビタト

ヒッタリ―ビッタリ　フラフラ―ブラブラ　フラリト―ブラリト

フラリフラリト―ブラリブラリト　ヘッタト―ベッタト　ヘッタリト―ベッタリト

ホタホタト―ボタボタト　ホチホチト―ボチボチ　ホトホトト―ボトボト

ホロホロト―ボロボロ　ホロリト―ボロリト

右の他、ヒチョヒチョ―ビチョビチョ、ヒッシャリ―ビッシャリ、ヘラヘラ―ベラベラ、ホッコリ―ボッコリ、ホッタリ―ボッタリも、この類である可能性がある。

(B)ハ行とパ行が対立するもの　三組

ハッシト―パッシト　ハッパト―パッパト　ヒッシト―ピッシト

(C)バ行とパ行が対立するもの　一組

バット―パット

ただし、『玉塵抄』の「ハツト」を清音形と認めれば、(D)になる。

(A)で挙げたヒチョヒチョ―ビチョビチョ以下の語は、この類に入る可能性がある。

(D)ハ行・バ行・パ行が対立するもの　二組

ハラリト―バラリト―パラリト　ヒラヒラ―ビラビラ―ピラピラ

ハットーバットーパットの対立を認めれば、三組となる。

以上のように、中世末から近世初期にかけては、ハ行とバ行の対立する組が圧倒的に多いということが言える。バ行とパ行が対立するものはもっとも少なく、ハットの形を認めれば確例は皆無となる。これは、この後の変化を考えると、注意すべきことである。(ただし、右に述べたように『片言』のヒチョヒチョービチョビチョ以下の例はこの組に入る可能性もある。)

三　近世末期―近代初期の状態

先に述べたように、半濁音符は明和頃から一般に使用されるようになったとされるが、なお完全に半濁音が表記されていたか否かは、資料によって検討しなければならず、近世全般についてのパ行音を語頭に持つ擬態語・擬音語の様相をつかむのは現在のところ筆者には困難である。そこで、ローマ字表記であるヘボンの『和英語林集成』により、該当語を調査し、次いで遡って式亭三馬の『浮世風呂』『浮世床』『四十八癖』により、近世末期の状態を確かめることとする。

(I)　ヘボン『和英語林集成』の擬態語・擬音語

ヘボンの『和英語林集成』は、一八六七年(慶応三年)に初版が刊行されて世に広く迎えられ、以後一八七二年(明治五年)に再版され、さらに一八八六年(明治一九年)に内容を全面的に改訂・増補した第三版が刊行されている。ここでは第三版(講談社学術文庫本による)により、分類して示す。

(A)　ハ行とバ行が対立するもの

ヒラヒラトービラビラ

Hira-hira-to　ヒラヒラト　片片 adv. With a broad,wavy,or undulating motion: *cho ga* ——*tobu*, the buterfly flies with a wavy motion.

Bira-bira　ビラビラ　adv. With a waving, fluttering motion (same as *hira*): *hata ga* ——*ugoku*, the flag waves; *suso wo* —— *fuki-ageru*, to blow up the skirts of a dress.

ヒラリトービラリト

Hirari-to　閃 adv. In a quick, nimble manner, like the flutter or turn of a leaf; like a flash: ——*mi wo kawashi*, quickly tu turn the body; nimbly to dodge; *uma yori* —— *tobi-oriru*, to jump nimbly from off a horse.

Birari-to　ビラリト　Same as *bira bira*.

ビラビラの項には次のようにある。

Bira-bira　ビラビラ adv. With a waving, fluttering motion (same as *hira*): *hata ga* —— *ugoku*, the flag waves; *suso wo fuki-ageru*, to blow up the skirts of a dress.

フラフラーブラブラ

Fura-fura　フラフラ　adv. (coll.) In a limber manner; unsteady; tottering; dizzy: ——*to memaiga shite kita*, to swoon, or faint away: *me ga* ——*to suru*, eyes are dizzy.

Bura-bura　ブラブラ　adv. (coll.) In a swinging, or dangling way, idly without object; vacantly; loungingly: ——*shite aruku*, to roam about idly, without any particular buisines; *bura-bura yamai*, a chronic state of ill health, neither sick nor well.

ヘタヘタト—ベタベタ

Heta-heta-to　ヘタヘタト　adv. Limber; pliant; flexible: *hetarito*, id.; *karada ga* ——*naru*.

Beta-beta　ベタベタ　adv. Sticly; gluey; adhesive; glutinous; viseid; coquettishly: *nori ga beta-beta tsuku*. the gum is stickly; ——*suru*, to act coquettishly.

（B）ハ行とパ行が対立するもの

ヒョイト—ピョイト

Hyoi-to　ヒヨイト　adv. (coll.) In a sudden manner; unexpectedly; accidentally:——*shita koto*, a sudden affair.

Piyoi-to　ピヨイト　adv. (coll.) Hopping like a frog, bird, etc.; skipping: *kogawa wo* ——*tobi-kosu*, to hop or skip across a narrow rivulet.

ヒョコヒョコ—ピョコピョコト

Hiyoko-hyoko　ヒヨコヒヨコ adv. (coll.) Hopping, as a frog; leaping: ——*tobu*, to help and jump.

Piyoko-piyoko to　ピヨコピヨコト　adv. (coll.) Same as *hyoko-hyoko*.

ホカホカ—ポカポカ

Hoka-hoka　ホカホカ　adv. i.q. *hoko-hoko*.

ホコホコの項には次のようにある。

Hoko-hoko　ホコホコ　燠燠　adv. Warm, comfortable: *kimono wo kitaraba* ——*suru*, by wearing clothes I become warm.

Poka-poka　ポカポカ　adv. Sound of frequent slapping; also warm: *atama wo* ——*butsu*, to slap he head often; *kyō wa* ——*suru hi da*, this is a warm day.

（C）バ行とパ行が対立するもの

バタバタ—パタパタ

Bata-bata　バタバタ　adv. The sound of the flapping of the wings of a bird flying, of the feet running, or the sound of flat things striking, or falling in rapid succession: *bata- bata to habataki wo suru; korera de hito ga bata-bata to shinuru*, people die of cholera in rapid succession.

Pata-pata　パタパタ　adv. (coll.) The sound of repeated slaps, flaps, or clapping: *niwatori ga* ——*to habataki wo suru.*

バッタリト—パッタリ

Battari-to　バッタリト　adv. The same as *bata-bata*: *to wo battari to shimeru*, to slam the door shut.

Pattfri　パッタリ　adv. (coll.) The sound made by anything falling, slapping, slamming: ——*to taoreru*, to fall with a bang.

バラリト—パラリト

Barari-to　バラリト　adv. The sound of tearing or cutting; also, separately in peaces: *barari-to kiru*, to cut in two; *barari-to oku*, to place separately; *kami wo barari-to yaburu*, to tear paper into pieces.

Parari to　パラリト　adv. (coll.) In a scattered, dispersed, or sprinkled manner: *hōsō ga* ——*dekita*, the small-pox pustules are distinct (not confluent); *hoshi ga* ——*deta.*

ビチビチ—ピチピチ

Bichi-bichi ビチビチ 鱍鱍 adv. A springing, jerking, leaping motion, as of a live fish when thrown on the ground: ——*to haneru*, to spring and leap about, as a fish; ——*ikite iru uchi ni*, whilst yet alive and kicking.

Pichi-pichi ピチピチ adv. Alive, and flapping its tail, —as a live fish on the ground.

ボキボキト—ポキポキ

Bokiboki-to ボキボキト adv. The sound of snapping, cracking the fingers, or breaking a radish: *yubi wo* ——*oru*, to crack the fingers; *daikon wo* ——*oru*, to snap a radish in two.

Pokipoki ポキポキ adv.(coll.) The sound of cracking: *yubi wo* ——*oru*, to crack the fingers.

ボッテリ—ポッテリ

Botteri ボッテリ 豊艶 adv. (coll.) Fleshy; corpulent: ——*to futōte iru*, to be large and corpulent. Syn. koete, futorite.

Potteri ポッテリ adv. Big, swollen: *hara ga* —— *ōkiku naru.*

ボツボツ—ポツポツ

Botsu-botsu ボツボツ 勃勃 adv. Little by little; slowly; doing a little at a time: ——*to kusa wo mushiru*, to pull up weeds little by little; ——*to ureru.*

Potsu-potsu ポツポツ adv. (coll.) A little spot here and there, or in a scattered manner: *hōsō ga* —— *to dekita.*

（D）ハ行・バ行・パ行が対立するもの

ハットーバットーパット

HATTO　ハット　adv. Same as *hatato*.

ハタトの項には次のようにある。

HATA-TO　ハタト　礚　adv. The sound of clapping the hands, or of a sudden blow; exclam. of surprise; really! *ima sara kayō ni on kotowari kudasarete wa* ——*tōwaku tsukamatsuri sōrō*, owing to your having made known your refusal at this late moment, I am really put to great inconvenience; —— *te wo utsu*, siriking the hands together, as in some strong emotion; —— *wasureta*, there! I forgot all about it.

BATTO　バット　曠　adv. Wide or extended and empty, as a wide plain, or the sea; vague; indefinite: —— *shite iru.*

BATTO　バット　Sudden opening out, or bursting into view: *hi wa batto moetatsu*, the fire suddenly burst out; *hana wa batto hiraku*, the flower suddenly burst open.

バットは右のように二項目ある。

PATTO　パット　adv. (coll) In the manner of anything suddenly bursting out, spreading: *hyōban ga* —— *hirogatta*, the reports suddenly spread.

ハラハラトーバラバラーパラパラト

HARA-HARA-TO　ハラハラ　adv. The sound of rustling, as of silk, or of leaves blown by the wind; the sound of tears dropping, or of crying: *namida wo* —— *nagasu*.

BARA-BARA バラバラ adv. In a scattered manner; in a dispersed, separated way; in pieces, or bits; also, the sound of the falling of things scattered, as the pattering of rain, of hail, etc.; —— *to nigeru*, to scatter and flee away; —— *to chiru*, to be scattered about in separate clusters; *ame ga* —— *furu*, there is a slight sprinkle of rain; *kami wo*——*ni saku*, to tear paper into bits; *oke ga* ——*to kuzureru*, the tub has fallen to pieces; *toji ga kirereba hon ga* ——*ni naru*, when the thread is cut the leaves of a book fall to pieces.

PARA-PARA TO パラパラト adv. (coll.) Thd sound, or manner of rain, hail, or tears falling in big and scattered drops: *arare ga* —— *furu*.

ヒリヒリ—ビリビリ—ピリピリ

HIRI-HIRI ヒリヒリ (coll.) adv. With a smarting or burning pain: —— *itamu*, to smart, burn.

BIRI-BIRI ビリビリ adv. Like the sound of anything dry tearing or cracking open; a smarting, griping or pricking pain; chapped, cracked, split: —— *to wareru;* —— *sakeru;* —— *to itamu*.

PIRI-PIRI ピリピリ adv. (coll.) In a pricking, burning, or smarting manner, — as the taste of pepper.

ホット—ボット—ポット

HOTTO ホット adv. The sound of sighing or drawing a long breath: —— *tame-iki wo tsuku*, to draw a long breath.

BOTTO ボット adv. Insensible; mazed; dull; dim; stupid; flat; lifeless or sluggish in manner; obscure: *me ga* —— *shita*, eyes have become dim.

POTTO　ポット　adv. Flashing, sudden flaring up, flushing: *kao ga* —— *akaramu*, her face suddenly flushed up.

ホロホロト—ボロボロト—ポロポロト

HORO-HORO TO　ホロホロト　adv. Appearance of fruit, leaves, or drops of rain falling, or the sound of crying: —— *naku; namida* —— *kobore ochiru*, the tears fell in drops.

BOROBORO-TO　ボロボロト　adv. In a crumbling or ragged manner; the sound of flute: *tsuchi ga* —— *ochiru*, the dirt falls crumbling down.

PORO-PORO TO　ポロポロト　adv. Dry, not sticking together, loose in texture.

（II）『浮世風呂』『浮世床』『四十八癖』の擬態語・擬音語

式亭三馬の『浮世風呂』（一八〇九—）『浮世床』（一八一三—）『四十八癖』（一八一二—）に見られるハ・バ・パ行（これらの刊本は、半濁音符が使用されている）の擬態語・擬音語は、次のとおりである。ヘボンの『和英語林集成』と一致するものは＊印を付す。『浮世風呂』は日本古典文学大系本、『浮世床』『四十八癖』は新潮日本古典集成本を使用した。

バクバク　パサパサ　＊バタバタ　＊パチパチ　＊パッチリ　＊ハット　＊パッパト　＊パラリト　バリバリ　ビクト　ピシャリ　ピョクリ　＊ヒョコヒョコ　＊ヒョックリ　＊ヒョット　＊ヒョロヒョロ　ビラシャラ　＊ピラピラ　＊ピリピリ　＊ピント　フイト　＊フックリト　＊ブツブツ　＊フラフラ　＊ブラブラ　＊ブルブル　ブンチョブンチョ　＊ベチャクチャ　ベタリト　ベッタリト　ヘロリ　ポイト　ボイボイ　ポキリト　ポチポチ　ポッキリ　ポックリ

ホット　　ホッホット　　ホヤホヤ　　ポント

これらのうち、本章で扱っている対立をなすものは、フラフラ―ブラブラのみであるが、パサパサは『和英語林集成』にバサバサがあるので、近世末―近代初期にかけての時期に対立があったと認められる。以下例を示す。

（A）ハ行とバ行が対立するもの

フラフラ―ブラブラ

ゆふべふら〳〵と内を出たとおもつたが（四十八癖・初編、一九八ぺ）

ぶら〳〵行く（同右・二編、二五二ぺ）

くやしい〳〵の一心で、ぶら〳〵わづらひ付いたが（浮世床・初編下、一〇一ぺ）

（C）バ行とパ行が対立するもの

バサバサ―パサパサ

Basa-basa　バサバサ　adv. Dry, not soft and pliable; the sound of fan.

手がぱさ〳〵渋紙のやうだから（四十八癖・二編、二七三ぺ）

結局、『和英語林集成』によるリストに加えるものは（C）の一組だけである。

（Ⅲ）右の検討によって、近世末期―近代初期の状態をまとめると次のとおりである。

（A）ハ行とバ行が対立するもの　　五組

ヒラヒラトー―ビラビラ　　ヒラリト―ビラリト　　フラフラ―ブラブラ　　フラリト―ブラリト

ヘタヘタト―ベタベタ

（B）ハ行とパ行が対立するもの　　三組

ヒョイト―ピョイト　ヒョコヒョコ―ピョコピョコト　ホカホカ―ポカポカ

(C) バ行とパ行が対立するもの　八組

バサバサ―パサパサ　バタバタ―パタパタ　バッタリト―パッタリ　バラリト―パラリト
ビチビチ―ピチピチ　ボキボキト―ポキポキ　ボッテリ―ポッテリ　ボツボツ―ポツポツ

(D) ハ―バ―パ行が対立するもの　五組

ハットーバット―パット　ハラハラト―バラバラ―パラパラト　ヒリヒリ―ビリビリ―ピリピリ
ホットーボット―ポット　ホロホロト―ボロボロト―ポロポロト

四　現代語の状態

現代語については、『分類語彙表』(一九六四) 及び『岩波国語辞典』第三版 (一九七九) により、同様に調査した結果を示す。現代語については筆者自身の把握する対立と異なるものもあるが、前二期との比較の関係上、語彙表あるいは辞典に収載されているという点を重視して、あえてこの二資料によって整理した。

(A) ハ行とバ行が対立するもの

『分類語彙表』

ヒュンヒュン―ビュンビュン　ヒラヒラ―ビラビラ　フウフウ―ブウブウ
フクフク―ブクブク　フラフラ―ブラブラ　フラリフラリ―ブラリブラリ
ヘトヘト―ベトベト　ホヤホヤ―ボヤボヤ

『岩波国語辞典』
フウフウ―ブウブウ　フツフツ―ブツブツ　フラフラ―ブラブラ　フラリ―ブラリ
ヘトヘト―ベトベト　ホヤホヤ―ボヤボヤ　ホロホロ―ボロボロ

(B) ハ行とパ行が対立するもの
『分類語彙表』
ヒイヒイ―ピイピイ　ヒョコヒョコ―ピョコピョコ　フッツリ―プッツリ
ホカホカ―ポカポカ　ホット―ポット　ホロリ―ポロリ
『岩波国語辞典』
ハット―パット　ハラリト―パラリト　フッツリ―プッツリ　ホカホカ―ポカポカ
ホロリト―ポロリト

(C) バ行とパ行が対立するもの
『分類語彙表』
バタリ―パタリ　バタン―パタン　バッタリ―パッタリ　バリバリ―パリパリ
ビクビク―ピクピク　ビクリ―ピクリ　ビシビシ―ピシピシ　ビチャビチャ―ピチャピチャ
ブツリ―プツリ　ブンブン―プンプン　ベタベタ―ペタペタ　ベタリ―ペタリ
ベチャクチャ―ペチャクチャ　ベッタリ―ペッタリ　ベラベラ―ペラペラ　ベロベロ―ペロペロ
ボタボタ―ポタポタ　ボツリ―ポツリ　ボリボリ―ポリポリ
『岩波国語辞典』

バッタリ—パッタリ　バリット—パリット　バリバリ—パリパリ　バンバン—パンパン
ブスリト—プスリト　ブリブリ—プリプリ　ベタリト—ペタリト
ベチャクチャ—ペチャクチャ　ベロリト—ペロリト　ボロット—ポロット
ボタボタ—ポタポタ　ボツボツ—ポツポツ　ボトボト—ポトポト

（D）ハ行・バ行・パ行が対立するもの

『分類語彙表』

ハタハタ—バタバタ—パタパタ　ハット—バット—パット　ハラハラ—バラバラ—パラパラ
ハラリ—バラリ—パラリ　ヒュウヒュウ—ビュウビュウ—ピュウピュウ
ヒリヒリ—ビリビリ—ピリピリ　ホロホロ—ボロボロ—ポロポロ

『岩波国語辞典』

ハラハラ—バラバラ—パラパラ　ヒクヒク—ビクビク—ピクピク
ヒシヒシ—ビシビシ—ピシピシ　ヒリヒリ—ビリビリ—ピリピリ
フカフカ—ブカブカ—プカプカ　ヘラヘラ—ベラベラ—ペラペラ
ホット—ボット—ポット　ホロホロ—ボロボロ—ポロポロ

両資料を総合し重複語を整理すると、それぞれの分類の対立する組は、次のようになる。両資料で対立のしかたが異なるものは、後で考える。意味の対応に問題があるものは、※印を付す。

（A）ハ行とバ行が対立するもの　八組

ヒュンヒュン—ビュンビュン　ヒラヒラ—ビラビラ　フウフウ—ブウブウ　フクフク—ブクブク

フラフラ―ブラブラ　フラリフラリ―ブラリブラリ　※ヘトヘト―ベトベト

※ホヤホヤ―ボヤボヤ

（B）ハ行とパ行が対立するもの　五組

ヒイヒイ―ピイピイ　ヒョコヒョコ―ピョコピョコ　フッツリ―プッツリ　ホカホカ―ポカポカ

ホロリ―ポロリ

（C）バ行とパ行が対立するもの　二三組

バタリ―パタリ　バタン―パタン　バッタリ―パッタリ　バリット―パリット

バリバリ―パリパリ　バンバン―パンパン　ビクリ―ピクリ　ビチャビチャ―ピチャピチャ

ブスリト―プスリト　ブツリ―プツリ　ブリブリ―プリプリ　ブンブン―プンプン

ベタベタ―ペタペタ　ベタリ―ペタリ　ベチャクチャ―ペチャクチャ　ベッタリ―ペッタリ

ベロベロ―ペロペロ　ボタボタ―ポタポタ　ボツボツ―ポツポツ　ボツリ―ポツリ

ボトボト―ポトポト　ボリボリ―ポリポリ　ボロット―ポロット

（D）ハ行・バ行・パ行が対立するもの　七組

ハタハタ―バタバタ―パタパタ　ハラハラ―バラバラ―パラパラ　ハラリ―バラリ―パラリ

ヒュウヒュウ―ビュウビュウ―ピュウピュウ　ヒリヒリ―ビリビリ―ピリピリ

フカフカ―ブカブカ―プカプカ　ホロホロ―ボロボロ―ポロポロ

両資料で異なるのは、次の組である。『分類語彙表』は「分」、『岩波国語辞典』は「岩」とする。

※ハット―バット―パット（分）――ハット―バット（岩）

ビクビク—ピクピク（分）———※ヒクヒク—ビクビク—ピクピク（岩）
ビシビシ—ピシピシ（分）———※ヒシヒシ—ビシビシ—ピシピシ（岩）
ベラベラ—ペラペラ（分）———ヘラヘラ—ベラベラ—ペラペラ（岩）

これらは、我々の語としての認識からすれば、ハ・バ・パ行の語いずれをも認めて、（D）類に入れるべきであろう。従って、（D）類は一二組となる。

五　対立の型の変遷

以上、中世末期—近世初期、近世末期—近代初期、現代の三期にわたって、ハ・バ・パ行音を頭音とする擬態語・擬音語の対立の状態を検討してきたが、そこには明らかな変遷が認められる。まず、数量的な変遷を表に示すと、次のとおりである

対立の型	中世末期—近世初期	近世末期—近代初期	現代
（A）	一七組　七四%	五組　二四%	八組　一七%
（B）	三組　一三%	三組　一四%	五組　一〇%
（C）	一組　四%	八組　三八%	二三組　四八%
（D）	二組　九%	五組　二四%	一二組　二五%

もっとも著しい変化は（C）の型、すなわち頭音においてバ行とパ行が対立する類に見られるもので、中世末期

以来現代に至る間に、割合から言って一二倍に増加している。近世末期—近代初期においても、八倍強に増加している。中世末期に認められる一組は、バット—パットであったが、これは先に述べたとおりハットが存在した可能性があり、そうするとこの類は中世末期には確例がないことになり、非常に勢力の弱い対立の型だったのである。それが、頭音においてハ・バ・パ行の対立を持つ擬態語・擬音語の半分近くを占めるに至ったのであり、非常に大きな変化であると言える。

次に目立つ変化は（A）の型に見られるもので、中世末期に四分の三を占めていたこの型は、現代に至る間に、四分の一以下を占めるに過ぎないまでに減少している。近世末期—近代初期においてもやはり三分の一以下に減少している。すなわち、中世末期以後、頭音においてハ行とバ行の対立する擬態語・擬音語の勢力は非常に衰えたのである。

三番目に、（D）類の増加も挙げることができる。中世末期に比べて現代では約二・五倍になっている。ただ、この場合は、現代語における割合が近世末期—近代初期より増えていないことが注意される。

これら三つの変化は、当然お互いに関連しており、一言で言えばパ行音の勢力の増大によるものと言える。

以下、具体的に検討する。

中世末期—近世初期において（A）に属していた一七組のうち、ハリハリト—バリバリト、ヘッタリト—ベッタリト、ホタホタト—ボタボタト、ホトホトト—ボトボトの四組は、現代語ではそれぞれパリパリ—バリバリ、ペッタリ—ベッタリ、ポタポタ—ボタボタ、ポトポト—ボトボトというように（C）に移行している。また、ヒッタリ—ビッタリも、『分類語彙表』『岩波国語辞典』にはビッタリという語形が挙げられていないが、『日本国語大辞典』にはビッタリの項があって、近代文学の作品から用例が示されており、やはりピッタリ—ビッタリという対立、すなわち（C）の類に変化していると言える。ハチハチト―バチバチ、ホチホチ―ボチボチも全く同じケースで、現代語ではパチパチ―バチバチ、ポチポチ―ボチボチという対立で、（C）になっている。また、ハタハタト―バタバタ、ハラハラト―バラバラ、ヒクヒクト―ビクビク、ホロホロト―ボロボロトの四組は、現代語ではいずれもパ行音形が加わって、（D）に移行している。ヒタヒタ―ビタビタは、『分類語彙表』『岩波国語辞典』にはヒタヒタしかないが、『日本国語大辞典』によれば、現代語では、ヒタヒタ―ビタビタ―ピタピタの対立で、やはり（D）に移行している。残る五組のうち、ホロリト―ボロリトは、現代語ではホロリト―ポロリトの対立で、（B）になる。ヘッタト―ベッタトは、『日本国語大辞典』にはいずれも項目はなく、我々の意識としても現代共通語としては使用されていないと考えられる。残ったフラフラ―ブラブラ、フラリ―ブラリ、フラリフラリト―ブラリブラリトは、現代語としてもこのままの対立を有している。（A）に属していた一七組のうち現代語までその対立を保持していた三組が、いずれもフを頭音とするものであることは注目される。中世末期―近世初期の（A）に属する対立の組にフを頭音とするものはこの三組だけなのであるから、（A）に属する語の中でも、フ・ブを頭音とするものはその対立の型が変化しなかったと言えるのである。

右に述べた変化の傾向を逆の面から示しているのが、（C）の類、すなわちバ行とパ行の対立の型の増加である。中世末期―近世初期にはわずか一組が考えられるだけであり、しかももしハットの形を認めれば皆無になる位少ない型であったものが、現代語では五割近くに増加しているのである。

（D）の型が約二・五倍に増加しているのも注意されるが、この類の一一組のうち四組は右に述べたように（A）の型から移行したものである。

要するに、中世末期から現代に至る間のこれらの対立の型の変化は、（A）の型の極端な減少と（C）の型の著しい増加および（D）の型の増加ということができる。これは、ハ行音を頭音とする擬態語・擬音語の衰退と、パ行音を頭音とする擬態語・擬音語の勢力の増大というとらえ方もできる。

六　対立の型と意味の対応に関する問題

これらのハ・バ・パ行を頭音とする擬態語・擬音語の対立の型の多くが意味上の対応を伴っていることは明らかであるが、以下具体的に検証してみる。

まず、我々にとって検証しやすい現代語の場合から考える。意味は、『岩波国語辞典』第三版（「岩」と略称）、白石大二編『擬声語擬態語慣用句辞典』（東京堂出版、「擬」と略称）による。

ハ行とバ行の対立である（A）について見ると、先に※印を付したヘトヘト―ベトベトは、ヘトヘトが〈非常に疲れて体に力がなくなったさま〉（岩）であるのに対し、ベトベトは〈物が（不快）に粘るさま。粘りつくさま。〉（岩）であって、我々の意識でも対応は認められない。また、ホヤホヤ―ボヤボヤも、ホヤホヤが〈①出来たてで、やわらかく、温かいさま。②その状態になって間もないさま。〉（岩）であるのに対し、ボヤボヤは〈気がつかずに、または仕方がわからずに、ぼんやりしているさま。〉（岩）であって、やはり意味の対応は認められない。残る六組は意味の対応が認められるが、そのうち四組はフ・ブを頭音とするものであることが注意される。二組はヒ・ビを頭音とするものである。

（B）の五組はすべて意味の対応が認められる。

もっとも多い（C）の二三組は、すべて明らかに意味が対応している。

（D）の一二組中、ハットーバットーパット、ヒシヒシービシビシーピシピシ、ホットーボットーポットの三組は、ハ行音形だけがやや異なった意味を表わしている。すなわち、ハットは〈急に思い当たるさま。「はっと気が付く」思いがけないことで驚くさま。「落ちそうになって――する」〉（岩）であるのに対し、パットは〈①一時に、物事が四方に及ぶようになるさま。瞬間的にはなばなしく行われるさま。「うわさが――広まる」「電気が――つく」「桜は――咲いて――散る」「金を――使う」②「――しない」きわだって人目を引きはしない。はえない。また、不景気だ。「売行きはぱっとしない」〉（岩）であって、意味は対応していない。ヒシヒシが〈ゆるみなく、強く身に迫るさま。強く心に感ずるさま〉（岩）の意であるのに対し、ビシビシは〈容赦なく、きびしく事を行うさま〉（岩）を、ピシピシは〈遠慮なく、激しく事を行うさま〉（岩）を表す。ホットが〈ため息をつくさま。やっと安心するさま〉（岩）を表すのに対し、ボットは〈①→ぼうっと。（＝①かすんだようにうすく見えるさま。②ぼんやるするさま）②火が急に燃え立つ様子〉（岩）を、ポットは〈①急に明るくなったり、現れたりするさま。②ぼんやりするさま。ぼうっと〉（岩）を表すのである。

また、ヒクヒクービクビクーピクピクは、ヒクヒクが〈体の部分などが痙攣するように時時わずかに震え動く様子。〉（岩）の意、ピクピクが〈細かく引きつる、または脈うつように動くさま。〉（岩）の意であるのに対し、ビクビクは〈望ましくない事が起こりはしないかと恐れる様子・態度。〉（岩）の意で、意味的にはヒクヒクーピクピクという（B）の型の対立と言える。

一応意味的な対応のある場合も、問題があるものがある。ハタハターバタバターパタパタの場合、ハタハタは、現代語としては〈①稲妻などが翻って。②光りや物が風に揺らいだりして。〉（擬）の意が挙げられているが、日常語としてはほとんど使用されず、我々の意識する対立としてはバタバターパタパタであろう。ハラハラーバラバラ

―パラパラにおいても、ハラハラは「ハラハラする」の形で〈あやぶんで気をもむさま〉(岩)の意に用いるのが一般であり、「ハラハラと涙を流す」のような用法はあるが極めて文章語的であって、日常の擬態語・擬音語としてはバラバラ―パラパラの対立と考えられる。ホロホロ―ボロボロ―ポロポロも、ホロホロは〈①軽く小さなものが静かに、こぼれるように落ちる様子。②笛の音、やまばとの鳴き声などの形容。〉(岩)とされるが、やはり古語的・文章語的であり、日常の擬態語・擬音語としてはボロボロ―ポロポロの対立であろう。

結局(D)の一二組中ハ行・バ行・パ行が明確に意味的に対応していると考えられるものは、ハラリ―バラリ―パラリ、ヒュウヒュウ―ビュウビュウ―ピュウピュウ、ヒリヒリ―ビリビリ―ピリピリ、フカフカ―ブカブカ―プカプカ、ヘラヘラ―ベラベラ―ペラペラの五組である。この型が現代において特に優勢になっているとは言えない。

次に、近世末期―近代初期の場合を考える。

まず(A)の五組について見ると、ヘタヘタ―ベタベタを除いては意味的対応が認められる。

(B)の三組中ヒョコヒョコト―ピョコピョコ、ホカホカ―ポカポカは明かに意味が対応している。ヒョイト―ピョイトは、『和英語林集成』の記述では問題があるが、『擬』の用例によって検討すると当時意味的対応があったと考えられる。

(C)の八組では、ボツボツ―ポツポツ以外の七組は意味の対応に問題はない。『和英語林集成』によれば、ボツボツは「ゆっくり」の意のみであるが、『日本国語大辞典』によれば近世にもポツポツと同意の用例があり、現代語で対応の見られることを考慮すれば、当時も意味的対応があったと考えるべきであろう。

(D)の五組中、『和英語林集成』(以下引用する訳は筆者が要約したもの)による限り、ハット―バット―パット、ホット―ボット―ポットの意味的対応には問題がある。すなわち、ハットはハタトと同意とされ、ハタトは〈手を拍つ音、驚きの叫び、まことに〉の意であるのに対し、バットは〈果てしなく広いさま〉また〈突然開く、突然目に入るさま〉を表し、パットはやはり〈突然起こったり、展開したりするさま〉を表しており、現代語と同様、ハットはバット・パットと意味的に対応していない。また、ホットは〈ため息をつく音〉を表すのに対し、ボットは〈生気がなくぼんやりしているさま〉を表し、ポットは〈突然明るくなるさま〉を表していて、この場合は三語とも意味的に対応していない。

中世末期—近世初期の場合について見る。

(A)の一七組はすべて意味的に対応している。(B)の三組、(C)の一組、(D)の二組もすべて意味的に対応していると考えられる。

結局、意味の対応の点から見ると、中世末期—近世初期においては、ハ・バ・パ行を頭音とする擬態語・擬音語の対立の組はすべて意味的に対応しているのに対し、現代語においては、特にフを除くハ行を頭音とする語がバ・パ行を頭音とするものと意味的に対応しない例が目立つのである。先に中世末期から現代に至る対立の型の変遷としてハ行とバ行の対立である(A)の型の減少とバ行とパ行の対立である(C)の型の著しい増加、ハ行・バ行・パ行の対立である(D)の型の増加を挙げたが、現代語の(D)の型には右に述べたように意味的にはバ行とパ行の対立であるものが半数近いのであって、意味の対応を考えた対立の型の変遷をとらえるとすれば、ハ行とバ行の対立から、バ行とパ行の対立への移行ということになる。近世末期—近代初期の状態は、中間的であるが現代語により近いと言えよう。

中世末期から現代に至る間にハ・バ行の対立からパ・バ行の対立に移行したペアを先に挙げたが、この中のホトホト—ボトボトからポトポト—ボトボトへの移行について、意味と関連させて具体的に検討してみる。

中世末期において、ホトホトとボトボトは、擬音語として類似した意味を持っていた。『邦訳日葡辞書』によれば、ホトホトは〈窓や戸・扉などが叩かれて音を立てるさま〉を表す語であり、ボトボトには〈破れ太鼓、または、古太鼓の鳴る音の形容〉の意味がある。現代語ではホトホトは通常擬音語としては用いられず、ボトボトはポトポトと相似た意味を有し、ポトポトは〈しずくが続いてしたたり落ちるさま〉を表し、ボトボトは〈「ポトポト」より強い重い感じを表す語〉とされている。表す音の種類は異なるが、ホトホト・ポトポトに対しボトボトは中世においても現代においても「強い重い感じ」を表しているという点で共通していると言える。すなわち、類似した意味を表す擬音語のペアとして、中世末のホトホト—ボトボトに相当するのは現代語ではポトポト—ボトボトなのであり、ボトボトに対して、中世末期のホトホトと現代語のポトポトは同じ役割を担っていると言えるのである。

これと同様の変化をしたと考えられるものに、先に挙げたヘッタリ—ベッタリ→ペッタリ—ベッタリ、ホチホチ—ボチボチ→ポチポチ—ボチボチ、ハリハリ—バリバリ→パリパリ—バリバリがある。ヒタヒタ—ビタビタ→ピチャピチャ—ビチャビチャもこれに類したものと見られる。また、ハタハタ—バタバタ、ハラハラ—バラバラ、ホロホロ—ボロボロは、先に述べたように現代語では（D）のハ行・バ行・パ行が対応する部類に入るが、擬態語・擬音語として日常的な用法で対応するのはパタパタ—バタバタ、パラパラ—バラバラ、ポロポロ—ボロボロである。[5]

このように、中世末以後の擬態語・擬音語におけるハ行とバ行の対応のパ行とバ行の対応への変化は、全体的な傾向であるとともに、意味と関連させて考えれば、ハ行の地位をパ行が奪っていったものととらえられるのである。

七　変遷の要因

中世末における右に述べた擬態語・擬音語の頭音のハ行とバ行の対立は、無声両唇摩擦音［Φ］と有声両唇破裂音［b］の対立である。摩擦音と破裂音の差はあるが、ともに両唇音であるという点に支えられ、清濁の音象徴的効果を保ち、微妙な感覚の差を表現していた。しかし、近世以後、フを除くハ行子音は、［ha］［çi］［he］［ho］のように非唇音化したため、擬態語・擬音語にあっては、濁音であるバ行の子音［b］に対する清音としての音象徴的効果を失い、その位置をパ行に譲っていったものと解釈できる。言うまでもなくパ行の子音［p］は無声両唇破裂音であり、音声的には完全にバ行に対する清音の資格を備えている。

この解釈の裏付けとなる事実の一つは、非唇音化しなかったフにおいては、右に述べてきたような変化が余り見られないことである。中世末の（A）に分類された語、すなわち頭音においてハ行とバ行が対立する語のうち、フ―ブの対立であるフラフラ―ブラブラ、フラリ―ブラリ、フラリフラリ―ブラリブラリのペアは、現在でもそのまま用いられており、パ行とバ行の対立への変化は見られない。また、現代語で、（A）に分類された頭音においてハ行とバ行の対立のある語は、一二組であるが、そのうち六組はフを頭音とするフウフウ―ブウブウ、フクフク―ブクブク、フツフツ―ブツブツ、フラフラ―ブラブラ、フラリ―ブラリ、フラリフラリ―ブラリブラリであり、フクフク―ブクブクを除いては、類似した意味を表し得るペアとして用いられている。現代の擬態語・擬音語においても、中世末期と同様、フの頭子音［Φ］は、ブの頭子音［b］に対して、基本的には清音としての地位を確保していると言える。もちろん、そうではあっても、これまで論じて来た他のハ行音のパ行音化が、同じハ行の一員であるフにも影響を及ぼさないはずはない。先に示したように、パ行とバ行が対立する語の中に、プスリ—ブスリ、プツリ—ブツリ、プリプリ—ブリブリのように、類似した意味における感覚的相違を表す例もみられる。体系的整合性を求める変化ということを考えれば、プとブの対立による擬態語・擬音語は、今後フとブの対立による擬態語・擬音語にとって代っていくことが予想される。

次に、右と表裏をなすものであるが、現代語の擬態語・擬音語の頭音においては、ハ行音とバ行音の清濁の対立（フ—ブを除く）によって類似した意味の感覚的相違を表す機能がほとんど見られないということがあげられる。現代語の（A）に分類した八組のうち、フ・ブを頭音とするもの以外の五語について言うと、ヘトヘト—ベトベト、ホヤホヤ—ボヤボヤは、類似した意味を持たず、清濁の対立による表現効果を有するペアではない。清濁の対立による表現効果を持つペアは、ヒュンヒュン—ビュンビュン、ヒラヒラ—ビラビラのみである。これに対して、（C）に分類したバ行とパ行の対立による二三組は、すべて意味的対応を有しているのである。

日本語においてまとまった文献としてパ行音が明確に表記されたのは、周知のとおりキリシタン文献においてであり、それ以前のパ行音の状態を国内の文献の表記から探ることは難しい。中古以来擬態語・擬音語においてパ行音が用いられたであろうことは、すでに論じられているとおりである。しかし、本章での考察の結果から考えると、少なくとも中古・中世の擬態語・擬音語について、現代語から類推して安易にパ行音の頭音を想定することは危険である。たとえば、稲妻を表す擬態語のヒッカリトは、先に述べたように中世末期から近世初期にかけてはピッカリトではなくヒッカリトだったのである。

本章では、中世末期—近世初期、近世末期—近代初期の資料として、ハ・バ・パ行をローマ字で書き分けている『日葡辞書』『和英語林集成』を利用したが、ここに当時のハ・バ・パ行を頭音とする擬態語・擬音語が網羅されているわけではない。現代語においても、擬態語・擬音語は、日常語として膨大な数が用いられており、ハ・バ・パ行を頭音とするものでも、本章で取上げたもの以外に相当な数を挙げることができるのであり、事情は過去の時代においても同様であったであろう。『日葡辞書』と比較するものとして『分類語彙表』及び『岩波国語辞典』を取上げたのは、辞書や語彙表に収載されるような、一般性を持つ使用度数の多い擬態語・擬音語について比較することに意味があると考えたからである。

注

（1）半濁音使用の最古の例は嘉吉二年（一四四二）写の『倭漢朗詠集』とされる。山田忠雄「黒川本日蓮上人註画讃の写音法」（『国語学』八四、一九七一・三）

（2）『国語学研究事典』（明治書院）の「濁点」の項による。

（3）小松寿雄『江戸時代の国語』では、大田南畝自筆板下書きの咄本の半濁音表記について、「初鰹」「鶯笛」では半濁音符が用いられているのに、「鯛の味噌津」では半濁音の現われそうなところに無表記（清音表記）や濁音表記が出てくることが指摘されている。

（4）小著『玉塵抄を中心とする室町時代語の研究』参照。

（5）『日葡辞書』にはヒタヒタトに水音を表す意味を掲げないが、『玉塵抄』には次のようにその意味の用例がある。

湖光ーー（托仲）西湖ナト、坡カ作タソ　ヨイコロニ水ノヒタ〱（ママ）トシヲ云タソ（国会本四九22ウ）

また、ビタビタトは『日葡辞書』のビタメカスの項に見える。

あとがき

第一部の研究の多くは、一九八七年以来の旧文部省科学研究費補助金によるものであり、共同研究者の豊島正之氏にお教えいただいた点が少なくない。記して感謝の意を表したい。

第二部は、未刊に終わったキリシタン文学の大系で『天草版伊曽保物語』の注釈を担当したことを契機に行った研究である。また、勤務先の青山学院女子短期大学総合文化研究所の研究プロジェクト「キリスト教と文化」での研究の恩恵も受けた。豊島氏にはこのプロジェクトにも加わっていただき、原典との関係など様々な点でご教示を得た。

本書の題名に「中世後期語」を用いたのは、前著（『玉塵抄を中心とした室町時代語の研究』）の題名に「室町時代語」を用いたことについて、福島邦道先生から「室町時代」という語は日本史学ではもっと限定された意味に用いられているというご注意を受けたことによる。国語史と日本史の用語を厳密に一致させるのは難しいことであるが、「中世後期語」の方がより適切であると考えるに至った。福島先生には、早く研究をまとめるようにいつも励ましていただいた。心より感謝申し上げる。

本書の成るに当たっては、前著刊行の際のご縁で、翰林書房の今井肇氏ご夫妻にお世話になった。厚くお礼申し上げる。

二〇〇三年三月一日　　出雲朝子

初出等一覧

第一部

第一章

「『玉塵抄』の東大国語研究室蔵本について（一）」（『青山学院女子短期大学紀要』四一、一九八七）

「『玉塵抄』の東大国語研究室蔵本について（二）」（『青山学院女子短期大学紀要』四五、一九九一）

『『玉塵抄』と計算機Ⅲ』（平成六〜八年度文部省科学研究費補助金による研究〈基盤研究B06451076〉研究成果報告書、一九九七、豊島正之氏と共著）

をまとめたものであるが、新たに右に取り上げた巻以外の巻の言語事象についての考察を付け加えた。

第二章

「玉塵抄叡山文庫蔵本におけるオ段長音の開合の混乱について」（『青山学院女子短期大学紀要』三七、一九八三）による。

第三章

『『玉塵抄』と計算機』（昭和六二、六三年度文部省科学研究費補助金〈一般研究C62510233〉研究成果報告書、一九八八、豊島正之氏と共著）

『『玉塵抄』と計算機Ⅱ』（平成三、四年度文部省科学研究費補助金〈一般研究C03610221〉研究成果報告書、一九九三、豊島正之氏と共著）

による部分が多いが、増補して全面的に書き改めた。

第四章

『『玉塵抄』と計算機Ⅱ』（右掲書）によるが、全面的に書き改めた。

第五章

「『玉塵抄』の会話文―文末の形について―」（『小松英雄博士退官記念日本語学論集』、一九九三、三省堂）を全面的に書き改めた。

第二部

第六章

近代語研究会第七十七会研究会（一九九〇年九月二十二日、於青山学院大学）における研究発表「『天草版伊曽保物語』における二、三の語の用法をめぐって」の該当部分をまとめた「キリシタン資料における「免許」の用法をめぐって」（『青山学院女子短期大学紀要』四四、一九九〇）による。

第七章

基幹部分は、青山学院女子短期大学総合文化研究所研究プロジェクト「キリスト教と文化」第一回研究会（一九九二年四月十一日、於青山学院女子短期大学）における研究発表「キリシタン資料における「実」という語の用法」およびそれを簡略にまとめた「キリシタン文献における「実」の用法」（『青山学院女子短期大学総合文化研究所年報』第一号、一九九三）によるが、今回全面的に書き改めた。

第八章

基幹部分は、第六章と同様、近代語研究会第七十七会研究会での研究発表の該当部分、およびそれを簡略にまとめた「キリシタン用語「実もなし」について」（『日本近代語研究　2』、一九九五、ひつじ書房）によるが、今回全面的に書き改めた。内容的には第七章と関連する。

第九章

第六章・第八章と同様、近代語研究会での発表プリントに収載したが、発表するに至らなかった。今回新たに書き下したものである。

第三部

第十章

「中世末期における東国方言の位相――『鼠の草子絵巻』の絵詞をめぐって――」（『国語と国文学』一九九五年十一月号）による。「絵詞」は「画中詞」に改めた。

第十一章

「『鼠の草子絵巻』諸本の画中詞における人称詞と敬語――性差の観点を中心に――」『青山学院女子短期大学紀要』五〇、一九九六）による。注に掲げた桜井本画中詞の翻字は本書では省略した。

第四部

第十二章

基幹部分は、「擬態語・擬音語の変遷」（月刊『言語』一九九三年二月号、のち歴史読本臨時増刊『日本語の起源と歴史を探る』〈新人物往来社、一九九四〉所収）によるが、今回増補して全面的に書き改めた。

索引

本書で取り上げた語・語句、事項、書名の索引であるが、主要なものに限り、また出現箇所すべてを網羅したものではない。

その章あるいは節で論の対象になっている語・語句・事項については、ページごとではなく、その章・節の範囲を掲げた。

配列は原則として現代かなづかいによるが、漢字表記の語については仮名表記に合せた場合がある。

ア行

カ行

サ行

セヨ……256
せる……424 427
『千載和歌集』……347
善徳……299 319 321
ゾ……251 258 259～264 278
ソウ（候）……68 70 271 278
～ソウ……82
『荘子抄』……67
ソ、ク……18 31
ソソグ……18 23 31
ソチ……267 268
ソト……145～150 214
ソナタ……267 268
そなた……448
その方……432 433 436 447～449
そもじ……432 433 447 448
ソラ……164～175 215
某……266
ソレガシ……266 268 270
それがし……432 433 436 439 443 445 446 448 463
尊敬語……269 449～453 459
存ズル……266 269
存ずる……448 454 455

タ行

だ……420 423 427 432
タイ（体）……184～189 216
対義語……117～121 123 382
対称詞……267 268 447～449
大城裡……390 403
『太平記抜書』……291
内裡……392
濁音形……475
竹……365～368 373 385
紕し手……394
だとて……423
田の実……360
タマウ……269
タマウル……32
タマエ……256
～給ふ……450 451
タマワル……32 269
賜る……441 450 451
タマワレ……256
力……295
ヂヤ……256～258 263 264 265
ぢや……420 423
ヂヤゾ……264 265 272
『中華若木詩抄』……410
『中興禅林風月集抄』……67
仕る……454 455
ツヨイ……22
ツヲイ……22
テイ（体）……184～189 216
丁重語……453 455 456 461
丁寧語……269 270 440 441 446 455 457～461
テウ……83
テウハウ（調法）……71 72
テウホウ（重宝）……71 72
調宝……86 87
重宝……86
てぬごひ（手拭）……417
テン（天）……164～175 215
『田氏家集』……405
天上の内裡……392 393
『天地始之事』……335
天の城裡……391～393 405
天の都城……405
天の内裡……405
東国方言……417～436 439～441
『湯山千句之抄』……67
動詞命令形の「ろ」語尾……425
動詞連用形＋コト……21
『燈前夜話』……67
『徳川時代言語の研究』……420 424 431 462
都城……402～405 409
都城動く……404 405
『ドチリナ・キリシタン』……290
『どちりなきりしたん』……290 315 333 335 336
『虎明本狂言集』……440 464

マ行

ヤ行

ラ行

ワ行

【著者略歴】
出雲朝子（いずも　あさこ）
1936年３月29日　東京都に生まれる。
1958年３月　東京教育大学文学部（国語学国文学専攻）卒業
1968年３月　同大学大学院文学研究科博士課程（日本文学専攻）単位取得退学
現在，青山学院女子短期大学教授
主要著書　『新編国語史概説』（有精堂），『玉塵抄を中心とした室町時代語の研究』（桜楓社），『国語学史』（共著，笠間書院）
現住所　〒253-0056　神奈川県茅ヶ崎市共恵2-5-11

中世後期語論考

発行日	2003年５月20日	初版第一刷
著　者	出雲 朝子	
発行人	今井 肇	
発行所	翰林書房	
	〒101-0051 東京都千代田区神田神保町1-14	
	電 話 (03) 3294-0588	
	FAX (03) 3294-0278	
	http://village.infoweb.ne.jp/~kanrin/	
	Eメール● Kanrin@mb.infoweb.ne.jp	
印刷・製本	シ ナ ノ	

落丁・乱丁本はお取替えいたします

ISBN4-87737-174-5